Thomas Kabel

Handbuch Liturgische Präsenz

Band 1

Thomas Kabel

Handbuch
Liturgische Präsenz

Zur praktischen Inszenierung
des Gottesdienstes

Band 1

Gütersloher Verlagshaus

Die Deutsche Bibliothek - CIP-Einheitsaufnahme

Kabel, Thomas:
Handbuch Liturgische Präsenz: zur praktischen Inszenierung des Gottesdienstes /
Thomas Kabel. – Gütersloh: Gütersloher Verl.-Haus

Bd. 1. – (2002)
ISBN 3-579-03198-8

Dieses Werk folgt der reformierten Rechtschreibung und Zeichensetzung. Ausnahmen bilden
Texte, bei denen künstlerische, philologische oder lizenzrechtliche Gründe einer Änderung
entgegenstehen.

Umwelthinweis:
Dieses Buch wurde auf chlorfrei gebleichtem und alterungsbeständigem Papier gedruckt. Die
vor Verschmutzung schützende Einschrumpffolie ist aus umweltschonender und recyclingfähiger
PE-Folie.

ISBN 3-579-03198-8
© Gütersloher Verlagshaus GmbH, Gütersloh 2002

Umschlaggestaltung: Init GmbH, Bielefeld unter Verwendung einer Illustration
von Karl Bihlmeier, Lindlar
Illustrationen: Karl Bihlmeier, Lindlar
Satz: Weserdruckerei Rolf Oesselmann GmbH, Stolzenau
Druck und Bindung: Clausen & Bosse, Leck
Printed in Germany

www.gtvh.de

Inhalt

Danksagung 6

Vorwort 9

Persönliche Einführung.. 15

Die Eröffnung 25

Die Lesung 57

Die Predigt... 79

Das Abendmahl.. 111

Der Segen 149

Die Dramaturgie des Gottesdienstes 179

Die Preparation 229

Register 269

Literatur 275

Weiterführende Informationen 277

Danksagung

Dieses Buch ist zwei Menschen gewidmet, die mir auf ganz besondere Weise verbunden sind. Die erste Person, der ich dieses Buch widme, ist meine Frau Anne-Kathrin Quaas. Sie hat die Arbeit in den Kursen und die Arbeit an diesem Buch auf vielerlei Weise unterstützt und angeregt. Sie gab mir von Anfang an wichtige und wertvolle Impulse zur Gliederung. Vor allem aber bin ich ihr dankbar für die Geduld, die sie auf dem langwierigen Weg der Entstehung aufgebracht hat. Bei Rückschlägen und Hindernissen im Entstehungsprozess hat sie mich immer wieder dazu ermutigt, bei der Sache zu bleiben und das Buch fertig zu stellen.

Die zweite Widmung geht an meinen Klassenlehrer Franz Laue. Ich bin für seine Unterstützung in meiner Schulzeit und für die Bereitschaft, meine Fähigkeiten zu sehen und zu fördern, unendlich dankbar. Ohne Franz Laue würde ich mich heute nicht künstlerisch ausdrücken können. Mein Lebensweg wäre in eine andere Richtung gegangen. Er hat etwas in mir gesehen, das andere nicht gesehen haben. Er hat etwas gefördert, das ich mir selbst nicht zugetraut habe.

Einen großen und wichtigen Anteil an der Entstehung dieses Buches hat Helmut Wöllenstein. Er hat mir in vielen Dingen über Jahre beigestanden. Das Buch wäre nicht entstanden, wenn er nicht seine Zeit und Aufmerksamkeit in dieses Projekt investiert hätte. Seine Leistung war es, meine Worte, die in künstlerischer Freiheit als Rede konzipiert waren, in eine lesbare Form zu gießen und meinen Ideen ein gewisses Maß an Form und Struktur zu geben. Außerdem hat er in vielen Gesprächen wichtige inhaltliche Aspekte beigetragen. Ich bin Helmut Wöllenstein sehr dankbar für diese Unterstützung. Auch bei der Weiterentwicklung des Kursprogramms Liturgische Präsenz zu einem Fortbildungsprojekt für Multiplikatoren spielt Helmut Wöllenstein eine wichtige Rolle. Er ist derjenige Theologe, von dem ich mich und meine Arbeit am besten verstanden fühle.

Alexander Völker, der langjährige Vorsitzende der Lutherischen Liturgischen Konferenz Deutschlands, hat es überhaupt erst möglich gemacht, dass Liturgische Präsenz jetzt auf festen Beinen steht. Das Fortbildungsprojekt ist seiner Initiative und der Unterstützung der Konferenz zu verdanken.

Meinen ganz persönlichen künstlerischen Weg haben in hohem Maße geprägt: Ralph Grant, Jacqueline Davenport, Hans Kresnick, Kai Wessel, Anne Marks-Rokke. Einige von ihnen waren meine Lehrer und Lehrerinnen, einigen durfte ich beim Lehren oder beim Inszenieren zuschauen. Sie haben mir vielerlei Werkzeuge und manches Wissen an die Hand gegeben. Ganz besonders danke ich Rudolf Noelte und Peter Brook für ihre Inszenierungen, die mir Tiefe in der Arbeit mit Schauspielern und in der Arbeit am Detail eröffnet haben, ohne die ich jetzt nicht so arbeiten könnte, wie ich arbeite. Hervorheben möchte ich meinen wichtigsten Regie- und Schauspiellehrer Mark W. Travis, dem ich viel verdanke in Bezug auf den Prozess in der Proben- und Szenenarbeit mit Schauspielern, den künstlerischen Einsatz von Achsen und die große Bedeutung von Blocking und Staging auf der Bühne und im Film. Christopher Vogler, Robert McKee, Frank

Göhre und Syd Field halfen mir, die archetypische Grundstruktur von Storys und Drehbüchern zu verstehen und anzuwenden. Judith Weston erinnerte mich daran: Regie hat viel mit der eigenen Fähigkeit zu tun, die zentralen Fragen zu stellen. Ich danke Nadja Kevan, meiner Lehrerin in Alexander-Technik, für den tiefen Zugang zu meinem Körper. Ich danke meinen Gesangslehrern und -lehrerinnen, ganz besonders Ruth Riedel, die mir durch die Arbeit an der eigenen Stimme mein Singen und Sprechen zurückgegeben haben. Ich danke Sascha Dönges, Piero Ferrucci, Diana Whitemore und David E. Platts, die mir mit der Psychosynthese eine Grundlage für das pädagogische Modell in den Kursen »Liturgische Präsenz« gaben. Noch einmal danke ich Peter Stolt für den Mut, mich als Kirchenfremder für die Vikarsausbildung zu engagieren, und Jan Simonsen für den Mut, mich um Hilfe zu bitten.

Ich möchte auch an einige Personen erinnern, durch die »Liturgische Präsenz« das werden konnte, was sie geworden ist.

Eberhard Kerlen, Guy Rammenzweig, Dietmar Bück und Horst Leske haben im Predigerseminar Essen einen besonderen Beitrag dazu geleistet, dass sich die Struktur meiner Kurse von der Selbsterfahrung zu einer Mischung von Selbsterfahrung und Know-How-Training entwickelt hat. Ich möchte Reinhard Vetter aus der Hannoverschen Landeskirche (FEA) nennen, der durch seine Impulse manches zur Entwicklung der »Liturgischen Präsenz« beigetragen hat. Darüber hinaus verdanke ich ihm das Korrekturlesen der ersten Fassung.

Ein besonderer Dank geht an Herrn Klaus Maark und Frau Doris Gallmann-Ziegler von der Hamburger Sparkasse. Ohne ihre persönliche Unterstützung gerade in den finanziellen Durststrecken wäre nicht viel übrig geblieben von der Vision »Liturgische Präsenz«. Ebenso danke ich Anneliese Blöcker, die mir in vielen Jahren der Abwesenheit von meinem Zuhause meine Heimatbasis bewacht und in Ordnung gehalten hat.

Weiter wären noch viele Frauen und Männer zu nennen, ohne die es »Liturgische Präsenz« in der heutigen Gestalt nicht geben würde. Einen sehr großen Anteil am Buch haben im Übrigen Karl Bihlmeier mit seinen treffenden Illustrationen und Katja Rediske, die nach meinen Vorgaben die Skizzen gelungen ins Bild gesetzt hat. Nicht zuletzt danke ich Irmhild Paulus für die sorgfältige Erledigung der Schreibarbeiten und dem theologischen Team des Gütersloher Verlagshauses für die unendliche Geduld und die vielfältige Unterstützung bei der Entstehung des Buches, ebenso der Verlagsleitung, Herrn Hansjürgen Meurer, sowie meinem Lektor, Herrn Klaus Altepost, und Frau Ulrike Boer, die die große Fähigkeit bewies, meine Korrekturen und Hieroglyphen zu entziffern, danke ich von Herzen.

Thomas Kabel

Vorwort

»In der Liturgie handelt es sich wesentlich nicht um Gedanken, sondern um Wirklichkeit. Und nicht um vergangene Wirklichkeit, sondern um gegenwärtige, die immer aufs Neue geschieht; um Menschenwirklichkeit in Gestalt und Handlung. Die aber bringt man nicht nahe, indem man sagt: Sie ist damals entstanden, und hat sich so und so entwickelt. Auch nicht, indem man ihr irgendwelche Lehrgedanken unterlegt. Sondern indem man hilft, an der leibhaftigen Gestalt das Innere abzulesen: am Leib die Seele, am irdischen Vorgang das Geistlich-Verborgene ... Der Weg zu liturgischem Leben führt nicht durch bloße Belehrung, sondern entscheiderweise durch Schauen und Tun.«

Romano Guardini, 1927

Dieses Buch hätte eigentlich nicht geschrieben werden dürfen. Nährt es doch einmal mehr die Illusion, man könne durch die Lektüre von Büchern Wesentliches für das praktische Verhalten im Gottesdienst lernen.

Wenn nun doch ein Buch vorgelegt wird, dann geschieht das in der Hoffnung, dass diese Texte, die sehr direkt aus der Praxis der Kurswochen »Liturgische Präsenz« hervorgegangen sind, ebenso direkt wieder ins Praktizieren zurückführen. Also nicht: »Nimm hin und lies – und bilde dir dein Urteil« sondern: »Lies und geh hin, um es auszuprobieren – bevor du urteilst.«

Das Buch verzichtet auf abgesicherte Reflexion und auf die Erfüllung wissenschaftlicher Standards. Sein Text ist entstanden aus kleineren Redeeinheiten und Anleitungen, die Thomas Kabel in seinen Seminaren formuliert hat. Leserinnen und Leser, die Thomas Kabels Kurse kennen, hören ihn in manchen Passagen förmlich reden.

Anders als viele Theologen, die überwiegend wissenschaftlich-theoretisch am Gottesdienst arbeiten, agiert der Regisseur und Schauspieler als charismatischer Lehrer. Seine Stärke liegt ohne Zweifel in der praktischen Arbeit mit den »Akteuren« des Gottesdienstes, sei es individuell oder gruppenbezogen.

Die Intension seines Übungsprogramms »Liturgische Präsenz« finde ich nirgends treffender ausgedrückt als in einem der Prinzipien Leonardo da Vincis: »saper vedere«, Erkenntnis durch Sehen. Gemeint ist die Kunst, neues Wissen zu erschließen, indem man eine altbekannte Sache aus fremden und ungewohnten Perspektiven angeht, indem man Unverbundenes verbindet. Das ist in diesem Fall einer Arbeit am Gottesdienst die Verbindung von Kunst und Religion, Schauspiel und Gottesdienst, Liturgie und theater- oder filmtechnisches Handwerk. Trotzdem möchte ich es als ein großes Wagnis würdigen, dass ein Nichttheologe ein Buch vorlegt über den Gottesdienst, dass er sich auf einem Gebiet und über ein Medium äußert, das in unseren Breiten akademischen Theologen oder eigentlich nur graduierten Liturgikern vorbehalten ist.

Meine persönlichen Erfahrungen mit Thomas Kabel begannen vor zehn Jahren als Studienleiter für Pfarrerfortbildung in den ersten Amtsjahren. Die Themen wurden damals von den Gruppen selbst bestimmt, und eine Gruppe hatte sich das Thema »Schönheit im Gottesdienst« gestellt. Den Anstoß dazu gab ihnen die allseits bekannte Erfahrung nach einem Gottesdienst. Man verabschiedet die Gemeinde, und jemand sagt: »Das war aber ein schöner Gottesdienst heute.« Eine Äußerung, die gewiss nicht nur in den ersten Amtsjahren wie ein warmer Regen auf die nach Bestätigung hungernde Liturgenseele fällt. Aber in dieser Gruppe sah man auch die Probleme einer solchen Allerweltsrückmeldung: Was genau wurde als »schön« erlebt an diesem Gottesdienst? Waren es die Blumen auf dem Altar, das Orgelvorspiel, die zufällige Begegnung mit dem eigenen Konfirmationsspruch – oder waren es tatsächlich die Worte des Predigers, die Ausstrahlung des Liturgen? – Und: Darf ein Gottesdienst überhaupt »schön« sein? Bedeutet »schön« allein positiv, erbaulich, tröstend, oder sind auch die kritischen, aufregenden prophetisch-widerständigen Wirkungen gemeint? Schließlich die Frage: Was wollen wir selbst im Gottesdienst erreichen, und wie können wir Rechenschaft darüber erhalten, in welchem Maße unsere Absicht realisiert wird?

Man einigte sich schnell, dass zur Entfaltung des Themas einerseits die intensive und konkrete Beschäftigung mit dem liturgischen Raum gehören sollte. Aber welche Methode, welcher Referent kam für den anderen Teil, für die Arbeit am liturgischen Verhalten in Frage? Professoren der Praktischen Theologie hatten auf diesem Gebiet bisher (1991) allenfalls das Defizit bewusst machen können.

Thomas Kabel war derjenige, der das »missing link«, das fehlende Glied mit diesem spezifischen Anforderungsprofil ausfüllen konnte. Sein damals schon weit entwickeltes Kursprogramm war denkbar einfach und zugleich hochplausibel. Wie man das Singen nur durch Singen lernt, das Beten nur durch Beten und das Gehen nur durch Gehen, so kann man Liturgisches Verhalten, das sich aus vielen solcher Elemente komplex zusammensetzt, nur durch Üben im direkten Vollzug lernen. Für diese Praxis ist es einerseits nötig, sich den Übungscharakter bewusst zu machen und ihn methodisch zu sichern. Zum Beispiel wird die Kirche zu solchen Übungen abgeschlossen und vor Beobachtern geschützt, es wird also nur die Gruppe und keine zufällige »Gemeinde« einbezogen. Es werden keine Altarkerzen angezündet, die Glocken schweigen. Die Liturgische Kleidung darf kleine Lässigkeiten aufweisen. Andererseits wird unter weitgehend authentischen Bedingungen gearbeitet: Die Übungen finden in der Kirche an den verschiedenen liturgischen Plätzen statt. Man trägt Talar. Es werden die originalen agendarischen Bücher, Formen, Handlungen, Texte und Gegenstände verwendet. Das Ziel dieser Arbeit »auf der Probenbühne« ist nicht theatralische Verfremdung oder die Erweiterung des gottesdienstlichen Verhaltensspektrums im Sinne einer »liturgischen Kreativität«, sondern eine vertiefende, persönliche Aneignung agendarischen Standards.

Jemand übt, indem er eine zusammenhängende Sequenz aus dem Gottesdienst, zum Beispiel die Begrüßung, vorstellt. Sie oder er spricht die Worte, liest die Texte und vollzieht die Gesten und Gebärden auf ihre und seine Weise zunächst nur unter sparsamer Anleitung. Direkt anschließend wird – wie nach jedem weiteren »Auftritt« – Feedback aus der Gruppe und vom Leiter gegeben. Die geordnete und begleitete Rückmeldung ist eines der wesentlichen Elemente des Übungsprogramms. Sie reagiert als Methode auf eines der schwerwiegendsten Defizite in der Ausbildung und in der Praxis des Pfarrberufs. Es fehlt ja nicht völlig an Rückmeldungen im Berufsalltag. Aber sie sind disparat. Einige sagen viel, viele sagen nichts. Und so werden die wenigen positiven oder negativen Rückmeldungen häufig als Urteil für die gesamte Wirkung gewertet. Das kann zu gravierenden Fehleinschätzungen führen. Wahrscheinlich überwiegen bei den meisten die positiven Rückmeldungen, was sich seitens der Gemeindeglieder oder der Kollegen durch das Interesse an einem dauerhaft freundlichen Miteinander erklären lässt. Man hat den Eindruck, es gibt so etwas wie eine »captivitas benevolentiae«, eine babylonische Gefangenschaft der Kirche im Austausch von Freundlichkeiten, der aber für eine berufliche Weiterentwicklung des Einzelnen gerade im Blick auf die Wirkung kirchlicher Auftritte in der heutigen Öffentlichkeit nicht besonders hilfreich ist.

Hier in den Kursen wird auf die Fähigkeit hingearbeitet, ein breites, aufrichtiges, konstruktives Feedback geben und entgegennehmen zu können. Jede Person in der Gruppe mit ihrer ganz eigenen Wahrnehmung ist gefragt. Pauschale Bewertungen oder gar Abwertungen schließen sich aus. Individuelle, sinnliche (-und in diesem Sinne!-) ästhetische Wahrnehmung ist gefragt: Was habe ich gesehen, gehört, gefühlt? Wie hat es auf mich gewirkt? Welche Empfindung hat es bei mir ausgelöst? Solche Rückmeldungen sind besser in einer Übungssituation zu formulieren und nicht nach einem wirklichen Gottesdienst, der sich für die Teilnehmenden einem solchen Prozess des Laborierens doch weitgehend entzieht. Außerdem bietet die Übungsgruppe als »Probengemeinde« einerseits ein kritisches, professionell wahrnehmendes Gegenüber, dem man sich nicht so leicht entziehen kann, andererseits bietet sie den nötigen Schutzraum in der Solidarität der Beteiligten (»...jeder kommt ‚mal dran...«), in der Verschwiegenheit nach außen und in einer konstruktiv-unterstützenden Grundhaltung gegenseitiger Hilfestellung und Angewiesenheit. Verletzungen oder überzogenes Formulieren fügen sich ein in einen Gesamtrahmen und werden vom Leiter aufgefangen.

Die herausragende Leistung von Thomas Kabel besteht in diesem Zusammenhang darin, dass er seine äußerst breite, nicht klerikal eingeengte körpersprachliche Wahrnehmungsfähigkeit nutzt, um sich einem Probanden ganz aufmerksam zuzuwenden und ihm anschließend seine Wahrnehmungen sprachlich sehr treffend oder durch körperliche Nachstellung eventuell humorvoll und leicht überzeichnet deutlich machen kann. Das Feedback der Gruppe wird unter Umständen verstärkt, relativiert oder in einem Punkt zugespitzt. Der Proband erhält ein lebendiges, vielfältiges Echo, er bekommt ein Spiegelbild seines Verhaltens zu sehen. Es entsteht ein warmes, emphatisches Bild, das diesem Zweck viel besser dient als die scheinbar objektive Aufzeichnung einer Videokamera, die längst nicht im selben Maße die Wirkung einer Person im Raum, ihre physische und emotionale Feinwirkung erfasst.

Ein weiterer Übungsdurchgang an derselben Sequenz gibt dem Probanden nun sofort die Möglichkeit zu reagieren, unangenehme Auffälligkeiten zu bearbeiten, das Spektrum der eigenen Ausdrucksmöglichkeiten zu erweitern und am Ende für diesen Part einen stimmigen, überzeugenden Ausdruck zu finden. Dies gelingt am besten in einer spielerisch-ernsten Gesamthaltung: Man sollte keine Angst vor »Fehlern« haben. Die Freude am Experimentieren ist gefragt, die Lust, auch einmal etwas sehr Ungewohntes, Extremes mit der Stimme oder mit dem Körper zu tun. Perfektion ist niemals das Ziel, sondern Lebendigkeit und Präsenz. Eventuell hilft Thomas Kabel durch eine vorausgehende Übung, Blockierungen zu lockern, Unter- oder Überspannungen im Körper und in der Stimme auszugleichen, sich selbst abzulenken vom ängstlichen Festhalten an »Sicherungen«, die es einem gerade unmöglich machen, das zu tun und so zu wirken, wie man es beabsichtigt.

Üben, üben, üben ist das zweite Grundelement dieser Arbeit. Wie Handwerker, Musikerinnen, Sportler oder Schauspielerinnen in professionellen Zusammenhängen nur agieren können durch wiederholende praktische Aneignung der nötigen körperlichen Fertigkeiten, so auch die Liturgin und der Liturg. Bei diesem Durchspielen der einzelnen Varianten sollten theologische oder liturgiewissenschaftliche Diskussionsgänge tunlichst vermieden werden. Auch die psychologisch-biographische Ebene wird nicht direkt thematisiert. Auswertungsebene ist die Wirkungsästhetik: Wie gestaltet sich eine Handlung, wie wirkt ihre konkrete Darstellung?

Dabei ist die innere Haltung, das Bewusstsein, mit dem eine Person eine Handlung ausführt, ein entscheidender Faktor. Zu Beginn jedes Kurses wird diese Intention von jeder Person in einer speziellen Übung als Spine (engl.: Rückgrad) ermittelt, aussagekräftig formuliert und verinnerlicht. Doch allein die Klärung der eigenen Absicht oder allein das gestärkte Bewusstsein, mit einer überzeugenden Haltung als Liturgin oder als Liturg durch den Gottesdienst zu gehen, führt noch lange nicht dazu, dass diese Haltung sich auch für andere nach außen hin überzeugend vermittelt.

Hier lässt sich eines der Ziele dieser Arbeit formulieren: Es soll eine harmonische Stimmigkeit oder die größtmögliche Kongruenz zwischen der eigenen Intention und der Außenwirkung im Liturgischen Handeln erreicht werden. Das bedeutet zunächst eine grundsätzliche Distanz zur Norm. Es geht nicht zuerst um das Reproduzieren und Aneignen von liturgisch korrekten Verhaltensmustern, sondern um eine persönlich beseelte Adaption, um eine lebendige, emotional gefüllte Ausformung liturgischer Handlungen – unter Anerkennung der Form! Viele Probanden erleben es als einen höchst befreienden Schritt, sich diese kleine Distanz zum formulierten Ritus erlauben zu dürfen: »Du musst es nicht tun, wie vorgeschrieben – aber du kannst es so tun. Erlaube dir die Freiheit zu wählen, das Richtige für dich zu finden und es dann mit einer neuen Entschlossenheit auszuführen.« Gerade dieses Stück individueller kreativer Freiheit macht es vielen Übenden leichter und motiviert sie dazu, eine Woche lang den traditionellen Gottesdienst als Gegenstand einer wirklich anstrengenden Arbeit zu akzeptieren.

Gewiss gab es im Laufe der Zeit eine Entwicklung in der Arbeit von Thomas Kabel. Nach einem stärker subjektiv und individuell orientierten Vorgehen in der Anfangsphase wuchs durch die intensive Beschäftigung mit dem Gottesdienst das Bewusstsein für die Bedeutung liturgischer Gegebenheiten. Für die Arbeit bedeutete das, dass der »persönliche Spine« mit dem »Spine des Stückes« in

Beziehung gesetzt werden musste. Die Eigenaussage einer liturgischen Sequenz, der Charakter einer Handlung oder eines Textes stellen die Grenze und das Gegenüber zu den individuellen Intentionen dar. Die persönliche Formensprache musste mit der Grammatik des Rituals abgeglichen werden. Und beide müssen sich messen lassen an einem übergeordneten Code kollektiver Kommunikationsregeln. Es geht also um das ständige Abschreiten eines Kräftedreiecks: Der persönliche Ausdruck, dargestellt in der vorgegebenen Form des Rituals, will verstanden werden im Kontext heutiger Kultur, im System öffentlicher Sprache und Symbolik, das neben den globalen religiösen Einflüssen bei uns besonders der Prägung durch Medien, Film, Theater, Fernsehen u.s.w. ausgesetzt ist.

Erst diese beiden Schritte der Entwicklung machen es möglich, dass aus der Kursarbeit »Liturgische Präsenz« ein Buch entstehen konnte. Hier wird liturgisches Verhalten in seinen Prinzipien und Möglichkeiten beschrieben.

Es könnte der Eindruck entstehen, dass diese Beschreibungen mit ihren graphischen Illustrationen normativ gemeint sind, so als gäbe es eine richtige und eine falsche Art konkreten liturgischen Handelns. Oder als gäbe es eine objektiv darstellbare liturgische Körpersprache, deren Details man sich einstudieren könne wie ein Alphabet. Vor dieser Art, das Buch zu gebrauchen, möchte ich ausdrücklich warnen. Ich halte nach wie vor die These des Künstlers Thomas Kabel für entscheidend: »Es gibt für jedes Detail in der Liturgie niemals nur eine richtige Möglichkeit. Es gibt immer viele oder mindestens eine Alternative. Finde sie heraus und entscheide dich klar, welche jetzt an dieser Stelle, in diesem Gottesdienst, in dieser Gemeinde für dich persönlich in deiner Rolle als Liturg die am meisten stimmige ist.«

Damit wird es Zeit, den Begriff der »Präsenz« zu nennen. Er meint einfach: Gegenwart. Das Anwesendsein in Raum und Zeit. In diesem Raum, wo sich zu dieser Stunde, zu diesem Tag oder Anlass der Gottesdienst mit der hier versammelten Gemeinde ereignet. Präsenz meint Gegenwart in dieser Handlung, die Raum, Zeit und Menschen verbindet. Präsenz entsteht durch Bewusstheit im Blick auf die eigenen Absichten und durch Wachheit im Kontakt zu den eben genannten Faktoren. Präsenz im Gottesdienst meint aber nicht eine übertriebene Intentionalität oder das Anstreben von Perfektion in der Darstellung, sondern bei aller Wachheit ein gelassenes Sich-Hingeben an den Fluss des Geschehens. Es meint speziell im christlichen Gottesdienst Gegenwärtigkeit für die Gegenwart des Geistes, also ein Sich-selbst-Heraushalten und Offen-Werden, eine Durchlässigkeit für die Präsenz des Geistes in meinen Gesten und Worten sowie in den alten Formen und in den Codes der Gegenwart.

Aus dem Erlebnis der ersten Kurse mit Thomas Kabel ging für mich bald eine reiche, fruchtbare und vielfältige Zusammenarbeit hervor. Ich konnte persönlich als Liturg und Prediger mit seiner Unterstützung eine freiere, weniger ängstliche Art, im Gottesdienst zu agieren, entwickeln. Die Vorbereitung meiner Predigten z.B. gleicht seitdem mehr einem Fließen als einem Graben und Basteln. Dabei hält sich die Zufriedenheit mit dem Erreichten die Waage mit den gestiegenen Selbsterwartungen, in Gottesdiensten noch stimmiger, offener, klarer und lebendiger agieren zu können. Den Erfolg, wenn man überhaupt davon reden kann, sehe ich nicht in der perfekten Umsetzung eines Ideals, sondern in einer für mich bewussten und für andere wahrnehmbaren Annäherung.

Ich halte den Ansatz und die Prinzipien der Arbeit von Thomas Kabel einschließlich der von ihm geprägten kreativen, motivierenden, humorvollen und auf die einzelnen Personen konzentrierten Art, Kurse zu leiten, für einen sehr wertvollen, ja unverzichtbaren Teil kirchlicher Aus- und Fortbildung. Viele Landeskirchen leisten sich seit Jahrzehnten ein aufwändiges Ausbildungsprogramm mit didaktisch geregelten, praxisbezogenen Pflichtkursen in den Bereichen Pädagogik und Seelsorge. Wie können sie dann die liturgiedidaktische Praxis den zufälligen Kompetenzen der Ausbilder in Gemeinden und Predigerseminaren überlassen? Geht es im Gottesdienst weniger um Professionalität als in anderen Handlungsfeldern pastoraler Praxis?

Zum Schluss einige Bemerkungen zum konkreten Gebrauch des Buches:
Ich denke, es lohnt sich, das Buch einmal als Ganzes in einem Zuge zu lesen, um einen Eindruck von seinem »Geist« zu gewinnen und von den Prinzipien, die immer wieder zu finden sind, wie z.B. das »Trennen« der einzelnen Handlungseinheiten oder der mit immer neuen Worten und Akzenten dargestellte Zusammenhang von Rolle, Aufgabe, Funktion und Person des Liturgen.

Eine andere Nutzung des Buches ist die lexikalische. Man kann sich nach einmaliger Lektüre wohl kaum die Fülle der Details merken. Zudem gibt das Register die Möglichkeit, etwas Konzentriertes zu einzelnen Stichworten wie »Kleidung, Schmuck und Schuhe«, wie »Stehen« oder »Ringbuch« an bestimmten Stellen zu finden – Stichworte, deren Ort man nicht ohne weiteres aus den Kapitelüberschriften erschließen kann.

Die eigentliche Arbeit mit dem Buch aber sollte sich an den Stationen des Gottesdienstes orientieren. Kapitel für Kapitel im Zusammenhang durchzuarbeiten in Verbindung mit einem Kurs oder mit eigenständigen Übungen, bringt m.E. den größten Gewinn. Wer von hier aus eine Kostprobe von besonders reichen und bis in handwerkliche Details differenziert beschriebenen Passagen erhalten will, sollte einmal nachlesen in den Abschnitten »Aufbau der großen Segensgeste« oder »Einladung und Austeilung des Abendmahls«.

Ich wünsche allen Leserinnen und Lesern Geduld, Ausdauer und gute Erfahrungen vor dem Altar und auf der Kanzel.

Helmut Wöllenstein, Bad Wildungen, Herbst 2001

Persönliche Einführung

Werde, was du bist.
Sei, was du bist.
Verwirkliche, was du bist.

Liebe Leserin, lieber Leser,
Sie halten den ersten Band des »Handbuch für Liturgische Präsenz« in Ihrer
Hand. Der zweite Band wird sich mit den Amtshandlungen und der Ordination
beschäftigen. Beiden Bänden des »HLP« liegen meine persönlichen Erfahrungen, die ich in Kursen gemacht habe, zu Grunde. Sie spiegeln meine Beobachtungen und Erkenntnisse als Regisseur und Schauspieler in der Arbeit am Gottesdienst wider. In den letzten 15 Jahren habe ich in meinen Kursen unzählige
Möglichkeiten wahrgenommen, wie Gottesdienste gestaltet und gefeiert werden
können. Dieses Handbuch stellt die Essenz meiner Erfahrungen dar. Ein Handbuch kann natürlich in keinem Fall die Teilnahme an Kursen ersetzen, aber es
kann als Hilfe dienen, sich mit der professionellen Gestaltung des Gottesdienstes näher zu beschäftigen. Diese persönliche Einführung gibt Ihnen einen kleinen Abriss von der Entstehung und eine Orientierung zum Begriff und zum Konzept von »Liturgische Präsenz«.
Vor 15 Jahren habe ich Jan Simonsen kennen gelernt, der damals sein Vikariat im
Predigerseminar Hamburg-Rissen absolvierte. Wir trafen uns auf einem Semi-
nar, und nach ein paar Tagen hat er zu mir gesagt: »Ich habe da ein Problem. Ich
bin mit der praktischen Umsetzung meines Gottesdienstes nicht zufrieden. Du
bist doch Schauspieler und Regisseur, könntest du nicht mal in meinen Gottesdienst kommen und mir von außen ein Feedback geben?«
Das habe ich dann getan. Ich habe ihm vorher nicht verraten, wann ich kommen
würde. Ich bin überraschend in seinen Gottesdienst gegangen, habe mir alles
angeschaut und anschließend mit ihm zusammen eine Auswertung vorgenom-
men. Meine erste Frage war: »Du bist hier eine Stunde lang auf der Bühne. Für
jeden Schauspieler wäre das ein sehr großer Event, eine große Herausforderung,
eine Stunde auf der Bühne zu sein. Das kostet ihn vorher unheimlich viel Proben-
zeit. Hast du deinen Auftritt im Gottesdienst eigentlich vorher schon mal in irgendeiner Weise geprobt?«
Jans Antwort: »Nein.« – Die Antwort hat bei mir etwas in Gang gesetzt, was sich
nun schon seit über 15 Jahren weiterentwickelt hat. Es war diese Anfrage, durch
die eine neue Herangehensweise an den Gottesdienst entstanden ist. Meine Reaktion auf sein »Nein« war damals: »In meinem Beruf habe ich es noch nie
erlebt, egal ob der Auftritt eine Minute dauert oder eine Stunde, dass nicht vorher intensiv geprobt wird.« Ich spreche jetzt von der Arbeit im professionellen
Bereich, wenn jemand als Künstler, Schauspieler oder Regisseur für seine Tätig-
keit bezahlt wird, wie das bei ja bei Pfarrerinnen und Pfarrern der Fall ist. Ich
wundere mich immer wieder, wenn in der Kirche gesagt wird, dass der Heilige

Geist es schon machen wird, und dass der Gottesdienst einem sozusagen vom Himmel zufällt und der Körper eigentlich nur zur Verfügung stehen muss. Das andere würde von selber kommen ... Das halte ich für eine sehr arrogante Einstellung. Und gerade für Vikarinnen und Vikare ist es eine Zumutung, dass sie ohne praktische Erfahrungen gleich einen kompletten Gottesdienst halten sollen – möglichst auch noch ohne Fehler!

Nach dieser Erfahrung mit Jan haben wir uns verabredet, zusammen seinen Gottesdienst zu üben, und zwar so, wie ich das aus meiner Arbeit als Regisseur kennen gelernt hatte. Man versucht, möglichst nahe am *Originalsetting* zu arbeiten. Das heißt, ich habe ihn gebeten, seinen Talar mitzubringen sowie alle seine Gottesdienstunterlagen und dafür zu sorgen, dass wir in der Kirche ungestört arbeiten können. Nach der ersten Probe habe ich meine Wahrnehmungen geäußert. Ich habe Vorschläge gemacht, was man ändern könnte. Dies waren die ersten Übungsschritte in »Liturgische Präsenz«. Dieser Probenzyklus ging über mehrere Wochen. Ich habe immer wieder Jans Gottesdienste besucht, ihm Rückmeldungen gegeben über das, was sich schon verändert hat und was immer noch schwierig war.

Nach einiger Zeit hatte Jan die Idee, seinem Predigerseminarleiter, Peter Stolt, vorzuschlagen, diese Übungsarbeit auch im Predigerseminar Rissen in der Gruppe durchzuführen. Aber er sah ein Problem: »Wenn ich sage, du bist Schauspieler und Regisseur, dann können wir die Sache gleich vergessen. Unter Theologinnen und Theologen ist es verpönt, den Gottesdienst als Schauspiel anzusehen. Ich schlage vor, ich nenne dich ›Dramaturg‹.« Dieser kleine Schachzug hat es wohl überhaupt erst möglich gemacht, dass ich bis heute für die Kirche arbeite. Es gab in den ersten Jahren extrem große Vorbehalte gegenüber meinem Beruf als Schauspieler und Regisseur. Es gab immer wieder Einwände von Vikaren und Pfarrerinnen: »Wir sind keine Schauspieler, und wir wollen auch keine Schauspieler werden.« Ich vermute, das hat mit einem Missverständnis gegenüber der Schauspielerei zu tun. Man denkt, Schauspielerei ist einfach nur Kasperkram. Wer spielt, muss nicht authentisch sein, denn er tut nur so, als ob. Nun stimmen diese Aussagen ja auch zum Teil, es handelt sich natürlich um ein Spiel. Aber trotzdem darf bei einem guten Schauspiel nie die Wahrhaftigkeit oder die Absicht, etwas Wichtiges mitteilen zu wollen, verloren gehen. Und es gibt auch große Unterschiede bei dem, was man unter Schauspiel versteht. Wenn irgendwo auf dem Marktplatz in Hamburg oder Köln schöne Körper gecastet werden und diese Kandidaten treten nach einem Crash-Kurs von zwei Wochen im Fernsehen in einer Daily-Soap auf, nenne ich das nicht Schauspiel. Schauspielerei hat für mich etwas mit Intensität zu tun, mit Wahrhaftigkeit. Sie braucht viel innere Arbeit und zeichnet sich durch äußere Übung aus. Aber es gibt diesen großen Vorbehalt in der Kirche gegenüber der Schauspielerei. Und es gibt ebenso auf der anderen Seite den großen Vorbehalt der Theaterleute gegenüber der Theologie.

Trotz all dieser Bedenken konnte ich damals meine ersten Schritte im Predigerseminar Hamburg machen und bin dafür Peter Stolt und Jan Simonson bis heute sehr dankbar. Sie haben mir den Zugang zu einer Welt verschafft, die man als freier Künstler nur selten kennen lernt. Ich durfte hinter die Kulissen schauen und auch meine eigene Suche nach Gott auf einem interessanten Weg fortsetzen. Ich bin in eine Szene hineingekommen, die mich als Künstler und in meiner künstlerischen Arbeit enorm beeinflusst und Spuren hinterlassen hat.

Ich habe in Hamburg dann mein Kursprogramm entwickelt und irgendwann kam das Angebot, diesen Kurs auch in anderen Seminaren durchzuführen. Es entstand die Frage nach der Bezeichnung dieser Arbeit. Und da ist bei uns der Name »Liturgische Präsenz« entstanden. Er hat mit meiner Ausbildung zu tun. »Präsenz« ist dort ein ganz entscheidender Begriff. Und meine Arbeit in den Predigerseminaren konzentrierte sich auf die Liturgie, also haben wir es »Liturgische Präsenz« genannt. Ich spreche wirklich deshalb von »wir«, weil Jan und ich diesen Begriff zusammen kreiert haben.

Mit »Liturgische Präsenz« ist ein bestimmter Ansatz der Arbeit gemeint, der sich aber über die Jahre hin immer wieder verändert hat. Ich habe am Anfang sehr stark mit Elementen von Selbsterfahrung gearbeitet. Eigentlich ging es in den ersten Kursen darum, dass wir Textpassagen aus der Bibel genommen haben, die ich habe sprechen lassen. Ich habe die Leute mit diesen Texten eine Erfahrung machen lassen, die sehr viel mit dem Körper zu tun hatte, mit dem individuellen körperlichen Ausdruck. Über die Jahre hin hat sich dieser Ansatz in Richtung einer dramaturgischen Arbeit an der Inszenierung des Gottesdienstes verändert. Trotzdem bleiben beide Aspekte wichtig für mich. Einmal das eigene persönliche Sicheinlassen auf die Übungen des Selbsterfahrungsanteils, und zum anderen das professionelle Umsetzen der Inszenierung Gottesdienst. Die Entwicklung des Seminarprozesses Liturgische Präsenz hat unter anderem dazu geführt, dass die Arbeit bekannter und erfolgreicher wurde. Ich war zuletzt 35 bis 40 Wochen im Jahr unterwegs und habe im Ganzen über 8000 Leute gecoacht: in Vikarsgruppen, in Mentorengruppen, in FEA-Gruppen, in Kirchenkreisen; die gesamte Mitarbeiterschaft von Kirchentagsgottesdiensten und Fernsehgottesdiensten habe ich trainiert bis hin zum »Wort zum Sonntag«, wo ich seit mehreren Jahren für das Training der Sprecherinnen und Sprecher zuständig bin; außerdem habe ich den Eröffnungs- und Abschlussgottesdienst beim Frankfurter Kirchentag 2001 inszeniert.

Meine Arbeit hat immer mit der Gestaltung von Gottesdiensten in der Öffentlichkeit zu tun. Dass aus meinen Erfahrungen jemals ein Buch werden sollte, habe ich nicht geahnt. Am Anfang stand einfach nur diese Anfrage: »Kannst du in meinen Gottesdienst kommen und mir bei der praktischen Umsetzung helfen?« Das war für mich der Ruf zum Abenteuer, fast schon eine Berufung. Ich bin Jan dankbar, dass er diese Offenheit gezeigt hat und mir die Möglichkeit gab, meine Fähigkeiten auf diesem Gebiet zu entwickeln. Inzwischen ist nicht nur ein ausgefeiltes, liturgiedidaktisches Konzept Liturgische Präsenz entstanden, sondern ich habe eine Gruppe von Multiplikatorinnen und Multiplikatoren ausgebildet, die meine Arbeit in Zukunft weitertragen werden.

Was heißt Liturgische Präsenz? Liturgische Präsenz meint »im Moment da sein«, ganz bei der Sache sein, sich nicht mit der Vergangenheit beschäftigen und nicht mit der Zukunft, sondern Schritt für Schritt, wie in einem Film Szene für Szene, Beat für Beat den Gottesdienst zu durchleben und wirklich in jedem Augenblick dabei zu sein. Liturgische Präsenz meint auch, Lebendigkeit im Ausdruck, Lebendigkeit in der Stimme, Lebendigkeit im Kontakt und dabei Natürlichkeit und Wahrhaftigkeit im Ausdruck zu bewahren. Liturgische Präsenz bezieht sich nicht nur auf die liturgischen Teile des Gottesdienstes, sondern ist ein Oberbegriff für die Haltung im gesamten Gottesdienst als einem öffentlichen Auftritt. Präsenz in der Öffentlichkeit meint nicht, irgendwelche eintrainierten Gesten zu zeigen, sondern zu bedenken, in welchem Raum ich bin. Ein Kirchenraum braucht eine andere Energie als ein Gemeindesaal. Natürliche Gesten, die im Wohnzimmer entstanden sind, sind in einer großen Kirche nicht mehr stimmig. Gesten, die in einer großen Kirche wirken, können im Wohnzimmer nicht passend sein.

Dieses Buch arbeitet nicht ohne Grund häufig mit filmischen Mitteln. Das heißt, ich »löse Handlungen filmisch auf«. Wenn Sie einen Film drehen, dann ist eine der wesentlichen künstlerischen Gestaltungsmöglichkeiten die Auflösung einer Szene in einzelne Einstellungen. Sie fangen mit einer »Totalen« an, dann gehen Sie auf eine »Zweier«, wo zwei Menschen im Bild sind, dann haben Sie einen »Schwenk« hinüber in die Landschaft. Das Auflösen einer Szene ist die künstlerische Gestaltungsmöglichkeit der Botschaft des Filmes. Das ist auch der Teil, der zum Arbeitsbereich von Regie und Kamera gehört. Wenn man von einer Auflösung des Films spricht, dann spricht man auch davon, wie man es schafft, die Aufmerksamkeit des Publikums so zu lenken, dass die Botschaft des Films durch Bild und Sprache deutlich wird. Nun muss man sicher unterscheiden, dass ein Film mit Bildern arbeitet und das Theater stärker mit der Sprache. Diese beiden unterschiedlichen Genres haben auch eine starke Auswirkung auf die Art der Präsenz vor der Kamera und auf der Bühne. Für den Liturgen und für die Liturgin kann man eher die Bühnenarbeit zum Vergleich heranziehen. Filmische Aspekte treten im Gottesdienst vor allem dann auf, wenn es darum geht, die Aufmerksamkeit der Gemeinde zu lenken. Dieser Ansatz der filmischen Auflösung findet sich in diesem Buch an vielen Stellen wieder. Ich gehe davon aus: »Ein inneres, eingeprägtes Bild sagt mehr als tausend Worte.« Ein Wort ist ein Symbol und ein Bild auch. Und diese Symbole sind Mittel, um Kommunikation in ihrer Tiefe und Breite zu ermöglichen.

Dieses Buch ist natürlich zuerst ein Handbuch für Liturgische Präsenz (HLP). Man könnte aber auch sagen, es ist ein *Drehbuch Liturgische Präsenz*. Es ist so eingeteilt, dass ich die Hauptstationen eines normalen Gottesdienstes klar markiert habe. Diese Hauptfelder sind Eröffnung, Lesung, Predigt, Abendmahl und Segen. Im Anschluss an diese Hauptstationen folgen die Kapitel Dramaturgie und Preparation. Der Teil Dramaturgie beschäftigt sich mit der Analyse des Drehbuchs Gottesdienst anhand eines beispielhaften Gottesdienstablaufs, der jedoch je nach liturgischer Prägung sehr unterschiedlich gestaltet werden kann. Im letzten Teil »Preparation« wird Ihnen Handwerkszeug mitgegeben, damit Sie bestimmte Basisübungen machen können, die für die Präsenz an den einzelnen Stationen sehr nützlich sind und eine Wirkung auf den Gesamtgottesdienst haben. Die Illustrationen/ Storyboards sind auch ein filmisches Mittel, um komplexe Auflösungen und Einstellungen zu visualisieren und geben im Buch der Liturgin und dem Liturgen eine große Hilfe an die Hand, um Körperhaltungen, Blickrichtungen und Achsen besser analysieren und anwenden zu können (siehe Abb. 1–3). Diese Visualisierungen sind jedoch nur beispielhaft zu verstehen, nicht starr umzusetzen, sondern als Orientierungshilfe anzusehen, die je nach Persönlichkeit und liturgischem Ablauf anders aussehen könnten.

Abb. 1: Beispiel Storyboard

Abb. 2: Beispiel Storyboard

Die Entscheidung, den Gottesdienst wie einen Film oder wie ein Bühnenstück aufzulösen, führte zu der Einteilung in Akte, von den Akten geht es in Sequenzen, von Sequenzen geht es in Szenen, und die Szenen sind eingeteilt in Sequenzen und Beats and Moments. Diese Grundstruktur findet sich im Buch immer wieder. Es gibt jeweils eine kurze Einführung in ein Kapitel, dann gehe ich auf die Station selber ein. Es wird im Detail daran gearbeitet: Welche Möglichkeiten und Varianten gibt es in der Gestaltung und Präsentation dieser Station? Meistens werden auch die liturgischen Varianten lutherischer, reformierter oder unierter Prägung angesprochen. Es ist jedoch nicht zu leisten, für jede Station all diese unterschiedlichen Formen zu behandeln, die es im deutschsprachigen Raum gibt. Seinem Aufbau entsprechend soll Ihnen das Buch helfen, die Hauptstationen des Gottesdienstes im Prinzip zu verstehen. Es geht mir nicht darum, ob es richtig oder falsch ist, was Sie tun, wie Sie stehen, wo Sie stehen und wie Sie eine Handlung vollziehen, sondern es soll Ihnen eine Hilfe gegeben werden, Stimmigkeit, Logik und unter dramaturgischen Gesichtspunkten organische, ausdrucksstarke Szenen zu inszenieren, die sich schlüssig zu einem Stück zusammenfügen.

Von meinem Ansatz her gesehen ist der Gottesdienst eine Inszenierung. Er ist wie ein Film, der entweder gut oder schlecht gedreht sein kann. Er besteht aus unzählig vielen Einstellungen, aus Beats and Moments. Er besteht aus Sequenzen, die in ihrem Aufbau theologischen Grundprämissen entsprechen. Aber häufig krankt der Gottesdienst schon hier. Wir kennen den groben Aufbau eines normalen lutherischen Gottesdienstes: Der Liturg sitzt heute sehr häufig in der Gemeinde. Er geht zu Beginn nach vorne, zur Begrüßung und zur Eingangsliturgie. Er geht wieder zurück, dann geht er ans Pult zur Lesung, und er hat vielleicht noch eine zweite Lesung. Dann geht er auf die Kanzel. Nach der Predigt geht er wieder auf seinen Sitzplatz zurück, weil gesungen wird. Dann geht er wieder zum

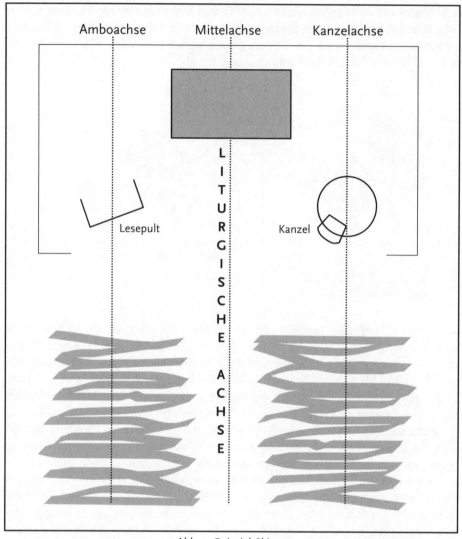

Abb. 3: Beispiel Skizze

Altar. Vielleicht wendet er sich sogar vor dem Altar mal zum Kreuz und mal zur Gemeinde. Er hat also verschiedene Orte: den Altar, den Ambo, die Kanzel und seinen Sitzplatz. Das ist bei einem rein reformierten Ablauf schon ganz anders: Der Liturg sitzt nicht in der Gemeinde, sondern er hat auf der Kanzel einen kleinen Stuhl, und alles, was er im Gottesdienst tut, findet von der Kanzel aus statt. Also, er steht auf zur Begrüßung, er setzt sich wieder hin, er steht auf zum liturgischen Teil, er setzt sich wieder hin. Es ist ein Wechsel zwischen Sitzen und Stehen auf der Kanzel. Dann gibt es unierte Varianten, die zum Teil hinter dem Altar stattfinden und eine Synthese aus beiden Formen darstellen, aus lutherischen und reformierten. Drei verschieden theologisch geprägte Gottesdienstabläufe zu haben, das ist noch kein Problem. Das große Problem beginnt erst dann, wenn zusätzlich spezielle Traditionen einer kleinen Gemeindegruppe oder noch mehr die Eigentümlichkeiten von Pfarrerinnen und Pfarrern eine Rolle spielen. Zum Beispiel hat ein Pfarrer etwas frei zu sagen. Er stellt sich dazu hinter den Altar und begründet diese Position theologisch: »... Ich muss dort stehen. Das ist wirklich eine theologisch notwendige Sache ...« Im Subtext sagt er uns aber: »... Ich bin froh, dass mein Ringbuch vor mir auf dem Altar liegt und dass ich alle Sachen gut ablesen kann ...« Diese persönlichen Eigentümlichkeiten führen zu den Schwierigkeiten, die den Ablauf eines Gottesdienstes bestimmen können, ohne dass es einer theologischen oder liturgischen Logik entspricht. Das kann eine wilde Vermischung der Formen nach sich ziehen: Wir haben dann einen lutherischen Eingangsteil, es folgen reformierte Sequenzen, dann gibt es einen Einschub, der ist weder noch ... Diese Sprünge führen dazu, dass die Gemeinde nicht wirklich weiß, was sie zu tun hat. (Das ist zum Beispiel in der katholischen Kirche im hohen Grade anders. Die Gottesdienstbesucher wissen genau, egal in welcher Kirche zwischen Flensburg und Innsbruck sie sich befinden, wann sie aufzustehen haben, wann sie sich hinzusetzen haben, was sie zu antworten haben usw.)

Und dabei spreche ich jetzt nur von den normalen evangelischen Sonntagsgottesdiensten. Ich habe auch nichts gegen andere, neuere Gottesdienstformen. Und doch meine ich, bevor man die »Pflicht« nicht beherrscht, sollte man keine freien und modernen Gottesdienste halten. Ich halte das für einen Trugschluss zu glauben, man brauche nur den Ablauf zu ändern und »moderner« zu sprechen, und schon wäre mehr Präsenz und Lebendigkeit in einem Gottesdienst. Es geht mir auch nicht darum, den Gottesdienst auf traditionelle Formen festzulegen, sondern darum, dass die grundlegenden Elemente des Gottesdienstes erforscht und beherrscht werden müssen, bevor man wirklich frei und kreativ mit ihnen umgehen kann.

So schön es ist, das neue »Gottesdienstbuch« für 17 Gliedkirchen herauszugeben, so schwierig sind die Anweisungen, die in diesem Gottesdienstbuch zu finden sind. Da gibt es dramaturgische Abläufe, bei denen die Gemeinde dreimal begrüßt wird. Es ist also nicht immer alles wahr, was in Agenden steht, und es kann teilweise schwierig werden, wenn man sich sklavisch an diese »Drehbücher« hält. Entscheidend ist immer: Was möchte ich als Liturgin und als Liturg theologisch ausdrücken? Was ist mein Inhalt und welche Form soll dieser Inhalt bekommen? Es ist Aufgabe des Liturgen, diese Dinge so zu gestalten, dass die Gemeinde weiß, worum es geht, und dass der Liturg, dass die Liturgin selbst weiß, worum es geht, damit Stimmigkeit (– keine verkitschte Harmonie –) entsteht, die es uns erlaubt, uns wirklich auf das Wesentliche zu konzentrieren. Die theologisch-inhaltlichen Subtexte und Entscheidungen haben immer eine Auswirkung auf die Form, und Form hat immer eine Auswirkung auf die Theologie. Es geht darum, beides in ein gutes Verhältnis zu bringen und es unter kreativer Ausnutzung der vorhandenen Raumbedingungen zu realisieren.

Dieses Buch kann sich nicht intensiv mit theologischen Inhalten auseinander setzen, aber ich möchte ausdrücklich betonen, dass Präsenz immer eine sehr starke Rückbindung an den Inhalt hat. Wenn Sie als Liturgin und Liturg nicht glaubwürdig im Inhalt sind, werden Sie auch nach allem Training nicht glaubwürdig in der Gestaltung sein. Mögen Sie ein noch so schönes Gestogramm haben, wenn Sie selbst nicht von der Wahrheit überzeugt sind, wird das auch in Ihren Gesten immer als Lüge zu spüren sein. Das heißt auch, wenn Sie wirklich präsent sind, dann tritt die Form in den Hintergrund. Ziel der Arbeit in »Liturgische Präsenz« ist es immer, das Auftreten und den Gebrauch der Formen so zu gestalten, dass wir nicht vom Inhalt abgelenkt werden. Eigentlich müsste ich sagen, die Form ordnet sich immer dem Inhalt unter. Trotzdem entsteht keine Hierarchie, sondern es ist ein Zusammenspiel von zwei Kräften. Was das bedeutet, kann man eigentlich nur in der praktischen Anwendung sehen. Der Inhalt besteht ja nicht an und für sich. Er wird erst gar nicht transportiert, wenn der Körper ihn nicht so gestaltet, dass wir ihn wahrnehmen können. Wenn ich recht sehe, hat sich hier in den letzten Jahren ein Bewusstseinswechsel, ein Paradigmenwechsel in der Theologie vollzogen. Man hat erkannt, dass die praktische Umsetzung, das praktische Arbeiten am Gottesdienst ein wesentlicher Teil der Ausbildung von Pfarrerinnen und Pfarrern sein muss, damit die Kirche wieder gehört und gesehen wird. Allein die Arbeit an den Inhalten konnte dies offenbar nicht leisten. Mag man mir an dieser Stelle auch widersprechen, mag man meinen, die Form spiele keine Rolle, so zeigt doch die Situation in den Kirchen heutzutage, dass der Sonntagsgottesdienst an Kraft und Intensität extrem viel verloren hat und er die große Mehrheit der Leute nicht mehr interessiert.

Der Gottesdienst ist für mich eine Sache des Glaubens, und es gibt viele Möglichkeiten, dem Glauben eine Gestalt zu geben: vom Kirchentag über den evangelikalen Gottesdienst bis hin zur deutschen Messe und zur alten römischen Messe. All das sind Formen, wie sich unser christlicher Glaube heute in der Kirche manifestiert. Über das Für und Wider dieser Gottesdienstgestalten zu entscheiden, ist nicht die Sache dieses Buches. Hier geht es um Grundelemente, die in vielen Gottesdiensten eine Rolle spielen, Eröffnung, Lesung, Predigt, Abendmahl und Segen. Jede Station, die ich hier im Buch als einzelnes Kapital behandle, verbindet sich mit besonderen Themen, die jeweils exemplarisch behandelt werden, aber auch für die anderen Stationen von Bedeutung sind.

In der Station *Begrüßung, Eröffnung* geht es verstärkt um das »Trennen« von persönlichen und liturgischen Gesten. Es geht um die erste Kontaktaufnahme mit der Gemeinde, um den guten Auftritt von bestimmten Positionen aus und um das anfängliche Etablieren von Inhalten und Stilen.

Das Kapitel *Lesung* behandelt die für mich schwerste Station des ganzen Gottesdienstes. Die biblischen Lesungen sind so zu gestalten, dass es kein schlechtes Schauspiel wird und keine künstliche Inszenierung, dass wir aber doch die Lebendigkeit der Texte wahrnehmen, ihre Tiefe, ihre spezifische Atmosphäre und ihren Inhalt, den Subtext im Klang hören. Die Skriptanalyse spielt an dieser Station eine große Rolle und die Arbeit mit Charakterrollen. Bei der Station Lesung haben wir auch Elemente, die sich von der sogenannten filmischen Auflösung herleiten. Ich spreche hier häufig von Comic, von Storybords – Begriffe, die helfen, bestimmte Bilder klanglich umzusetzen.

Die große Station *Predigt* beinhaltet den Gebrauch von Gesten bei der Gestaltung einer Rede, ebenfalls den Gebrauch von Fantasien und inneren Bildern sowie die Frage: »Wohin mit den Händen?« Und als ganz großes Thema steht über der Predigtstation der Umgang mit den »Kanälen« menschlicher Kommunikation: Welche zweiten und dritten »Kanäle« benutze ich außer dem Hauptkanal der Gestik mit Armen und Händen? Wie nutze ich meine Energien, die sich beim Reden im Körper aufbauen? Lenken sie ab oder führen sie zu einer Strukturierung und zu einer Vertiefung des Inhalts der Rede?

Beim Kapitel *Abendmahl* beschäftigen uns die Fragen: Was macht ein Sakrament zum Sakrament? Welche Möglichkeiten gibt es, dieses Sakrament zu feiern, zu gestalten, ohne es zu verkitschen? Welche Rolle spielt der Umgang mit Objekten? Es geht um das genaue Blocking der Einsetzungsworte, um die Unterscheidung von Handlungsebene und Symbolebene.

Und schließlich die *Segensstation*. In der Segensstation geht es um die Form. Wie baue ich die große Geste zum aaronitischen Segen auf? Welche Möglichkeiten gibt es, das Kreuzeszeichen zu schlagen? Es geht um Handhaltungen, Blickrichtungen, Handlungsachsen, um die Abstimmung von Geste, Atem und Stimme.

Der *Dramaturgie des Gottesdienstes* liegt für mich das Prinzip der »Heldenreise« zu Grunde, ein Strukturmodell, das von Joseph Campbell und Christopher Vogler entwickelt wurde. Diese Reise beginnt mit dem Ruf zum Abenteuer, setzt sich durch alle Stationen, Prüfungen und Wendepunkte einer Story fort, immer mit dem Ziel, dass der Held das Elixier für sich gewinnt. Als Regisseur finde ich die Anwendung dieses dramaturgischen Modells auf die Inszenierung Gottesdienst äußerst reizvoll und sehr aufschlussreich.

Das letzte Kapitel *Preparation* soll durch Erläuterungen und praktische Übungen helfen, sich auf den Gottesdienst vorzubereiten und die eigene Präsenz zu stärken. Gerade die Übungen sollen Sie dazu einladen, die Dinge selbst auszuprobieren und sie nicht allein durch Lesen und Nachdenken kennen zu lernen und zu beurteilen. Seien Sie sich auch darüber im Klaren, dass Sie ohne das Feedback anderer Personen nicht wirklich beurteilen können, wie Ihr eigenes Auftreten wirkt. Und wenn Sie ernsthaft an sich arbeiten wollen, geben Sie sich die Chance, die Dinge über einen längeren Zeitraum zu praktizieren, sodass Ihnen ein neues Verhalten zur zweiten Natur werden kann. Sie sollten sich keinesfalls übernehmen und gleich eine ganze Vielzahl von Verhaltensänderungen für sich anstreben. Viel sinnvoller ist es, sich auf einige wesentliche Dinge zu konzentrieren, die dann in Ihnen reifen und sich vertiefen können. An den Wiederholungen der einfachen und wesentlichen Dinge wird Ihre Präsenz wachsen. Sie werden tiefer in das Geheimnis des Gottesdienstes eindringen.

In den ganzen Jahren, in denen ich mich jetzt mit »Liturgische Präsenz« im Gottesdienst beschäftige, hat sich mir ein großer Reichtum erschlossen. Es gab eine große Fülle von Möglichkeiten, etwas Neues zu lernen, Dinge zu erforschen, den Gottesdienst kennen und lieben zu lernen. Ich bin vielen einzelnen Personen, die mich dabei begleitet und unterstützt haben, sehr dankbar. Ich habe in all dieser

24

Zeit sehr viel für mich persönlich gelernt in spiritueller sowie auch in sozialer Hinsicht. Ich habe oft erlebt, wie Liturginnen und Liturgen etwas ausprobiert haben, eine Lesung, ein Gebet, einen Segen, und diese Probe wurde für mich manchmal unverhofft zu einem tiefen religiösen Erlebnis, zu einem wirklichen Gottesdienst.

Am Anfang der Kursarbeit stand, wie gesagt, die Selbsterfahrung stärker im Vordergrund. Es gab Übungen, wie das Talar-ziehen, das Tau-ziehen, das Kämpfen-im-Talar, das Unter-vielen-Talaren-liegen, das Schreien und Brüllen von Texten, das Auf-dem-Altar-Stehen, das Unter-dem-Altar-Liegen, das Durch-die-Kirche-Rennen, das In-den-Flügel singen, das Über-Stock-und-Stein-Springen mit einem Psalm ... All diese Übungsvarianten gab es nur, weil Menschen bereit waren, sich mir zu öffnen und meinem Ansatz zu folgen. Liturgische Präsenz hat sich gerade durch Menschen entwickelt, die mit ihren Wünschen und Bedürfnissen, mit ihren Sorgen und Ängsten bereit waren, sich auch vor einer Gruppe zu zeigen und mir Vertrauen zu schenken. Die bereit waren, sich berühren zu lassen und andere berühren zu wollen. Für mich gibt es keine Kunst, wenn sie nicht wirklich das Ziel der Berührung hat. Der Gottesdienst ist für mich schlechthin ein Akt der Berührung. Wenn wir nicht lernen, dass Seele und Körper in ihrer tiefsten Essenz zusammen wirken, dann wird der Gottesdienst als Form uninteressant werden und wir werden ihn möglicherweise verlieren.

So mögen Sie mit dem Buch Ihre Erfahrungen machen. Möge das Buch, das Sie in der Hand halten, Ihnen einen Weg zeigen, Ihre Wünsche, wie Sie als Pfarrerin und als Pfarrer mit der Gemeinde einen Gottesdienst feiern möchten, zu realisieren.

Die Eröffnung

»Das Glockengeläut ruft uns zum spirituellen Abenteuer. Bei der Eröffnung beginnt die Reise: die Reise vom Alltag ins spirituelle Sein. Die Liturgin/der Liturg übernimmt die Reiseführung, die uns durch die Hindernisse und Klippen unseres Weges zum Wesen unserer wahren Natur führt.«

Die Eröffnung – aus meiner Sicht

Ich sitze am Sonntagmorgen in meiner Heimatgemeinde. 15 bis 20 Menschen sind versammelt, Durchschnittsalter zwischen 60 und 70. Ich komme mir ziemlich verloren vor und habe das Gefühl, dass ich als 43-jähriger Mann fehl am Platze bin. Die Zeit verrinnt sehr langsam. Ich langweile mich ein bisschen und fange an, mich in der Kirche umzuschauen, in der ich mich auch nach vielen Gottesdiensten immer noch fremd fühle.

Alle sind irgendwie für sich, wie auf Inseln sitzen sie, ohne Kontakt mit den anderen. Es gibt vereinzelt zwei ältere Damen, die miteinander tuscheln. Im Ganzen eine sehr gedrückte Stimmung. Der Tag draußen war schön. Ich habe mich sehr beeilt, um in die Kirche zu kommen. Aber dann sitze ich hier und weiß gar nicht mehr, was mich hierher gezogen hat. In Gedanken versunken höre ich das Glockengeläut. Wie immer, beginnt auch dieser Gottesdienst damit, dass unser Pfarrer einzieht. Würdevollen Schrittes mit seiner ganzen Ausrüstung unterm Arm: Ringbuch, Gesangbuch, Abkündigungsbuch geht er von hinten durch den Mittelgang bis zum Altarraum.

Was für ein seltsamer Auftritt! Mit seinem ganzen Material sieht der Pfarrer aus wie ein Lehrer der Sonntagsschule. Er wirkt fremd und wie aus einer anderen Welt. Langsam und bedeutungsvoll ist sein Gang. Er führt ihn zu seiner »Heimatbasis«, die ihm aus vielen Gottesdiensten vertraut ist. Beim Gehen hat er den Blick nach unten gesenkt, die Unterlagen dicht an den Körper geklemmt. Die Orgel begleitet ihn auf seinem Gang. Er bewegt sich mit einer gewissen Traurigkeit durch den Gottesdienstraum, müde und melancholisch wirkt er in seinem Talar, verloren. Wenn er keinen Talar anhätte, dann hätte er vermutlich keine Autorität, aber durch seinen Talar hat er Wirkung und Autorität. Mein Blick geht zum Ringbuch, das er seitlich wie einen Schutzschild hält. Die Schultern sind nach vorne und innen gebeugt. So gelangt er zu seinem Platz in der ersten Reihe. Er hält ein paar Sekunden inne. Den Blick zum Altar gewendet, lässt er sich mit einem kaum hörbaren Seufzer in die Kirchenbank sinken. Die frohe Botschaft soll er uns bringen, denke ich, aber vielleicht darf man das bei ihm nicht zu wörtlich nehmen.

Nun fällt mir auf, dass die Orgelmusik ganz schön ist heute Morgen. Irgendwie holt sie mich heraus aus meiner Trance, die mich immer am Anfang überfällt, wenn ich in der Kirche sitze und mir etwas verloren vorkomme zwischen all den alten Damen, die hier ihre festen Plätze haben. Ich schaue mich um und suche nach Männern. Drei ältere Herren haben sich heute in den Gottesdienst getraut. Ich frage mich: »Bin ich eigentlich bescheuert, dass ich mit meinen 43 Jahren am Sonntagmorgen um 10 Uhr dieser seltsamen Veranstaltung beiwohne? ...«

Das Orgelspiel ist noch nicht ganz zu Ende, da steht der Pfarrer auf, sein Ringbuch in der Hand, geht er gebeugten Hauptes den Blick am Boden hinter das Lesepult, legt sein Ringbuch hin, schlägt es auf, sortiert einige Zettel und wartet, bis das Orgelvorspiel ausklingt. Ohne den Blick vom Ringbuch zu lösen, fängt er an, uns zu begrüßen: »Ich möchte Sie ganz herzlich begrüßen zu diesem Gottesdienst. Wir haben heute den dritten Sonntag nach Trinitatis, der Wochenspruch ist aus Lukas: ›Der Menschensohn ist gekommen, zu suchen und selig zu machen, was verloren ist ...‹« Mein Gott, das passt aber auch wieder mal, denke ich, und da werden wir nun noch einmal »alle ganz herzlich eingeladen zu diesem Gottesdienst«, in dem wir uns doch schon befinden. Dann kündigt er ab, was in der letzten Woche in der Gemeinde geschehen ist an Beerdigungen und Hochzeiten. Wir erfahren auch an dieser Stelle schon, was nächste Woche für ein Gottesdienst sein wird, welches Thema er haben und welcher Vikar uns beglücken wird. Diese Abkündigungen, die ein bisschen länger gedauert haben, beschließt er, indem er den Gottesdienst »im Namen des Vaters und des Sohnes und des Heiligen Geistes« eröffnet. Dann sagt er das erste Lied an, mit Versanfang und der Angabe, wo es steht. Dann klappt er sein Ringbuch zu und geht damit auf seinen Platz zurück. Während er abtritt, beginnt die Orgel zu spielen, damit wir als Gemeinde schon einmal die Choralmelodie ins Ohr bekommen. Dann beginnen wir zu singen.

So oder ähnlich könnte (oder wird) es in manchem protestantischen Gottesdienst zugehen. Es gibt sicher Unterschiede: Manchmal wird die Gemeinde von einem Presbyter begrüßt, manchmal gibt es die Abkündigungen nicht an dieser Stelle oder die Eröffnung findet nicht vom Lesepult aus statt, aber eigentlich kann man davon ausgehen, dass es häufig so aussieht wie beschrieben. In dieser kurzen Szene vom Einzug des Pfarrers bis zum ersten Lied sind fast alle Dinge benannt worden, die in meiner Arbeit an der Station »Eröffnung« eine Rolle spielen. Und wir können auch davon ausgehen, dass die Verhaltensmuster, die uns hier gezeigt wurden, sich in jeder anderen Station des Gottesdienst wiederholen werden. Es geht in der Arbeit an der Liturgischen Präsenz größtenteils um diese Grundmuster und Gewohnheiten, die sich wie ein roter Faden durch den ganzen Gottesdienst ziehen. Auf diesen »roten Faden«, der aus ganz verschiedenen einzelnen Fäden gedreht ist, möchte ich jetzt gleich eingehen.

Der »Rote Faden« des Gottesdienstes

Das Ringbuch

Ein Requisit, das in der protestantischen Kirche eine sehr große Rolle spielt, ist das Ringbuch. Gibt es eigentlich noch Gottesdienste ohne Ringbuch? Vor 2000 Jahren haben die Urchristen vielleicht eine Pergamentrolle benutzt mit Texten aus der Heiligen Schrift, aber der übrige Gottesdienst, Begrüßung, Gebete, Auslegung, kam aus ihren Herzen und Köpfen. Man kann auch davon ausgehen, dass sie nicht mit Steintafeln in der Hand ihre Liturgie gefeiert haben. Das Ringbuch, das wir heute in jedem Gottesdienst finden, könnten wir eigentlich schon als liturgischen Gegenstand bezeichnen. Von manchen Liturgen habe ich den Eindruck, dass sie regelrecht ein Liebesverhältnis zu ihrem Ringbuch haben (siehe Abb. 4 + 5). »Ich und mein Ringbuch, wir bilden eine Einheit«; »Du lässt mich nicht allein«. Der Stuhl neben ihnen wird freigehalten für das Ringbuch. Wenn sie sich von ihrem Platz entfernen, auch nur zwei Schritte weit, dann geht das

Ringbuch mit. Es geht mit zum Altar und wieder zurück auf den Stuhl neben ihnen. Ich bezeichne dieses Ringbuch auch als »Drehbuch«. Der Unterschied ist nur, dass man in einem Film das Drehbuch nicht zeigt. Es ist die Vorlage, aber im Film selbst spielt es keine Rolle. Durch den ständigen unreflektierten Gebrauch bekommt das Ringbuch für den Gottesdienst einen viel zu hohen Stellenwert. Es führt auf der nonverbalen Ebene zu vielen Doppelbotschaften und zu einer Schwächung der Liturgischen Präsenz.

Abb. 4: »Liebesverhältnis zum Ringbuch«

Abb. 5: Scheinbare Sicherheit durch viel Equipment

Pastorale Sprache

Schon in dieser ersten Sequenz werden wir häufig mit einer Sprechweise konfrontiert, die wir nur im Kontext des Gottesdienstes und von Pfarrerinnen und Pfarrern gesprochen finden. Dieses ist die »Pastorale Sprache«. Sie entsteht, wenn zu viele Worte im Satz betont werden und am Ende, trotz des Punktes, in der Betonung nach oben gegangen wird. Diese gekünstelte Sprache bringt uns mit der Rolle der Liturgin in Berührung – und zwar in negativer Hinsicht. Wir begegnen ihr nicht in ihrer Natürlichkeit, sondern in einer gespielten, aufgesetzten »Pastoralität«. Die pastorale Sprache ist eines der größten Hindernisse zur Natürlichkeit im Sprechen. Ohne Natürlichkeit im Sprechen aber gibt es keine Natürlichkeit im Gestogramm. Diese beiden Dinge hängen eng zusammen und bilden die Grundelemente für eine natürliche und lebendige Präsenz des Liturgen oder der Liturgin im Gottesdienst. Das pastorale Sprechmuster kann man aber nicht einfach abstellen und sagen, ab heute spreche ich anders. Dieses Sprechen ist häufig so weit internalisiert, dass die Pfarrer und Pfarrerinnen es nicht einmal selbst hören können. Sie hören nicht, wie sie sprechen. Ihrer inneren Wahrnehmung nach meinen sie, ganz natürlich zu sprechen, nur laut und deutlich. Sie sind der festen Überzeugung, ihr Sprechen sei ganz authentisch. Es habe sich doch auch seit langem bewährt und müsse nicht geändert werden. So zieht sich dieser Tonfall wie ein roter Faden durch alles, was wir in der Kirche hören.

Das Gestogramm

Eine grundsätzliche Wahrnehmung, die ich in meiner Arbeit machen konnte, ist die, dass sich beim Sprechen im Körper Energien aufbauen und diese wieder »abgearbeitet« werden müssen. Geschieht dieses Abarbeiten nicht über den »Hauptkanal« des Sprechens, nämlich über die Arme und die Stimme (etwa weil sie mit dem Ringbuch befasst sind), dann wird dieser Kanal blockiert. Die aufgebaute Energie sucht sich im Körper andere Kanäle, durch die sie frei werden kann. Diese unkontrollierten und unbewussten körperlichen Reaktionen, die keine Beziehung mehr zum Inhalt haben, bezeichne ich als zweite und dritte Kanäle. Die Konzentration der Gemeinde wird auf diese Kanäle und damit in die falsche Richtung gelenkt. Das Ziel dieser Arbeit ist es deshalb, den Gebrauch solcher Kanäle bewusst zu machen und die beim Sprechen entstehende Energie so umzulenken, dass sie in Gestik und Stimme als Lebendigkeit und Natürlichkeit zum Ausdruck kommt.

Erster Kontakt – Grundgefühl

Das Fatale an der Begrüßung ist, dass hier in dieser ersten Sequenz Entscheidungen getroffen werden, die für das Gelingen des ganzen Gottesdienstes eine elementare Rolle spielen. Der Liturg trifft seine Entscheidungen und die Gemeinde trifft ihre Entscheidungen. Psychologen sagen, dass die ersten Momente einer Interaktion großen Einfluss auf ihr Gelingen insgesamt haben. Hier entscheidet sich, ob wir jemanden sympathisch finden oder nicht.
Jeder kennt diese Situation: Ich sitze in der Kirche und warte auf den Beginn des Gottesdienstes, ein Liturg kommt herein, er geht drei Schritte und ich denke: »Na, das kann aber ein schöner Gottesdienst werden.« Die Person hat noch kein Wort gesprochen, sie hat nur den Raum betreten, sie hat vielleicht auf eine bestimmte Art geschaut, hat auf eine bestimmte Art ihre Unterlagen unter dem Arm getragen und sich auf eine bestimmte Art auf ihren Platz begeben. Und schon treffen wir unbewusst unsere Entscheidung, ob dieser Gottesdienst für uns gut oder schlecht laufen wird. Und gleichzeitig trifft auch der Liturg seine Entscheidungen: »Heute Morgen habe ich ein gutes Gefühl mit meiner Gemeinde!« Oder er lässt sich beeinflussen von der Zahl der Leute »Da sind heute wieder nur 10 Leute gekommen ... das kann ja gar nichts werden.« Und diese Reaktionen beeinflussen seine Worte. Sie prägen seine Anfangsemotionen und werden sich auf den ganzen Gottesdienst auswirken.

Die persönliche Begrüßung

Erst seit einigen Jahrzehnten ist die Begrüßung dabei, im Gottesdienst Einzug zu halten. Das ist eine relativ kurze Zeit. Bis dahin begann der Gottesdienst mit rituell festgelegten Formeln. Und je nach theologischer Ausrichtung wird eine persönliche Begrüßung immer noch unterschiedlich gewertet. Im reformierten Gottesdienst, wo die liturgischen Teile eine geringere Rolle spielen, wird sich leichter eine persönliche Begrüßung entwickeln können. In stark lutherisch geprägten Gemeinden wiederum ist diese Art der Eröffnung fast unmöglich. Der Liturg sagt »Ich kann einen Gottesdienst niemals mit dem Wort ›Ich‹ beginnen ...« Warum hat sich trotz dieser Bedingungen die persönliche Begrüßung in den Gottesdiensten im Laufe der letzten 25 Jahre so weit verbreitet? Ich vermute, dass man mit ihr eine Auflockerung des Gottesdienstes erreichen will. Man will die Distanz überbrücken zwischen liturgisch weitgehend entfremdeten Gemeindegliedern und einem rituell festgelegten Liturgen.

Aber man kann zweifeln, ob das Einführen einer persönlichen Begrüßung wirklich mehr Nähe zur Gemeinde erzeugt. Dieser Trugschluss findet sich bei vielen Theologen und Theologinnen. Man muss bedenken, dass eine persönliche Begrüßung auch Distanz bewirken kann, indem sie Gemeindeglieder abschreckt, zum Beispiel durch eine naive, allzu private Redeweise oder durch das Aufblähen der Begrüßung zur Kurzpredigt. Natürlich kommt es auch darauf an, *wer* die Gemeinde begrüßte und *wie*. Der Liturg bringt eine andere Autorität mit als ein Lektor oder ein Kirchenvorsteher. Ihm wird man auch mehr Aufmerksamkeit widmen. Außerdem ergibt sich für den Liturgen, der den Gottesdienst nicht selbst eröffnet, die Schwierigkeit, dass sein erster Auftritt viel später stattfindet und das In-Kontakt-Treten mit der Gemeinde sich sehr viel schwieriger gestaltet. Er braucht dann zu diesem ersten liturgischen Akt viel mehr persönliche Präsenz, als wenn er von Anfang an den Gottesdienst geleitet hätte.

Nun geht es nicht darum, die Beteiligung anderer Personen an der Liturgie abzuwerten. Das Ziel ist zu schauen, was sich in dieser Situation am Anfang des Gottesdienstes als stimmig erweist, wenn man die verschiedenen Absichten verbinden will, nämlich Distanz zu überwinden und ein gewisses Maß an Vertrautheit und Nähe zu kreieren, Lebendigkeit und Ruhe zum Ausdruck zu bringen und die Veranstaltung im Ganzen deutlich als Gottesdienst beginnen zu lassen. Da ist es aus dramaturgischer Sicht besser, persönlich anzufangen und sich vom Persönlichen zum Transpersonalen hinzubewegen. Das heißt, wir haben am Anfang eine persönliche Begrüßung; als Übergang und trennendes Element dient ein Lied und der nun folgende, rein liturgische Teil kann mit einem entsprechenden Votum eröffnet werden: »Im Namen des Vaters ...«

Um eine Verdopplung der Eröffnungssituation zu vermeiden – ihren natürlichen Ort hat eine Begrüßung ja immer nur beim ersten Auftreten –, könnte man auch nach Geläut und Orgelvorspiel mit einem liturgischen Votum beginnen und diesem die persönlichen Begrüßungsworte anschließen. Die Schwierigkeit aber besteht grundsätzlich darin, dass sich der Liturg auch in der persönlichen Begrüßung mit etwas konfrontiert sieht, das für ihn künstlich ist: Er soll uns persönlich begrüßen auf eine lebendige Art und doch hat er sich diese Begrüßung schon zu Hause erarbeitet. Das wird häufig zum Problem. Auf der einen Seite soll es spontan und lebendig wirken, auf der anderen Seite soll sich die Begrüßung in Stil und Niveau nicht völlig vom übrigen Gottesdienst unterscheiden. Da werden dann leider häufig Plattitüden serviert, man gibt Kommentare zum Wetter oder rettet sich mit Füllwörtern, um bloß nicht in die Situation zu kommen, dass man einfach nur »Guten Tag« sagt und sich schnell wieder hinsetzt.

Die Herausforderung der Eröffnung besteht darin, dass sich der Liturg einerseits als Mensch und in seiner Rolle als Liturg präsentieren soll, gleichzeitig ist er aber auch dafür verantwortlich, sich nicht in den Vordergrund zu spielen. Es ist nicht seine private Veranstaltung. Er sollte nicht so auftreten, als wollte er Applaus bekommen. Wiederum darf er sich nicht so weit verstecken, dass er signalisiert: »Ich habe hier eigentlich gar nichts zu sagen. Entschuldigung, dass ich mich jetzt hier vorne hinstelle. Ihr wisst ja, der ganze Gottesdienst spricht für sich und ich bin hier nur ein schlichtes und unbedeutendes Werkzeug ...« Beides sind für mich Verzerrungen. Es geht weder darum, eine Show zu machen, noch darum, den persönlichen Kontakt auf ein Nullniveau zu reduzieren. Pfarrerinnen und Pfarrer sollten den Mut haben, sich dieser schwierigen Aufgabe zu stellen. Ich halte es in der heutigen Zeit nicht für akzeptabel, in einem Gottesdienst eine halbe Stunde lang darauf warten zu müssen, dass der Liturg mich eines Blickes würdigt. Das wäre für mich ein Grund, nicht mehr mit diesem Pfarrer zusammen Gottesdienst zu feiern. Das mag hart klingen, aber ich sehe in solchem Verhalten eine liturgisch getarnte Abwertung der Gemeinde. Für optimal würde ich es halten, wenn jemand ruhig und gesammelt auftritt, ohne Ringbuch, in freundlicher, offener Zuwendung zur Gemeinde. Er sagt ein paar Dinge zum Sonntag, vielleicht etwas zum Leitthema dieses Gottesdienstes. Wenn es einige Gäste gibt oder eine besondere Zielgruppe, sollte er sich ihr besonders zuwenden. Vielleicht gibt es auch etwas anzusagen, was den Gottesdienstablauf betrifft. Nicht mehr, aber auch nicht weniger sollte eine freie, persönliche Begrüßung umfassen.

Der Ort

Es gibt unterschiedliche Orte für eine Begrüßung. Sie kann am Lesepult stattfinden, das ist das Erste. Sie kann zweitens direkt vor dem Altar stattfinden. Drittens kann sie hinter dem Altar stattfinden und viertens in der mittleren Achse im vorderen Raum des Altars, mit einer leichten Tendenz zur Gemeinde, aber immer noch im Altarraum. Und es gibt noch eine Form, alternativ zu den genannten: Der Liturg erhebt sich von seinem Platz, er dreht sich um und begrüßt gleich von diesem Platz aus die Gemeinde.

Der günstigste Platz liegt immer auf der mittleren Achse. Man kann den Altarraum in drei Achsen einteilen: Es gibt eine mittlere Achse, das ist die liturgische Achse oder Hauptachse. Dann gibt es die Kanzelachse und die Amboachse, das ist rechts oder links, je nach der Position von Kanzel und Lesepult (siehe Abb. 6–8). Die Eröffnung sollte von einem Platz auf der mittleren Achse aus geschehen, vor allem dann, wenn der Gottesdienst nur mit einem liturgischen Votum begonnen wird. Auf einem Seitenplatz oder hinter dem Lesepult wäre eine liturgische Eröffnung fehlplatziert.

Jeder Platz im Altarraum hat seine bestimmte Qualität. Der Altar gilt besonders in den lutherischen Kirchen als Zentrum des Gottesdienstraumes. Die Architektur der Kirche lenkt die Aufmerksamkeit der Gemeinde gezielt auf dieses Zentrum. Alle Blicke werden hier konzentriert. Wenn in einer solchen Raumsituation der Liturg die komplette Liturgie von dem Platz vor dem Altar aus macht, dann ist es für mich auf jeden Fall notwendig, die Begrüßung, die ein liturgisches Votum umfasst, auch auf der mittleren Achse stattfinden zu lassen. Vielleicht nicht auf der obersten Altarstufe, sondern etwas weiter vorne zur Gemeinde hin. Diese Position entspricht räumlich dem Kompromiss, den man eingeht, wenn man persönliche und liturgische Worte zu einer Begrüßung verbindet. Ist wiederum kein liturgisches Element in dieser Sequenz enthalten, dann kann sie auch am Lese-

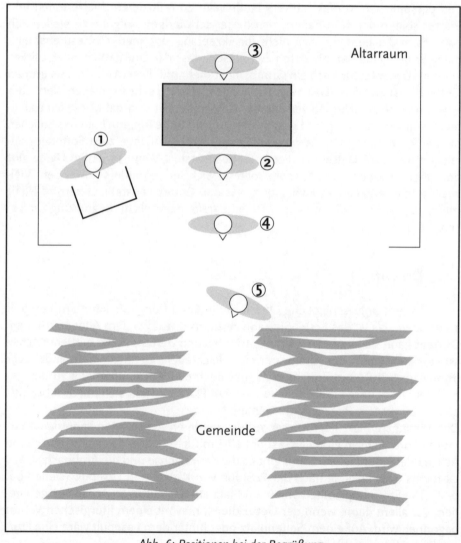

Abb. 6: Positionen bei der Begrüßung

pult platziert sein. Man sollte aber immer bedenken, dass ein Lesepult Distanz schafft, ebenso wie ein Ringbuch, und dass es natürlich einen Unterschied macht, ob der Liturg frei begrüßt oder mit einem Gegenstand in der Hand (siehe Abb. 9–11). Sicher stellt das Lesepult eine gewisse Hilfe dar, weil man sein Ringbuch darauf ablegen kann. Viele trauen sich auch nicht, ohne schriftliche Unterlagen zu begrüßen, weil sie befürchten, Dinge zu vergessen oder sich zu versprechen.

Wenn man sich aber die Funktion dieser Sequenz noch einmal genau klar macht, ist es die Eröffnung des Gottesdienstes, die persönliche Begrüßung und der entscheidende Erstkontakt zwischen Gemeinde und Liturg. Man sollte daher sehr gut prüfen, ob Ankündigungen, die 10 Minuten lang dauern, und die man tatsächlich ohne Ringbuch nicht machen kann, hier am richtigen Ort sind. In der Regel

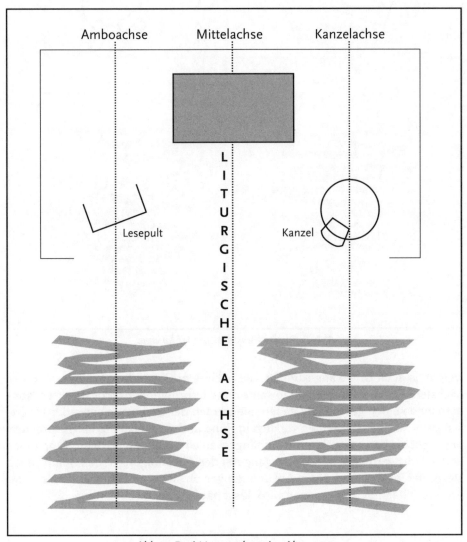

Abb. 7: Drei Hauptachsen im Altarraum

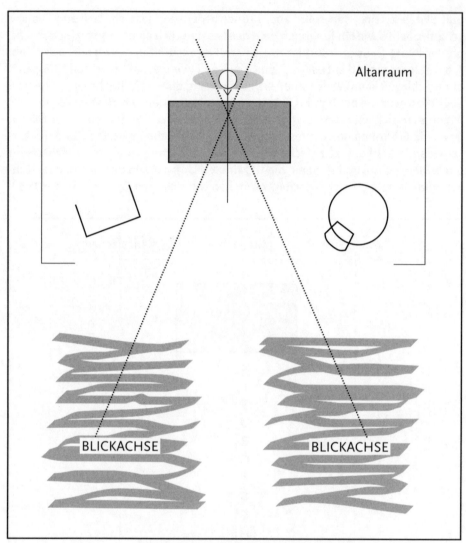

Abb. 8: Blickachsenzentrum der Liturgie

werden ja auch Dinge angekündigt, die nach dem Gottesdienst oder erst in der nächsten Woche stattfinden. Man sollte diese Informationen nicht abwerten, sondern ihnen einen guten Platz geben. Sie werden der Gemeinde entweder schriftlich gereicht oder sie werden wirklich in Ruhe und als Einladung ausgesprochen und nicht als heruntergelesenes Anhängsel an eine abgelesene Begrüßung montiert. Häufig vermittelt mir der Umgang mit den Abkündigungen das Gefühl, dass sie immer im Weg sind. Nicht Abkündigungen an sich sind schlecht, sondern die Art, wie mit ihnen umgegangen wird, lässt häufig zu wünschen übrig.

Abb. 9: Begrüßung
am Lesepult

Abb. 10: Begrüßung
mit Ringbuch

Abb. 11: Offene Begrüßung
mit Ringbuch

Das Trennen von liturgischen und persönlichen Gesten

In diesem ersten Teil unseres Gottesdienstes »Eröffnung und Begrüßung« spielt das Trennen und Unterscheiden der einzelnen Handlungseinheiten eine ganz wesentliche Rolle. Es ist ein Unterschied, ob ich persönlich begrüße oder liturgisch. Wenn ich beides kombiniere, dann ist es wichtig, das eine vom anderen sehr deutlich zu unterscheiden. Es müssen kleine Pausen eingehalten werden. Sie ergeben sich durch den Atem und durch die Körpersprache. Und dieses Trennen zwischen den liturgischen Bestandteilen, wie zwischen einem Gebet und einem Segen, zwischen einer Sendung und einem Segen, zwischen einer Instruktion und einer persönlichen Erläuterung zu einem Thema, gilt es grundsätzlich für den Gottesdienst zu lernen. All diese Bestandteile unterscheiden sich durch inhaltliche Fassetten, vor allem aber in der Kommunikationsrichtung und in der Kommunikationsqualität.

Gehen wir einmal davon aus, dass der Liturg die Eröffnung mit einem liturgischen Votum beginnt. Hier handelt es sich um einen liturgischen Akt, der eine entsprechende Körperhaltung voraussetzt, die ihn als solches kennzeichnet und unterstützt (siehe Abb. 12+13). Bei liturgischen Gesten handelt es sich insgesamt um künstliche Gesten. Sie beruhen auf einer gewachsenen Übereinstimmung innerhalb eines Kollektivs. Sie sind herausgehoben und geschützt und entstehen nicht aus sich heraus. Demgegenüber definiere ich persönliche Gesten als solche, die immer aus sich heraus entstehen, sie geschehen spontan auf eine natürliche Art und Weise. »Natürlich« ist ein treffender Ausdruck an dieser Stelle. Er markiert noch einmal den Unterschied: Eine liturgische Geste wird vom Liturgen gebaut und eine persönliche Geste entsteht natürlich aus sich heraus. Jedoch haben viele die Fähigkeit verloren, sich mit spontanen persönlichen Gesten in der Öffentlichkeit auszudrücken. Das ist in der Arbeit an der liturgischen Präsenz ein sehr wichtiger Part, die spontanen und natürlichen Gesten einer Person zum Leben zu bringen.

Abb. 12: Liturgische
Grundhaltung

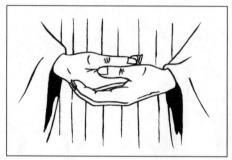

Abb. 13: Liturgische Grundhaltung, Detail

Das Trennen im Detail

Ich unterscheide im Handlungsablauf zwischen einzelnen *Sequenzen*. Ein liturgischer Akt ist ein anderer Akt als eine persönliche Begrüßung oder als die Ansage des Themas. Und wenn wir diese Sequenzen noch einmal teilen in kleine Abschnitte und Details, dann sind das bei mir *Beats and Moments*. Das sind also die kleinsten Einheiten einer Szene. Manchmal kommen sie nur durch einen Wechsel der Emotionen zu Stande, manchmal durch Positionswechsel. Diese *Beats and Moments* gilt es natürlich genauso voneinander zu trennen wie die größeren Akte. Das Gestogramm, das bei einem Liturgen entsteht, hat immer eine innere Einstellung zur Grundlage. Hier ist der Ansatz meiner Arbeit: Ich gehe davon aus, dass ich durch Änderung der Einstellung auch das Gestogramm beeinflusse und umgekehrt. Wenn ich das Gestogramm beeinflusse, verändere ich die innere Einstellung. So ergeben sich also für die Begrüßung *Zentrale Fragen*: Was hat diese Sequenz für eine Kommunikationsqualität? Ist es ein liturgischer Akt, ist es eine Instruktion oder ist es ein persönlicher Akt? Die nächsten Fragen sind: Ist es dramaturgisch gesehen besser, das Votum an den Anfang zu stellen oder die persönlichen Worte? Welche Logik ergibt sich jeweils aus einer Abfolge? Was hilft der Gemeinde und dem Liturgen, wirklich in den Gottesdienst hinein zu finden?

Funktion der Eröffnung für den Gottesdienst

In der Begrüßung spielen auch große, den ganzen Gottesdienst betreffende dramaturgische Gesichtspunkte eine Rolle. Am Ende dieser Passage sollten wir das Gefühl haben, wir haben unseren Alltag hinter uns gelassen und wir sind eingetreten in eine andere Welt, in die Welt Gottes. Wir haben Distanz gewonnen zum Alltag und wir öffnen uns für etwas ganz Neues. Die Begrüßung ist wie der Beginn einer Pilgerreise. Wir müssen uns fragen, was lassen wir zu Hause und was nehmen wir mit auf die Reise? Was brauchen wir für unsere Begegnung mit Gott? Hier hat der Liturg die große Verantwortung, uns in der Kürze der Zeit vorzubereiten für die nächsten größeren Schritte, die im Gottesdienst folgen. Eine wesentliche Bedingung dafür, dass die Gemeinde sich während der Eröffnung auch wirklich für den Gottesdienst öffnet, ist die Erlebnisqualität dieser Sequenz. Der Liturg muss sich darüber im Klaren sein, welches Erleben und welche Gefühle er ausdrücken will. Und er selber darf als Person nicht außen vor bleiben. Er ist ein Teil des Ganzen, Partner in einem Dialog, Darsteller und Initiator, oder noch besser, er ist das Medium eines Prozesses, den auch andere unmittelbar und zeitgleich miterleben sollen. Von seiner Fähigkeit, diese Situation einzuschätzen und in ihr zu handeln, sich mit der Stimme, mit seinen Gefühlen, mit seinem Körper, mit seiner seelischen Intensität darauf einzustellen, hängt der Grad des Erlebens in diesem Augenblick ab. Um andere in diesen Erlebnisraum führen zu können, muss der Liturg selbst schon darin sein. Er sollte angekommen sein: im Raum, im Kreis der Mitwirkenden, in der Welt seiner Worte und auch in seiner spirituellen Haltung. Er braucht eine grundsätzliche Offenheit, damit das, was hier passiert, nicht gemacht wird, sondern nur geschieht. Damit es nicht auf eine Bühne gerissen wird, sondern sich als ein Geheimnis erschließt. Diesem Angekommen-Sein des Liturgen sollte man bei der Eröffnung noch eine gewisse Frische abspüren: Er selber ist gerade angekommen; er ist präsent, aber nicht übersättigt. Auch er muss sich einer neuen Herausforderung stellen. Er sollte bereit sein zum Aufbruch, wenn er andere zum Weitergehen bewegen will.

Der Gottesdienst beginnt vor der Begrüßung

Manchmal treten Liturgen nach dem ersten Lied auf und sagen: »Wir beginnen den Gottesdienst im Namen des Vaters und des Sohnes und des Heiligen Geistes.« Damit geschieht eine Abwertung der vorausgehenden Teile, sie werden nicht zum Gottesdienst gezählt. Als Organist wäre ich sehr verärgert darüber. Theologen sollten sich stärker bewusst machen, dass die Kirchenmusik ein fester und wesentlicher Bestandteil des Gottesdienstes ist. Viele Menschen kommen in die Kirche nicht wegen der Predigt, sondern weil sie die Orgel hören und mitsingen wollen oder weil sie andere Menschen treffen möchten. Und das sind Erlebniselemente, die gehen der Begrüßung voraus. Sie gehören auch zum Gottesdienst und könnten durch eine kleine Änderung in der Formulierung auch im Nachhinein einbezogen werden: »Wir *feiern* diesen Gottesdienst im Namen des Vaters ...«

Die Welt der Gesten

Ich unterscheide für den Gottesdienst grundsätzlich persönliche Gesten und liturgische Gesten. Beiden voraus liegt vielleicht noch etwas anderes, nämlich der Gebrauch von Zeichen und Hinweisen. Diese helfen der Gemeinde, sich

im Gottesdienst zurechtzufinden. Sie sind so etwas wie Wegweiser oder Verkehrs-schilder. So z. B. die Handzeichen zum Aufstehen und Setzen der Gemeinde oder ein Hinweis zum Ablauf beim Empfang des Abendmahles. Davon zu unter-scheiden sind die spontanen persönlichen Gesten, die ich vor allem der freien Rede zuordne und die liturgischen Gesten, die sich mit kleinen Varianten stets wiederholen. Speziell bei der Eröffnung können liturgische Gesten vorkommen als:
Liturgische Grundhaltung, Sendungs- und Einladungsgeste, Gebetsgesten, Ges-te zur Anrufung oder zum Sündenbekenntnis.

Liturgische Gesten – Gestalt und Wirkung

Liturgische Gesten sind künstliche Gesten. Sie dienen speziell liturgischen Zwecken. Die Künstlichkeit einer liturgischen Geste bedeutet aber nicht, dass sie unehrlich ist. Evangelische Theologen äußern schnell diesen Verdacht, dass durch künstliches Bauen einer Geste Unehrlichkeit entsteht und dass es sich nur um eine Äußerlichkeit handelt. Dem widerspreche ich ganz entschieden. Ein Schau-spieler hat ständig die Aufgabe, etwas zu spielen, was nicht zu seiner Person gehört – was nie zu ihr gehört hat und nie zu ihr gehören wird. Um einen Mörder spielen zu können, muss man nicht jemanden umgebracht haben. Aber man kann sich hineinfühlen. Und dazu braucht der Schauspieler die Fantasie. Die Künstlichkeit der Geste meint nur, dass sie etwas ist, das auf kommunikativer Übereinstimmung beruht. Etwas, das man relativ sicher und deutlich in seiner Aussage erkennen und überprüfen kann.
Wünschenswert ist in liturgischen Zusammenhängen, dass dem Liturgen diese künstlichen Gesten zur zweiten Natur werden. Das heißt, dass er sie sich wirk-lich aneignet und sie durch seine Person mit Leben füllt oder dass seine Person ganz von diesen Gesten in den Dienst genommen wird. Das kann nur geschehen durch Üben, durch eine bewusste Auseinandersetzung. Dadurch, dass sich je-mand der Beobachtung und der kritischen Rückmeldung aussetzt und sich auf den Weg macht, diese drei Bewusstseinsschritte zu gehen: Von der *unbewussten Unfähigkeit* zur *bewussten Unfähigkeit*; von der *bewussten Unfähigkeit* in die *be-wusste Fähigkeit* und schließlich von der *bewussten Fähigkeit* zur *unbewussten Fä-higkeit*. Diese vier Bewusstseinszustände liturgischer Übungspraxis führen dazu, dass eine künstlich wirkende Geste letzten Endes zur unbewussten Geste wird, zur zweiten Natur des Liturgen. Der Liturg sollte sich immer darum bemühen, diese Künstlichkeit einer Geste in etwas Organisches zu verwandeln, ohne je-doch die Form dabei zu verlieren. »Pastoralität« entsteht immer dort, wo der Pfarrer sich künstlich gibt, wo die Worte und die Handlungen ihm nicht wirklich vertraut sind. Liturgische Gesten muss man sehr lange und sorgfältig üben, um dann in der Praxis dieses Einüben wieder zu vergessen.
Aber auch wenn die liturgische Geste zur zweiten Natur wird, ist sie immer von der persönlichen Geste zu unterscheiden. Der Rhythmus ist anders. Die liturgi-sche Geste ist etwas langsamer, sie darf aber trotzdem nicht behäbig oder pasto-

ral wirken. Man kann es vergleichen mit der Zeitlupe im Film oder im Fernsehen. Die Zeitlupe verändert nicht den Inhalt, sondern sie gibt uns die Möglichkeit, mehr Details zu sehen und viel genauer hinzuschauen. Die persönliche Geste ist der individuelle Ausdruck einer Person in einem Augenblick. Die liturgische Geste dagegen macht sichtbar, was sich in einem Kollektiv oder für ein Kollektiv vollzieht. Wie in Zeitlupe oder wie in einer Traumwelt können wir uns durch liturgische Gesten ins Unbewusste führen lassen. Gerade die Andersartigkeit dieser Gestik spricht uns in anderen Seinsbereichen an, die im Alltag nicht zugänglich sind. Die liturgische Geste bringt uns über den Körper in tiefere Schichten. Sie ermöglicht uns, den Kontakt zu unseren religiösen Gefühlen herzustellen.

Würden im Gottesdienst liturgische Gesten fehlen, dann würden wir uns von der in Jahrhunderten gewachsenen Spiritualität abschneiden und von den damit verbundenen Türen zu unseren tiefsten inneren Schichten. Im Zusammenspiel mit den Zeichen dieses besonderen Raumes und seiner Einrichtung, mit der Kleidung des Liturgen, mit der musikalischen Gestaltung tragen die Gesten zum Aufbau einer besonderen, unverwechselbaren Atmosphäre bei, die dann mit der Nennung des Namens Gottes ihre letztgültige Ausrichtung erhält: »Im Namen des Vaters und des Sohnes und des Heiligen Geistes.« Man kann heute sicher über den Wortlaut der alten Formel streiten, aber man wird keinen Gottesdienst feiern können ohne diesen Bewusstseinsakt, der einen mit der Tradition verbindet und letztlich auf den Gott der Bibel zurückführt. Schon mit der Bereitschaft, sich am Sonntagmorgen in die Kirche zu begeben, legen die Gemeindeglieder ein Bekenntnis ab. Sie zeigen, wes Geistes Kind sie sind, oder sie offenbaren uns doch zumindest ihren Wunsch, Gott zu begegnen.

Menschen haben schon immer besondere Plätze in der Natur aufgesucht, um sich auf die Suche nach Gott zu machen und ihm nahe zu sein. Diese Sehnsucht, nach innen zu schauen, hat sicher ihren besten Ort in der Stille. Hier kann sich die Stimme Gottes hörbar machen oder wir können ein offenes Ohr für sie bekommen. Und die liturgische Geste kann in diesem Zusammenhang eine große Hilfe sein, sowohl zur Vorbereitung des Hörraumes in mir und um mich herum, wie auch direkt als Werkzeug der Rede Gottes. Grundsätzlich meine ich, dass liturgische Gesten *kollektive Bilder* auslösen und dass die persönlichen Gesten individuelle Kommunikation ansprechen. Beides hängt jeweils vom anderen ab. Die Welt Gottes ist auf die menschliche Welt bezogen und umgekehrt. Mit den liturgischen Gesten wird der Liturg zum Reisebegleiter in eine andere Ebene der Wirklichkeit. Und in diesem Moment tritt seine Persönlichkeit in den Hintergrund. Die liturgische Geste muss frei sein von Privatheit. Sie hat nichts mit dem Alltag zu tun. In diesen Akt darf sich der Liturg nicht selbst bewusst einmischen. Wenn wir mit ihm beschäftigt sind, wird unsere Aufmerksamkeit zerstreut. Wir können nicht mehr wahrnehmen, dass sich eine innere Tür leise öffnet. Die liturgische Geste ist die Schnittstelle zwischen dem Alltag und der Welt Gottes. Entscheidungen allerdings, wo eine liturgische Geste platziert wird, haben große Bedeutung. Und so zeichnet sich ein guter Liturg immer dadurch aus, dass er Stimmigkeit in seine Gestik bringt.

Zum Handwerk liturgischer Gestik

Welcher Bereich des Körpers ist geeignet für eine liturgische Geste? Grundsätzlich kann man sagen, die liturgischen Gesten finden im *Mittleren Raum* statt: der Gruß, die Sendung, die Gebetsgeste (siehe Abb. 14–16). Nur bei der Anrufung und beim Segen sind Gesten dem oberen Raum des Körpers zugeordnet. Was muss ich tun, damit eine liturgische Geste entsteht? Ich muss mir darüber klar werden: Ist dieser Teil des Gottesdienstes ein liturgischer Akt und was für ein liturgischer Akt ist er, welche Aussage hat er und welche Körperhaltung entspricht ihm? Ich kann nicht jedes Mal bei einer Fürbitte oder beim Vaterunser neue Gebetsgesten erfinden, das würde zu einem heillosen Chaos im Gottesdienst führen. Es ist nicht erstrebenswert, auf diesem Gebiet kreativ zu werden und ein Vielerlei an liturgischen Gesten zu praktizieren. Eine kleine Anzahl liturgischer Grundgesten, die dann immer wieder einzelne Teile kennzeichnen, reicht aus.

Abb. 14: Oberer, mittlerer,
unterer Raum

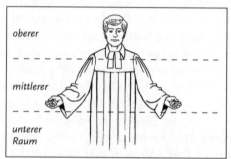

oberer

mittlerer

unterer
Raum

Abb. 15: Gruß oder Sendungsgeste
im mittleren Raum

Ebenfalls sollte man eine Aneinanderreihung oder eine Doppelung von liturgischen Gesten vermeiden. Wenn z. B. mehrere verschiedene liturgische Akte hintereinander geschaltet sind wie beim Abendmahl Gebet, Anrufung, Gebet, Gruß, könnte dies zu einer Inflation von liturgischen Gesten führen. Hier ist es wichtig, einen Rhythmus zu entwickeln, in dem ich auswähle und sage: Ich unterstreiche jetzt diesen einen liturgischen Akt, ich bewege also die Hände nach vorne und bleibe sonst in meiner liturgischen Grundhaltung (siehe Abb. 15).
Grundsätzlich kann man nur davor warnen, liturgische Gesten an Stellen zu benutzen, wo sie nicht hingehören. Oft erlebe ich, dass jemand einen Teil persönlicher Rede mit einer liturgischen Geste verbindet. Eine liturgische Geste ist aber nun einmal reserviert für liturgische Zwecke. Sie soll ja gerade den Unterschied markieren zu den persönlichen Teilen im Gottesdienst. Wenn dies verwechselt wird, dann haben wir das weit verbreitete Phänomen, dass auch die persönliche Rede pastoral wirkt. Dadurch wird zusätzlich die liturgische Geste geschwächt und undeutlich.

Abb. 16: Seitenansicht
zu Abb. 15

Abb. 17: Verlegenheits-
geste [F]

Abb. 18: Liturgische
Grundhaltung ...

Abb. 19: ... entsteht ganz
natürlich ...

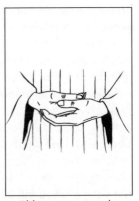

Abb. 20: ... wenn das
Ringbuch weggelegt wird.

Liturgische Gesten eignen sich natürlich auch immer dazu, als Beruhigungsmittel missbraucht zu werden. Wenn jemand Schwierigkeiten mit einer Station im Gottesdienst hat, wenn jemand z. B. Probleme hat, etwas auswendig zu sprechen, und er sucht nach Möglichkeiten, das zu kaschieren, dann werden sehr oft die Hände in der Mitte geschlossen zu einer pseudoliturgischen Geste (siehe Abb. 17).

Eine liturgische Geste hat für mich nicht nur mit der Tradition zu tun. Sie beruht auch auf Übereinstimmung in der Gegenwart. Sie sollte klar und einfach sein, sodass sie verstanden werden kann (siehe Abb. 18–20). Sie sollte uns nicht an eine Figur aus einem modernen Tanztheater erinnern. Es ist sicher nötig in der heutigen Zeit, neue liturgische Gesten zu kreieren und auch auszuprobieren. Ob sie eine Wirkung haben, ob sie Sinn machen und unsere Generation überdauern, das werden die Generationen nach uns entscheiden. Liturgische Gesten brauchen viel Zeit zur Einübung und Wiederholung. Hier haben wir bestimmt noch nicht alle Möglichkeiten ausgereizt, unsere Gottesdienste zu durchforschen, ob es neue liturgische Formen und Gesten geben könnte, die sie reicher machen.

Was ist eine persönliche Geste ?

Grundsätzlich gilt, dass eine persönliche Geste nicht bewusst vollzogen werden darf. Denn eine Geste, die konstruiert wird, wirkt gestellt. Konstruierte Gesten kann man daran erkennen, dass sie ein paar Millisekunden nach dem Sprechen einsetzen. Die echte persönliche Geste zeichnet sich dadurch aus, dass ihr eine natürliche Spontaneität innewohnt. Sie wird nicht erdacht oder einstudiert und ist absolut synchron mit der Rede. Konstruierte Gesten sind eine Einmischung in den Redefluss, während sich eine echte Geste in der Pause vor dem neuen Satz von selbst kreiert und mit ihm zugleich zum Ausdruck kommt.
Ich halte es daher für einen falschen Ansatz, an den persönlichen Gesten direkt arbeiten zu wollen. Trotzdem ist es mein Ziel, dass eine Person es schafft, sich in der Öffentlichkeit mit natürlichen und persönlichen Gesten zu äußern, die ihrem Wesen entsprechen. Ich arbeite aber nicht an den Gesten, sondern an der Einstellung einer Person. Es ist wichtig, dass jemand lernt, frei und ohne Zwänge zu sprechen und dabei sein eigenes Potenzial voll zu nutzen. Letzten Endes geht es mir darum, den Hintergrund einer Geste zu erforschen. Denn es hat immer einen Grund, dass eine Person ein bestimmtes Gestogramm lebt oder es nicht lebt. Dieses Zeichen, das jemand nach außen gibt, kann für uns wie ein Ariadnefaden sein ins Innere einer Person, zu ihrer Einstellung. Man kann dann womöglich entdecken, was hinter dieser Geste steht, dass sie sich vielleicht als Verzerrung zeigt, oder woran es liegt, dass jemand sich nicht voll ausdrückt oder übertreibt. Und wenn es jemand schafft, diese Einstellung zu finden oder sie zu ändern, dann werden seine Gesten auch ganz organisch aus diesem Prozess hervorgehen. Deshalb hat es keinen Sinn, persönliche Gesten zu bauen, etwa mit einem Fotoband über Körpersprache in der Hand, sich selbst eindrucksvolle Gesten einzustudieren. Ein Schauspieler hat mehrere Wochen Zeit dafür, die persönlichen Gesten eines Charakters, den er spielen soll, zu finden und sie dann organisch auszudrücken. Aber er hat die Erlaubnis und den Auftrag, eine fremde Rolle zu spielen. Und die hat der Prediger nicht. Er soll ja gerade in den Teilen der freien Rede, zu denen er die persönliche Geste braucht, authentisch sein. Außerdem fehlt ihm der Regisseur, der darüber wacht, dass er auch wirklich in seiner einstudierten Rolle bleibt.

Wie kann ich den Reichtum meiner persönlichen Gesten erweitern?

Ich beobachte häufig, dass persönliche Gesten in der Kirche zu klein ausfallen. Man muss sich aber darüber im Klaren sein, dass die Situation des Gottesdienstraumes eben doch sehr stark der einer Bühne entspricht. Wer auf der Bühne steht, muss die Gesten bewusst in den Raum spielen. Viele Liturgen bleiben mit den Armen zu stark am Oberkörper und trauen sich nicht den ganzen Bewegungsraum der Arme zu nutzen (siehe Abb. 21–23). Viele Liturgen scheuen sich, das zu tun. Sie meinen, es sei künstlich oder übertrieben. Sie haben eine Wahrnehmung von sich, die mit der Außenwirkung nicht übereinstimmt. Persönliches Sprechen geht d'accord mit persönlichen Gesten. Das ist sozusagen ein Zwillingspaar, das man nicht trennen kann. Gibt es Schwierigkeiten im persönlichen Sprechen, so wird es auch eine Künstlichkeit geben in der persönlichen Geste. Gibt es eine Natürlichkeit in der Geste, wird sich das auch im Sprechen widerspiegeln.

Abb. 21: Zu nah
am Körper [F]

Abb. 22: Nutzung des
vorderen Raumes

Abb. 23: Seitenansicht
zu Abb. 22

Dieser Zusammenhang spielt gleich bei der Begrüßung eine ganz wichtige Rolle. Wenn man persönlich spricht, auch ohne Ringbuch, wenn die Hände frei sind, hat man viel mehr Möglichkeiten, sich mit Gesten auszudrücken, als wenn man hinter einem Lesepult steht oder wenn die Hände durch das Ringbuch gebunden sind. Persönliche Gesten werden auch immer dann unecht, wenn man neben sich tritt, um sich selbst von außen zu beobachten und sich zu kontrollieren. Man kann sich nicht wirklich auf einen Gottesdienst einlassen und zugleich an seinen Gesten arbeiten wollen. Die Grenze zwischen einer echten Geste und einer gestellten Pose ist immer da, wo man anfängt zu spielen, wo man eine Geste, egal, ob liturgisch oder persönlich, dazu benutzt, um einen Effekt in der Gemeinde zu erzielen. Da muss man sehr gut aufpassen, dass man nicht ins Manipulieren abrutscht. Man will es vielleicht genießen und auskosten, merkt aber nicht, wann der Bogen überspannt ist. Auch hier ist es wichtig, die Einstellung zu prüfen: Wozu mache ich das, was will ich bezwecken? Wenn ich ins Machen hineingerate und nicht mehr im Sein bin, werde ich sehr schnell unecht und alles wird sich dementsprechend negativ, also zum Nachteil der Person organisieren.

Die Funktion der persönlichen Geste ist immer, uns mit einer Persönlichkeit in Kontakt zu bringen, Vertrauen aufzubauen, sodass sich die Gemeinde mit dem Liturgen identifizieren kann. Der Mensch, der im Talar vorne steht, wirkt ja zunächst fremd auf viele in der Gemeinde. Da kann die persönliche Geste eine Brücke schlagen, die es uns ermöglicht, den Liturgen näher kennen zu lernen, obwohl der natürlich in seiner Rolle bleiben muss und niemals als Privatperson vorne steht. Das sollte auch dem Liturgen unbedingt klar sein, dass er trotz einer freien persönlichen, zum Teil spontanen Begrüßung eindeutig stärker in der Rolle des Liturgen bleiben muss. Als ein Gegenüber zur Gemeinde hat er die Verantwortung für den Gottesdienst und darf sie keine Sekunde lang aus den Augen verlieren. Meine gesamten Erfahrungen in der Arbeit an der Eröffnung kann ich nur dahingehend zusammenfassen: Es lohnt sich auf jeden Fall, die Begrüßung in einem Gottesdienst frei zu sprechen. Kein Liturg wird mit dem Ringbuch in der Hand lebendiger sein als ohne. Ist in einer Gemeinde die persönliche Begrüßung ohnehin schon Bestandteil des Gottesdienstes, dann wäre es eine Hilfe, den persönlichen Teil und den liturgischen Teil mit einem Lied voneinander zu trennen. Da es sich natürlich nicht jeder zutraut, Wochenspruch, Abkündigungen usw. auswendig zu lernen, sollte der Anfang so gestaltet werden, dass freies Sprechen möglich ist. Der Preis, den der Liturg mit den ersten Unsicherheiten bezahlt, ist bei weitem nicht so groß, als wenn er sich für die abgelesene Begrüßung auf Dauer entscheidet. Die praktische Erfahrung zeigt, dass der Liturg in den allermeisten Fällen freier wirkt und die Gemeinde die Natürlichkeit, die damit einhergeht, sehr zu schätzen weiß. *Kommunikation sollte immer vor Perfektion gehen.* Lebendige Präsenz kann nur in der Gegenwart geschehen und lässt sich nicht auf einem DIN-A5 oder DIN-A4 Blatt im Ringbuch notieren. Die Gemeinde verlangt ja nicht vom Liturgen, dass er eine perfekte Begrüßung macht, sondern eine lebendige. Deshalb ist es nötig, alle Requisiten, die zur Absicherung des Liturgen dienen, wie Ringbuch und Gesangbuch, wegzulassen. Gerade das Ringbuch führt zu einer weit reichenden Blockierung des Gestogramms – und das sollte besonders zu Beginn eines Gottesdienstes nicht passieren. Der Zwang vieler Theologen, nur mit einem Ringbuch an den Altar zu gehen, führt zu häufigen Doppelbotschaften, die den Kontakt zur Gemeinde erheblich stören (siehe Abb. 24). In dem Einwand: »... Ja, wenn ich mich jetzt verspreche, was mache ich dann ...«, sehe ich vor allem eine Vermeidung von Lebendigkeit. Diese Angst wird genutzt, um eine Rechtfertigung dafür zu haben, sich nicht so gut vorzubereiten. Denn das freie Sprechen braucht natürlich mehr Vorbereitung. Man braucht mehr Zeit, man muss sein Konzept genau kennen und es mehrfach laut sprechen. Das Ringbuch ist für viele Liturgen wie ein Rettungsanker, der

Abb. 24: Mit Ringbuch zur Begrüßung gehen

*Abb. 25: Ringbuch
als Festhalter*

aber nie gelichtet wird. Und so kommt das Schiff gar nicht erst in Fahrt, es bleibt gleich am Anfang liegen, sprich, der Körper des Liturgen bleibt starr (siehe Abb. 25). Seine Energien fließen in Regionen, die uns nur vom Inhalt des Sprechens ablenken. Das Ringbuch wird zum Festhalter und zum Stichwortgeber. Beruhigungsgesten treten in Erscheinung und verstärken den pastoralen Habitus.

Wie unterscheidet sich das Gestogramm der persönlichen Begrüßung von dem der liturgischen Begrüßung?

Grundsätzlich sollte man vermeiden, bei der persönlichen Begrüßung die Hände vor der Körpermitte zu schließen. Damit erzeugt man eine quasi liturgische Geste und man verfällt auch leicht dem Muster der »Doppelgeste«, bei der sich beide Hände ständig symmetrisch lösen und schließen (siehe Abb. 26+27). Bei der Begrüßung im Stehen spielt der mittlere Raum eine bedeutsame Rolle. Wir sind es gewohnt, Dinge im Sitzen zu erklären, in diesem Falle liegen die Arme in der Ruhestellung entspannt auf dem Oberschenkel (siehe Abb. 28+29). Diese Ablagemöglichkeit wird uns im Stehen genommen. Und jetzt wird es für viele in unserem Kulturkreis schwer, die Hände beim Reden zu benutzen. Im Sitzen war das Benutzen der Hände kein Problem, weil sie eine selbstverständliche Ruhestellung haben. Im Stehen aber haben wir das Gefühl, dass es total künstlich wirkt, wenn wir beim Reden die Hände über die Gürtelhöhe hinaus

Abb. 26: Ausgangsposition Doppelgeste   *Abb. 27: Symmetrisches Öffnen und Schließen*

Abb. 28: Ruhestellung im Sitzen   *Abb. 29: Geste im Sitzen*

Abb. 30: Ungewohnte Situation im Stehen

Abb. 31: Energieabgebende Gesten
im unteren Raum

Abb. 32: Kein Kontakt
zum Pult

Abb. 33: Fäuste

nach oben nehmen. Es ist ja auch ganz ungewohnt. Wenn ich kein Lesepult habe, wenn ich nicht irgendwie hinter einem Gegenstand stehe, dann ist das Reden mit Gesten im mittleren Raum, ohne dass sich die Hände schließen, zunächst eine künstliche Situation (siehe Abb. 30). Ich brauche viel Zeit, um es mir zur zweiten Natur werden zu lassen. Die Gefahr, die entsteht, wenn man die Hände einfach an der Seite lässt, ist die, dass daraus nur typische Energie abgebende Gesten werden und nicht wirklich Gesten, die strukturieren und die uns im Denken und Verstehen helfen (siehe Abb. 31).

Der Raum für die echten Gesten bei einer öffentlichen Rede ist der mittlere Raum. Auch wenn man hinter dem Lesepult steht und die Arme an den Seiten nach unten hängen lässt, würde man sie nicht sehen und damit hätten wir ähnliche Schwierigkeiten (siehe Abb. 32). Man aktiviert keine Emotionen. Man kann die Rede nicht gestisch strukturieren. Also entsteht zunächst ein sehr fremdes Gefühl für den Liturgen in den Armen. Das führt dazu, dass man anfängt, Fäuste zu machen, wenn man die Hände nicht zusammennehmen darf, man fängt an, mit den Daumen zu spielen, all diese Dinge (siehe Abb. 33+34). Aber wenn man dann diese Muster abstellt und seinem Gestogramm freien Lauf lässt, und den Mut findet, mit seinen Gesten in den Raum zu gehen, dann entsteht eine natürliche, lebendige Gestik.

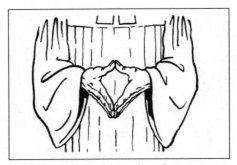

Abb. 34: Pastorale Verlegenheitsgeste

Häufig wird am Anfang dieses Weges geklagt: »... Ich habe kein Gefühl. Wenn meine Hände herunterhängen, fühle ich meine Arme nicht. Und außerdem: was soll ich mit meinen Händen machen ...?« Das sind typische Gefühle, weil die Energie der meisten Akademiker ins Denken gelenkt wird. Es wird immer beim Sprechen gedacht und alle Impulse konzentrieren sich im Kopf. Es wird sozusagen auch emotional gedacht und dadurch spüre ich die Hände nicht. Dadurch spalte ich die Arme von meinem Gefühl ab. Sie werden »geparkt«. Sie hängen wie tot an der Seite oder sie werden festgehalten. Und man merkt natürlich, das ist keine rhetorisch fruchtbare oder ästhetisch ansprechende Haltung.

Der wichtigste Schritt in dieser Phase ist, einen Teil der Energie aus dem Kopf in die Arme zu bringen, sodass die Arme zu sprechen beginnen. Man kann an diesen persönlichen Gesten nicht direkt arbeiten, sondern es ist wichtig, dass man die Person in einen Zustand bringt, in dem persönliche Gesten frei ausgelöst werden. Für eine Stellung hinter dem Rednerpult gibt es ebensolche Möglichkeiten. Ich kann einmal die Hände an die Seiten des Pultes legen. Die Hände sollten sich aber nicht dort festhalten oder anklammern, sondern sie werden nur aufgelegt (siehe Abb. 35+36). Und ich habe auch die andere Möglichkeit, die Hände im mittleren Raum vor meinem Oberkörper zu haben, also nicht zu hoch, aber schon sichtbar. Und wieder ist darauf zu achten, die Hände nicht zu schließen. Das

Abb. 35: Hände am Pult

Abb. 36: Sicht von oben zu Abb. 35

Abb. 37: Bewusstes Gestogramm

Abb. 38: Etablierung im Raum

sind die beiden Positionen, in denen sich die Impulse, die im Körper entstehen, beim Sprechen ausdrücken können.

Der nächste größere Schritt wäre, mein Gestogramm bewusst zu gebrauchen, indem ich etwa bestimmte Inhalte an bestimmten Plätzen etabliere. Das kann zum Beispiel in einer Jesus-Geschichte so aussehen, dass für mich der See Genezareth auf der linken Seite liegt und die Stadt Kapernaum rechts vorne (siehe Abb. 37+38). Oder es kann so sein, dass ich einzelne Bilder verstärke oder einer Information durch die Position vor meinem Körper eine Gewichtung gebe. Es ist wichtig zu verstehen, dass es der mittlere Raum ist, der sich am besten für diese Art der Gestik eignet. Beim Schauspieler spricht der ganze Körper. Man wird ihn niemals nur auf den mittleren Raum einengen. Aber die Predigt findet ja nicht auf einer Bühne statt. Es wäre also sinnlos, wenn wir die Aufmerksamkeit der Gemeinde auf die Füße lenken würden. Eben deshalb spielt für jede öffentliche Rede der mittlere Raum eine so große Rolle.

Ein anderer Hauptraum für die Gestik ist das Gesicht, »die Augen sind der Schlüssel zur Seele«. Mimik und Kopfhaltung spielen eine große Rolle in diesem Gesamtzusammenhang. Kopf, Schultern, Brust, Arme und Hände haben eine elementare Bedeutung für die Gesten im Gottesdienst.

Warum überhaupt Gesten?

In meinen Kursen wird immer wieder etwas vorwurfsvoll gefragt: »Was sollen diese Gesten? Die lenken uns nur ab vom Inhalt. Das alles ist übertrieben, das bringt nichts. – Warum also Gesten? ...« Man muss sich klar machen, dass Gesten die Struktur einer Rede unterstützen. Sie machen einen abstrakten Gedanken gegenständlich. Diese Gegenständlichkeit löst Bilder aus. Wir können den Fluss der Gedanken besser nachvollziehen. Nicht nur der Liturg bekommt ein anderes Gefühl beim Sprechen, auch die Gemeinde kann den emotionalen Aspekten der Rede viel besser folgen. Wenn ein Liturg mit Händen und Armen spricht, werden sich die Pausen beim Sprechen an den richtigen Stellen ergeben. Die Rede wird mehr als nur ein gelesener Text oder als ein laut gewordenes Denken. Sie wird zu einem realen Geschehen zwischen Menschen aus

Fleisch und Blut. Sie kann bewegen und anrühren, sodass die Zuhörer in sich gehen oder sich begeistern. Und dies alles ist ohne den Gebrauch von Gestik und Mimik fast nicht möglich.

Die Gesten haben auch noch eine andere Funktion. Sie lenken unser Sehen, sie führen unsere Gedanken. So können auch in der Rede durch Gesten Strukturen geschaffen werden. Es kreieren sich Szenen und Szenenfolgen, woraus wieder Akte entstehen, die am Ende zu einem Stück werden. Wie in einem Film durch Schnitte und Szenenwechsel Dynamik entsteht, so bringen die Gesten Dynamik in eine Rede.

Die liturgische Grundhaltung : Eine Grundform von Präsenz

Der Liturg hält die Hände im mittleren Raum vor sich ineinander gelegt. Die linke Hand hält die rechte oder umgekehrt, je nachdem, ob jemand Linkshänder oder Rechtshänder ist (siehe Abb. 39–41). Diese Position ist für mich die liturgische Grundhaltung. Die Platzierung ist etwa im Bereich des Gürtels unter-

Abb. 39: Liturgische Grundhaltung

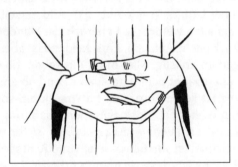

Abb. 40: Detail: rechte Hand unten

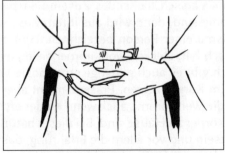

Abb. 41: Detail: linke Hand unten

Abb. 42: Je höher, desto frommer [F]

Abb. 43: Je tiefer,
desto privater [F]

Abb. 44: Liturgische
Grundhaltung,
Überspannung Brust [F]

Abb. 45: Liturgische
Grundhaltung,
Unterspannung Brust [F]

halb des Bauchnabels. Wichtig ist, dass die Arme sich in harmonischer Weise vor den Oberkörper legen. Sie bilden einen Halbkreis. Die Hände sollten sich nicht zu weit unten befinden. Hier kommen wir in einen intimen Bereich, wir verlassen den Raum der Liturgie (siehe Abb. 43). Andererseits dürfen die Hände auch nicht zu hoch gehalten werden, je höher ich die Hände nehme, umso pastoraler wird der Ausdruck (siehe Abb. 42). Entscheidend ist aber hier der persönliche Ausdruck des Liturgen im Vollzug. Man muss ihn sehen, ob er den Oberkörper oder die ganze Figur überspannt oder unterspannt, und ob er seine optimale Präsenz erreicht.

Präsenz ist keine Form von Entspannung, sondern eine Haltung, die sich dadurch auszeichnet, dass zwischen Spannung und Entspannung ein Gleichgewicht existiert (siehe Abb. 44+45). Es ist für mich eine wache Haltung, die gekennzeichnet ist von Bewusstsein und Achtsamkeit. Ein anderer wichtiger Aspekt von Präsenz ist, dass sie geübt und erreicht werden kann. Das ist eigentlich zu vergleichen mit einer Kampfsportart, in der sich der Schüler nach jahrelangem Training eine Sicherheit im Stehen und in den Bewegungen erwirbt, die wir dann als Eleganz, als Leichtigkeit, eben als eine präsente Haltung wahrnehmen. Diese präsente Haltung des Liturgen umfasst auch die Beziehungen zwischen Stimme, Atem und Körper, sodass ein organisch fließendes Zusammenspiel entsteht. Wenn diese Dinge in Harmonie sind, dann wird aus ihrem Zusammenspiel das, was wir häufig als Charisma einer Person bezeichnen. Hinter jeder Präsenz, die ein erwachsener Mensch hat, stecken wohl immer viele Jahre der Erfahrung und der Übung. Natürlich gibt es auch günstige emotionale Vorprägungen aus der Kindheit, die sich im Körper zeigen. Präsenz meint aber nicht den Zustand, mit dem ein Kind auf die Welt kommt, auch wenn Kinder oft so auf uns wirken, dass sie ganz in ihrem Körper zu Hause sind. Bei dieser natürlichen Präsenz fehlt für mich das Bewusstsein und vor allem die Erfahrung, dass Präsenz etwas ist, das ich auch verlieren kann und mir entsprechend aneignen muss. In diesem Zusammenhang sind Grundkenntnisse über den Atem und seine Funktion, über den Kehlkopf und das Zwerchfell notwendige Voraussetzungen. Die liturgische Grundhaltung wird aufgebaut, indem man die Hände ineinander legt. Bewährt hat sich, den Handrücken mit den Knochen in den mittleren Teil der anderen Hand zu legen. Nicht erwünscht ist ein Verschieben der Hände nach vorne oder auch ein Überstrecken der Hände nach vorne, was mehr wie ein Servieren aussieht (siehe Abb. 46+47).

 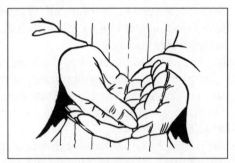

Abb. 46: Überstrecken [F]   Abb. 47: »Liturgisches Körbchen«

Dies ist zu vergleichen mit der liturgischen Grundhaltung bei den katholischen Priestern. Sie legen die Handflächen flach voreinander und halten sie in Brusthöhe nach oben. Werden die Hände sehr steil gehalten, dann nähern sich die Fingerspitzen dem eigenen Körper an. Diese Haltung signalisiert, dass der Priester für sich betet, dass er mehr mit sich selbst im Kontakt steht. Durch eine stärkere Schräghaltung nach außen signalisiert er mehr den Kontakt zur Gemeinde und zu Gott (siehe Abb. 48+49).

Abb. 48: Selbstbezogene   Abb. 49: In Beziehung
Gebetshaltung   zur Gemeinde

Dieser Vorgang ist zu übertragen auf die liturgische Haltung. Sie hat das Ziel, eine Stimmung im Körper zu erzeugen, die dem Liturgen oder der Liturgin hilft, einen liturgischen Akt darzustellen. Dieser liturgische Grundakt ist ganz besonders wichtig in der Begrüßung, weil der Gemeinde damit ein Körpercode vorgestellt wird, der ihr immer wieder ohne Worte an den entsprechenden Stellen im

Gottesdienst deutlich macht: *Jetzt haben wir es mit einer liturgischen Handlung zu tun.*

Für viele wirkt die liturgische Grundhaltung zunächst künstlich und fremd. Man verweigert sie, findet sie zu pastoral oder zu traditionell.

Für mich ist nicht entscheidend, ob diese Geste eine gute Presse hat. Ich habe diese Geste auch nicht erfunden, sondern ich habe sie gefunden. Es ist im Grunde die Haltung der Hände, die sichtbar wird, wenn man dem Liturgen das Ringbuch aus der Hand nimmt!

Zu Missverständnissen führt die liturgische Grundhaltung dann, wenn man sie ständig und gedankenlos einnimmt, beim Hingehen zum Platz oder in den »Übergängen« zwischen einzelnen Stationen, an Stellen also, wo sie gar nicht hingehört. Damit würde *alles* zur Liturgie aufgewertet. Das machen nicht einmal die katholischen Priester.

Die liturgische Grundhaltung dient dazu, Wegweiser zu sein, in eine andere Wirklichkeit des Gottesdienstes, die sich wesentlich von der Wirklichkeit des Alltags unterscheidet.

Der liturgische Gruß

Ob der Gottesdienst mit einem liturgischen Gruß beginnt, hängt von theologischen Entscheidungen ab. Häufig hat es auch mit gewachsenen Strukturen in der Gemeinde zu tun. Die Schwierigkeit besteht oft darin, dass eine doppelte Begrüßung stattfindet, eine liturgische und eine persönliche. Auch wenn sich beide unterscheiden, bleibt die Frage offen, ob es Sinn für die Gemeinde macht, auf unterschiedliche Weise begrüßt zu werden. Eigentlich nicht. Andererseits kann es nützlich sein für die Dramaturgie und für die Gestaltung des Gottesdienstes. Es begrüßt uns ein »Mensch« und ein »Amtsträger«. Es werden Kontakte in der horizontalen und in der vertikalen Ebene geknüpft. Menschen treffen sich und Menschen begegnen Gott. Beides entspricht der Absicht und der Realität des Gottesdienstes. Wegweiser für die Zuordnung der beiden Aspekte kann in diesem Punkt nur die Stimmigkeit im Ablauf sein.

Das Blocking des Grußes

Nehmen wir an, der Liturg spricht oder singt am Anfang den liturgischen Gruß. Liturg: »Der Herr sei mit euch« und die Gemeinde antwortet: »Und mit deinem Geist.« Hier beobachte ich verschiedene Ebenen: einmal Liturg und Körper und zugleich Liturg und Stimme. Ich beachte immer, was simultan passiert, wenn die Stimme des Liturgen sagt oder singt: »Der Herr sei mit euch«. Möglicherweise bleibt der Liturg bei diesen Worten in der liturgischen Grundhaltung oder er vollzieht eine einladende Bewegung mit den Armen, die ich gleich näher beschreibe. Hier ist wichtig, dass Stimme und Bewegung synchron sind (siehe Abb. 50). Mit dem ersten Wort beginnen die Arme, sich nach vorne hin zu öffnen. Das geschieht auf einer horizontalen Ebene. Die Handflächen sind nach oben in einem kleinen Winkel geöffnet, als würde ich eine flache Schale in der Hand halten (siehe Abb. 51). Der Bogen der Hände führt nicht über die Seiten hinaus nach hinten, sodass sich dabei der Oberkörper nach vorne streckt. Besonders Frauen sollten dies beachten, weil dann die Aufmerksamkeit der Gemeinde von den Händen weg und zur Brust hingelenkt wird (siehe Abb. 52).

Abb. 50: Liturgische Grundhaltung

Abb. 51: Endposition der Hände beim Gruß

*Abb. 52: Seitenansicht Hände zu weit
im hinteren Raum [F]*

Die Arme sollten den Bogen nur so weit beschreiben, so lange sie sich öffnen. Die Bewegung stoppt an dem Punkt, an dem sie beginnt, nach hinten und damit auch von der Gemeinde weg zu gehen. D. h., wir haben eine offene Handhaltung, die zur Gemeinde gewendet ist. Die Handflächen zeigen nach oben, aber nicht so, als würde man ein Tablett tragen, sondern mit einem kleinen Winkel nach vorn, etwa zwischen 35° und 40° (siehe Abb. 53–55). Die Hände sind entspannt, aber nicht schlaff. Der Oberkörper bleibt gerade. Er streckt sich nicht nach vorne, etwa um der Gemeinde freundlich entgegenzukommen. Zu den Worten: »Der Herr sei mit euch« geschieht diese öffnende Bewegung. Auf die Antwort der Gemeinde »Und mit deinem Geist« reagiert der Liturg, indem seine Hände denselben Weg zurückbeschreiben, bis in die liturgische Grundhaltung (siehe Abb. 56). Während dieses Grußes richtet der Liturg seine Blicke in die Gemeinde. Der Kopf schwenkt von rechts nach links (oder umgekehrt) synchron zu den Worten: »Der Herr sei mit euch.« Er nimmt Kontakt auf, ohne

Abb. 53: Arme zu weit nach hinten, dadurch Hände zu flach [F]

Abb. 54: Seitenansicht zu Abb. 51, Endposition Hände

Abb. 55: Detail, Handneigung

Abb. 56: Ausgangsposition Grußsequenz

Abb. 57: Mittelposition

Abb. 58: Endposition

Einzelne zu fixieren. Wenn dann die Antwort der Gemeinde gesprochen oder gesungen wird, schwenkt der Kopf zurück zur Mitte (siehe Abb. 58). Der Liturg sollte auf keinen Fall bei der Antwort mit dem Kopf nach unten gehen, da dies in der Logik des liturgischen Aktes eine Hierarchie in den Gruß bringt. Der Liturg schaut bei den Worten »Der Herr sei mit euch« in die Gemeinde und wendet dann bei der Antwort der Gemeinde »Und mit deinem Geist« den Blick ab. Dieses Verhalten wertet die Gemeinde ab.

Leider hat es sich eingebürgert, dass die Gemeinde auf diesen liturgischen Gruß nicht mehr antwortet. Das hat einerseits mit der Abschleifung liturgischer Formen zu tun. Es liegt zum Teil aber auch am Verhalten der Pfarrer. Wenn der Liturg den Satz »Der Herr sei mit euch« am Ende nach oben betont, dann fehlt der Gemeinde das Signal, zu antworten. Sie erwartet, dass der Liturg selbst weiterspricht, weil der Satz noch nicht zu Ende ist. Liturgen sollten aber so betonen, dass klar wird, wann ihre Sätze zu Ende sind. Das erleichtert der Gemeinde die Antwort. Dieses Phänomen zieht sich durch den ganzen Gottesdienst. Wenn die Gemeinde antworten soll, wie z. B. bei der Sendung, verhindern es die Liturgen durch falsche Betonungsmuster. Theologisch ist der Gottesdienst ja ein dialogisches Geschehen. Der Liturg sollte also nicht selbst antworten. Schon jedes »Amen« sollte eine Antwort der Gemeinde sein und nicht vom Pfarrer selbst gesprochen werden. Hat es sich in einer Gemeinde eingebürgert, nicht auf den Gruß zu antworten, dann sollte man ihn ohne öffnende Geste in der liturgischen Grundhaltung sprechen und darin bleiben.

Eine andere Beobachtung bezieht sich auf das trinitarische Eröffnungsvotum. Ich persönlich halte es für einen unerlässlichen Teil des Gottesdienstes. Ich bedauere auch, dass viel experimentiert wird mit diesen Worten »Im Namen des Vaters und des Sohnes und des Heiligen Geistes«. Ergänzungen und neue Formulierungen machen die alte Formel nicht unbedingt besser. Man sollte sich klar machen, das Votum ist ein liturgischer Teil. Zu ihm gehört eine liturgische Geste. Es wäre für mich unsinnig, wenn man das Votum mit persönlichen Gesten kommentieren würde. Wir würden dann anfangen zu interpretieren und den liturgischen Akt als solchen damit schwächen. Stimmig ist, zu diesem Gruß die liturgische Grundhaltung einzunehmen. Während des Sprechens schaut der Liturg in die Gemeinde. Es ist ein Blick wie bei einem Kameraschwenk durch die Gemeinde, nicht über die Köpfe hin, sondern man muss sich vorstellen, man hat einen Weitwinkel, mit dem man die ganze Gemeinde wahrnimmt, und fährt mit dem Kopf von einer Seite zur anderen (siehe Abb. 57+58). Dabei ist wichtig, nicht irgendwo hinzuschauen, sondern wirklich die Gemeinde anzusehen. Stellvertretend sucht man sich die Personen aus: »Wir feiern diesen Gottesdienst im Namen des Vaters« – eine Person, »und des Sohnes« – eine zweite Person »und des Heiligen Geistes« – eine dritte Person. Danach wird zurück zur Mitte geschwenkt und die Gemeinde sagt »Amen«. D. h., es werden drei Bezugspersonen im Gottesdienstraum angeschaut. So entsteht der Eindruck einer Kontaktaufnahme, den die Gemeinde wahrnehmen kann. Auch wenn jemand zehn Meter weit entfernt sitzt und die Augenstellung des Liturgen nicht sieht, er nimmt doch den Kopf als Signalgeber wahr und der gibt ihm das Gefühl, dass er angesprochen wurde.

Zum Abschluss dieser Station möchte ich noch einmal betonen: Veränderte Formeln machen einen Gottesdienst nicht lebendiger. Nicht die alten Formen sind dafür verantwortlich, dass etwas heute nicht mehr funktioniert, es ist die entscheidende Frage, *wie* die Worte gesprochen werden, mit welcher Absicht und mit welcher Motivation. Wenn Pfarrerinnen und Pfarrer eine pastorale und verkrampfte Präsentation an den Tag legen, dann hat das häufig damit zu tun, dass den Leuten das Wissen um ihre Wirkung, eine entsprechende Einstellung und auch die Übung fehlen.

Die Lesung

»Die Perlen eines Gottesdienstes sind seine Texte. Möge die Liturgin/der Liturg den Mut finden, in die Tiefe zu tauchen. Das erfordert die Leidenschaft eines Forschers und die Bereitschaft, sich mit fremden Rollen und Erlebniswelten auseinander zu setzen.

Wer diese Reise auf sich nimmt, ohne sein Bewusstsein zu verlieren, wird den Klang einer anderen Welt hörbar machen.«

Die Lesung – aus meiner Sicht

Nach meiner Erfahrung sinkt in Gottesdiensten während der Lesungen der Energiepegel stark ab. Das hat zum Teil damit zu tun, dass Leute vorlesen, die nicht im Lesen ausgebildet worden sind. Leider ist das häufig bei Lektorinnen und Lektoren der Fall. Aber keineswegs nur bei ihnen. Es hat vielmehr ganz generell mit der schlechten Vorbereitung der Leser und Leserinnen zu tun.

Ich halte die Lesung für einen der wichtigsten und schwersten Teile des Gottesdienstes. Das sind »Urtexte«. Sie wurden uns überliefert von unseren Ahnen, von den »Müttern und Vätern im Glauben«, und auf ihnen basiert letztes Endes der Gottesdienst und der ganze christliche Glaube. Diese alten Geschichten, Lieder, Predigten, Briefe usw. wurden in der ersten Zeit oft mündlich weitergegeben und dabei auch verändert. Aber jetzt sind sie die Quelle, aus der wir schöpfen, das Fundament, auf dem wir stehen. Der ganze Gottesdienst dreht sich eigentlich um diese ursprünglichen Texte. In meiner Erfahrung mit Gottesdiensten ist es aber häufig so, dass diesen Texten eine geringe Aufmerksamkeit gegeben wird und längst nicht die Wertschätzung, die sie verdient hätten. Für mich als Künstler sind diese alten Texte große Poesie. Sie zählen zur Weltliteratur. Und mehr als das: Sie haben unzählige Menschen über die Jahrhunderte und Jahrtausende hinweg beeinflusst, verändert und bewegt – negativ und positiv. Heutzutage ist wohl nur noch den wenigsten wirklich bewusst, was das für ein Gut ist und welche Qualität dieses Gut für sie haben könnte.

Diese Geringschätzung hängt vermutlich mit dem Verhältnis zusammen, das viele zur Bibel haben. Dieses Verhältnis ist stark negativ besetzt. Wir entfernen uns immer weiter von diesem *Buch der Bücher*. Und wenn da kein Lebenszusammenhang mehr besteht, wenn da keine Liebe mehr ist, dann geht auch die Wertschätzung verloren. Bevor wir also an der Lesung im Gottesdienst arbeiten, müssten wir zuerst nach Wertschätzung gegenüber diesen Texten fragen – und auch für uns selbst eine Entscheidung treffen: Ist die Bibel etwas, das mich wirklich interessiert und eine Bedeutung in meinem Leben hat? Sehe ich ihre Größe, die über die Bedeutung für Juden und Christen hinausgeht, indem sie eine wichtige Rolle im kollektiven Zusammenhang unserer Kultur spielt? Sehe ich ihre Wirksamkeit und dass das nicht bloß alte Texte sind, die man vor Jahrtausenden geschrieben hat? Sehe ich, dass sie bei Menschen etwas verändern, ihre Seele erreichen und Wege in die Zukunft zeigen können?

So würde ich mir auf jeden Fall wünschen, dass sehr viel mehr Aufmerksamkeit und Konzentration auf die Arbeit an den Texten verwendet wird – und zwar auf die praktische Arbeit. Natürlich werden die Texte von den Theologen und Theologinnen geschätzt. Sie werden theoretisch durchdacht. Jeder hat einen Schrank voller Bücher mit Interpretationen. Aber es ist ein großer Unterschied, einen Text zu erdenken oder ihn ganzheitlich zu erfahren. Und ihn zu fühlen, das ist noch einmal etwas anderes. Dieses Fühlen der ursprünglichen Energie eines Textes, das Aufspüren dessen, was hinter den Buchstaben steht, das gilt es zu entdecken. Und das ist für mich wie eine Pilgerreise. Diese Reise beginnt außen: Wir

haben die schwarzen Worte vor uns – sie werden lebendig und sie machen lebendig, wenn ich mich ihnen zuwende, mich mit ihnen auseinander setze, wenn ich
versuche, die ursprüngliche Intention hinter den Worten zu erspüren. Ich kann
zwar nie davon ausgehen, dass ich den letzten, objektiven Sinn herausfinde oder
dass meine Einsicht die einzige Wahrheit ist. Aber in dem Moment ist es die
Wahrheit, die sich mir erschließt. Das heißt, diese Sehnsucht, einen Text im in-
nersten Kern zu verstehen, bestimmt letzten Endes das Ergebnis.

Wenn ein Schauspieler sich mit einem Text auseinander setzt, dann nimmt er
diesen Text erst einmal als Wahrheit an und nimmt ihn, wie er ist. Es geht nicht
darum, ob das gut oder schlecht ist, sondern darum, was der Schauspieler aus
dieser Vorlage macht. Das ist das Interessante: Unterschiedliche Menschen er-
wecken mit ihren je eigenen Lebensgeschichten, mit ihren Ideen und mit ihrem
Wissen einen Text zum Leben. Das eine Ziel dabei ist, ein intensives Verhältnis
zum Text zu bekommen; ein anderes Ziel ist, dass durch meine Arbeit, durch
dieses intensive Verhältnis ein Subtext entsteht, der dann ebenfalls beim Lesen
zu hören sein wird.

Um diesen Prozess geht es bei der Arbeit an der Lesung. Diese Welt, die sich
nicht nur um den Buchstaben dreht, sondern wie eine Aura die einzelnen Worte
umschließt, soll zum Strahlen gebracht werden. Nicht mit dem Anspruch, dass
das jetzt *die* Wahrheit ist, sondern so, dass eine Wahrheit aus dem Verhältnis
dieser Person zum Text aufleuchtet. Mit einem Text, den man liebt, wird man
natürlich enger verwoben sein als mit einem Text, den man ablehnt. Aber beides,
ob Lieben oder Ablehnen, wird immer mit der Grundhaltung verbunden sein, mit
der ich diesen Text erforsche. Es geht nicht darum, nur meine Lieblingstexte gut
zu lesen, sondern es geht darum, dass ich immer die Haltung eines Forschers,
einer Forscherin habe: Wo gibt es etwas in diesem Text, das ich noch nicht weiß?
Was könnte die eine oder andere Person an diesem oder jenem Punkt gedacht
haben? Ich soll mich also mit möglichst viel Forschergeist an einen Text begeben
und ihn nicht mit vorgefasster Meinung lesen.

»Jede Generation schreibt an der Bibel mit«

Mit der Arbeit an den Bibeltexten stellt sich uns eine sehr große und wertvolle Aufgabe. Wie viele andere Generationen vor uns, so schreiben auch wir an
der Bibel mit. Wie ist das zu verstehen? Es gab ja in Wirklichkeit nur wenige
Menschen, die eine direkte Begegnung mit Jesus hatten. Die zweite Generation
hat übernommen, was die vorhergehende ihr überliefert und vorgelebt hat. Und
genauso wie die zweite und die folgenden Generationen haben wir es in den
Texten nicht mehr mit leibhaftigen Menschen zu tun, sondern mit erinnerten
Menschen oder mit legendenhaft kreierten Gestalten. Und zu diesen Menschen
gilt es Kontakt aufzunehmen. In unserer Zeit haben wir die Verantwortung, dieses überlieferte Gut neu zum Blühen zu bringen.

Heute schämen sich viele, dass sie Christen sind. Die Menschen schämen sich,
öffentlich die Bibel in die Hand zu nehmen und daraus vorzulesen. Dabei sollten

wir ein ganz anderes Selbstbewusstsein haben: »Ich schäme mich des Evangeliums nicht, denn es ist eine Kraft Gottes ...« (Röm 1,16). Ob ich diese Haltung habe oder jene, das wird sich in jedem Fall auf meine Präsenz im Gottesdienst auswirken. Auf diese Art und Weise »*schreiben*« wir also weiter an der Bibel: Wir tragen sie weiter, wir lesen sie weiter, wir geben ihr Raum, damit sie unter uns erfahrbar wird. Wir gestalten mit an der immer während Bibel einer jeden Generation.

Die Lesung im Gottesdienst

Wir können zunächst verschiedene Orte im Kirchenraum unterscheiden, von denen aus gelesen wird: Der Hauptplatz ist der Ambo oder das Lesepult. Ein zweiter Platz ist der vor dem Altar oder – im reformierten Gottesdienst – hinter dem Altar, also in der mittleren Achse. Und ein dritter Platz ist die Kanzel. Dann gibt es verschiedene Arten von Lesungen, die nach dem Eingangsteil des Gottesdienstes einen eigenen Block *Verkündigung* bilden und durch Halleluja, Glaubensbekenntnis und Lied getrennt werden: 1. die alttestamentliche Lesung, 2. die Epistel-Lesung und 3. die Evangelien-Lesung. Davon generell zu unterscheiden ist die Lesung des Predigttextes. Eine weitere besondere Stellung im Eingangsteil des Gottesdienstes nimmt die Psalmlesung ein. Der Psalm kann als Lesung oder als Gebet verstanden werden. Das hängt von seinem Inhalt und von der Entscheidung des Liturgen ab und hat Konsequenzen für die Präsentation: *Eine Lesung ist kein Gebet!*

Wer liest?

Das ist unterschiedlich. Nach meinen Erfahrungen lesen heute in ca. 50 % der Gottesdienste die Pfarrerinnen und Pfarrer. Immer häufiger aber, und besonders in reformierten Gemeinden, liest ein Lektor, eine Lektorin oder ein Presbyter/eine Presbyterin. Dies bringt die Schwierigkeit mit sich, dass vorne ein Wechsel der Personen stattfindet, der nicht immer ganz geklärt ist: Der Presbyter tritt auf und der Liturg bleibt noch im Altarraum stehen. Das halte ich für ziemlich problematisch, denn die Aufmerksamkeit der Gemeinde wird gesplittet (siehe Abb. 59). Aber auch, wenn ein Lektor oder eine Lektorin allein vorne stehen und lesen, sinkt häufig die Erwartungshaltung der Gemeinde. Es sollte in Zukunft sehr viel mehr für die Aus- und Fortbildung der Menschen getan werden, die aktiv am Gottesdienst beteiligt sind.

Das Buch und der Auftritt

Jemand steht auf und geht zum Lesen nach vorn. Das Buch liegt aufgeschlagen an seinem Platz. Es sollte möglichst nicht erst jetzt – unterm Arm – nach vorn getragen und aufgeschlagen werden. Wir bekommen dann häufig eine

Abb. 59: Geteilte Aufmerksamkeit

kleine Extra-Vorstellung mit Blättern und Suchen, die weder der Gemeinde noch dem Lesenden zur Konzentration dient. Der Bibeltext sollte auch nicht von losen, fotokopierten Blättern oder aus dem Ringbuch gelesen werden – die Versuchung zu dieser Variante wird zurzeit durch komplett ausgedruckte Gottesdienstvorlagen aus PC-Agenden (»all inclusive«) größer. Die Lesung des Bibeltextes sollte aus ästhetischen und symbolischen Gründen aus einer Bibel, ersatzweise aus einem Lektionar erfolgen.

Bei der Anschaffung sollte man auf die Lesbarkeit des Schriftbildes achten. Auch das Buch selbst sollte in Größe und Gewicht gut von dem Liturgen und der Liturgin zu handhaben sein. Ein zu kleines Buch ist der Bedeutung dieser liturgischen Station und möglicherweise auch dem Kirchenraum nicht angemessen. Ein zu großes Buch erzeugt, vor allem, wenn man es frei halten muss, Spannungen in den Armen, im Schulter- und Bauchbereich, Atmung und Stimme haben darunter zu leiden. Es ist vielleicht romantisch, wenn die Gemeinde eine Altarbibel aus der Kaiserzeit besitzt. Aber zur ständigen Nutzung sollte sie sich ein Buch anschaffen, aus dem auch wirklich gelesen werden kann. Die Titulierung der Bibel als »ungelesenen Bestseller«, der zu Hause nur die Bücherwand schmückt, sollte nicht mit einer Schmuckbibel auf dem Altar seine symbolische Bestätigung finden.

Zurück zum Auftritt. Hier passiert es häufig, dass sich der Blick des Liturgen, wenn er zum Lesepult geht, zuerst auf das Buch richtet (siehe Abb. 60+61). Das

Abb. 60: Gang zum Pult
[F]

Abb. 61: Etablierungsblick
geht ins Buch [F]

ist nicht gut. Zuerst sollte der Blick, wenn ich hinter dem Lesepult stehe, direkt zur Gemeinde gerichtet werden und auch zur Ansage des Textes in der Gemeinde bleiben. Diese speziellen Minigesten: auf den Boden schauen, in das Buch schauen – an Stellen, wo sie nicht notwendig sind, führen dazu, dass im Gottesdienst bestimmte Grundgefühle erzeugt werden, die nichts mit dem Text und seinem Inhalt zu tun haben. Diesen Gesten fehlt jede Logik. Und wenn diese traurigen, melancholischen Grundstimmungen erst einmal im Raum stehen, fällt es schwer, einen Text mit anderen Stimmungen und Botschaften wie Freude, Trost, Erleichterung zum Ausdruck zu bringen. Der Liturg sollte im Gottesdienst grundsätzlich niemals völlig einer Grundstimmung verfallen. Er sollte die Distanz haben, Emotionen aufzunehmen, sie auszudrücken, sich mit ihnen zu identifizieren, sie aber auch bewusst wieder loszulassen. Er sollte immer die Kontrolle behalten – nicht über die Gemeinde, sondern über das, was er tut. Er ist sozusagen immer auch gleichzeitig Regisseur der Inszenierung »Gottesdienst«.

Ansage der Lesung und Reaktionen der Gemeinde

Wie eine Gemeinde sich zur Lesung verhält, hat mit ihrer Prägung durch theologische Traditionen zu tun. In reformierten Gemeinden bleibt man in der Regel zu den langen und mehrteiligen Lesungen sitzen. In lutherischen Gemeinden steht man meistens zu einzelnen Lesungen auf – oder bleibt sogar über eine Abfolge von Lesungen und Gesängen einschließlich Glaubensbekenntnis stehen. Das Aufstehen an sich ist schon ein ritueller Akt, durch den der Text in einer bestimmten Art gewürdigt wird. Wir erheben uns zum Hören dieses Textes. Wir bringen uns in eine bestimmte Achtsamkeit.
Ob die Gemeinde gemeinsam und zum richtigen Zeitpunkt aufsteht, hängt auch davon ab, welche Signale der Liturg gibt. Es gibt verschiedene Möglichkeiten. Er kann die Gemeinde durch eine Handgeste zum Aufstehen bewegen oder er kann das direkt sagen: »Wir erheben uns zur Lesung.« Diese Instruktionen sollten knapp und deutlich, aber nicht militärisch sein. Sie sollten sich vor allem nicht doppeln durch eine Aufforderung mit Worten und Gesten zugleich. Besser noch, wenn die Gemeinde mit dem liturgischen Ablauf so vertraut ist oder vertraut gemacht wird, dass wir auf diese Art von Anweisungen verzichten können.
Manche Hörer reagieren auf die Lesung auch, indem sie den Kopf neigen, andere falten die Hände, das sind persönliche Gewohnheiten oder alte Sitten.
Die Intensität des Hörens hat natürlich auch viel mit den Personen zu tun, die lesen. Ob einer Lesung Aufmerksamkeit gegeben wird, hängt schon von der Art der Ankündigung ab. Wenn die Ansage des Textes ins Buch hinein gesprochen wird, dann geht gleich hier der Kontakt verloren. Ankündigungen werden an die Gemeinde gerichtet. Außerdem ist die Frage, wie detailliert die Stellenangabe sein muss. Wenn ich sage: »Wir hören heute, am 2. Advent, den Predigttext zur 4. Perikopenreihe aus dem Buch des Propheten Jesaja Kapitel 63, die Verse 15 und 16, den Vers 19b und aus Kapitel 64 die Verse 1 bis 3.« Dann ist das eine

Ansage, mit der Theologen vielleicht noch etwas anfangen können, die meisten Gemeindeglieder aber werden sie heutzutage nicht einmal mehr verstehen.

Lesung des Predigttextes

Die Lesung des Predigttextes kann an verschiedenen Orten stattfinden. Einmal am Lesepult, dann wird uns der Liturg oder die Liturgin später darauf hinweisen, dass wir vorher schon den Predigttext gehört haben. Und in der Ankündigung wird uns dieser Text auch als Predigttext vorgestellt. Die häufigere Variante aber ist die Lesung des Predigttextes von der Kanzel, diese Form würde ich vorziehen. Denn wenn der Text am Pult gelesen wurde, muss der Liturg extra darauf zurückverweisen, und die Gemeinde kann sich nicht sofort wieder an alles erinnern, was gelesen wurde. Die Lesung von der Kanzel aus hat den Vorteil, dass der Text, der anschließend interpretiert wird, besser in Erinnerung ist. Es findet kein Schnitt durch Musik und Lieder statt. Ich bleibe gleich im Raum und in der Energie des Textes. Auch wenn ich jetzt als Hörer nicht alles verstanden habe, habe ich doch eine bessere Basis, um der Interpretation zu folgen.

Die unterschiedliche Platzierung der Lesungen und ihre Abfolge im Gottesdienst deuten auch verschiedene Qualitäten der Lesungen an. Wir werden stufenweise vorbereitet auf einen der Höhepunkte im Gottesdienst, die Predigt. Die einzelnen Lesungen bringen uns sozusagen in kleinen Dosierungen auf das Niveau, auf dem jetzt in der Predigt ein Text ausgelegt wird. Bis dahin hören wir die Texte nur und haben unsere eigenen Gedanken dazu. Jetzt werden wir mit hineingenommen in einen Prozess, in dem sich eine kompetente Person mit einem Text sehr viel intensiver auseinander setzt, als wir es gewöhnlich tun.

Der Liturg hat für mich die Verantwortung, uns immer wieder an bestimmten Haltestellen des Gottesdienstes mit den ursprünglichen Texten in Berührung zu bringen. Und unser Hören wird über die Zeit des Gottesdienstes immer besser auf die Texte abgestimmt. Das beginnt schon beim Betreten des Gottesdienstraums. Wir verabschieden uns von der alltäglichen Welt und machen uns in diesem besonderen Raum mit einer neuen Welt vertraut. Der Liturg ist sozusagen die Schnittstelle. Er ist die Person, die uns mitnimmt, wie ein Bergführer auf einen großen Berg, den wir noch nicht kennen. Aber er selbst, der Bergführer, hat diesen Berg schon mehrmals bestiegen. So führt uns der Liturg oder die Liturgin an diese einzelnen Stationen. Und wir folgen ihm auf diesem Weg in einer inneren Bewegung. Wir erreichen mit ihm diese Stationen. Und dann ist es an uns, zu schauen, was sich dort zeigt. Eine Landschaft wird natürlich von jeder Person anders gesehen, aber eben das macht den Reichtum aus.

Manchmal erlebe ich die Variante, dass jemand die Predigt mit der Lesung des Bibeltextes abschließt. Das Problem liegt im Abweichen von einer Gewohnheit. In der Regel erwartet die Gemeinde den Predigttext *vor* der Predigt. Bleibt der Text offen, dann entwickeln sich Fragen und Fantasien: Was ist das heute für ein Thema oder um welchen Text könnte es gehen? Die Lesung am Ende, das kann natürlich ein Mittel sein, um etwas interessant zu machen. Ich würde es aber nie zum

Regelfall werden lassen. Für mich sind zwei Positionen für den Bibeltext denkbar: Zu Beginn der Predigt oder nach einer kleinen Einführung. Es kann auch nach einem längeren ersten Teil sein, aber das sollte wirklich gut begründet sein und darf nicht dazu führen, dass die Gemeinde die ganze Zeit darüber nachdenkt, was kommt heute für ein Predigttext? Wichtig ist, dass durch die Etablierung des Predigttextes die Aufmerksamkeit der Gemeinde ganz auf der Auslegung liegen kann.

Die Lesung: ein Hörerlebnis und keine Inszenierung

Primär ist die Lesung im Gottesdienst ein *Hörerlebnis*, weil wir es ja nicht mit einer Autorenlesung zu tun haben. Das ist im Gottesdienst auch anders als im Theater. Dort wird etwas vor Zuschauern gezeigt. An dieser Stelle soll die Aufmerksamkeit der Gemeinde auf das Hören gelenkt werden und nicht auf das Sehen. Wenn die Lesung primär ein Seherlebnis wäre, dann würden wir dem Liturgen zuschauen, wir würden darauf achten, wie er den Text szenisch interpretiert. Damit ich aber dieselbe Grundlage habe wie der Prediger nachher bei der Interpretation – wenn es sich jetzt um den Predigt-Text handelt –, brauche ich das Hörerlebnis als primäre Wahrnehmung. Alle anderen Sinnes-Kanäle sind dem nachgeordnet. Es gibt andere Stationen im Gottesdienst, wo es auf beides gleichermaßen ankommt, Hören und Sehen. Aber beim Lesen halte ich es für wichtig, dass »keine Szene« daraus gemacht wird – im schlechten Sinne. Damit meine ich nicht, dass man Texte niemals inszenieren darf. In besonderen Gottesdiensten, die einen Rahmen dafür schaffen, ist das eine gute Möglichkeit. Aber es geht darum, die Aufmerksamkeit der Gemeinde durch ein klares Verhalten des Liturgen, vielleicht auch durch bestimmte, elementare Gesten so zu lenken, dass sie ins Hören kommt und im Hören bleibt.
Man kann die Situation der Lesung auch damit vergleichen, wie Leute im Radio sprechen und gehört werden. Das Radio ist ein reines Hörmedium. Der Liturg soll die ganze Welt eines Textes, seine Aussagen und Emotionen, alles, was in ihm steckt an Bildern und an Erfahrungen, vor seinem inneren Auge sehen. Das löst Emotionen aus, die über den Klang der Stimme weiter transportiert werden. So arbeiten auch die Synchronsprecher bei einem Film: Die Gefühle, die Bedeutungen, die Spannung der Konflikte – alles das wird über einen stimmlichen Subtext vermittelt. Und alles andere, was bei der Lesung darüber hinausgeht an darstellerischer Gestaltung, wäre eine Inszenierung. Das könnte ein Schauspieler machen. Und ein Schauspieler könnte es so gut und brillant machen, dass wir fasziniert wären über diesen Text. Aber dann ist es keine Lesung mehr, dann ist es wirklich ein Stück, eine Inszenierung, und wir befinden uns in einem anderen Genre.

Blickkontakte

Der Blick in die Gemeinde ist eigentlich nur bei der Ankündigung der Lesung sinnvoll. Der Liturg nennt uns die Bibelstelle, an der die Lesung zu finden ist. Die Ansage sollte auch etwas mehr umfassen als nur die nackten Zahlen. Denn viele kennen sich heute nicht mehr in der Bibel aus. Da sind zusätzliche Informationen hilfreich: Allein die Überschrift der Perikope oder eine kurze Formulierung, die uns ermöglicht, schnell und klar zu wissen: »...Aha, da befinden wir uns...« Es macht nämlich einen Unterschied, wenn wir wissen, Jesus ist schon tot oder er lebt noch. Diese Informationen müssen ganz klar – auch mit Blickkontakt – an die Gemeinde gerichtet sein (siehe Abb. 62–64).

Abb. 62: Etablierungsblick *Abb. 63: Profil: Ansage* *Abb. 64: Kontaktblick*
zur Gemeinde

Wenn diese Ansage beendet ist, gibt es eine kleine Pause – und ab da ist es bei einer normalen Lesung wichtig, mit dem Kopf und den Augen nach unten zu gehen und unten zu bleiben. So wird der Liturg selbst viel besser in die Geschichte hineinfinden und darin bleiben können, als wenn er immer wieder Blicke nach oben sendet, die ich nur als »Pseudoblicke« bezeichnen kann. Als Hörer werden wir durch solche Blicke nur abgelenkt, wir achten unweigerlich darauf: »Wann guckt er wieder hoch?« Probleme entstehen auch, wenn die Gemeinde den zufälligen Zusammenhang von Blicken und Worten deutet. Da liest jemand: »Jesus sprach zu den Sündern...«, und er sieht in die linke Ecke der Gemeinde, dann bekommen die in der linken Ecke den Eindruck, sie seien die Sünder und Sünderinnen. Es wird etwas in den Text hineingelegt, was da so nicht steht. So führen diese unkoordinierten Blicke tatsächlich zu neuen Interpretationen des Textes und zu Verwirrungen.
Pseudoblicke kommen zu Stande, wenn der Liturg oder die Liturgin in die Gemeinde schaut, um zu signalisieren: »Ich bin noch da und halte Kontakt mit euch«. Diese Pseudoblicke erzeugen eine Reihe von Schwierigkeiten. Der Liturg oder die Lektorin pendeln hin und her zwischen der Welt des Textes und der gegenwärtigen Realität (siehe Abb. 65+66). Das führt zum Beispiel dazu, dass der Finger als Markierungshilfe beim Lesen gebraucht wird (siehe Abb. 67) und im Untertext ein gewisser Stress zum Ausdruck kommt: »... Treffe ich gleich auch die richtige Stelle? ...« Es führt auch dazu, dass innerhalb von Sinnabschnitten der Blick gesenkt wird und sich auf diese Weise der Pseudoblick auch als Scheinkontakt entlarvt.

Kopf
und
Augen
schwenken

Abb. 65: Pseudoblicke
zwischen Konzept und
Gemeinde

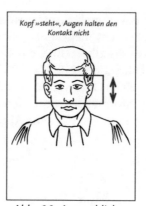

Kopf »steht«, Augen halten den
Kontakt nicht

Abb. 66: Augen blicken
auf und ab

Abb. 67: Markierungsfinger

Wirkliche Kontaktblicke während der Lesung haben eine spezielle Funktion. Bei langen Lesungen zum Beispiel dienen sie der Untergliederung. Sie markieren die Kapitel. Oder wenn sich im Textverlauf die Qualität oder der Inhalt schwerwiegend verändern, kann das durch einen Blick zu den Hörern markiert werden. Durch die so entstehenden Pausen füllen sich die einzelnen Textblöcke und sie trennen sich zugleich voneinander: Das Alte klingt nach – für das Neue baut sich Spannung auf. Das hat nichts mehr mit der Angst zu tun, ohne Blickkontakt die Gemeinde zu verlieren. Dieser Blickkontakt findet auf einer anderen Ebene statt. Er soll den Kontakt zum Text herstellen und nicht den zwischen Leser und Hörerschaft. Wenn der Leser den Kontakt zum Text hält, ist das wie mit einem Stein, der ins Wasser geworfen wird: Die Schwingung setzt sich in konzentrischen Kreisen nach außen fort. Ebenso manifestiert sich der Kontakt des Lesers zum Text in den Ohren der Hörer. Nicht der vordergründige Kontakt zur Gemeinde ist also bei der Lesung das Entscheidende, sondern dass ich Kontakt zum Text bekomme, ihn halte und nach außen bringe.

Nach der Lesung hängt die Art des Blickkontaktes von dem ab, was folgt, eine Anrufung, ein Gebet zu Gott oder eine Information für die Gemeinde – dementsprechend wähle ich die Kommunikationsrichtung. Alles, was mit dem Text als solchem zu tun hat, ist ohne Blick zur Gemeinde, aber im Bewusstsein richtet sich der Leser immer ganz entschieden an die Gemeinde und wendet sich ihr zu, sonst verliert er die Energie, er isoliert sich als Leser und hält einen privaten Monolog. Das ist für viele ein sehr schwerer Schritt: Sie meinen, wenn sie den Kopf senken und den Blick ins Buch richten, seien sie für sich. Dagegen ist es ganz elementar wichtig, das Bewusstsein bei der Gemeinde zu halten, so genannte »Ankerpunkte« nach außen zu werfen, im Bewusstsein den Raum zu durchdringen und einen großen Kreis der Präsenz zu halten (siehe Abb. 68).

Natürlich gibt es auch die Variante, dass ein Text die ganze Zeit über mit allen Blicken zur Gemeinde gesprochen wird. Das ist für mich als Schauspieler selbstverständlich sehr attraktiv. Hier ist die Voraussetzung, dass der Liturg sehr gut vorbereitet sein muss. Es darf ihm nicht passieren, dass wir beim Hören des

Textes von seiner Person fasziniert werden und darauf achten, wie er das denn macht. Das eigentliche Hörerlebnis darf nicht reduziert werden. Diese große Fähigkeit spreche ich nur sehr wenigen Schauspielern zu.

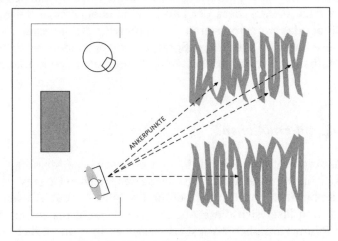

Abb. 68: Skizze: Ankerpunkte im Raum

Gesten während der Lesung

Natürlich macht man auch »Gesten« bei der Lesung. Manchmal sind sie gar nicht zu verhindern, diese ganz kleinen Mikrogesten. Deswegen ist es wichtig, bei der Lesung darauf zu achten, dass die Hände am Pult sind.
Ich sehe grundsätzlich zwei Möglichkeiten für eine stimmige Platzierung der Hände bei der Lesung: Die eine ist, beide Hände am Pult zu haben – aber bitte nur auflegen und nicht ablegen! Die andere Möglichkeit ist die der freien Lesehaltung, eine Hand hält die Bibel unter dem Buchrücken, die andere Hand hält das Buch seitlich, sie hat etwas Spiel, da wird auch Energie abgeleitet, aber die Hand bleibt an der Bibel (siehe Abb. 69–71). Manchmal lässt es sich bei intensi-

Abb. 69: Hände am Pult   *Abb. 70: Lesung mit Buch in der Hand*   *Abb. 71: Alternative: Hände auf dem Pult*

ven Stellen nicht verhindern, dass man kleinste Bewegungen mit den Armen macht, damit die sich aufbauende Energie frei werden kann. Aber eine wirkliche Geste ist nicht wünschenswert, weil wir mit den Gesten die Aufmerksamkeit der Gemeinde auf uns lenken. Es dürfen also nur diese unvermeidlichen Mikrogesten sein, die dazu dienen, dass der Liturg seine energetische Balance behält. Deswegen findet das Synchronisieren von Filmen für die Sprecher auch im Stehen statt. Diese Energien, die sich im Sprechen und besonders bei der Arbeit mit Emotionen aufbauen, können am besten im Stehen über den Körper abgearbeitet werden.

Lesung mit Emotionen?

Das ist ein strittiges Thema. Es gibt einerseits die Meinung: »Der Text spricht für sich allein, seine Wirkung ist Sache des Heiligen Geistes, deshalb soll man die Texte bewusst ohne Emotionen und möglichst neutral lesen ...« Nach meiner Erfahrung lässt sich diese Absicht jedoch nicht realisieren. Wenn ein Mensch im Raum körperlich anwesend ist, ist es ihm unmöglich, einen Text ohne emotionale Wirkung auf andere Menschen in diesem Raum zu lesen. Keine Emotion zeigen zu wollen, erzeugt auch Emotionen. Wenn nun in jedem Fall beim Lesen Emotionen zum Ausdruck kommen, dann sollten sie nicht beliebig sein, sondern mit dem Text in Beziehung stehen. Wir können sicher sein, dass auch damals, bei der Entstehung vieler der Lesungstexte, Emotionen eine wesentliche Rolle gespielt haben. Die gilt es im Text zu erspüren und sie in einem gewissen Maß wieder aufleben zu lassen. Das heißt nicht, dass ich hysterisch irgendwelche Szenen nachspiele, sondern es geht um die Qualität der Gefühle und der Empfindungen. Sie sind sozusagen »Fleisch und Blut« der Texte. Sie machen einen Text lebendig und bringen Dynamik in die Lesung. Dies ist zu unterscheiden von szenisch-emotionalen Spielereien, die auf Effekte aus sind. So ist es überhaupt nicht gemeint. Ein Text kann seinen emotionalen Reichtum sehr tief in sich verbergen, zum Beispiel in gedanklicher Dichte und Komplexität oder in argumentativer Einseitigkeit, wie es manchmal bei Paulustexten der Fall ist. Ihre Emotionalität äußert sich durch eine bestimmte Vibration. Das sind sehr feine Emotionen, die sich nicht immer nur im Körper spiegeln, sondern diese Emotionen schwingen im Denken mit. Sie erzeugen eine gewisse Brillanz im Vortrag. So wie die Obertöne beim Singen Brillanz in die Stimme bringen: Sie sind kaum hörbar, sie drängen sich nicht in den Vordergrund. Aber ohne die Obertöne wäre der Gesang zwar musikalisch korrekt, doch er würde stumpf und langweilig wirken. Daher gilt es, die feinen emotionalen Obertöne eines Textes beim Lesen mitschwingen zu lassen. Das heißt aber nicht schauspielern! Der Text spielt die Hauptrolle. Wir sollen in seine Welt hineingeführt werden. Alles, was uns von der Welt des Textes ablenkt und in die Gegenwart holt, ist hier fehl am Platz. Der Unterschied ist wie der zwischen Machen und Sein. Es geht in der Lesung darum, Anteil zu bekommen an einem Sein, und nicht darum, etwas zu machen.

Ansage der Lesung: hinführende Worte

Die Ansage des Textes hat eine eindeutige Absicht: Sie stellt klar, dass der Text nicht von der Person stammt, die ihn liest, sondern dass er an der benannten Stelle im »Buch der Bücher« zu finden ist.

Diese Ankündigungen sind von der Lesung des Textes deutlich abzusetzen. Sie werden zur Gemeinde hin als Information gesprochen. Durch ihren formelhaften Charakter haben sie einen festen Platz im Ritus des Gottesdienstes. Als eine vertraute Eröffnung geleiten sie die Hörer über die Schwelle zwischen der Gegenwart und der Welt des biblischen Textes.

Das lässt sich vergleichen mit der Eröffnung vieler Märchen »Es war einmal ...« Für eine Gemeinde, die weniger mit dem Gottesdienst vertraut ist, kann es hilfreich sein, über die knappe Formel der Ansage hinaus eine kurze Einleitung zum Text zu geben. Sie findet dann einen besseren Zugang. Das ist zu vergleichen mit einem insert beim Film: Wir haben eine Szene gesehen, es beginnt gerade eine neue, und dazu wird unten eingeblendet: »Drei Monate später«. Das dient der Orientierung. Die Hörer sind dann nicht damit beschäftigt, von selbst hineinzufinden, sondern sie haben gleich die volle Aufmerksamkeit für den Text.

Zum Verlauf der Lesung: Satzbögen, wörtliche Rede

Da ist zum Beispiel eine Erzählung aus den Evangelien: Jesus spricht direkt zu seinen Jüngern und Jüngerinnen und er spricht dann in einem Gleichnis. In dieser ganzen Geschichte treten verschiedene Charaktere auf: Der Pharisäer, der Jesus herausfordert, Jesus selbst, dann ein Weinbauer und seine Knechte. Es ist wichtig, diese Personen zu unterscheiden.

Wenn von Jesus erzählt wird, spricht der Erzähler. Er stellt somit einen eigenständigen Charakter dar (Mt 18,2): »... Jesus rief ein Kind zu sich und stellte es mitten unter sie und sprach: ...« Es folgt in wörtlicher Rede eine Aussage Jesu. Damit tritt nun ein anderer Charakter auf, nämlich Jesus. In diesem Falle gilt es, vor dem Doppelpunkt *nach unten zu betonen* wie bei einem Punkt. Dieses Betonungsverhalten ist für viele ungewöhnlich, hat aber seinen besonderen Grund. Wenn der Leser vor dem Doppelpunkt mit der Betonung oben bleiben würde, erwarteten wir, dass er als Erzähler weitersprechen würde. Da aber mit der wörtlichen Rede ein Charakterwechsel stattfindet, müssen wir Jesus mit der wörtlichen Rede zugleich auch als einen neuen Charakter auftreten lassen und ihn so von dem Erzähler unterscheiden.

Eine andere Situation ist gegeben, wenn Jesus schon spricht und einer seiner Sätze besonders hervorgehoben wird: »... Ich aber sage euch: ›Liebet eure Feinde‹, ...« Wir bleiben nach dem Doppelpunkt *im selben Charakter*. Vor dem Doppelpunkt *bleibt die Betonung oben*, der Ton wird gehalten und die wörtliche Rede wird darin fortgeführt. Das kann man vergleichen mit einem Schnitt im Film. Dieses Nach-unten-Gehen ist sozusagen der Schnitt. Wir können die Veränderung in der Pause fühlen und uns auf den neuen Charakter einstellen.

Vom Geheimnis der Texte

Nicht jede Einzelheit einer Lesung muss verstanden werden. Das ist ein großes Paradox. Auf der einen Seite ist es wichtig, die Texte selbst zu verstehen, wenn man sie verständlich lesen will. Worte, die der Liturg nicht kennt und nicht versteht, werden sich auch der Gemeinde nur schwer erschließen. Es ist also eine wesentliche Aufgabe für den Leser, dass er Worte und Zusammenhänge klärt, bevor er liest. Auf der anderen Seite gibt es Dimensionen in einem religiösen Text, die gehen über den Text hinaus. Sie überschreiten den Horizont des Verstehens. Und dieses Etwas, was keiner von uns wirklich beschreiben kann, ist vielleicht vergleichbar mit dem, was man im Zen-Buddhismus einen »Koan« nennt. Das ist ein verschlüsselter Satz, den kann man nicht deuten. Den trägt man in sich, man »geht mit ihm schwanger«, man spricht ihn immer wieder, und hört ihn, und entwickelt langsam einen Zugang dazu. Und durch mein Sprechen, durch mein Hören pflanzt sich da ein Same, der geht eines Tages in mir auf und gewinnt Gestalt. Wenn mir also ein Bibelwort verschlossen bleibt, dann ist es wichtig, dass ich nicht aufgebe und es zur Seite lege, sondern es mit mir gehen lasse, dass ich es spreche und höre und das Wort immer tiefer in mich eingehen und in mir arbeiten lasse. Es darf mir nicht egal sein. Ich sollte spüren, dass ich eine Perle in mir trage. Das wäre eigentlich der ideale Umgang mit jedem Text vor einer Lesung. Und wenn der Same in mir aufgeht, kann ich ihn auch streuen. Er wird auch bei anderen aufgehen, selbst wenn ich nicht steuern kann, wann er aufgeht und wie er wächst. Was andere verstehen, ist nicht allein an mein Verständnis gebunden. Aber ich habe die Pflicht, meine Texte gründlich und tief gehend vorzubereiten.

Lesen und Sprechen

Lesen und Sprechen sollen eins werden. Durch eine gute Vorbereitung kann man erreichen, dass der Text selber spricht. Das klingt vielleicht sehr poetisch, letzten Endes geschieht es aber, dass ich mich beim Lesen so mit einem Text identifiziere, dass er durch mich spricht. Meine Erfahrungen in der praktischen Arbeit mit Tausenden von Leuten ist, dass nach einer intensiven Vorbereitung, bei der jemand auch neue Seiten an einem Text entdeckt hat, es immer zu einem veränderten Lesen und Sprechen des Textes kam. Das wiederum hatte stets ein verändertes Hören zur Folge, sodass Kursteilnehmer oft kollektiv die Erfahrung von Betroffenheit und Berührtsein in dieser Situation äußerten: »... Da hat sich etwas verändert, ich habe den Text jetzt wirklich nah bei mir erlebt, ich bin hineingekommen in diese Welt, ...« Das hat schließlich oft zu einem tieferen Verstehen und zu einer hohen Wertschätzung von Texten geführt, die vorher für viele nicht sonderlich beachtenswert waren.

Der Weg zu einer lebendigen Lesung: lautes Lesen

Der erste und nahe liegendste Schritt, sich auf eine Lesung vorzubereiten, besteht darin, den Text mehrfach laut zu lesen. Allein schon durch das wiederholte Hören kann ich feststellen, dass bestimmte Betonungen nicht stimmen. Noch besser ist, wenn mir jemand beim Lesen zuhört und Feedback geben kann auf Verständlichkeit und Wirkung. Eine Ersatzlösung ist die Selbstkontrolle durch technische Aufzeichnungen.

Ich sollte eine Lesung möglichst langfristig vorbereiten. Beim Predigttext halte ich es für unerlässlich, ihn mehrere Tage vorher immer wieder in verschiedenen Abschnitten zu lesen, sodass ich mit dem Text sehr vertraut werde – ihn »auswendig zu können«, ist das falsche Wort. Er sollte wirklich nach innen gehen, sozusagen *by heart*.

Dieses Lesen hat zum Ziel, mein Verständnis vom Text zu vertiefen, auch das zu sehen, was zwischen den Zeilen steht: mein Unbewusstes zu erschließen, mein gespeichertes Wissen und meine Erinnerungen wachzurufen, also die Ressourcen, über die ich verfüge, wieder zu öffnen. Und das geschieht viel stärker im lauten Lesen und im Hören, weil durch das Ohr mehr im Körper zum Klingen und in Bewegung kommt als beim stillen Lesen und Bedenken des Textes. Natürlich bleibt es ein wichtiger Part der Vorbereitung, sich über den Text Gedanken zu machen. Dieser Teil entspricht weitgehend einer traditionellen Exegese. Ich nenne ihn Skriptanalyse.

Die Skriptanalyse

Eine der ersten Fragen, die ich im Rahmen der *Skriptanalyse* stelle, lautet: Was ist die Situation dieses Textes? Wenn ich keine Situation benennen kann, ist es sehr schwer, Dynamik zu entwickeln. Eine Situation kann allein durch eine Person gegeben sein. Aber ich brauche immer ein Gegenüber, Subjekt und Objekt. Was die Person sagt, muss an jemanden gerichtet sein. Oder sie muss sich in irgendeiner Problematik befinden.

Das ist das Wichtigste überhaupt bei der Skriptanalyse: zu wissen, was für eine Situation den Text bestimmt.

Der nächste wichtige Punkt, der zu klären ist, zielt auf die Spannung bzw. den Konflikt in dieser Situation. Je stärker der Konflikt, desto größer ist die Dynamik. Gibt es keinen Konflikt in der Situation, dann stellt sich die Frage, warum von dieser Situation überhaupt erzählt wird. Fehlt ihr wirklich jede Spannung? Ist sie gänzlich ohne Bewegung und Leben?

Dann gibt es eine Reihe von *Zentralfragen* zur Erschließung des Textes: Wo spielt die Szene? Mit welchem Ort ist sie verbunden? Wie sieht diese Stadt oder dieses Land aus? Was wissen wir über den kulturellen Kontext? Was war es für eine Zeit, politisch und historisch? Warum und für wen wurde diese Geschichte erzählt, dieser Text gesprochen und aufgeschrieben?

Nächster Teil: Wie viele Charaktere gibt es in unserer Szene? Haben wir einen

Paulus-Text, dann gibt es mindestens einen Charakter, nämlich Paulus, der diesen Brief schreibt, z. B. an eine Gemeinde in Korinth. Das heißt, wir haben einerseits die Gemeinde in Korinth und wir haben andererseits Paulus. Es kann aber auch sein, dass wir einen Brieftext haben, wo jemand von einer anderen Person berichtet, sodass ein weiterer Charakter ins Spiel kommt. Vielleicht ist es ein prophetischer Text, in dem Gott mit einem Propheten in Dialog tritt, dann wechseln die Ebenen innerhalb des Textes.

Weiter ist zu klären: Was haben wir für eine Textgattung? Wer ist unser Hauptcharakter? Hat dieser Hauptcharakter ein Gegenüber – ist es eine Sache, ist es ein Mensch, ist es eine Naturgewalt, ist es Gott, ist es ein Gegenspieler? Der Gegenspieler ist immer verbunden mit dem Hindernis, er baut die Hindernisse auf, er verstärkt oder schwächt den Konflikt. In welche Richtung arbeitet der Gegenspieler in unserem Text?

Welche Emotionen kommen zum Ausdruck? Sehr wichtig ist, dass die Charaktere sich in ihren Emotionen unterscheiden. Sind sie zu ähnlich, dann schwindet die Spannung und die Situation wird schwach und undeutlich. Was hat der Charakter für einen *Rollen-Spine*?

Und eine ganz entscheidende Frage zum Schluss: Was soll am Ende entstehen? Was soll der Gemeinde klar werden? Was soll sie wissen und mitnehmen, wenn dieser Text gelesen ist? Ob wir dieses große Gesamtziel erreichen, liegt nicht allein in unserer Hand. Aber es geht darum, dieses unaussprechliche Etwas doch zumindest einmal zu formulieren, als Bild, als Idee, als Begriff. Wenn ich mir darüber im Klaren bin, dass ich mit einem Text »Trost« vermitteln will, dann wird das garantiert einen Einfluss auf meine gesamte Lesung haben.

Kernaussage oder Stück-Spine

Zur Findung der Kernaussage eines Textes sollte ich mir unbedingt Zeit lassen. Oft wird sie zu früh formuliert und ich muss feststellen, ich habe nicht den Kern getroffen, ich bin noch bei der Schale. Da gilt es einfach auf die eigene Resonanz zu warten, sodass man im Inneren spürt: »... Jetzt habe ich die eigentliche Aussage, um die es geht ...«

Eine feste Reihenfolge der Schritte zur Erarbeitung eines Textes muss nicht eingehalten werden. Denn das sind eigentlich alles Schritte, die einander bedingen. Wenn ich zum Beispiel in einem Schritt den Ort kläre, kann mich das schon sehr nah an den Kern eines Textes heranbringen. Das ist wie bei einem Speichenrad, wo verschiedene Speichen zur Nabe führen. Ich fange also vielleicht bei »Äußerlichkeiten« an, arbeite mich aber langsam nach innen vor. Und ich stelle bei meinem Forschen fest, verschiedene Wege führen zu einem Zentrum, meine Erkenntnisse verdichten sich, sie laufen auf einen bestimmten Kern zu – dann weiß ich, ich bin auf dem richtigen Weg. Es kann natürlich auch sein, dass ich mehrere zentrale Botschaften entdecke und mich bei dieser Lesung für einen bestimmten Kern entscheide. Ich lege also einen Schwerpunkt fest. Das wird die Lesung natürlich beeinflussen. Aber diese Entscheidung muss ich in jedem Fall treffen, denn ich will ja die Kernbotschaft zum Ausdruck bringen und nicht nur einen Aspekt.

Das Sprechen der Charaktere

Die Charaktere sind das Gold einer jeden Lesung. Es sind die Menschen, mit denen wir uns in einem Text identifizieren. Sie machen uns unsere Konflikte deutlich. Sie lassen uns ihre Wege wie unsere eigenen Wege erleben. Da gibt es zum Beispiel viele Texte mit Jesus als Hauptcharakter. Jesus begegnet uns in verschiedenen Situationen, in denen er sich ganz unterschiedlich äußert. Andere Charaktere treffen mit ihm zusammen und sie erleben etwas mit Jesus. Sie hören ihm zu, widersprechen ihm vielleicht oder sie lernen von ihm. Sie merken eigentlich erst in der Begegnung mit ihm ihre eigene Leere, dass sie ihn brauchen, dass er eine Lektion für sie hat, etwas, das ihr Leben verändert. Und wenn ich mich mit diesen Charakteren als Leser identifiziere, dann erlebe ich heute diesen Charakter. Ich werde dadurch nicht ein neuer Mensch, ich bleibe Thomas Kabel. Aber ich trete in einen engen Kontakt mit besonderen Teilen meiner Persönlichkeit, mit Charakteren, die sich auch in mir befinden, in einem Repertoire von kollektiv – überpersönlich geprägten Teilpersönlichkeiten. Das können auch Charaktere sein, die ich nie selbst gelebt habe. Das ist eben die Kunst der Fantasie, der Imagination. Ein Schauspieler muss auch nicht sterben, damit er weiß, wie er auf einer Bühne den Tod darstellen kann. Entweder er schafft es, glaubwürdig zu sein, oder er schafft es nicht. Das ist eine sehr schwere Sache. Alle wissen, dass der Mensch dort vor uns auf der Bühne nicht wirklich stirbt. Aber wenn es richtig dargestellt wird, dann spüren wir den Tod. Der Charakter löst in sich selbst die Erfahrung des Sterbens aus. Und wir als Hörer, als Zuschauer, wir machen eine Erfahrung, die wir vorher in dieser Qualität noch nicht gemacht haben. – Und das erreicht jemand durch die Identifikation mit dem Charakter. Wichtig ist, dass der Liturg alle Charaktere, die in einem Text vorkommen, vor allen Dingen bei mehreren Personen, von denen nicht jeder eine Hauptrolle spielt, gleichermaßen wertschätzt. Es darf keine Hierarchie der Charaktere kreiert werden, das ist ein sehr wichtiger Punkt. Auch die Zuneigung des Liturgen zu den Charakteren sollte gleichwertig sein. Er darf nicht jemanden besonders lieben, weil er viel zu sagen hat, und seine Bedeutung noch durch Sympathie hervorheben. Gerade Nebenrollen geben durch ihre Phrasierung, durch bestimmte Charaktereigenschaften oder durch ihre Psychologie Würze in eine Szene. Sie machen ein Stück reich. Es ist sehr fahrlässig, sich nur auf die Guten zu konzentrieren und die Schlechten klischeehaft pauschal zu spielen. Im Prinzip kann man sagen, es ist wichtig, in dem Vorbereitungsprozess bei der Erarbeitung einer Lesung zu Hause das Element der Übertreibung zu nutzen, aber während des Lesens kommt es darauf an, dass wir *alle* Dinge hören und spüren und nichts durch Gesten und Betonung übertrieben wird.

Emotionen

Die Emotionen, die ich brauche, damit eine Lesung Brillanz gewinnt, entstehen aus der Arbeit an der Teilpersönlichkeit. Dabei ist zu beachten, dass ich nicht in unverarbeitete Teile der eigenen Biografie gehe, speziell in alte Traumata, womit auch schmerzliche Emotionen geweckt werden. Ich gehe in kreative Emotionen, die jetzt neu entstehen in der Auseinandersetzung mit dem Charakter. Natürlich könnte es sehr plastisch werden, wenn ich meine eigenen Traumata einsetze: Ich denke daran, wie es war, als mich jemand verlassen hat – und ich lese dann einen biblischen Text, in dem der Abschied eine Rolle spielt; dann bin ich schnell in meiner eigenen Geschichte und kann das auf eine bestimmte Art emotional stark ausdrücken. Aber das ist für mich *keine kreative Energie*, sondern es ist eine alte Energie. Die kann in eine Lähmung führen oder in einen Ausbruch, in eine nicht mehr kontrollierbare Situation.

Besser ist es, sich so weit mit einem Charakter zu identifizieren, dass ich in jedem Teil der Situation ein kleines Stück Bewusstsein behalte. Wenn ich mich ganz auf eine Situation einlasse und mich voll mit einem Charakter identifiziere, dann brauche ich immer jemanden, der diesen Prozess lenken kann, eine Art Regisseur. Wenn diesen Part keine Person von außen übernehmen kann, ist es die Aufgabe des Lesers, die Teilpersönlichkeit »Regisseur« in sich selbst zu aktivieren. Gerade das feine Ausbalancieren zwischen zu viel Kontrolle und zu wenig Kontrolle ist eine große Fähigkeit, die intensiv geübt werden muss.

Die Kehrseite der Identifikation ist, dass jemand gänzlich vermeidet, in die Charaktere zu gehen. Damit wird alles gleichförmig gesprochen, ein sprachlicher »Einheitsbrei« entsteht. Aber das Leben ist anders: Der Mensch, von dem ich vorlese, kann dick sein, er kann schlank sein, er kann alt sein, er kann dumm sein, er kann intelligent sein, all das macht einen Unterschied. Aus bestimmten Mündern kommen bestimmte Sätze, die einer bestimmten Kultur entsprechen. Und das alles erschließt sich erst, wenn ich mir Gedanken gemacht habe, was das für ein Charakter ist: Wo kommt er her, was will er, mit wem hat er es zu tun, warum hat er den Konflikt mit dieser Person und warum nicht mit einer anderen?

Die Kraft der Bilder nutzen

Bilder sagen mehr als Worte. Genauso wie die Arbeit mit den Charakteren eine Lesung lebendig macht, wirkt es sich aus, wenn ich Bilder gebrauche: Wenn ich die Bilder in einem Text sehen und ihre Ausstrahlung, ihr Kraftfeld als Hintergrund für die Lesung nutzen kann.

Dazu sollte sich der Leser erst einmal klar machen, welche Bilder ein Text bei ihm auslöst: Naturbilder, Szenen, Symbolgestalten, Bilder aus der Erinnerung sinnlicher Wahrnehmung oder auch aus dem Unbewussten. Wichtig ist, dass diese Bilder vom Text ausgelöst werden, dass ich sie intuitiv empfange, wie ein Geschenk. Ich darf sie nicht durch meine Anstrengung hervorbringen, sie nicht systematisch

suchen oder mir ein Bildchen zur Illustration des Textes ausdenken. Dieses emp-
fangene Bild aber, das Bild aus dem inneren Prozess meiner Textwahrnehmung,
wird sich mit den Worten und durch meine Stimme bei der Lesung nach außen hin
manifestieren. Die Worte sind dann wie ein Schiff. Sie transportieren unsere Bilder
wie eine Fracht. Und zu dem Bild, das ein Wort mit sich trägt, werden weitere
Bilder aus der Gemeinde hinzukommen. Denn wir wissen nicht, was andere Personen zu unseren Worten denken und assoziieren. Wir können vielleicht ahnen,
was ein Wort auslöst, aber wir wissen es nicht. Und ein Bild fördert diesen Vorgang: Auch andere Leute werden ihre eigenen Bilder sehen! Durch diese intensive
Auseinandersetzung mit dem Text werden Dinge ausgelöst, von denen man vorher nichts gewusst hat, und kommen ins Bewusstsein. Deswegen ist es eine Hilfe,
sich ein Bild vorzustellen.

Wenn zum Beispiel das Wort »Liebe« in einem Text vorkommt, dann kann das
alles Mögliche bedeuten. Wenn ich aber sage, »die Liebe zu einem Sohn« und
mir im Subtext bildhaft vorstelle, was das für mich ist: Ich sehe vielleicht einen
Mann oder eine Frau auf eine ganz bestimmte Art und Weise einen Kinderkopf
streicheln, und ich sehe gleichzeitig, wie der Sohn darauf reagiert, dann ist in
diesem Bild mehr, als ich sagen kann. Hinzu kommt ein anderes theatralisches
Mittel: Ich habe ein Bild, und jetzt ist es meine Verantwortung als Leser oder
Leserin, dieses Bild auszumalen, es kreativ weiter zu entwickeln, aber immer mit
der Haltung, dass es dem Text dient und nicht meiner Inszenierung oder irgendeinem Effekt. Wenn ich in Details gehe mit diesem Bild von der Liebe zu einem
Sohn, dann überlege ich: »… Wie war das Streicheln, war das Streicheln ein Abschied oder war das Streicheln ein Willkommen, war das ein Streicheln ›gut, dass
es dich gibt‹ oder war es ›nicht gut, dass es dich gibt‹? War es ein Streicheln, mit
dem Subtext der Mutter ›eigentlich bist du mir auch oft eine Last‹? …« Dann wird
das jedes Mal ein anderes Streicheln sein. Das können wir mit Worten allein
nicht ausdrücken, aber das Bild wird die Worte hervorbringen, die in ihm stecken. Das ist sozusagen eine Interaktion zwischen Wort und Bild – Bild und Wort.
Aus diesem Miteinander kreiert sich jene Welt, die dann mit der Lesung gehört
wird.

»Holy Moments«

Ich habe in all den Jahren intensiver Auseinandersetzung mit liturgischer
Praxis eine Ahnung davon bekommen, was der entscheidende Punkt sein könnte, auf den es beim Lesen, beim Sprechen, beim Beten und Segnen ankommt.
Wenn ein Mann oder eine Frau es schaffen, einen Text lebendig zu lesen – sie
haben sich sorgfältig vorbereitet, sie können Emotionen zulassen, sie sprechen
auf eine liebevolle und professionelle Art –, sodass der Text aus seinem Kern
heraus zum Aufleuchten kommt –, dann kreiert sich im Hörer so etwas wie das
Erlebnis *Heiliger Momente*. Im Verlauf des Gottesdienstes gibt es immer wieder
Stationen, wo man das erwartet. Und man fragt: Wie kommt dieser heilige Moment zu Stande?

Das Sprechmuster, das man bei einer guten, gelungenen Lesung beobachtet, hat mich auf die Spur gebracht. Da findet immer ein bestimmter Vorgang statt: Ich höre einen Text, der Liturg oder die Liturgin liest uns Worte und Sätze vor, aber ich kann diesen Text *nur* in der Pause fühlen. Wenn das Gehörte mich erreicht, wenn es in mir nachschwingt und sich mit mir verbindet. Das heißt, der heilige Moment ereignet sich eigentlich in dieser Stille zwischen den Sinnabschnitten. Die Leere füllt sich mit dem, was nicht ausgesprochen werden kann. Wenn das nun beim Lesen organisch abgestimmt ist mit der Nutzung von Emotionen und Bildern, sodass wir den Text in der Pause fühlen, dann ereignen sich diese heiligen Momente.

Das hat sehr viel mit den Emotionen der Hörer zu tun: Ich öffne mich, ich werde berührt und ich lasse mich berühren. Der Liturg, die Liturgin liest dann weiter, und wenn ich mitgehe, kann ich viel tiefer, als ich es je erwartet hätte, in die Welt eines Textes hineingeführt werden. Und ich bin nach diesem Gottesdienst ein anderer Mensch, als ich es vorher war.

Abschließen der Lesung

Im Prinzip kann man sagen, dass die Auflösung der Lesung ähnlich verläuft wie die Exposition. Wenn ich eine Lesung abschließe, gilt es für einen Moment, sagen wir für ein, zwei Sekunden, Raum zu lassen für das Fühlen. Dann erst gehe ich über zum nächsten Part. Ich werde also den Blick vom Buch lösen, den Kopf heben, die Hände vom Pult lösen und zur liturgischen Grundhaltung finden. Dann spreche ich das »Amen«. Oder ich fordere die Gemeinde mit einem liturgischen Votum auf, in das »Halleluja« einzustimmen, dazu schaue ich zur Gemeinde. Damit ist die Lesung sozusagen »versiegelt«. Sie ist eingebunden durch die Ansage zu Beginn und den liturgischen Akt zum Abschluss. Dramaturgisch wäre es beim Wegfallen des »Halleluja«-Verses günstig, wenn der Lesung ein anderes Lied folgen würde, um in jedem Fall eine Möglichkeit zu schaffen, die Lesung nachklingen zu lassen.

Unmittelbar an die Lesung schließt sich häufig eine traditionelle Formel an wie »Worte unseres Gottes« oder »Wort des lebendigen Gottes«. Diese Formel soll zum einen deutlich machen, dass die vorausgehende Lesung nicht einfach nur irgendein Text ist (den man getrost wieder vergessen kann), sondern Worte von göttlicher Qualität. Zugleich gibt solch eine vertraute Formel der Gemeinde und dem Organisten das Signal, das »Halleluja« anzustimmen.

Das »Halleluja« ist für mich ein festlicher Dank: ein Dank der Gemeinde an Gott dafür, dass sie dieses Wort Gottes hören durfte. Ein Dank dafür, dass uns diese Worte überliefert und erhalten wurden bis auf den heutigen Tag. Es ist aber kein stiller nebensächlicher Dank, sondern er ist laut, kräftig und fröhlich.

Glaubensbekenntnis

Das Glaubensbekenntnis ist die Antwort der Gemeinde auf die Botschaft des Bibeltextes oder der Predigt. Es ist noch einmal ein Dank, ein feierliches Lob für Gott. Und es ist zugleich auch eine Art Selbstverpflichtung der Gemeinde, sich an diesen Glauben zu halten. Die Person, die gelesen hat, sollte nun auch vorne bleiben, das Glaubensbekenntnis ankündigen und leiten. Denn das Abtreten des Lektors und das Auftreten des Liturgen bringt Unruhe in den Ablauf. Dieser Wechsel sollte erst recht nicht stattfinden, während die Gemeinde das Halleluja singt. Auch die Lösung, dass der Lektor abtritt und der Liturg das Glaubensbekenntnis von seinem Platz aus ankündigt, ist nicht zu akzeptieren, sie wertet das Glaubensbekenntnis ab.

Nun gibt es unterschiedliche Meinungen, um was für eine Art von Text es sich bei dem Glaubensbekenntnis handelt: Manche werten es als Gebet, andere stellen eher den bekenntnishaften Charakter in den Vordergrund. Der Liturg sollte sich für eine Variante entscheiden und nach der Ankündigung, die in jedem Fall an die Gemeinde gerichtet wird, durch seinen Körper, durch Gesten und Blicke erkennbar machen, wie das Glaubensbekenntnis in dieser Gemeinde gesprochen wird.

Bei der gebeteten Variante neigt er den Kopf, faltet die Hände, frei – oder er legt sie unter dem Buchrücken zusammen, er schließt die Augen oder hält sie leicht geöffnet Richtung Buch, keinesfalls sollten die Blicke während des Gebets in die Gemeinde schweifen. Eine Wendung zum Kruzifix , sodass er mit der Gemeinde in einer Richtung steht und betet, entspricht der lutherischen Tradition. Die Gemeinde wird diese Signale verstehen und ebenfalls eine Gebetshaltung einnehmen.

Das Glaubensbekenntnis sollte als Bekenntnis gesprochen werden: Dazu gehört ein aufrechter, freier Stand und ein offener, nicht gesenkter Blick. Auch der Liturg sollte möglichst auf ein Buch verzichten und das Bekenntnis frei sprechen, es sollte mit einer kräftigen und nicht mit gedämpfter, trauriger Stimme voreinander und gemeinsam vor Gott gesprochen werden. Die Stimme des Liturgen sollte den Sprechchor auf eine selbstverständliche und zurückhaltende Art leiten. Nicht so, dass sie die anderen im Tempo zieht und in der Stärke übertönt, aber doch so, dass zu spüren ist, diese Stimme leitet das gemeinsame Sprechen, sie gibt der Gemeinde Sicherheit.

Die Predigt

10 Gebote für die Predigt:

1.   *Verliere auf dem Weg zur Kanzel nicht dein Wesen.*
2.   *Du sollst nicht dauerlächeln!*
3.   *Hüte dich vor dem »pastoralen Ton«.*
4.   *Sprich von deinen Erkenntnissen, denn niemand kommt, um Zitate zu hören.*
5.   *Sprich frei, aber nicht auswendig.*
6.   *Du sollst nicht das Gestogramm von anderen imitieren.*
7.   *Glaube nicht, dass du predigen kannst, nur weil du den ganzen Tag redest.*
8.   *Sei nicht ironisch!*
9.   *Verwechsele nicht persönliche und intime Rede.*
10. *Finde rechtzeitig ein Ende.*

Die Predigt – aus meiner Sicht

Das Besondere der Predigt besteht für mich zunächst nur darin, dass sie als Rede in einem bestimmten Kontext stattfindet, in der Kirche und im Rahmen des Gottesdienstes.

Die traditionelle Sicht der evangelischen Theologie, dass es sich bei der Predigt um den wichtigsten Teil des Gottesdienstes handelt, teile ich nicht unbedingt. Für viele Menschen spielt der Segen eine größere Rolle. Die Theologen und Theologinnen geben der Predigtstation in der Regel zu viel Aufmerksamkeit, und damit bekommt sie ein Übergewicht. Das führt so weit, dass in der reformierten Gemeinde liturgische Teile ganz wegfallen. Für mich ist die Predigt zunächst einfach nur die *längste Wort-Station* im Gottesdienst. Aber sie ist darüber hinaus für die Pfarrer auch die persönlichste Station, wo sie sich mit ihrem ganzen theologischen Wissen und Können zeigen. Daraus ergeben sich natürlich auch gleich wieder Probleme. Einige nutzen ihr Wissen so, dass sie sich dahinter verstecken. Sie gebrauchen Zitate, sie holen Autoritäten heran, sodass sie als Prediger und Predigerin persönlich gar nicht so zur Geltung kommen, wie es sinnvoll und angemessen wäre.

Die Predigt hat immer ein vorgegebenes Ziel: »Gottes Wort wird ausgelegt«. Aber das geschieht aus der Sicht eines Theologen. Die Predigttexte sind festgelegt, sie wiederholen sich, aber die Predigt bietet uns das ganz spezielle Wissen des jeweiligen Predigers. Die Person des Predigers kann uns in neue Gebiete führen, in denen wir mit unserem Geist bisher noch nie waren. Sie kann aber auch – das erlebe ich leider immer wieder – Floskeln wiederholen und Dinge nachreden, die schon seit Jahrhunderten so ähnlich gesagt werden ohne neue Gesichtspunkte. Die Entdeckungsreise bei der Predigt kann sehr persönlich werden und unseren Geist bereichern. Wenn eine Predigt geistige Frische hat und Lebendigkeit, wenn auch der eigene Glauben aus dem Prediger spricht, ist das eine große Chance.

Ich bedaure, dass hier häufig Plattitüden präsentiert werden. Da spricht dann jemand von Dingen, die nicht wirklich an die Seele gehen, und man gewinnt den Eindruck, dass der Pfarrer sie selbst vielleicht gar nicht glaubt. Die Predigt ist eine Aufforderung, in Bereiche der Seele zu gelangen, in denen man nicht alles besprechen oder erklären kann. Durch die Predigt werde ich in einen bestimmten Raum geführt, ich gelange zu einer spirituellen Qualität, die es so im Alltag nicht gibt. Es wird ein spirituelles Thema angesprochen, zum Beispiel »Gottes Gerechtigkeit«, und dann kommt eben alles darauf an, was ein Prediger daraus macht, dass er mit ganzem Herzen, mit all seiner Intelligenz und seiner Energie voll bei der Sache ist und persönlich das Beste aus sich herausholt.

Für mich ist die Predigt immer viel mehr als eine aktuelle oder originelle Rede. Der spirituelle Aspekt spielt eine entscheidende Rolle. Jemand soll von Gott reden, obwohl wir über Gott gar nicht reden können. Die Predigt spielt sozusagen in eine andere Sphäre hinein. Der Prediger macht viele Worte um ein Wesen, über das wir eigentlich gar nicht sprechen können. Es entsteht so etwas wie Musik, eine Sprechmusik. Es wird von inneren Bildern geredet, von Fantasien und Visionen, von einem speziellen Wissen, – kurz, von etwas, das wir nicht ohne weiteres fassen können. Da wird etwas ausgelegt mit vielen Worten, was sich auch auf ein Wort reduzieren ließe: »Am Anfang war *das* Wort«. Und wir könnten dieses Wort reduzieren auf einen Buchstaben oder auf die Essenz. Dann ist da erst einmal nur Stille. Dann ist da ein Klang. Da ist Musik. Und diese Musik, die zwischen den Zeilen und zwischen den Worten spielt, die gilt es anzuzapfen vom Prediger und hörbar zu machen. Das eine Wort muss mitschwingen können in allen anderen Worten.

Erstes, zweites und drittes Auge

Ich unterscheide drei Eckpunkte, zwischen denen die Kommunikation während der Predigt fließt. Das erste Auge: Gott; das zweite Auge: die Liturgin/ der Liturg; und das dritte Auge: die Gemeinde. Diese drei sind für mich gleichwertig. Sie nehmen alle drei zur gleichen Zeit wahr und bilden die Voraussetzung für die Predigt. Was nützt ein Prediger, wenn keine Gemeinde da ist, was nützt es Gott, wenn kein Prediger da ist, was nützt es einer Gemeinde, wenn Gott und Prediger fehlen? Es kann dann kein lebendiger Austausch stattfinden, und der ist für mich entscheidend. Das entspricht auch der Zusammengehörigkeit von Gott Vater, Sohn und Heiligem Geist. Diese drei bilden ein spannungsreiches Dreieck und sind doch zugleich eine Einheit.

Dieses Dreieck von Beziehungen findet der Prediger vor. Wenn es nicht so wäre, würde keiner zuhören können. Besonderen Wert aber lege ich bei meiner Arbeit auf das, was zwischen dem Prediger und der Gemeinde passiert. Das dritte Auge, die Gemeinde, ist für die Pfarrerin ein wichtiger Maßstab: Wie wirkt das, was gesagt wird, wie erleben es die Zuhörer?

Häufig sagen die Leute: »Na ja, ich gehe nicht in die Kirche, die Predigt sagt mir nichts mehr. Ich habe das Gefühl, ich werde nur angepredigt, aber das hat nichts mit mir zu tun ... Ich fühle einen riesigen Abstand zu dem, was der Pfarrer sagt.« Das hat mit dieser Orientierung am dritten Auge zu tun. Denn ich glaube, das Problem liegt nicht bei Gott. Ich glaube auch, es liegt nicht nur an den Ohren der Gemeindeglieder. Das große Problem ist die Art und Weise, wie geredet wird. Vom zweiten Auge wird zu wenig auf das dritte Auge geachtet. Man hört zu wenig auf die Gemeinde. Wenn da jemand vielleicht schon 20 Jahre lang auf demselben Platz in der Kirche sitzt, und jeder weiß, da sitzt Oma Titjen mit ihrem Kissen. Sie hat schon Generationen von Pfarrern kommen und gehen sehen. Wir können sicher sein: Die Frau versteht etwas vom Fach. Sie spürt das und weiß, ob der Pfarrer gut ist oder nicht, vielleicht ohne dass sie es in einem Feedback richtig sagen kann. Wenn man dafür ein Gespür entwickelt und als Pfarrer diese Stimmungen wahrnimmt, dann hat man eine sehr wertvolle Möglichkeit gewonnen, an der man sich orientieren kann.

Die Stellung der Predigt innerhalb des Gottesdienstes

Gleich am Anfang des Gottesdienstes werden wir durch die Begrüßung – manchmal schon mit einem kleinen Stück freier Rede – auf die Person des Predigers und auf das Thema vorbereitet. Eine Reihe von Schritten aus Gebeten, Lesungen, Gesängen, Bekenntnissen führt uns allmählich immer tiefer in den Gottesdienst hinein. Die Predigtstation bildet dann eine eigene, lange Passage, sie ist einer der Höhepunkte im zweiten Akt des Stückes Gottesdienst. Sie beginnt meist damit, dass ein Text aus der Bibel im vollen Wortlaut zitiert wird. Dann wird er im Detail angeschaut. Durch dieses Anschauen, durch die genaue Auslegung, dringen wir in Dinge ein, die mit dem Liturgen selber zunächst nichts zu tun haben. Sondern er baut uns die Brücke in eine tiefere Qualität von Gottes Welt.

Das ist wie eine Reise: dieses Sich-Annähern der Seele an das große Sein. Schon indem man von draußen in die Kirche hineinkommt und dann von Stufe zu Stufe, von Station zu Station im Gottesdienst immer weiter geht bis zum Zentrum. Und da ist die Predigt für mich als Gottesdienstteilnehmer eine Schnittstelle. Ich wurde vorbereitet auf das Hören. Nun höre ich mir in Ruhe an, was der Prediger zu sagen hat. Ich denke darüber nach, und später wird es sich auswirken in einem dritten Akt.

Hier in dem zweiten Akt werde ich sehr stark konfrontiert, zum Beispiel mit Forderungen wie »Liebe deinen Nächsten wie dich selbst«. Das muss ich erst einmal aufnehmen und verarbeiten können. Ich werde informiert, wie andere das geschafft haben. Ich erfahre etwas über Irrwege und Lösungen. Ich habe Zeit, diese Sachen auf mich wirken zu lassen oder mich ohne Worte in diese »Diskussion« einzumischen.

Bei vielen Predigten wird mir leider kein Raum gegeben, um selbst nachzudenken. Es wird alles zerredet. Der theologische Gedanke wird kaputtgemacht, weil zu viel darüber gesagt wird. Es bleibt kein Geheimnis mehr, sondern es wird alles irgendwie erklärt. Man fühlt sich als Hörer für dumm verkauft und abgewertet. Oder es löst sich am Ende immer alles schnell in theologischen Harmonien auf – wo wir doch eben noch ein hartes Problem hatten. Und man fragt sich später, warum diese Lösung nicht der Wirklichkeit standhält. Hier sollten die Prediger und Predigerinnen mehr Mut haben, ehrlich zu bleiben. Die Teile, die der Predigt im dritten Akt des Gottesdienstes folgen, entlasten ihn ja auch davon, hier zu allem das letzte Wort sagen zu müssen: Man kann die Gemeinschaft Gottes im Abendmahl erleben. Man kann die offenen Fragen und Probleme im Gebet aussprechen.

Liturg und Prediger – zwei Rollen?

Die Einheit der beiden Rollen im Gottesdienst wird letzten Endes durch den Talar dargestellt. Aber es gibt auch immer wieder wechselnde Situationen, wo der Unterschied der Rollen sichtbar wird. Als Prediger kommt die Person

mehr zur Geltung. Als Liturg hat er eine transpersonale Rolle, die stärker auf die Funktionen des Priesters festgeschrieben ist. Vom Prediger erwarte ich seinen persönlichen Gesichtspunkt, seine Ideen und seine Erkenntnisse, auch seine Weisheit. Was ich nicht erwarte ist, dass er mir die Möglichkeit nimmt, selbst eine Wahl zu treffen, indem er mir alles vorgibt oder mich zu manipulieren versucht. Ich will keine Festlegungen von ihm hören: »Das ist richtig, das ist falsch.« Sondern ich will den Prediger erleben in seinem Verhältnis zu dem Gegenstand, über den er predigt. In der heutigen Zeit, wo für visuelle Kommunikation, wie zum Beispiel für einen 30-Sekunden Werbespot im Fernsehen Millionen ausgegeben werden (und der ist entsprechend interessant gemacht), da kann keiner von mir erwarten, dass ich einem Prediger fünf Minuten lang zuhöre, wenn ich das Gefühl bekomme, der hat eigentlich keine Lust, der steht nicht zu dem, was er sagt.
Wenn wir keine Aufmerksamkeit und keine Präsenz in die Predigt hineingeben, können wir auch von anderen keine Aufmerksamkeit erwarten.

Dauer und Dichte

In den alten reformierten Gemeinden gab es eine Anweisung, mindestens 55 Minuten zu predigen. Das ist heute eindeutig zu lang. Wenn ein großer Schauspieler »life« auf der Bühne 55 Minuten lang einen Monolog hält, das ist höchste Kunst, und nur sehr wenige auf unserem Planeten beherrschen sie. Wenn ein Pfarrer – der im Sprechen schon als »Profi« anzusehen ist – 20 Minuten predigt, und er kann die Aufmerksamkeit der Gemeinde wirklich halten, sodass sie nicht in Trance fällt, dann ist dies für mich eine äußerst respektable Leistung. Die Hörgewohnheiten der Menschen haben sich heute einfach verändert. Ich schlage vor: 12 bis 15 Minuten Predigtlänge, und weniger ist mehr. Außerdem wird Kürze nicht nur durch die Dauer, sondern auch durch Qualität und Dichte, durch die Kurzweiligkeit einer Predigt erreicht. Wenn ich konzentriert zur Sache komme, einen Gedanken auf den Punkt bringe, in eine Szene wirklich hineingehe und nicht alles immer wieder nur überfliege, dann entsteht keine Langeweile. Andererseits muss ich der Gemeinde auch Zeit lassen, dass sie mir in ihrem Tempo folgen kann. Hier ist es ganz wichtig, *das unterschiedliche Zeiterleben von Prediger und Gemeinde im Blick zu haben*. Im subjektiven Erleben des Predigers läuft die Zeit viel schneller ab, als das bei der Gemeinde der Fall ist. Er kennt seinen Text genau. Er ist in den Gedanken der Predigt zu Hause. Er hat viel Zeit in die Vorbereitung investiert. Die Gemeinde aber hört Text und Auslegung zum ersten Mal. Sie braucht für das Hören und Nachvollziehen derselben Gedanken einfach mehr Zeit.
Die Dichte einer Predigt und ihre Wirkung hängen sehr davon ab, ob sich der Prediger mit seiner Rede identifiziert. Die Gemeinde ist zunächst in der Beobachterrolle. Wenn sie vom Beobachten übergeht in die Identifikation, hat das damit zu tun, dass der Prediger sich selbst mit dem Gegenstand identifiziert. Dadurch folgen ihm auch die Hörer und wenden ihre Aufmerksamkeit ganz dem

Gegenstand der Predigt zu. Wenn der Prediger aber selbst immer in einem gewissen Abstand bleibt und die Dinge nur erklärt: »... so und so müssen wir es verstehen ...«, dann bleiben die Hörer distanziert, genauso wie er. Wenn er den Hörern ein Vorbild gibt in der Distanz, bleiben auch sie distanziert. Sie spüren, da ist keine Leidenschaft für die Sache. Wenn die Gemeinde andererseits spürt: »... der Prediger brennt für seine Sache, er weiß, wovon er spricht, er ist ehrlich, er hat einen eigenen Standpunkt ...«, dann geht sie mit. Denn keiner in der Gemeinde wird bereit sein, weiter zu gehen als der Prediger. Er bestimmt eigentlich immer die Tiefe des Prozesses. Wenn der Reiseleiter nicht selbst auf den Mount Everest steigt, wieso soll es dann jemand tun, der gerade anfängt, sich mit diesem Weg zu beschäftigen?

Vorbereitungen

Ich benutze die freie Predigt in meinen Kursen als Methode, damit Leute lernen, sich vom Konzept zu lösen. Viele haben dann zuerst große Bedenken: »Ich sage genau das, was ich geschrieben habe!« Dieses Festhalten am Papier hat für mich einen entscheidenden Nachteil: Die Predigt stirbt. Es bringt allein viele technische Schwierigkeiten mit sich, wenn ich mich als Prediger genau an einen Text halten will. Aber noch mehr Probleme bereitet die Haltung, die sich hierin zeigt. Man signalisiert, dass im Manuskript die endgültige Formulierung der Wahrheit gefunden sei. Und das ist nun wirklich nicht immer der Fall. Gravierender ist aber, dass die abgelesene Predigt uns in die Vergangenheit führt und dass sie nicht in der Gegenwart lebt. Ich werde als Prediger mental zurückversetzt vor meinen Computer, ich folge den dort gefundenen Formulierungen. Deswegen ist wichtig, dass eine Predigt frei gehalten wird.

Frei ist aber nicht auswendig! Da gibt es einen wesentlichen Unterschied. »Frei« hat immer etwas mit Lebendigkeit zu tun, ich bin im Thema, ich weiß, wovon ich rede. »Auswendig« heißt, ich habe Angst, etwas zu vergessen und muss es letztlich genauso sagen, wie ich es vorher geschrieben habe. Es gibt auch solch eine zwanghafte Art zu predigen, ohne ein Manuskript aus Papier zu benutzen. Die Leute haben dann ein inneres Konzept und lesen es vor ihrem geistigen Auge ab. Die Lebendigkeit einer freien Rede und der Kontakt zum Auditorium werden hier längst nicht erreicht.

Ein Schauspieler am Theater hat mehrere Wochen Zeit, damit die Rolle, an der er arbeitet, zur zweiten Natur wird. Damit eine Predigt auch nur annähernd zur zweiten Natur wird, braucht es eine andere Vorbereitung als üblich. Diesen Weg der Vorbereitung haben viele Pfarrer nicht gelernt. Und sie nehmen sich auch nicht die Zeit, die sie dazu brauchen. Es handelt sich nicht um die Vorbereitungen der Theorie, sondern um die Vorbereitung im Sprechen und Gestalten. Es wird immer vorausgesetzt, wenn man die Predigt geschrieben und sie sich einmal im Stillen vorgelesen hat, dann könnte man damit zufrieden sein und auf die Kanzel gehen. Aber in Wirklichkeit würde erst das *Hören* der eigenen Predigt dazu führen, dass ich merke: »Mensch, das kann ich so nicht sagen!« Wenn ich mich jetzt sogar in einen anderen Hörer hineinversetze, dann fällt mir noch mehr auf, was dieser nicht ohne weiteres verstehen könnte. Es müssen also mehrere Schritte zur Vorbereitung stattfinden. Und der Schwerpunkt wird dabei verschoben vom theoretischen Vorbereiten am Schreibtisch zum praktischen Sprechen, zum Sich-Hineinversetzen in die Predigtsituation. Wenn ich mich im Gottesdienst zum ersten Mal selbst höre, dann fehlt mir die wichtige »Generalprobe«. Das kennen ja viele Pfarrer aus Erfahrung, dass bei einem dritten Gottesdienst die Predigt besser und freier wird, einfach weil man sich selbst vorher gehört hat.

Wenn wir vom Theater und Film ausgehen, dann sind die ersten beiden Schritte der Vorbereitung die *Leseprobe* und die *Skriptanalyse*. Im theologischen Bereich wäre das die Exegese des Bibeltextes. Bei einer freien Predigt entsteht leichter die Gefahr, dass man »Hubschrauberflüge« über ein Thema macht, dass man es immer und immer wieder aus einer Höhe umkreist, ohne zu landen oder an Höhe zu gewinnen. Deswegen bleibt die inhaltliche Vorbereitung ganz wichtig. Man sollte ein ganz klares Konzept entwickeln, wie man im Blick auf das Thema vorgehen möchte, und sollte das nicht dem Zufall überlassen.

Ich schaue mir also sehr genau an, worum es im Text geht: die Gliederung der Gedanken, die dramaturgische Abfolge von Szenen und Bildern einer Geschichte, die Charaktere, ihre Emotionen und Absichten. Das muss ich gut studieren. Ich muss die Botschaft in klaren, kurzen Sätzen hören und sagen können. Dann gibt es den Punkt, wo ich damit »auf die Bühne« gehe. Das heißt für mich einfach, dass ich hörbar mache, was ich gelesen habe. Ich muss dazu nicht in die Kirche gehen, sondern vielleicht in den Garten, oder ich gehe in meinem Zimmer auf und ab und lese oder spreche die einzelnen Passagen laut. Hier entsteht das Problem: Ich kann mich nicht voll mit etwas identifizieren und mich gleichzeitig beobachten. Günstig ist es, bei diesem Schritt jemanden zu haben, der mir zuhört, am besten jemanden »von außen«, der ein wenig Distanz hat zu dem Text und mir deshalb unbefangener sagen kann, was er hört. Ich kann auch auf eine Kassette sprechen und mich dann selbst hören. Entscheidend ist einfach, dass ich ins praktische Üben komme, und zwar so, dass ich mich voll auf das Sprechen und »Bauen« der Predigt einlassen kann und im Nachhinein eine Kontrolle habe. Wenn ich beide Schritte selbst nacheinander mache, muss ich lernen, meine Rollen zu wechseln. Der Auswerter ist ein anderer als der Prediger. Und diesen Akt, dieses erste Sprechen, darf man natürlich nicht vor der Gemeinde machen. Es geht ja auch kein Pfarrer mit der ersten Fassung seiner Predigtmeditation vor die Gemeinde und sagt: »Liebe Gemeinde, was würden sie dazu sagen, wenn ich das so und so auslege?« Man muss der Predigt die Chance geben, dass sie vor dem Gottesdienst hörbar wird.

Das Manuskript, Gestaltung und Entwicklung

Häufig werden Manuskripte benutzt, die viel zu eng beschrieben und damit unübersichtlich sind. Das führt dazu, dass beim Predigen die linke Hand als Lesehilfe benutzt wird. Die ganze linke Körperseite wird dadurch blockiert und

Abb. 72: Linke Seite stirbt

Exposition   3 Min.

● Schlüsselsatz / Stichwort
● – – – – – – – – – –

Konfrontation   6 Min.

● – – – – – – – – – –
● – – – – – – – – – – –
   – – – – – – – –
● – – – – – – – – –
● – – – – – – – – – –

Auflösung   3 Min.

● – – – – – – – – –
● – – – – – – – – – – – –
   – – – – – – – –

Abb. 73: Manuskript in Stichworte strukturiert

»stirbt« (siehe Abb. 72). Man sollte sich im Computer eine Schrifttype aussuchen, die einem gefällt, und mindestens in der Größe von 14 Punkt schreiben. Der Zeilenabstand sollte so groß sein, dass man sich mit einem Blick auf der Seite zurechtfindet. Dann gibt es unterschiedliche Methoden für die Strukturierung von Manuskriptseiten. Man könnte verschiedenfarbige Text-Marker wählen: rot für Emotionen, grün für theologische Kernsätze, blau für Bibelzitate usw. Ein Konzept läßt sich auch gut in Exposition, Konfrontation und Auflösung mit Stichworten strukturieren (siehe Abb. 73). Dadurch kann ich einzelne Passagen hervorheben und gleich erkennen, worum es auf einer Seite geht. Ich könnte mir auch zusätzlich eine *Storyline* erschaffen, wie sie bei der Arbeit mit Drehbüchern benutzt wird: Ich habe auf der einen Hälfte der Seite meinen fortlaufenden Text und auf der anderen Hälfte Skizzen, große Stichworte, visuelle Hilfen, das so genannte *Storyboard*. Ein Bild sagt manchmal mehr als Worte: Ich male mir beispielsweise die Positionen der Figuren in einer Szene auf, »Jesus mit der samaritischen Frau am Jakobsbrunnen« und kann dann vom Bild aus anfangen zu erzählen. Ich gehe hinüber zum geschriebenen Text, um tragende Sätze im Wortlaut zu haben, und schwenke wieder zurück auf die Bildseite zu dem fett gedruckten Zitat wie z.B.: »Ohne Vergebung kein Glück«. Die zwei Spalten geben mir die Möglichkeit, mich vom ausformulierten Predigtkonzept zu lösen und mich doch sicher zu fühlen. Vorher schon bewirkt das Erschaffen eines solchen *Storyboards* eine inhaltliche Vertiefung und Strukturierung meines Themas (siehe Abb. 74+75). Als dritter Arbeitsschritt könnte eine Vorlage entstehen, welche eine Synthese aus *Storyline* und *Storyboard* bildet.

Abb. 74: Auflösung des Manuskriptes in Storyline und Storyboard

*Abb. 75: Synthese von Storyline
und Storyboard*

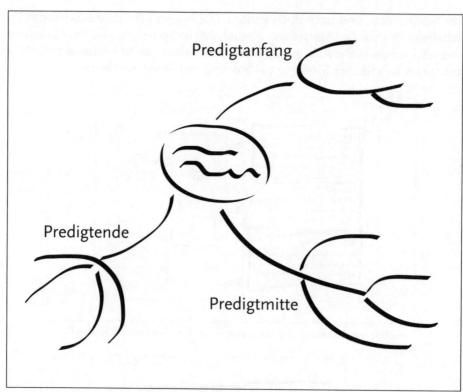

Abb. 76: Mind-Mapping für einen Predigtentwurf

Beim Entwickeln und Ordnen von Predigtgedanken muss jeder selbst heraus-
finden, was der beste Weg ist, um nachher zu einer flüssig vorgetragenen Predigt zu kommen. Ob man seine Gedanken von Anfang an systematisch ordnet
oder ob man zunächst frei zu einem Thema assoziiert und Einfälle sammelt,
das ist etwas sehr Persönliches. Viele kommen gut voran über einen optischen
Aufbau. Methoden wie *Mind Mapping* sind in kreativen Prozessen immer eine
sehr große Unterstützung (siehe Abb. 76). Das heißt, ich muss nicht gleich in
festen Sätzen denken, sondern ich folge zunächst einem Wort, einem Gedan-
kengang wie einer Hauptachse. Und in Beziehung zu dieser ersten Leitidee,
durch Ergänzung, durch Abzweigung oder durch Konfrontation entwickelt sich
das ganze Gedankengebäude. Ich vertue meine Energie nicht damit, dass ich
drei Möglichkeiten zugleich bedenke und selbst persönlich aus der Distanz noch
eine vierte Position einnehme. Entscheidend ist, dass meine Gedanken einen
solchen Lauf nehmen, mit dem ich mich identifizieren kann. Meine persönliche
Erfahrung ist, wenn ich mich wirklich in ein Thema hineinbegebe und sachlich
gut vorbereitet bin, dann brauche ich nicht mehr angestrengt nachzudenken,
sondern es sprudelt aus mir hervor. Als Voraussetzung sind aber die Bereitschaft und der Fleiß erforderlich, mich zuvor intensiv in das Thema zu begeben!

Schachtelsätze und pastoraler Ton

Für die Manuskriptgestaltung sollte ich beachten, dass ich keine langen, verschachtelten Sätze baue. So spricht im Leben kein Mensch. Das ist eine Kunstsprache, die dazu führt, dass ich mich als Gemeindemitglied fremd fühle. Diese Sprache ist geprägt vom wissenschaftlichen Studium. An der Universität muss man sie lernen und beherrschen, um Autorität zu bekommen. In der Gemeinde aber wirkt diese Sprache fremd und ausschließend.

Das Sprechen von Schachtelsätzen bringt viele technische Probleme mit sich: Man wirft den Hörern Pseudoblicke zu, die Augen bleiben lange am Konzept, die Gestik reduziert sich auf das Umblättern der Seiten und auf ein rhythmisches Kopfnicken beim Ablesen der Rede.

Kurze Sätze sind viel besser zu verstehen. Sie kommen unserem natürlichen Sprechrhythmus näher. Die Modulation verstärkt sich. Es entsteht ein Wechsel im stimmlichen Rhythmus. Die Lebendigkeit einer Stimme kommt viel eher zum Ausdruck. Und die große Gefahr, den »pastoralen Ton« anzuschlagen, wird geringer. Dieser Ton äußert sich darin, dass eine ständige Überbetonung stattfindet. Zu viele Worte im Satz werden betont. Man kann nicht mehr unterscheiden, was wichtig ist und was nicht, alles wird als gleich wichtig dargestellt. Das ermüdet den Hörer.

Zitate

Bei Zitaten muss ich vorher oder nachher ganz klar sagen, woher ich sie habe. Zitate müssen von meiner persönlichen Rede zu unterscheiden sein. Zitate kann man auch vorlesen, ohne aufzuschauen. Andererseits ist es etwas Besonderes, wenn jemand einen Text auswendig kann und ihn ganz frei vorträgt. Doch auch dann sollte man diesen Rollenwechsel deutlich machen. Empfehlenswert ist ein Innehalten vor dem Zitieren. Dann kann die Gemeinde sich auf diesen anderen Text einstellen und sich ganz auf das Hören konzentrieren. Der Prediger sollte auch die Möglichkeit nutzen, beim Zitieren durch stimmliche oder gestische Gestaltung den Charakter des Textes oder des Autoren zum Ausdruck zu bringen.

Hier ist eine Unterscheidung zur Rolle des Predigers erforderlich. Der Prediger sollte gewisse Dinge vermeiden, die bestimmten Charakteren erlaubt sind. Ein Charakter kann zum Beispiel als Figur nach vorn über die Kanzel hängen, aber ein Prediger sollte dies nicht tun. Ein Charakter kann auch vom Leben enttäuscht sein und dementsprechend da stehen. Und der Prediger nimmt dann für diesen Moment der wörtlichen Rede diesen Charakter an. Aber Vorsicht: Klamauk und billiges Theater sollten auf der Kanzel nicht zu sehen sein.

Satire und Ironie

Ziemlich schwierig ist die Arbeit auf der Kanzel mit solchen Sprachfiguren wie Satire und Ironie. Sie können sehr schnell verletzen. Ihre Wirkung beruht an sich schon auf der Nutzung von Doppelbotschaften. Viele können das im Zusammenhang einer Predigt nicht deuten. Es entstehen Irritationen und die führen dazu, dass Menschen sich zurückziehen. Ich empfehle, die Aussage, die mit einer ironischen Passage vermittelt werden soll, am Ende explizit und eindeutig zu machen. Sonst bleibt bei Hörern das Gefühl, sie wurden angegriffen, sie wurden aufs Glatteis geführt und konnten sich nicht wehren. Am besten überlege ich mir sehr genau, ob ich diese Sprachform mit ihren schwierigen Energien überhaupt brauche oder ob ich meine Botschaft nicht direkt formulieren kann, gerade wenn ich angreifen, konfrontieren oder demaskieren will.

Der Ort der Predigt

Die Predigt hat ihren eigenen, besonderen Platz in der Kirche, die Kanzel. Sie findet nicht vom Altar aus statt. Das ist für mich ein Zeichen dafür, dass der Prediger sich hier mit seinem persönlichen Wissen und seinen Fähigkeiten stärker einbringt als bei anderen liturgischen Teilen, die z.B. am Altar stattfinden. Für mich folgt das einer gewissen Logik in der liturgischen Nutzung des Raumes: Die Begrüßung hat nahe an der Gemeinde stattgefunden; die Predigt braucht mehr Distanz und gleichzeitig eine Hervorhebung; und später, zum Abendmahl wie zu Gebet und Segen sind wir am Altar, »näher bei Gott«.
Da gibt es nun immer wieder Bedenken: Viele sagen, unsere Kanzel ist mir zu hoch, sie ist am falschen Platz, die Kanzel blockiert den Redner – wir wollen keine Kanzel mehr haben. Aber für mich gibt es eigentlich keine überzeugende Alternative. Die meisten technischen Probleme lassen sich lösen. Das Lesepult sollte in der Regel der Ort für die Lesung und für kleinere freie Redeeinheiten sein, wie zum Beispiel für längere Grüße oder Bekanntmachungen. Die Kanzel bleibt ein besonderer Ort für die Predigt. Ihre Höhe allein bedeutet noch keine Hierarchisierung, wie oft behauptet wird. Hierarchie entsteht nämlich auch durch eine bestimmte Art und Weise zu reden und nicht allein durch meinen Standort. Wenn meine Haltung keine Hierarchie in sich trägt, dann werde ich sie auch nicht vermitteln. Jesus predigte von einem Berg herunter, um besser gesehen und gehört zu werden. Oder bei einem Pop Konzert gibt es immer eine erhöhte Bühne, weil wir dann viel mehr visuelle Möglichkeiten haben. Ob sich eine herablassende, arrogante Gestik einstellt, liegt nicht an der Höhe der Kanzel, sondern hat etwas mit der inneren Haltung zu tun. Wenn ein Prediger auf derselben Ebene steht, und in der ersten Reihe, dicht vor ihm sitzt eine große Person, dann wird die Predigt für die Gemeinde ab der zweiten Reihe zum reinen Hörerlebnis. Das kann sie auch im Radio haben. Man geht in die Kirche, um den Prediger auch visuell zu erleben. Ich überprüfe den Prediger, wie er zu seinen Worten steht. Das läuft vielleicht unbewusst ab. Aber es verstärkt die Wirkung der Predigt. Der

Pfarrer bürgt für die Wahrheit seiner Worte. Er steht für das, was er sagt. Deshalb sollte man nicht sagen, die Kanzel hebt den Prediger in eine übersteigerte Position, in der er nicht angreifbar ist. Im Gegenteil, die Kanzel wird zum Prüfstand für den Pfarrer. Man sieht ihm ins Gesicht: Wie ehrlich ist er? Wie ist er theologisch vorbereitet? Wie menschlich zeigt er sich? Hier wird die Wirkung seiner Worte in jeder Hinsicht verstärkt, zum Guten wie auch zum weniger Guten.

Trotz dieses Plädoyers für die Kanzel muss man einräumen, nicht jede Kanzel eignet sich für ihren Zweck: Manche sind wirklich falsch platziert, deutlich zu hoch oder viel zu weit von der Gemeinde entfernt. In diesen Fällen kann das Lesepult als Ersatz dienen. Ein Prediger sollte jedoch ehrlich prüfen, ob er die Kanzel nur vermeidet oder ob die vorhandene Kanzel tatsächlich nichts taugt. Um das entscheiden zu können, sollte man in jedem Fall die Kanzel gründlich ausprobieren: Wie spreche ich an diesem Platz, wie sehe ich die Gemeinde, wie werde ich verstanden und gesehen?

Technik

Technische Probleme entstehen auf der Kanzel beispielsweise für kleine Prediger (siehe Abb. 77). Die Kommunikation in den Kirchenraum ist dann viel schwerer. Da hilft ein zusätzlich eingestelltes Podest. Es muss allerdings fest stehen und es sollte groß genug sein, damit der Stand praktikabel ist und die Bewegungsfreiheit des Predigers auch nach hinten und zu den Seiten nicht eingeschränkt wird (siehe Abb. 78). Der Prediger gewinnt damit an Höhe, er wird sichtbar, er kann seine Hände bewegen und sein Gestogramm entfalten.

Abb. 77: Kanzel verdeckt
Predigerin

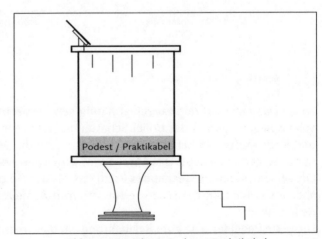

Abb. 78: Kanzel mit Podest / Praktikabel

Ein anderer technischer Aspekt ist das Mikrofon. Es ist häufig falsch angebracht. Ich richte mich dann mit dem Mund nach dem Mikrofon aus, ich klebe förmlich daran und kann mich nicht mehr bewegen (siehe Abb. 79+80). Ich bin gezwungen, mein Gestogramm zu minimieren, nur um deutlich gehört zu werden. Dieser Zustand muss technisch gelöst werden. Das Mikrofon sollte mir unbedingt meine Bewegungsfreiheit lassen. Das Volumen sollte so eingestellt sein, dass ich mit einer für diesen Raum normal lauten Stimme reden kann und nicht extra leise sprechen muss. Denn ich brauche in meiner Stimme ein gewisses Maß an Spannung und Energie, um Emotionen ausdrücken und gestische Effekte im Körper auslösen zu können. Das ist aber nicht möglich, *wenn die Stimme durch falsche Einstellung des Mikrofons in eine künstliche Unterspannung versetzt wird*. Dann hört man zwar den Prediger überall gut, aber man sieht ihn nicht reden, Hören und Sehen sind nicht kongruent. Ideal ist ein Verhältnis zwischen Prediger und Mikrofon, bei dem das Mikrofon dem Prediger dient und nicht umgekehrt.

*Abb. 79: Gestenkiller:
Mikrofon*

*Abb. 80: Kampf mit
Mikrofonen*

Licht

Das Licht auf der Kanzel ist häufig sehr schlecht. Es entstehen zum Beispiel Spiegelungen in der Brille, Schatten auf der Stirn und im Gesicht. Hände und Kopf werfen ein Schattenspiel hinter mir an die Wand, dem die Gemeinde nur allzu gern zuschaut. Das Manuskript wird über- oder unterbeleuchtet.

Oft verschwindet die Gestalt des Predigers bis auf ein blasses Gesicht, das man eher im »Phantom der Oper« erwartet. Vom Ausleuchten kann hier nicht die Rede sein.

Die erste Regel für eine gute Beleuchtung ist, dass man sie selbst nicht sieht, sie aber trotzdem alles Nötige sichtbar macht. Wichtig ist ferner, dass eine Beleuchtung die richtigen Stimmungen unterstützt, sie aber nicht kaputtmacht. Insofern hat die Beleuchtung auf der Kanzel auch einen symbolischen Wert. Es ist vielleicht an dieser Stelle »mehr Licht« gefordert als im Altarraum. Mit einer guten Ausleuchtung des Kirchenraumes könnte man den unterschiedlichen Orten eine jeweils bestimmte Qualität geben, da sollte man wirklich etwas investieren. Das könnte speziell für die Kanzel heißen: Hier wird eine Sache beleuchtet und erhellt. Hier wird für Klarheit gesorgt, für Einsicht und manchmal vielleicht sogar für Erleuchtung.

Pult

Das Pult auf der Kanzel ist oft zu klein. Für ein DIN-A4-Blatt wird es schon eng, ein zweiter Gegenstand findet darauf überhaupt keinen Platz mehr.
Ein anderes Problem ist die Neigung. Wenn es zu schräg ist, muss man das Konzept festhalten. Das Festhalten der Seiten lässt den gestischen Ausdruck einseitig werden. Kurz, diese technischen Gegebenheiten müssen wirklich gelöst sein, sie dürfen den Prediger nicht von seiner Hauptsache ablenken.

Zur Exposition der Predigtstation

Wir haben am Anfang den Kanzelgruß. Dieser kleine liturgische Akt markiert einen neuen Abschnitt und bindet die Predigt zugleich in den liturgischen Gesamtverlauf ein. Nach der Lesung des Bibeltextes spricht der Prediger möglicherweise ein kurzes Gebet. Er wendet sich an Gott und bittet um die richtigen Worte. Auch die allerpersönlichsten Gedanken, die er gut vorbereitet hat, müssen ihm erst wieder von Gott geschenkt werden. Das ist ein wichtiger Aspekt, weil er hier seine Worte noch einmal prüfen lässt und sich selbst erinnert an das »erste Auge«. Dann beginnt die eigentliche Predigt.
Leider vermisse ich häufig zu Beginn eine klare Angabe der Situation, um die es jetzt gehen soll. Oft werden zu viele Situationen des Alltags vorgestellt. Da wird über Tod oder Krieg gesprochen. Da werden gleich zu Beginn starke Wirkungen ausgelöst. Für ein Thema werden fünf, sechs Beispiele genannt, auf die wir uns jedes Mal emotional einlassen. Aber es wird nichts Neues daraus entwickelt. Das hat zur Folge, dass wir irgendwann aussteigen. Besser wäre es, eine, höchstens zwei Situationen zu beschreiben und die wirklich zu etablieren, sie zu vertiefen und im Detail auszuarbeiten. Denn wenn die Gemeinde die Situation nicht versteht, dann kann sie auch später nicht dem Gang der Auslegung folgen und keine Rückschlüsse ziehen. Ihr fehlt das Thema vom Anfang. Sie driftet ab und steigt dann vielleicht irgendwann am Ende wieder ein, wenn »das gute Wort« kommt, das man mit auf den Weg nehmen soll – aber die Reise dazwischen bleibt leider im Dunkeln.

Die Kunst des ersten Momentes

Ein Schauspieler, der ein Stück zum hundertsten Mal spielt, wäre falsch beraten, wenn er signalisiert: »Leute, ich habe das Ding jetzt schon hundert Mal

gespielt, ihr werdet es sicher verstehen, dass ich jetzt keine Lust mehr habe!«
Wenn ein Prediger am Wochenende drei Predigten hält, dann ist die Gefahr groß,
dass er uns so etwas spüren lässt: »Ich habe mir die Sachen vor ein paar Tagen
ausgedacht und aufgeschrieben, habe sie schon mehrmals gepredigt, jetzt sind
sie nicht mehr ganz taufrisch und prickelnd – aber es muss eben sein ...«
Die innere Haltung sollte auch beim dritten Mal so sein wie in diesem Moment,
als ich die Predigt schrieb, als mir zum ersten Mal diese Gedanken kamen, dieses Gefühl der Inspiration: »Da wird etwas Neues geboren ... im Schreiben und
im Sprechen gewinnt es Gestalt ... und ich werde es genießen, meine Gedanken
vorzutragen. Noch sind sie nicht fertig formuliert, aber ich feile daran ...« Dieses
Gefühl, diese Offenheit sollte der Prediger mitnehmen auf die Kanzel, weil sonst
seine Predigt stirbt. Es ist auch die Bereitschaft, sich nicht an sein Konzept zu
klammern, sondern einzelne Partien im Verlauf neu zu entwickeln. Das Entscheidende ist, zu klären, was ist die Situation, welches Gefühl, welches Erleben möchte
ich im *Opening* der Predigt vermitteln? Ich muss wirklich in dieses Gefühl gehen,
das erzeugt die Energie und die Ausdruckskraft, die ich für eine lebendige, präsente Darstellung brauche.

Das Gestogramm, Erster und Zweiter Kanal

Mehr als bei jeder anderen Station des Gottesdienstes kommt bei der Predigt das persönliche Gestogramm des Pfarrers zur Geltung. Das ist sozusagen
der körpersprachliche Fingerabdruck seines Glaubens. Wir können durch die Ge-
samtheit seiner Gesten, durch seinen Stand, durch seine Mimik und durch seine
Stimme erkennen, welche Haltung er zu dem Gegenstand seiner Predigt hat.
Sicher wird dieser Eindruck visuell durch die Brüstung und das Pult gemindert.
Unser Prediger ist ja auf der Kanzel in der Regel fast nur zur Hälfte zu sehen. Und
häufig wird diese Verdeckung noch verstärkt, indem man sich am Pult fest hält
(siehe Abb. 81).
Was aber in diesem Zusammenhang passiert, ist ein sehr komplexer Vorgang
und unterliegt einem gewissen »Naturgesetz der menschlichen Rede«: Wenn
jemand spricht, baut sich im Körper Energie auf. Diese Energie hat unterschiedliche Qualitäten. Das hängt zusammen mit den Emotionen, die zum Ausdruck
kommen. Traurigkeit hat einen anderen Körperzustand zur Folge als Freude und
Lebendigkeit. Dieses Naturgesetz führt dazu, dass die Energie, die sich durch
das Sprechen aufbaut, blockiert wird, wenn ich den Hauptkanal der Körpersprache einschränke, indem ich mich am Pult fest halte. Nun reagiert der Körper. Er
kann seine natürliche Energie nicht über den *Ersten Kanal* ausdrücken, also sucht
er sich einen anderen Kanal und agiert sich darüber aus. Die Benutzung dieses
Zweiten Kanals geschieht unbewusst. Vielleicht habe ich als Prediger eine kleine
Ahnung von meinen so genannten »Angewohnheiten«. Das gelegentliche Feedback der Ehefrau oder des Partners haben mich schon einmal darauf aufmerksam gemacht. Aber ich kann kaum etwas ändern, in der Regel habe ich keinen
Zugriff auf dieses eingefahrene Verhalten.

Abb. 81: Kanzelstarre

Dieser *Zweite Kanal* kann die unterschiedlichsten Formen annehmen. Er kann sich äußern in einer Spiel- und Standbein-Haltung, was wiederum typische Haltungen in meinem Gestogramm nach sich zieht (siehe Abb. 82). Wenn ich auf dem rechten Bein feststehe und habe links mein Spielbein, dann werde ich mit der rechten Hand sicher nicht frei gestikulieren, sondern sie wird sterben. Die linke Hand wird auf eine rudimentäre Weise Energie abgeben. In der Regel werden dann Spiel- und Standbein mehrfach gewechselt. Es entsteht ein monotoner Gestaltungsrhythmus, ein personen-spezifisches Gestogramm, das aber nicht wirklich aus der rhetorischen Situation entsteht, sondern das mit den Körperhaltungen und den typischen Mustern einer Person zu tun hat.

Es gibt auch in der Regel nicht nur einen einzigen *Zweiten Kanal* bei einem Menschen, wie die Spiel- und Standbein Haltung, sondern drei, vier: Die Hände werden blockiert; in der Stirn ist eine starke Arbeit mit Falten zu beobachten (siehe Abb. 83); der Körper wippt; die Augenbrauen werden nach oben gezogen; da kommt ein starkes Überbetonen in die Stimme; man beobachtet ein bestimmtes Hantieren mit der Brille – eine typische Gewohnheitsgeste von Pfarrern ab 45 (siehe Abb. 84); in den Schultern wird gerudert, statt mit den Armen zu arbeiten; die Haare werden in Ordnung gebracht; die Nase gereinigt; es fließt zu viel oder zu wenig Speichel; es gibt ein Schaukeln vor und zurück oder nach rechts und links; und manche erstarren, sind völlig regungslos ...

Abb. 82: Spiel- und Standbein
(Körper aus der horizontalen Achse) [F]

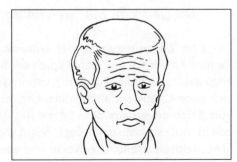

Abb. 83: »Waschbrett«

Abb. 84: Meine Brille und ich

All dies wird zum Zweiten Kanal. Es geht nicht darum, abzuwerten, was eine Person macht, sondern um die Einsicht, dass durch sekundäre Ableitung die Energie für die gestische Gestaltung der Predigt verloren geht. Die *Zweiten Kanäle* können auch unbewusst arrangierte Ablenkungsmanöver sein. Die Gemeinde wird auf diesem Kanal bedient.

Die Regel beim Theater heißt: »Wo Spannung und Bewegung ist, wird Aufmerksamkeit hingelenkt!« Auf die Perspektive der Gemeinde bezogen heißt das: Wenn der Prediger sich irgendwo bewegt, wird die Gemeinde hinsehen. Wenn jemand sich bewegt, auch wenn es für die Gemeinde nicht sichtbar ist, z.B., weil sie die Füße des Liturgen nicht sehen kann, so sieht sie doch die Effekte. Das lenkt die Gemeinde ab und bringt sie weg von der Predigt.

Zu den wichtigsten Zielen meiner Arbeit gehört es herauszufinden, welche *Zweiten Kanäle* eine Person benutzt, und wie ich diese an sich wertvolle Energie hinüberleiten kann in den *Ersten Kanal*, in verstehbare natürliche Gesten. Der erste Schritt ist eine genaue Diagnose über die verzerrten Kanäle. Das »Wunder« aber geschieht dann, wenn die Person im Laufe einer Übung bewusst erlebt, dass der *Zweite Kanal* wenig zur Vermittlung der frohen Botschaft beiträgt. Und die bewusste Konzentration auf den *Ersten Kanal* führt zu einem organischen Zusammenspiel von Körperhaltung, Stimme, Stand, Atmung und Nutzung der Arme und Hände.

Die Gestik im Mittleren Raum

Im Zusammenhang der Umlenkung der rhetorischen Energie von den *Zweiten Kanälen* in den *Ersten* spielt der Begriff des *Mittleren Raumes* für mich die entscheidende Rolle. Für den Kanzelredner ist das der optimale Raum, in dem sich seine Gestik entfalten sollte. Die meisten Menschen bringen diesbezüglich gute Erfahrungen aus dem Sitzen mit. Wenn jemand etwas im Sitzen lebendig erklärt und es plastisch darlegt, benutzt er Arme und Hände auf eine ganz natürliche, selbstverständliche Weise in diesem mittleren Raum. Die normale Ruhestellung im Sitzen ist es, die Hände auf die Oberschenkel zu legen (siehe Abb. 85+86). Von dort ausgehend greift man selten tiefer, als der Gürtel sitzt, man wird nicht so weit oben hantieren, dass das Gesicht verdeckt ist. Diese natürlich gewachsenen Redegesten sind auf die Kanzel zu übertragen. Der untere Raum verbietet sich hier ganz und gar, denn niemand sieht die Hände (siehe Abb. 85). Die Ausnahme wäre, wenn jemand Dinge ausdrücken will, die gerade diese bestimmte Symbolik erfordern: Verstecken, unterdrücken, Lüge, Scham o.Ä.

Abb. 85: Gestik hinter Pult versteckt

Abb. 86: Fingerspiel mit Konzept

Wenn jemand beginnt, bewusst im *Mittleren Raum* zu arbeiten, dann ist das zunächst sehr ungewohnt. Im Sitzen kann er sich diese Gestik noch gut für seine Person vorstellen, aber im Stehen wird sie als peinlich empfunden. Hier hilft nur Geduld. Erfahrungsgemäß öffnet sich eine Person im Laufe von mehreren Versuchen. Beobachtet zu werden macht zunächst unsicher: Wohin mit den Händen? Viele fangen nun an, künstliche Gesten zu machen, die ständig das Gesagte illustrieren sollen. Das ist manieriertes Theater. Oder die Hände greifen sofort wieder ans Pult, nachdem sie sich einmal kurz geöffnet hatten. Oder sie folgen einem magischen Drang, sich in der Mitte zu schließen: Es wird am Ehering gearbeitet, es findet ein kleines Fingerhakeln statt. Mit Mikrogesten wird die Energie abgearbeitet, wie in einem neuen *Zweiten Kanal* (siehe Abb. 86). Hier muss man grundsätzlich sagen, dass das Zusammenbringen der Hände Beruhigungsgesten sind: Ich nehme Kontakt zu mir selbst auf. Vor meinem Körper schließt sich ein interner Energiekreislauf. Was ich erreichen will, Kontakt und Lebendigkeit nach außen bringen, wird durch diese Beruhigungsgesten ge-

Abb. 87: Ruhestellung am Pult

Abb. 88: Ruhestellung im mittleren Raum

dämpft. Jedem Prediger muss bewusst sein: Es gibt nur zwei Ruhestellungen, in denen die Hände während der Predigt gehalten werden können. Das ist einmal am Pult, indem ich sie bewusst hier halte, sie aber nicht parke oder krampfhaft fest halte. Außerdem gibt es im Stehen die Ruhestellung der Hände im *Mittleren Raum* (siehe Abb. 87+88).

Gestik und Inspiration

Bei der Erzeugung von Intensität – so könnte man es sich vorstellen – wirken die Armbewegungen im mittleren Raum wie ein Motor. Oder: Die Arme sind wie Schaufeln, mit denen ich ins Unterbewusste gehe, ich grabe mit meinen Gesten und hole Dinge hervor, von denen ich selber nichts wusste. Es bilden sich beim Reden neue Sätze und Ideen. Das ist, als würde ich mit dem Spaten einmal tiefer graben als sonst, es kommen Dinge ans Licht, die ich vorher bei der Bearbeitung desselben Ackers nicht gesehen habe. Dieses Neue ist für mich Teil der Inspiration. Bei der freien Predigt gibt es das Erlebnis solcher *Heiligen Momente*. Die Gemeinde merkt, er sagt etwas Neues, das ihm erst in diesem Augenblick geschenkt wurde.

Stimmige Gestik schafft Struktur

Eine gute Gestik entsteht aus dem Sprechen heraus. Eine Person ist authentisch, sie ist bei sich selbst und sie ist im Thema, daraus ergeben sich die Gesten. Dieser Weg hat viel mit Kunst zu tun, mit Intuition. Ich muss nämlich bewusst und gleichzeitig unbewusst arbeiten. Am Anfang wirkt das aufgesetzt und sehr kontrolliert. Und letzten Endes kann man nicht so an der Gestik arbeiten, dass wir für jemanden eine Körpersprache entwickeln und sie wie einen Code einstudieren. Sie muss wachsen. Wir können uns die groben Fehler bewusst machen und dann Spielräume für eine Person eröffnen, sodass sie Arme und Hände benutzt und ihre Rede lebendiger gestaltet. Man sollte unbedingt den Mut haben, den mittleren Raum zu benutzen, auch auf die Gefahr hin, dass es am Anfang künstlich wirkt. Ich sehe keine Alternative. Wenn jemand sich diesen Raum erobert, wird es ihm sehr dabei helfen, geistige Gegenstände vor der Gemeinde viel plastischer darzustellen. Er strukturiert die Dinge mit den Händen; er lenkt den Fluss der Aufmerksamkeit; er »schneidet den Film«, indem er eine Sequenz abschließt und eine neue eröffnet.
Wenn ich zum Beispiel eine Gegenüberstellung kreieren will, Jesus und Petrus, dann ist es für die Gemeinde schlecht zu verstehen, wenn ich mit beiden Händen zugleich rudernd, aus der Mitte heraus symmetrische Gesten mache – so genannte »Doppelgesten« – und dazu sage: »Hier ist Jesus und da ist Petrus« (siehe Abb. 89). Wenn ich aber mit der einen Hand zunächst Petrus auf der rechten Seite platziere und anschließend mit der anderen Hand Jesus auf der linken Seite, dann erzeuge ich ein klares Bild (siehe Abb. 90). Man darf das aber nicht mit künstlichen Gesten verwechseln, wo man jedes Wort mit einer illustrieren-

den Handbewegung unterlegt. Damit fängt man an, Pantomime zu spielen. Das ist so, als würde man einen Text komplett mit farbigen Markern unterstreichen, die Struktur geht verloren. Gesten haben den Zweck zu unterscheiden, zu strukturieren und zu einem besseren Verständnis beizutragen.

Abb. 89: »Alles am selben Platz«

Abb. 90: Platzierende Geste im Raum
(aus der Sicht der Predigerin)

Raumbezug der Gesten

Stellen wir uns vor, jemand beginnt in der Vorbereitungsphase seiner Predigt an der gestischen Gestaltung zu arbeiten. Er sagt sich: »Hier, auf der rechten Seite, ist jetzt Jesus, der spricht zu Petrus ... ich als Prediger bleibe in der Mitte, und wenn ich einen Charakterwechsel habe, gehe ich nach rechts, in die Jesus-Rolle, und sage: ›... na, Petrus, wie geht es dir nach diesem Fischzug?‹« – Wenn Petrus dann antwortet, ist es wichtig, *nicht* in der Position Jesu stehen zu bleiben, das führt zu Verwirrungen. Ich muss nach links gehen und als Petrus antworten (siehe Abb. 91). Wenn ich wörtliche Rede benutze, spreche ich als Charakter! Hier wird häufig Verwirrung vom Prediger gestiftet, indem er als Prediger spricht und mit gleicher Stimme und vom gleichen Ort aus als Charakter spricht. Das heißt, ich muss klar entscheiden: Wenn ein Charakter auftreten soll, muss ich ihn auch als Charakter sprechen. Deshalb bin ich noch lange nicht Jesus! Da beobachte ich oft eine große Hemmung bei Theologen und Theologinnen, »... ich kann doch nicht als Jesus auftreten ...« Natürlich nicht. Es handelt sich hier um eine Teilpersönlichkeit, die für den Augenblick eingenommen wird wie von einem Schauspieler.

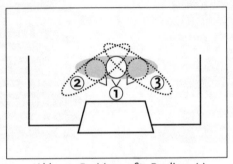

Abb. 91: Positionen für Prediger (1)
und Charaktere (2+3)

Bei dieser Art der strukturierenden Gestik im Raum gibt es einige Gesetzmäßigkeiten zu beachten: Wenn zum Beispiel die Kanzel – von der Gemeinde aus
gesehen – auf der linken Seite steht und die Wand gleich in der Nähe, befindet
sich der offene Raum rechts. Dann ist es eine Möglichkeit, die Sätze, die zur
Vergangenheit gehören, auf der linken Seite zu spielen und die Zukunft nach
rechts, in den offenen Raum. Damit kann man mehr Intensität erzeugen. Diese
Anordnung kommt der Gemeinde prinzipiell zugute. Es ist vorteilhaft, wenn die
Kanzel auf der linken Seite steht, weil es dem Fluss des Erlebens hier in unserer
kulturellen Hemisphäre entgegenkommt. Denn wir lesen auch von links nach
rechts (siehe Abb. 92-94).

Abb. 92: Handlungsachse in Zeit und Raum

Abb. 93: Zum offenen Raum hin, Zukunft   *Abb. 94: Zur Wand hin, Vergangenheit*

Ebenso kann ich die Lichtverhältnisse des Raumes einbeziehen: Negatives sage ich zur dunklen Seite hin, das Positive, Befreiende stelle ich ins Licht.

Bei solchen Zuordnungen von Themen und Stimmungen im Raum sollte ich jedoch nicht den Fehler machen, die Dinge zu verknüpfen mit Einzelnen oder mit Gruppen in der Hörerschaft, indem ich besonders auf sie blicke oder sogar zeige. Ich sollte dabei prinzipiell vorsichtig sein und keine »Lieblingsseite« erzeugen. Damit entsteht zugleich ein toter Winkel und ich selektiere die Gemeinde. Dann fühlen sich einzelne Gemeindemitglieder abgespielt, sie melden sich durch Husten, der Husten wandert durch den ganzen Kirchraum ... Es ist enorm wichtig, den ganzen Raum zu bespielen (siehe Abb. 95). Auch wenn ich vielleicht letzte Woche jemanden beerdigt habe und die Verwandten sind da, dann sollte ich sie wahrnehmen und sie sollten das auch spüren, aber ich darf sie nicht in auffälliger Art einbeziehen. Die Predigt ist für alle da. Den persönlichen Zuspruch für jeden Einzelnen kann ich nicht steuern, darüber hat das *Erste Auge* zu entscheiden, das ist Gottes Sache. Ich gebe mein Bestes und das darf ich die Gemeinde auch insgesamt spüren lassen. Ich spreche die Leute an und halte Blickkontakt, aber nicht fixierend oder kritisch, sondern offen und achtsam. Ich spüre dem nach, ob meine Worte ankommen oder ob die Gemeinde abdriftet. Genau dafür ist es wichtig, frei zu predigen. Eine gut vorbereitete, freie Predigt gibt viel mehr Möglichkeiten, hier und jetzt im Augenblick präsent zu sein und auch wirklich wahrzunehmen, was im Raum passiert.

Raumgröße

Die Gesten sollten so auf den Raum abgestimmt sein, dass sie auch noch in der 20. Reihe gesehen werden. Wenn ich mit meinen Gesten bei mir bleibe, nah am Körper, dann sind sie von weitem nicht zu sehen. Das wird natürlich auch nicht vom Mikrofon ausgeglichen, weil es um visuelle Dinge geht. Das heißt aber nicht, dass ich die Gesten »theatralisch« übertreiben sollte, als wäre ich im Stadion mit 80.000 Leuten. Meine Gesten sollten vor allem der Körpergröße proportional angemessen sein. Allerdings muss ich sagen, dass ich bei Pfarrern sehr viel mehr eine Untertreibung in den Gesten erlebe, dass sie sich eher zu-

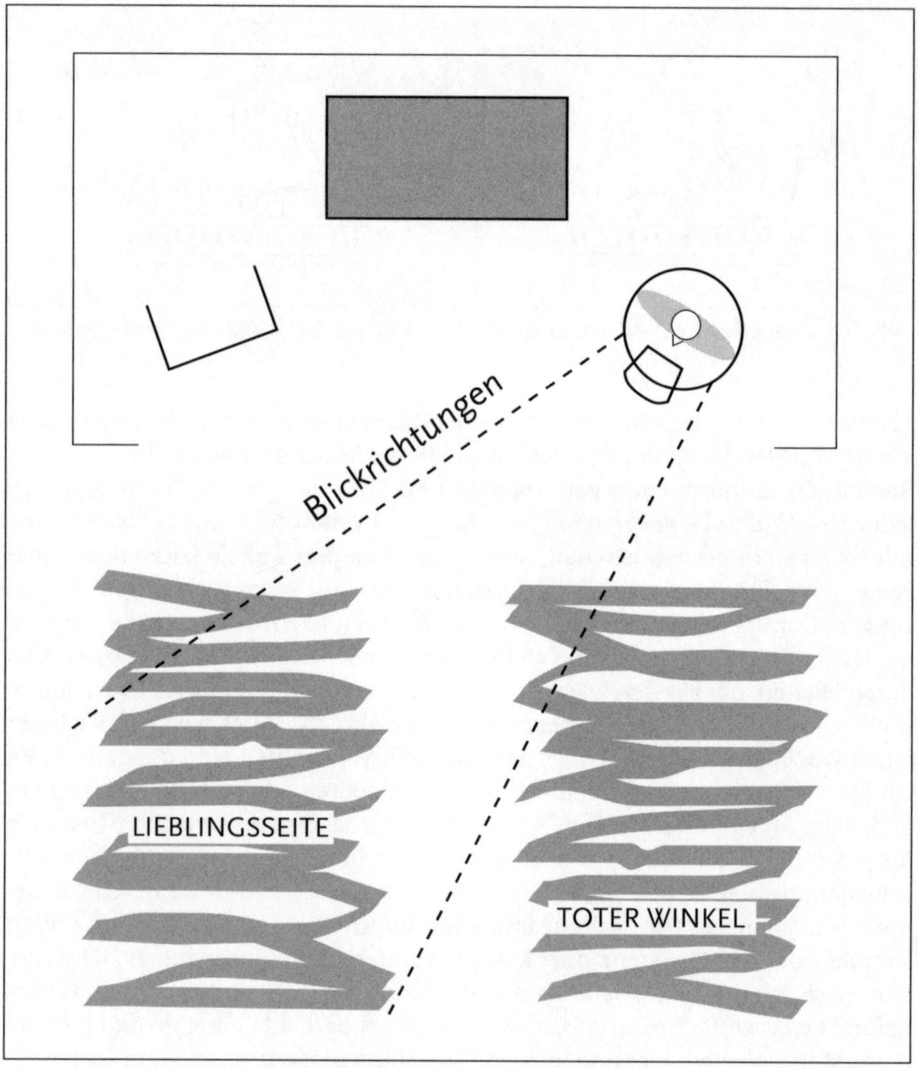

Abb. 95: Lieblingsseite und toter Winkel

rücknehmen und ihre Botschaft schwächen, als dass sie übertreiben. Die Übertreibung findet dann häufig durch falsches Betonen in der Stimme statt.

Die Dynamik der Charaktere nutzen

Ohne eine Situation, ohne eine markante Szene oder Frage, die uns berührt und neugierig macht, gibt es keinen Grund, dass wir etwas interessant finden. In der Bibel tragen viele Situationen einen Konflikt in sich. Anhand eines
Konfliktes wird uns klar gemacht, worum es geht. Da gibt es zum Beispiel die

Pharisäer als typische Gegenspieler Jesu. Und es gibt die Jünger, die das schon begriffen haben mit der Nachfolge. Jesus leitet uns mit den Gedanken in eine Richtung, wir gehen mit ihm und fühlen uns verstanden, dann plötzlich werden wir überrascht und sehen, er verhält sich ganz anders, als wir dachten.

Eine Präsentation braucht also immer einen Konflikt. *Erst ein Konflikt erzeugt Dynamik.* Wenn dagegen zwei Charaktere ein Gespräch beginnen, und sie sind derselben Meinung, dann entsteht kein Gespräch. Um nur eine Meinung darzustellen, sollte man keine zwei Charaktere auftreten lassen. Echte Charaktere müssen sich unterscheiden, sie müssen verschiedene Ziele und verschiedene Argumente verkörpern. Die Unterscheidung der Charaktere führt dazu, dass wir mitfühlen und mitdenken können. Es kommt ein Prozess in Gang. Das hat etwas mit unserem Leben zu tun, das auch von Spannungen und Konflikten geprägt ist. Dieser Pharisäer, der sich vorne in den Tempel stellt und betet: »Ich danke dir, dass ich nicht so bin wie dieser Zöllner da draußen ...«, der kann etwas in uns auslösen, weil er ein kollektiver Charakter ist. Wir kennen diesen Typ aus der Nachbarschaft. Und er steckt auch in jedem von uns selber. Ohne dass wir die Situation einer biblischen Geschichte klar auf den Punkt bringen, ohne dass wir genau sagen können, was wir damit zu tun haben, sollten wir nicht auf die Kanzel gehen. Dann wird die Bibel zum Märchenbuch.

Ich halte es auch für nötig, dass die Worte bewusst mit Emotionen verbunden sind. Emotionen stellen einen unmittelbaren Bezug zum Leben und zum Körper her. *Es gibt keine emotionslose Botschaft.* Wenn wir bei einer Rede keine Emotion erleben, das erzeugt auch wieder eine Emotion.

Probleme mit Charakteren, biografische Widerstände, Substitute

Es gibt biblische Texte, zu denen jemand keinen Zugang gewinnt, oder Charaktere, die extreme Widerstände bei ihm auslösen. Dann ist es wichtig, sich zu entscheiden: Will ich darüber predigen oder nicht? Es hat keinen Sinn, einen Text zu predigen, bei dem die geheime Botschaft ist, dass ich damit nichts anfangen kann. Also muss ich versuchen, mir einen Zugang zu verschaffen. Ich kann mir beispielsweise ein *Substitut* kreieren. Das heißt, ich kann mich in eine Person hineinversetzen, die mit dieser Situation oder mit diesem Charakter umgehen kann. Daran muss ich sehr bewusst arbeiten.

Häufig haben die Widerstände mit Schwierigkeiten in der eigenen Biografie zu tun, dann ist es ziemlich gefährlich, unreflektiert mit diesem Konflikt vor die Öffentlichkeit zu treten. Die Kanzel ist nicht der richtige Ort für den Pfarrer, seine persönlichen therapeutischen Defizite sichtbar zu machen. Wenn jemand gestorben ist in seiner nächsten Verwandtschaft, dann sollte er sich gut überlegen, ob er am Sonntag über »Tod« oder »Abschied« predigen kann. Wenn der Prediger mit traumatischen Teilen seiner Biografie sichtbar wird, bekommen wir es in der Gemeinde mit der Angst zu tun. Er fällt aus der Rolle. Anderseits ist es auch wichtig, als Person natürlich zu bleiben und sich mit den eigenen Brüchen und Verletzungen nicht völlig zu verstecken. Diese Dinge sollten aber aus dem Hintergrund durchscheinen können. Wir sollten sehen, dass diese Probleme da sind, aber dass der Pfarrer gelernt hat, damit zu leben. Wir werden aber *nicht* mitgenommen in seine therapeutische Sitzung.

Predigen ist kein privater oder gar ein intimer Akt. Es ist ein öffentliches Geschehen. Der Prediger ist eine kollektive Person. Anhand eines Themas geht er mit uns auf einen Weg, der immer tiefer führt in den Raum der Seele, zu sich selber und zu Gott. Wir müssen Vertrauen zu dem Prediger haben können. Wenn ich mit dem psychischen Drama seiner Person beschäftigt werde, verliere ich dieses Vertrauen. Die nötige Distanz wird unterschritten. Er soll mir ja ein »Leitstern« sein, was er sicher nicht immer durchhalten kann. Trotzdem ist es wichtig, dass der Pfarrer geschützt ist, damit ich mir keine Sorgen um ihn mache.

Damit der Pfarrer in der Öffentlichkeit auch wirklich öffentlich bleiben kann, muss es für ihn oder in ihm einen geschützten Bereich geben, in den er sich zurückziehen kann. Allein schon der Talar hilft, diesen Schutzraum aufzubauen. Die Amtstracht ist eine große Unterstützung, um mit all den Energien fertig zu werden, die im Gottesdienst ins Fließen kommen. Zur Frage der Balance der verschiedenen Rollenanteile kann man zusammenfassend sagen: *Der Pfarrer kann persönlich sein und natürlich bleiben – aber er muss nicht persönlich sein und er darf nicht intim oder privat werden.* »Privat« wäre für mich eine Grenzüberschreitung. Es ist natürlich verlockend, stärker mit der eigenen Person zu arbeiten. Gerade junge Theologinnen und Theologen haben das Bedürfnis, viel Gefühl zu zeigen und alles von sich preiszugeben. Sie sehen darin eine bewusste Abkehr vom steifen, distanzierten Habitus zurückliegender Generationen im Pfarramt. Da rate ich sehr zur Vorsicht. Lebendigkeit und Kontakt kann ich auch erreichen, ohne meine Biografie so stark in den Vordergrund zu stellen und mich dabei selbst zu gefährden.

Wenn jemand schon beim Schreiben der Predigt merkt, dass er seinen Schutzraum verliert, dann ist es wichtig, ein *Substitut* zu erschaffen. Das *Substitut* soll helfen, die Spannung auszuhalten, die entsteht, wenn ich im äußeren Handeln etwas anderes tue, als ich im Inneren will. Nicht jeder Schauspieler wird jede Person sympathisch finden, die er im Film küssen muss. Aber er muss es trotzdem tun und es muss »echt« wirken. Er nutzt eine professionelle Möglichkeit, um diese Spannung zu lösen: In seiner Fantasie wird die Person für die Dauer der Liebesszene zu einer ihm sympathischen Person. Ebenso kann der Pfarrer nicht morgens zum Gottesdienst kommen und sagen: »... ich habe heute keine Lust, weil das Thema mir zu nah geht ...« Entweder er hat sich vorher für ein anderes Thema entschieden oder er schafft ein *Substitut*. Und das ist nicht als Lüge zu werten, sondern es ist eine Möglichkeit, sich den nötigen Schutzraum und insgesamt die Handlungsfähigkeit zu erhalten.

Selbstzweifel und schlechte Gefühle während der Predigt

Manchmal löst eine beiläufige Beobachtung, die der Prediger bei einem Hörer macht, Fantasien in ihm aus: »... da ist heute jemand in der Gemeinde, der mag mich nicht ...« Das gewinnt sofort Einfluss auf sein Sprechen. Vielleicht

rührt da etwas an seine Biografie: Er wird erinnert an den alten, strengen Grund-
schullehrer, der ihn beim Aufsagen von Gedichten ins Stottern gebracht und anschließend in die Ecke gestellt hat. Wir kennen diese Erfahrung, wie dann plötzlich, von einem Moment zum anderen, die alten Gefühle nach mir greifen und
Macht gewinnen. Wenn ich dem nachgebe, verliere ich meinen Schutzraum, kann
weder frei noch kreativ auftreten. Es gibt wohl keinen Prediger, der nicht nachts
in Träumen oder am Tag auf der Kanzel in schwierigen Situationen solche »dä-
monischen Stimmen« gehört hätte: »... das kannst du so nicht predigen! Du bist
überhaupt kein guter Prediger. Hör mal zu, du meinst wohl, du hast was zu sagen? – und du als Frau bist doch nie so gut wie ein Mann. Frauen haben nie eine
Chance ...; sieh mal, da sitzen die Leute, die immer deinen Amtskollegen anhimmeln, die sind doch bloß da, um zu vergleichen und dich schlecht zu machen.«
Wenn diese Monster sich während der Predigt melden, dann entsteht ein Subtext für die Hörer, und für den Prediger selber laufen diese Kommentare immer
weiter wie auf einer zweiten Tonspur: »... Hör doch ganz auf ... du hast dich auch
schlecht vorbereitet ...« Wenn ich anfange, mich auf einen Kampf mit diesen
Stimmen einzulassen, habe ich schon verloren. Ich richte meine Aufmerksamkeit nach innen – und nach außen hin lese ich nur noch vor. Ich kann diese
Situation bewältigen, indem ich sehr bewusst den Kontakt zur Gemeinde aufnehme. Ich gehe aus der Vergangenheit in die Gegenwart, aus dem fantasierten
Dialog in die Realität, aus der Defensive in die Offensive. Dazu ist es hilfreich,
durch einen kleinen Schritt meine Position zu ändern und eine andere Körperhaltung einzunehmen, indem ich mich zum Beispiel aufrichte. Ich wende mich kurzfristig sehr gezielt einer Seite zu, suche mir ein Gemeindeglied aus mit der Intention »Dir will ich jetzt etwas sagen ...«, dann werden diese Stimmen zurücktre-
ten. Ich werde wieder ruhiger und sicherer, gewinne meine Präsenz zurück.

Hörerreaktionen

Immer wieder gibt es bei den Hörern kleine Gesten zu beobachten: Gäh-
nen, im Gesangbuch blättern, Nicken, zustimmendes Lächeln – Gesten der Langeweile oder auch der Aufmerksamkeit und der Begeisterung. Man sollte sich nie
dazu hinreißen lassen, von Einzelreaktionen auf die Situation insgesamt zu schließen. Egal, ob es sich um positive oder negative Zeichen handelt, mit globalen
Rückschlüssen erliege ich schnell meinen eigenen Projektionen. In der Regel sehen wir eher die negativen Zeichen und bewerten sie auch viel stärker. Da bin ich
wirklich gut vorbereitet, da ist mir beim Predigen ein sehr schöner Satz eingefal-
len: »... ohne Vergebung kein Glück ...« und jemand macht in dem Moment, wo
ich das voller Überzeugung der Gemeinde zugesprochen habe, eine gähnende
oder abwehrende Bewegung. Ich habe nichts davon, wenn ich dem nachgehe
und mich ablenken lasse zu einem miesen Gefühl: »... Du A..., warum hörst du
mir nicht richtig zu? ...« Denn mein negativer Gedanke wird sich auch negativ
äußern. Besser ist es, eine distanzierte oder wohl wollende Haltung einzunehmen: »... ich sehe, er hört mir zu – er konnte ja nicht ahnen, dass ich gerade in

diesem Moment meinen Spitzensatz sagen würde ...« Damit behalte ich meine gute Energie und Ausstrahlung. Oder ganz ähnlich: Da schläft jemand in der Gemeinde. Ich kann das für mich negativ kommentieren. Ich kann mir aber auch sagen: »Der arbeitet die ganze Woche, er muss früh raus, und jetzt kommt er auch noch sonntags um zehn zu mir in den Gottesdienst, da soll er mal ruhig entspannen, ... ich bin sicher, das Wort, das er heute braucht, wird er bestimmt mitnehmen.« Dann sehe ich die Sache mit völlig anderen Augen. Hierbei handelt es sich um ein echtes *Substitut*. Wer meint, das sei unehrlich, der sollte bedenken, dass ich nie genau wissen kann, warum jemand welche Reaktion zeigt. Wenn ich einer größeren Hörerschaft gegenüber stehe, kann ich mich auch *sehr täuschen*, was die Wahrnehmung und Interpretation der Körpersprache von Einzelnen angeht.

Umgang mit Spiel-Requisiten und imaginären Requisiten

Ich habe einen Gegenstand, zum Beispiel einen Stift, und mit diesem Stift will ich in der Predigt etwas erklären. Da ist es wichtig, in Beziehung zu dem Stift zu treten. Mein Verhältnis zum Requisit wird sich in einer bestimmten Haltung niederschlagen. Für diese Arbeit gilt als Regel: *Energie kommt aus Details*. Wenn ich den Stift nur zeige und feststelle: »Wir haben hier einen Stift ...«, dann ist das eine belanglose Information. Wenn ich aber erzähle: »... Wissen Sie, das ist mein Stift, den hat mir mein Vater geschenkt kurz vor seinem Tod. Und er hat gesagt: ›Junge, das ist der Stift von meinem Großvater, den hat er mir zum 10. Geburtstag geschenkt ...‹«, dann gewinnt dieser Stift Bedeutung. Ebenso ist das bei der Vorstellung von Personen. Ich sage nicht: »Jesus und Petrus standen voreinander ...«, sondern: »›... Jesus und Petrus hatten noch etwas zu bereden, kurz vor Jesu Tod ... Jesus nahm ihn an die Seite und sagte: ›Komm, Petrus ...‹ und dann sind sie ein Stück zusammen gegangen.« Das macht die Situation spannend. Wir wissen überhaupt nicht, wie es wirklich war, aber wir können uns hineinversetzen. Wir können möglichst genau erforschen, was es dazu an Informationen und Hintergründen gibt, und das bringen wir in eine lebendige Szene.
Beim Einsatz von Requisiten ist generell zu prüfen, ob es Sinn macht und wirklich gebraucht wird, sodass es eine Intensivierung der Situation erzeugt. Ich muss ferner überlegen, wie lange ich etwas zeige und zu welchem Zeitpunkt. Es gibt ein zu lange und ein zu kurz. Wenn ich erst eine Sache ausführlich erkläre und hole dann das Requisit zur Illustration hervor, ist das eine unsinnige Dopplung. Die Dinge haben ihr Geheimnis und ihre eigene Aussage. Die sollte ich ihnen lassen.
Die Energie kommt aus dem Detail. Gerade deshalb sollte ich mich bei der Nutzung von Requisiten auf das Wesentliche konzentrieren, nicht in zu viele Details gehen, die werten sich gegenseitig ab. Ich sollte nach dem fragen, was meiner Szene wirklich nutzt.
Diese Einsichten über die Arbeit mit Details und die theatralische Energie, die aus ihr hervorgeht, ist zu übertragen auf den Umgang mit inneren Bildern. *Durch*

die Aufmerksamkeit für Details identifiziere ich mich mit dem Gegenstand, und dieses Identifizieren erzeugt wieder Aufmerksamkeit bei der Gemeinde. Die Beachtung dieser Gesetzmäßigkeit kann mir von großem Nutzen sein. Nur, wenn ich wirklich etwas vor mir sehe – da ist zum Beispiel diese Szene mit Maria und Martha, wie die eine arbeitet und die andere sitzt bei Jesus – werden meine Emotionen lebendig, sie kommen ins Fließen und sofort wird mein natürliches, persönliches Gestogramm aktiviert.

Wenn ich mir einen Regenbogen nur in mein Konzept male, und komme an diese Stelle und sage: »... Ja, liebe Gemeinde, wir leben unter dem Regenbogen ...« Dann fühlen wir, dass der Prediger eigentlich keinen Kontakt zu diesem Regenbogen hat. Das Bild muss vor seinem inneren Auge auch wirklich entstehen, er muss eine Beziehung dazu haben – dann wird er die Gemeinde mit hineinnehmen können. Das Gleiche gilt für das Reden über Musik und sogar auch über abstrakte Gedanken.

Pausen, Aussetzer

Wenn jemand gut vorbereitet ist, und er bleibt hängen, ist das kein Risiko. Die Hörer merken die Energie, sie merken, ob jemand gut vorbereitet ist oder nicht. Das wird sich immer äußern. Eine Gemeinde verzeiht viel. Wenn jemand öfter schlecht vorbereitet ist, wird sie das natürlich auch in irgendeiner Form spüren. Sie ist dann entweder sehr geduldig und hält sich mit Kritik zurück oder die Leute bleiben nach und nach weg. Wenn jemand gut vorbereitet ist, kann das auch dazu führen, dass er im Verlauf der Rede stoppen muss. Er weiß viel, er kommt auf einen Seitenaspekt zu sprechen, dann sollte er irgendwann ein klares Stopp setzen. Die Pause dient dazu, dass er innehalten und noch einmal überprüfen kann, wo er angekommen ist und wie es weitergeht. Er sollte auch sicherstellen, ob die Gemeinde noch bei der Sache ist.

Entscheidend ist für mich, dass man das Hängenbleiben nicht gleich für sich als Fehler wertet und damit aus der Energie kommt. Sondern man sollte es wie im Leben als eine Station auf dem Weg ansehen. Vielleicht sagt mir meine Intuition: »Hier muss ich noch für einen Moment bleiben, noch einmal überprüfen, was ich gesagt habe!« Das ist etwas anderes, als ängstlich gelähmt oder mit fieberhafter Panik auf die Pause zu reagieren. Wir können annehmen, dass Jesus bestimmt nicht mit einem Konzept im Ringbuch auf die Straße gegangen ist. Er war sich seiner Botschaft sicher. Seine Rede hat sich dann entwickelt, wenn er vor den Menschen stand.

Manchmal hat er eine Pause gemacht und mit den Fingern etwas in den Sand geschrieben, wie wir wissen. Und seine Predigten waren gut, wird gesagt.

Der Schluss

Am Ende der Predigt sollte immer wieder einmal eine Überraschung stehen! Wenn wir immer enden, wie erwartet, dann hört niemand mehr zu. Obwohl es wichtig ist, bestimmte Gesetzmäßigkeiten in der Dramaturgie des Gottesdienstes und der Predigt zu beachten, sollten wir uns doch nicht berechenbar machen als Prediger. Der Schluss sollte jedoch so sein, dass Menschen gestärkt aus dem Gottesdienst gehen und nicht geschwächt.
Ich erwarte von der Predigt Stärkung. Auch wenn es in ihrem Verlauf zur Konfrontation kommt und mir unangenehme Dinge gesagt werden, so erwarte ich trotzdem, dass ich aufgebaut werde, dass ich das Evangelium erlebe, die Kraft der guten Botschaft mitnehme, wenn ich wieder in die Welt gehe. Wenn man zum Beispiel einen Gottesdienst zum Thema »Amnesty-International« macht und mich mit diesen schrecklichen Zuständen konfrontiert, und man lässt mich dann alleine, dann werde ich das nie und nimmer annehmen. Wer bleibt schon gerne im Dreck? Es muss am Ende der Predigt etwas sein, was mich aufbaut, das mir eine neue Sicht gibt, eine neue Idee, sodass ich anders mit der Sache umgehen kann, vielleicht nicht besser, aber anders. – Dies ist auf keinen Fall zu verwechseln mit dem Zwang zum »Happy-End à la Hollywood«!
Schließlich ist auch der Kanzelsegen nach dem »Amen« in seiner Wichtigkeit nicht zu unterschätzen. Mit ihm wechseln wir über in die Rolle des Liturgen. Predigt und Liturgie sind klar zu unterscheiden, beides ist für sich geschützt durch den rahmenden Übergang. Zu Beginn, bei Gruß und Gebet spricht der Liturg, dann äußert sich der Prediger persönlich und wechselt am Ende wieder zurück vom Prediger zum Liturgen.

Prediger – kein Schauspieler

In meinen Kursen werden besonders während der Arbeit an der Predigt, wo es um den Erwerb einer neuen, differenzierten Gestik geht, Bedenken gegen mein Fach laut: »Theologen sind doch keine Schauspieler!« Nein, das sind sie ja nun auch wirklich nicht. Ich unterscheide ganz klar zwischen einem Schauspieler und einem Prediger. Entscheidend ist aber, dass die Methoden, die der Schauspieler benutzt, sich auf andere Berufe übertragen lassen. Sie können Menschen helfen, sich in der Öffentlichkeit auszudrücken. Es geht darum, dass jemand stimmig erlebt wird bei dem, was er darstellt. Nicht die Nutzung von anstudierten Effekten steht im Vordergrund, sondern Ehrlichkeit, eine Verlebendigung, das Freiwerden von Verzerrungen und Hemmungen, sodass jemand vor die Leute hintreten und in aller Offenheit sagen kann : »... Hier stehe ich und ich gebe das, was ich habe ...«
Für Prediger und Schauspieler gilt es aber gleichermaßen zu unterscheiden, ob er authentisch in seiner Rolle handelt oder ob er nur etwas vorspielt. Es geht im Schauspiel *immer darum zu sein*, und *nicht darum zu machen*. Im letzteren Falle ist der Schauspieler nicht voll mit seiner Rolle identifiziert. Das entlarvt den

schlechten Schauspieler, wenn man merkt, er macht etwas und er beobachtet sich selbst beim Spielen, er gefällt sich oder er hadert mit sich.

Viele Theologen fürchten, ich wolle sie dazu bringen, dass sie ein Schauspiel liefern. Sie spielen dann etwas, das aber geheuchelt und letzten Endes tot ist. Es geht stattdessen um die Bereitschaft, sich ganz mit seiner Rolle zu identifizieren. Dann vergesse ich die Welt und bin in einem anderen Sein. Und ich kann andere Menschen mitnehmen in dieses andere Sein. Wenn ich jedoch neben mir stehe und mich beobachte bei meinem Tun, dann wird die Gemeinde zwei Personen wahrnehmen und denken: Er spielt das nur, es ist unecht, er ist nicht eins mit dem, was er tut.

Das Abendmahl

»Das Abendmahl ist ein Symbol der Ewigkeit. Seine Formen können sich ändern in Raum und Zeit, in seinem spirituellen Kern ist es unveränderbar. Nicht Menschen ordnen das Abendmahl, sondern das Abendmahl ordnet die Menschen.«

Das Abendmahl – aus meiner Sicht

Zwei einschneidende Erfahrungen mit dem Abendmahl sind mir aus den letzten Jahren in Erinnerung geblieben. Ich war in einer großen Stadt und nahm am Abendmahlsgottesdienst teil. Alles verlief ganz normal bis zur Austeilung des Abendmahls. Die erste Gruppe hatte sich im Halbkreis um den Altar gekniet und erwartete nun die Austeilung durch die beiden Liturgen, die – beide im Talar – den Gottesdienst hielten. Zu meinem großen Erstaunen aber reichte nun zuerst der eine Liturg dem anderen Brot und Wein. Die Gemeinde musste kniend auf das Abendmahl warten. Ich empfand diese Szene als sehr störend und ärgerlich. Ich wurde an einen Tisch eingeladen, an dem die »Gastgeber« zuerst sich selbst verköstigten, und das auch noch vor meinen Augen. Mein Eindruck war, dass hier eine Hierarchie und eine ganz spezielle Theologie vermittelt werden sollten. Diese Szene hat mich sehr wütend gemacht. Ich bin dann auch erst in einer der nächsten Gruppen zum Altar gegangen und habe mich nicht hingekniet. Einmal empfand ich das Knien *in diesem Kontext* für mich nicht als angemessene Haltung. Und besonders nach diesem Erlebnis wollte ich auf Augenhöhe mit den Liturgen bleiben.

Die zweite Szene trug sich während des Kurses in einem Predigerseminar zu. Zu einer Einheit »Abendmahl« sollte in Partnerarbeit der komplette Ablauf von vorne bis hinten »durchgeblockt« werden. *Blocking* heißt, sich Schritt für Schritt jede konkrete Einheit einer längeren Handlung zu notieren, vielleicht auch vor Ort eine Stellprobe mit den entsprechenden Gegenständen zu machen und den Sinn der Abfolge in einem ersten Durchgang zu erfassen, eventuell auch die Probleme.

Ich ging dann zu den einzelnen Gruppen und kam in einen Raum, in dem die Abendmahlsgeräte auf dem Boden standen. Ich war sehr erstaunt. Auf meine Nachfrage wurde mir von dem Vikar erklärt: »... das ist üblich in meiner Gemeinde, das haben wir erst letzten Sonntag so gemacht, es ist einfach die Form, in der wir feiern ...« Ich konnte es wirklich nicht fassen, musste noch einmal nachfragen: »... Ihr feiert in eurer Gemeinde so, dass das Abendmahlsgerät auf dem Boden steht ...?« – Und er bestätigte das. Auch das hat mich wütend gemacht: Da stellt man die kostbaren liturgischen Geräte einfach auf den Boden. Ich könnte darin noch eine gewisse Logik erkennen, wenn der Liturg und die Gemeinde ebenfalls am Boden sitzen und die ganze Liturgie auf dieser Ebene spielt, wie zum Beispiel auf Kirchentagen. Aber ich empfinde es als Bruch und Entwertung des Abendmahls, dies in einem traditionell geprägten Kirchenraum zu tun. Ich denke auch, dass es einer normalen Gemeinde nicht zugemutet werden kann.

Beide Situationen zeigen mir, dass man sich wenig Gedanken darüber macht, was das Verhalten des Liturgen und die Gestaltung eines Rituals bei Menschen auslösen. Es sollte vielleicht ein Versuch sein, durch neue Formen Lebendigkeit in den Gottesdienst zu bringen, aber diese Art von Versuchen halte ich für unangebracht und peinlich.

Vorüberlegung: Was macht ein Ritual zum Sakrament?

In all den Jahren der Beschäftigung mit dem Abendmahl habe ich mich immer gefragt: Was macht das Abendmahl für mich zum Sakrament? Es gibt im Protestantismus bekanntermaßen nur zwei Sakramente: Taufe und Abendmahl. Die Fragestellung für mich ist: *Wie kann der Liturg der Gemeinde im Verlauf des Gottesdienstes zeigen, dass das Sakrament einen »höheren Wert« hat als andere liturgische Akte – wie zum Beispiel der Segen und das Glaubensbekenntnis?*
Ein »Sakrament« ist eine »heilige Handlung«. Es ist die höchste Form, die Christinnen und Christen haben, die Begegnung mit Gott auszudrücken und die Gemeinschaft mit Gott zu feiern. Dementsprechend muss es auch Dinge geben, in denen der besondere Wert eines Sakraments zum Ausdruck kommt, Kennzeichen, die es in dieser besonderen Bedeutung von anderen Teilen des Gottesdienstes unterscheiden. Solche Markierungen sind schon für den Aufbau eines Gottesdienstes wichtig, um die einzelnen Schritte unterscheiden zu können und eine Steigerung darin zu erfahren. Das betrifft ferner das Vorhandensein und den Umgang mit Objekten. Daraus ergeben sich die Fragen: Wie wird eine sakramentale Beziehung zu Objekten aufgebaut? *Was muss der Liturg tun, damit eine Hervorhebung für die Gemeinde sichtbar und erlebbar wird?* Wie ist das Heilige an einer Handlung auszudrücken? Was kann man tun, um eine heilige Handlung so zu leiten, dass sie lebendig und kraftvoll wirkt, aber nicht traditionell erstarrt oder pastoral salbungsvoll wird?
Nun gibt es ja auch in anderen Religionen Rituale, nennen wir es Wege zur Annäherung und Möglichkeiten der Begegnung mit dem Heiligen. Diese Handlungen sind in der Regel minuziös festgelegt und dürfen nicht verändert werden, damit sie ihren Wert und ihre Kraft nicht verlieren. Solche bindenden Rituale sind für mich schon ein wesentliches Element, das man braucht, um die Heiligkeit des Abendmahls auszudrücken: Die wesentlichen Handlungen und Worte sind traditionell festgelegt. Sie müssen auf eine bestimmte Art und Weise wiederholt werden. Sie knüpfen an Alltagshandlungen an, wie das Abendmahl an das tägliche Essen. Sie knüpfen ferner an andere Gottesdienstelemente wie Lieder und Gebete an, und doch müssen sie sich deutlich von allen Alltagshandlungen und Sonntagsritualen unterscheiden.
Dramaturgisch gesehen ist das Abendmahl ein »Stück im Stück«. Es nimmt im Gottesdienst nach der Predigt die größte Zeit in Anspruch und wird durch eine eigene Eröffnung nach vorne und durch einen eigenen Segen nach hinten im Gottesdienst abgegrenzt.

Das Aufbauen der Objekte

Im Prinzip ist der Küster verantwortlich für das Bauen des Abendmahlstisches. Er hat alle Gegenstände und Requisiten, die für das Abendmahl notwendig sind, so herzurichten, dass der Liturg mit einem Gefühl der Sicherheit in die Feier gehen kann. Es sollte genügend Wein oder Saft vorhanden sein, genügend

Brot, die Tücher zum Abdecken und Reinigen der Geräte stehen bereit – und alles in einem sauberen und intakten Zustand.

Ein Missgeschick wie das eines Freundes, bei dem sich während der Austeilung des Abendmahls durch das Drehen des Kelches die lockere Schraube im Fuß endgültig löste, der Fuß klingend über den Steinboden rollte und der erschrockene Liturg nur noch die Kuppa in der Hand hielt, stört die ganze Atmosphäre des Heiligen. Es ist der Part des Küsters, das Abendmahl so vorzubereiten, dass es ohne Schwierigkeiten in der Gemeinde gefeiert werden kann.

Die Entscheidung, auf welcher Seite des Altars die Abendmahlsgeräte hingestellt werden, hat häufig damit zu tun, auf welcher Seite sich die Sakristei befindet. So kann der Küster während der Austeilung den Wein ohne Umweg (!) aus der Sakristei holen und nachfüllen. Nach meiner Beobachtung befindet sich in vielen Kirchen die Sakristei von der Gemeinde aus gesehen auf der rechten Seite. Man kann also meistens davon ausgehen, dass die Abendmahlsgeräte und Requisiten auf der rechten Seite des Altars stehen. Sie sind mit Tüchern abgedeckt. Dies ist die Anfangssituation, wenn der Abendmahlsgottesdienst beginnt. Eine andere Variante ist: Der Kelch und andere Geräte stehen auf der rechten Seite des Altars, aber die Patene und das Brot befinden sich auf der linken Seite. Auch hier ist alles während des Gottesdienstes vor dem Abendmahl abgedeckt.

Beim Abdecken der Abendmahlsgeräte sollten keine Hierarchien kreiert werden. Brot und Wein sind gleichwertig zu behandeln. Beides wird wie auch die übrigen Geräte abgedeckt. Auch wenn der Krug oder die Büchse mit den Oblaten einen Deckel haben, werden sie trotzdem bedeckt. Oder man sollte sich dafür entscheiden, alle Geräte von Anfang an offen und sichtbar stehen zu lassen.

Die Architektur des Tisches: Balance

Die »Architektur« des Tisches ist von großer Bedeutung. Der Anblick kann das Sakrament unterstützen oder schwächen. Bei der Anordnung der Gegenstände für ein Sakrament gibt es für mich keine zufälligen Plätze, sondern jeder Platz hat einen Subtext, der sich äußert. Grundsätzlich gehe ich davon aus, dass es sich hier um einen symbolischen Akt handelt, der tief ins kollektive Verstehen hineinreicht: Wir haben es mit einem »heiligen Essen« an einem besonderen Tisch zu tun, das es ähnlich auch in anderen Religionen gibt.

Wenn alle Abendmahlsgeräte auf der rechten Seite stehen, entsteht ein optisches Übergewicht, der Tisch kippt. Die rechte Seite ist sozusagen schwerer durch die Fülle der Geräte. Dieses fällt besonders auf, wenn *keine* Tücher zum Abdecken der Abendmahlsgeräte benutzt werden. Nun versucht der Küster vielleicht, das auszugleichen, indem er Blumen oder andere Dinge wie Kerzen und Kreuz auf die linke Seite des Tisches stellt (siehe Abb. 96+97). Damit ist aber noch nichts erreicht. Denn Blumen können nicht die bedeutsamen Abendmahlsgeräte ausgleichen. Für mich besteht hier keine Gleichwertigkeit der Objekte, und das erzeugt eine Irritation in der Balance. Wir bekommen keine mittlere Achse. Hier zeigt sich, dass in den Gemeinden oftmals nicht überlegt wird, wie man durch sorgfältige Anordnung der Gegenstände einen Ritus unterstützen kann.

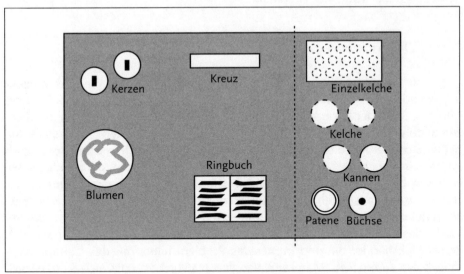

Abb. 96: Sicht von oben, die Architektur des Tisches, Tisch kippt

Abb. 97: Tisch kippt nach rechts, Blumen können kein Abendmahl ausgleichen

Symbolisch ist der Altar als ein Platz Gottes zu verstehen. Er ist wie ein kleiner Kosmos, in dem eine bestimmte Ordnung herrscht. Alle Dinge haben hier eine Bedeutung, die tiefer ist als das, was wir sehen und fühlen können. So gibt es auf dem Altar und im Altarraum eine Hierarchie von Plätzen. Einige Orte haben eine höhere rituelle Qualität als andere. Das heißt nicht, dass sie besser sind als die anderen Plätze, sondern sie erfüllen eine andere Funktion. Es gibt keine guten und schlechten Plätze, sondern es gibt Plätze, welche die Qualität unserer Kommunikation mit Gott schwächen oder stärken können. Und nur in diesem Sinne spreche ich hier von einer Hierarchie.

»Die Tischregel«

Als Grundregel für das Bauen des Abendmahls sollte die »Tischregel« angewandt werden: *Teller links, Becher rechts – und zwar immer aus der Sicht des Liturgen*. Steht der Liturg *hinter* dem Altar, befindet sich der Kelch auf der rechten Seite und das Brot links. Befindet sich der Liturg *vor* dem Altar, steht aus seiner Sicht der Kelch ebenfalls rechts und das Brot links. In meinen Seminaren wurde ich manchmal auf theologische Aspekte hingewiesen, die eine feste Anordnung begründen sollen. Man hat mich aber nie überzeugen können. Wir müssen davon ausgehen, dass in unserem Kulturkreis bei jeder festlich gedeckten Tafel der Kellner das Getränk immer rechts und das Essen links servieren wird. Diese kollektive Struktur kann man nicht einfach ignorieren, obwohl ich selbst Linkshänder bin und immer das Problem habe, mir das Getränk nach links holen zu müssen. Man kann also davon ausgehen, dass sich diese Anordnung traditionell etabliert hat und eine Umkehrung der Seiten von vielen Menschen als unstimmig empfunden wird.

Die Zubereitung

In der Regel wird ein Lied dazu genutzt, im Gottesdienst zum Abendmahl überzuleiten. Häufig ist es so, dass sich der Liturg während des Liedes zum Altar begibt, die Tücher aufdeckt, die Kanne nimmt, den Kelch füllt, die Patene aufdeckt und sich die Dinge zurechtrückt. Hier werden der theologische Kontext, die Beschaffenheit des Altars und die Gemeindetradition darüber entscheiden, ob der Liturg vor oder hinter dem Altar steht. Der Stand hinter dem Altar macht viele Dinge einfacher, die von einer Position vor dem Altar aus nicht so gut zu lösen sind.
Im Folgenden möchte ich mit der Variante *vor* dem Altar beginnen. Das *Blocking*, der Handlungsablauf, sieht dann wie folgt aus:
1. Abnehmen der Tücher, zusammenfalten, zur Seite legen (siehe Abb. 98)
2. Büchse öffnen und Oblaten auf den Silberteller legen, Büchse schließen
3. Silberteller auf die linke Seite des Altars stellen
4. Kanne nehmen und den Kelch füllen, Kanne zurückstellen
5. Kelch auf die rechte Seite des Altars stellen (siehe Abb. 99)

Während dieser Handlungen steht der Liturg mit dem Rücken zur Gemeinde. Wenn der Liturg möchte, dass die Gemeinde diesen Ritus sehen und ihm folgen kann – denn das Auslegen der Oblaten, das Eingießen des Weines sind ja eigentlich Bestandteil des Ritus –, dann gäbe es die Möglichkeit, sich seitlich an die

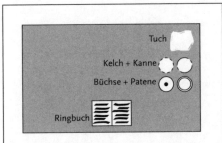

Abb. 98: Ausgangsposition, aufgedeckt

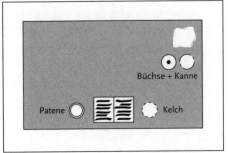

Abb. 99: Anordnung nach Gabenbereitung
(Brot- und Kelchseite a. d. Sicht des Liturgen)

eine Kopfseite des Altars zu stellen, auf der in diesem Fall alle Geräte stehen müssen. Dieser Platz hat aber den Nachteil, dass er nicht liturgisch qualifiziert ist. Die Handlung könnte leicht als ein Randgeschehen missverstanden werden. Hier stellt sich auch die Frage, ob die Gemeinde während der Gabenbereitung singen soll oder nicht. Man kann sagen, in diesem besonderen Moment darf nicht gesungen werden, damit die Gemeinde voll und ganz dem Ritus beiwohnen kann. Die Erfahrung hat aber gezeigt, dass wir vor allem dann, wenn der Liturg mit dem Rücken zur Gemeinde hantiert und es ganz still ist im Raum, nur das Plätschern im Kelch hören. Diese Situation erinnert uns womöglich an ganz andere »stille Örtchen« – und wir werden stark von dem abgelenkt, was uns in diesem Moment bewegen sollte. Deshalb plädiere ich an dieser Stelle nicht für ein Gemeindelied, sondern für Orgelmusik. Damit kann sich die Gemeinde voll und ganz auf den Ritus konzentrieren. Die Gabenbereitung wird nicht zu einem heimlichen Akt des Liturgen – sind wir fertig mit dem Singen, hat er seine Sache schon getan –, sondern die entspannte Konzentration der Gemeinde auf diese Sache bringt eine Wertschätzung dieses Aktes zum Ausdruck und steigert die Erlebnisqualität des Rituals.

Eine neue Achse erschaffen

Um Stimmigkeit in diesen Handlungen der Gabenbereitung zu schaffen, *ist es wichtig, eine neue Achse zu kreieren* (siehe Abb. 100). Damit komme ich auf einen entscheidenden Punkt. Die »neue Achse« entsteht durch die Handlungen des Liturgen mit den Objekten. Sie ist nicht statisch zu verstehen, sondern sie entwickelt sich prozesshaft aus der Handlung. Wenn zunächst alle Abendmahlsgeräte auf der rechten Seite stehen, nimmt der Liturg das Brot und bringt es auf die linke Seite. Wir gehen davon aus, dass in der Mitte die Agende oder das Ringbuch liegen. Dann geht er zurück und holt den Kelch, mit dem er die Einsetzungsworte sprechen wird, und stellt ihn auf der rechten Seite genau an den Platz, von dem aus er ihn nehmen wird. Die Positionen von Brot und Wein auf dem Tisch sollten sich symmetrisch entsprechen, beides sollte nicht zu nah am Tischrand stehen.

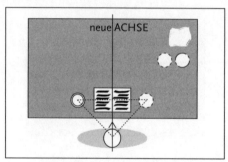

Abb. 100: Neue Achse kreieren

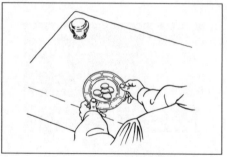

Abb. 101: Mit beiden Händen
das Objekt nehmen

Durch dieses Aufstellen der beiden Elemente entsteht zwischen Liturg, Brot und Kelch ein Dreieck. Das ist immer ein sehr wichtiges Anliegen, auf der Bühne im Theater möchte man immer solche Dreiecke konfigurieren. Das Dreieck erzeugt eine lebendige Spannung: Wir haben kein harmonisches Paar vor Augen, keine Oppositionsfigur, keinen Alleinherrscher und keine unübersehbare Vielfalt, sondern eine klare und doch interessante Dreiheit.

Würde der Liturg oder die Liturgin Kelch und Patene direkt vor sich hinstellen, dann würden wir sie als Gemeinde nicht sehen. Wir wären sehr viel weniger einbezogen in das Erleben des Ritus. Dieses Bauen der neuen Achse, und auch die Art, wie sie gebildet wird, nämlich durch das Berühren der Geräte mit beiden Händen in einer Dreieckskonstellation, erzeugt eine grundlegende Energie, die auch nachher im Verlauf des Ritus weiterwirkt.

Ein zweiter wichtiger Punkt ist, dass der Liturg durch das Berühren mit beiden Händen eine besondere Beziehung zu den Objekten herstellt. Er wendet sich den Elementen jeweils ganz zu und macht es sozusagen nicht »mit links«, nicht nur mit einer Hand wie bei manchen alltäglichen Verrichtungen (siehe Abb. 101). Hier muss man aber andererseits auch darauf achten, dass die Handlung nicht zu behäbig wirkt, etwa durch pastorale Langsamkeit oder durch übertriebenes Pathos, mit dem er nach den Objekten greift. Es sollte in einer gewissen Natürlichkeit und Achtsamkeit geschehen. Ich bin davon überzeugt: Ein stimmiges Berühren ist wirklich von großer Bedeutung für uns als Gemeinde und für den Liturgen – gerade im Blick auf die Erlebnisintensität des Abendmahles. Wenn der Liturg zum Beispiel die Abendmahlsgeräte direkt vor sich hinstellt oder wenn er nicht dieses Dreieck baut, dann ist nicht nur die Sicht verdeckt, es fehlt auch Spannung. Er wird Brot und Wein zur Einsetzung dann von dem Platz aus präsentieren, auf den sie der Küster hingestellt hatte. Dieser Platz aber gilt noch als ein »Vorhof«, der weniger Energie enthält.

Das Zubereiten verläuft ganz ähnlich, wenn der Liturg *hinter* dem Altar steht. Hier ist es vermutlich so, dass alle Abendmahlsgeräte zusammen auf der Sakristei-Seite stehen. Sie werden aufgedeckt und im Dreieck positioniert. Manche sagen nun: »... Wenn ich hier stehe, hinter dem Altar, und meine Abendmahlsgeräte direkt vor mir habe, dann werden sie doch schon gesehen, und ich muss nichts weiter tun ...« Mein Einwand ist wieder, dass auch hier eine bestimmte Energie fehlen wird. Die Objekte werden dann von ihrem Vorbereitungsplatz aus präsentiert, sie bleiben in einer räumlichen Ebene. Und das ist ganz anders bei dem Dreieck, das sich aus der mittleren Achse heraus entfaltet. Damit wird noch einmal deutlich, dass es für die Geräte keine beliebigen Plätze gibt, sondern dass die Plätze ihre Funktion haben – und die Nutzung dieser Funktion kann das Sakrament auf der physischen und ästhetischen Ebene unterstützen.

Anweisungen an die Gemeinde

Nun gehen wir davon aus, dass der Liturg oder die Liturgin die Vorbereitungen abgeschlossen hat. Es herrscht Ordnung auf dem Tisch, er oder sie steht vor dem Altar und wendet sich zur Gemeinde. In manchen Gemeinden werden die Instruktionen für den praktischen Verlauf der Austeilung an dieser Stelle gegeben, zum Beispiel: Wie groß sollen die Gruppen sein, die vorne stehen? Wie sollen sie sich aufstellen? In welcher Reihenfolge sollen die Gemeindeglieder aus den Bankreihen kommen? Gibt es einen besonderen Weg, den sie gehen sollen? Wird Saft oder Wein gereicht? Die Instruktionen sollen der Gemeinde helfen, den Ablauf so angenehm wie möglich zu erleben. Sie sollten kurz formuliert und auf das Nötigste beschränkt sein. Trotzdem verursachen solche Instruktionen immer eine Unterbrechung, besonders an dieser Stelle. Ihr Zeitpunkt sollte also klar überlegt werden. Der Abstand zu dem Geschehen, auf das sie sich beziehen, darf nicht zu groß sein. Detaillierte Anweisungen zur Austeilung schon zu Beginn des Gottesdienstes zu geben, halte ich nicht für sinnvoll, sie werden einfach wieder vergessen. Deshalb ist wohl der günstigste Zeitpunkt für die Instruktionen direkt vor der Austeilung gegeben. Wie störend man die Hinweise an dieser Stelle auch empfinden mag, so hinderlich kann es für das Miterleben des Abendmahls sein, wenn die Gemeindeglieder auf Grund fehlender Instruktionen unsicher sind. Sie wissen nicht, wie sie sich verhalten sollen, und einige zögern deshalb sogar, am Abendmahl teilzunehmen. Niemand möchte gern bloßgestellt werden.
Sich als Liturg an einen klaren, wiederkehrenden Ablauf zu halten, mit dem die Gemeinde vertraut ist, ist der beste Weg, die Zahl der Hinweise zu reduzieren. Jedoch sollten wir uns nicht einfach nur an der Mehrzahl der vertrauten Gesichter orientieren. Instruktionen haben das Ziel, für *alle* Gottesdienstteilnehmer Klarheit und Sicherheit zu schaffen, auch für die, die selten teilnehmen. Eine interessante Variante zu den gesprochenen Instruktionen besteht darin, sie in einem Gottesdienstblatt vorzulegen. Hier riskiert man allerdings, dass die knappen Hinweise nicht richtig gelesen oder verstanden werden. Die Leute wollen schließlich auch an einem lebendigen Geschehen teilnehmen und sich nicht in ein Programmheft vertiefen ...

Blocking der Gesten und Blickrichtungen bei den Abendmahlsgebeten

Eine große Unsicherheit herrscht unter den Liturginnen und Liturgen im Blick auf den Gebrauch von Gesten bei den Abendmahlsgebeten. Um diese Dinge zu klären, muss man vor allem eine zentrale Frage beantworten: *In welche Richtung geht die Kommunikation?* Diese zentrale Frage ist grundsätzlich für den Gottesdienst zu stellen, besonders aber für einen Teil, wo Gebete mit feinsten unterschiedlichen Fassetten dicht aufeinander folgen.

1. Vom Platz vor dem Altar aus

Wechselgruß – Danksagung – Präfation

Im ersten Teil der Danksagung oder Präfation ist eine Interaktion von Liturg und Gemeinde gefordert. Der Ablauf beginnt in der liturgischen Haltung, und zu den ersten beiden Sätzen, einem typischen Wechselgruß, kann der Liturg die »Gruß- und Sendungsgeste« vollziehen. Zu den Worten »Der Herr sei mit euch« gehen die Hände nach vorne. Sie bleiben dabei auf derselben Ebene. Der Blick schwenkt während des Nach-vorne-Bringens der Arme über die Gemeinde. Mit der Antwort der Gemeinde »Und mit deinem Geiste« werden die Hände wieder zurückgebracht und der Blick in die Mitte der Gemeinde genommen (siehe Abb. 102-104).

Abb. 102: Liturgische Grundhaltung:
L.: Der Herr ...

Abb. 103: Grußgeste, geöffnet
... sei mit Euch; G.: und mit ...

Abb. 104: Zurück in die liturgische
Grundhaltung ... Deinem Geiste

Die Schwierigkeit bei der Danksagung besteht darin, dass gleich darauf ein neuer Teil beginnt. Liturg: »Erhebet eure Herzen.« Gemeinde: »Wir erheben sie zum Herrn.« Hier sollte auf eine neue Geste verzichtet werden, sonst entsteht eine gewisse Inflation von liturgischen Gesten, die eher verwirrt, als dass sie den Vorgang unterstützt.

Es folgt ein dritter Dialog. Liturg: »Danket dem Herrn, unserem Gott.« Gemeinde: »Das ist würdig und recht.« Würde dieser kleine Dialog für sich allein stehen, könnte man auch dazu eine Geste machen. An dieser Stelle sollte man aber wegen der gegenseitigen Entwertung auf Gesten verzichten.

Für die gestische Gestaltung dieses Teils mit den drei Dialogsätzen sind drei verschiedene Möglichkeiten zu beobachten.

Die erste Variante, wie gerade beschrieben: Zum ersten Dialogsatz wird die »Gruß- und Sendungsgeste« gemacht; zum zweiten Dialogsatz verharrt man einfach in der liturgischen Grundhaltung mit Blick in die Gemeinde; ebenso zum dritten Dialogsatz.

Die zweite Variante: Man bleibt bei dem ersten und dem dritten Dialogsatz in der liturgischen Grundhaltung und gestaltet nur den zweiten Teil: »Erhebet eure Herzen – wir erheben sie zum Herrn«, mit der Gruß- und Sendungsgeste. Dabei mangelt es aber an einer schlüssigen Verbindung von Wort und Geste.

Die dritte Möglichkeit: Man öffnet die Arme beim ersten Dialogsatz und hält sie bis zum dritten Satz offen. Das ist schwierig, weil damit drei verschiedene Qualitäten von Dialog zwischen Liturg und Gemeinde unter einer Geste zusammengefasst werden. Die Gesten sollten aber gerade die Unterschiede markieren. Man erreicht diese Unterscheidung auch nicht allein damit, dass man die Hände, die während der drei Sätze geöffnet bleiben, jeweils bei einem neuen Satz rhythmisch anhebt, so als wollte man die Gemeinde zum Aufstehen bewegen. Grundsätzlich muss der Liturg für sich klären und entscheiden, was die Worte bedeuten und wie er sie gewichten will. Am besten eignet sich hier die Gruß- und Sendungsgeste. Sie ist eine *Beziehungsgeste* und sollte an der Stelle stehen, an der der Liturg mit der Gemeinde auf besondere Art Kontakt aufnimmt. Dementsprechend lässt sich diese Regel auch für eine anders formulierte Einleitung der Danksagung – wie zum Beispiel für die *Benedictio* in der bayerischen Landeskirche – anwenden.

Mit dem Dank- und Lobgebet, das sich hier anschließt, erreichen wir einen *plotpoint, einen Wendepunkt in der Richtung der Kommunikation*. In der lutherischen Form würde sich der Liturg jetzt von der Gemeinde weg zum Altar hinwenden und in die direkte Kommunikation mit Gott eintreten. Eben, in den Dialogen, hatten wir dramaturgisch eine Kommunikation mit der Gemeinde, hier aber gehen wir in ein Gebet: »Ja, das ist würdig und recht, dir, großer Gott, ewiger Vater, von ganzem Herzen zu danken ...« Würden diese Worte nicht zum Altar gebetet werden, sondern vis-a-vis zur Gemeinde, müsste eine Trennung durch die Kopfhaltung vollzogen werden. Der Liturg spricht nicht mehr zur Gemeinde, er betet. Die Kommunikationsrichtung ist Gott (siehe Abb. 105). Gibt es in diesem Dankgebet einen besonders formulierten, doxologischen Abschluss: »Mit allen, die an dich glauben ... mit der ganzen Schöpfung singen wir dein Lob«, müsste hier vom Klang her eine Verstärkung stattfinden, eine Intensivierung des Gebets. Es ist eine Art Weckruf an die Gemeinde. Der Liturg bleibt mit Gott in Beziehung. Er bleibt in dem Gebet und ist weiter dem Altar zugewendet, aber ein Teil seiner Aufmerksamkeit geht jetzt dahin, die Gemeinde aufzurufen, gleich mit ihm das »Sanctus« zu singen. *Der Liturg befindet sich hier in einer seiner Kernfunktionen. Er ist in Kontakt mit Gott und gleichzeitig verliert er seine Gemeinde nicht aus dem Blick.* Auch gerade dann, wenn er mit dem Rücken zur Gemeinde steht, heißt es, sich mental und stimmlich an die Gemeinde zu richten.

Abb. 105: Gebetshaltung mit Buch

Sanctus

Beim »Sanctus« bleiben wir in der Anbetung. Die Energie steigert sich. Es werden wichtige Texte aus der Bibel gesungen und die ganze Gemeinde stimmt voll ein. Wir verlassen die reine Gebetshaltung und gehen in einen Lobpreis. Gestisch entspricht dem die Liturgische Grundhaltung, aber der Kopf ist jetzt hingewendet zum Altarkreuz oder leicht angehoben zum Chorfenster. Denn energetisch ist es schwer, diese Vitalität, die im Sanctus gefordert wird, in einer geneigten Gebetshaltung entstehen zu lassen. Für den Liturgen ist es gut, wenn er nach dem Lobpreisgebet eine kleine Änderung in der Inszenierung vornehmen kann und den Blick erhöht, eben zum Kreuz oder zum Fenster. Denn er betet nicht mehr allein, sondern in einer sehr großen, sichtbaren und unsichtbaren, Gemeinschaft.

Machen wir uns noch einmal die Abfolge bis hierhin klar: Der Liturg grüßt zuerst die Gemeinde, dann betet er ohne die Gemeinde, schließlich beten und singen Gemeinde und Liturg zusammen im Sanctus mit offenen Augen, mit aufrechtem Körper und nach oben gerichtet zum Himmel. Grundsätzlich ist zu diesen Gesten für Gebete mit unterschiedlichen Qualitäten zu sagen, dass der Körper sich in drei Räume aufteilt: den unteren, den mittleren und den hohen Raum. Der hohe Raum ist der Raum, in dem Stärke, Anrufung und Lobpreis verortet werden. Gehe ich mit meinen Armen in diese Räume, dann unterstütze ich jeweils eine bestimmte Qualität.

Anamnese – Epiklese: Orantenhaltung

Die verschiedenen Lobgebete (in der Regel sind es drei: die Präfation vor dem Sanctus, die Anamnese nach dem Sanctus und die Epiklese nach den Einsetzungsworten) stellen verschiedene Fassetten dar, sind aber immer eingebettet in den großen Dank und in ein Gotteslob. Sie können gestisch mit dieser weit ausladenden Orantenhaltung gekennzeichnet werden. Die Orantenhaltung hat folgende Spielregeln: Die Hände sind seitlich erhoben, etwa 40 bis 50 cm vom Körper entfernt. Sie sollten nicht höher als der Kopf erhoben werden. Die Handflächen sind nach oben halb geöffnet und weisen nicht nach vorn, sondern zum Körper. Es sollte keine Überstreckung in den hinteren Raum zu spüren sein (siehe Abb. 106+107). Manchmal werden die Gebetsteile auch komplett gesungen. Der liturgische Gesang entspricht der Orantenhaltung mehr als die Sprache. Wenn die Worte gesprochen werden, sollten sie in einer gehobenen, geformten Sprache formuliert sein. In jedem Fall gilt es, zu viele Wechsel in den Gesten und jede Form von Künstlichkeit und Übertreibung zu vermeiden, sodass die Gemeinde nicht damit beschäftigt ist, warum und an welcher Stelle welche Geste kommt und wie sie ausgeführt wird.

Abb. 106: Orantenhaltung vor dem Altar

Abb. 107: Seitenansicht: Abstand der Hände, Blick zum Kreuz

2. Vom Platz hinter dem Altar aus

Die ganze Situation ändert sich, wenn der Liturg und die Liturgin bei diesen Gebeten hinter dem Altar stehen. Wie können wir hier die Ausrichtung der Gebete zu Gott deutlich machen, dies ist die entscheidende Frage. Wenn ich hier zum Lobpreis die Arme erhebe und ausbreite, wie vorher beschrieben, hieße das, ich schaue mit erhobenem Kopf über die Gemeinde hinweg, etwa an die Kirchendecke oder zur Orgel. Das heißt, ich platziere Gott über der Gemeinde. Das ist ein wirkliches Problem, das man nicht nur in protestantischen, sondern gerade an dieser Stelle häufig auch in der katholischen Kirche beobachten kann: Wo ist der Ort der Gegenwart Gottes in diesem Moment (siehe Abb. 108)?

Für den Dialog mit der Gemeinde zu Beginn der Präfation ändert sich mit diesem Standort hinter dem Altar nichts. An der Stelle aber, an der sich der Liturg nach dem Dialog zum Dankgebet umwenden würde, markiert er jetzt sehr deutlich den Übergang ins Gebet. Er schaut nicht mehr in die Gemeinde und nicht über die Gemeinde hinweg, sondern hier ist es eine Hilfe, ein kleines Altarkreuz zu haben, das er anschauen kann. Ansonsten wird der Blick in die Agende gerichtet. Der Liturg sollte sich dessen bewusst sein, dass er mit seinen Blicken der Gemeinde helfen muss, ins Gebet zu kommen (siehe Abb. 109).

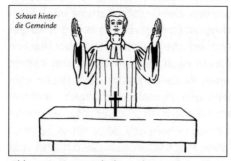

Abb. 108: Orantenhaltung hinter dem Altar, Wo ist Gott? [F]

Abb. 109: Orantenhaltung, Blick auf den Altar oder zur Agende

Texte auswendig können

Eine weitere Schwierigkeit besteht im Umgang mit dem Buch. Wende ich mich zum Altar und habe die Hände in der Orantenhaltung erhoben, *brauche aber* für die Abendmahlsgebete unbedingt eine Textvorlage, dann kann ich nicht mehr nach oben schauen, sondern der Kopf ist zum Lesen geneigt. Die beste Lösung ist hier, den Text auswendig zu sprechen, noch besser, ihn auswendig zu singen. Denn beim Ablesen erzeugen wir zwei Aufmerksamkeitspunkte im Körper: Der Blick geht nach unten in das Buch und die Energie geht zum Himmel. Das ist eine Doppelbotschaft und die Gemeinde bekommt keine klare Information, wohin sie sich wenden soll.

Wird besonderer Wert darauf gelegt, diesen Part liturgisch mit großen Gesten zu gestalten, sollte man so konsequent sein und die Texte auswendig können. Sonst ist lieber auf die großen Gesten zu verzichten und in der liturgischen Grundhaltung zu bleiben. Gerade bei katholischen Priestern beobachte ich häufig, dass sie an dieser Stelle den Körper verdrehen, weil sie mit dem Blick aus der mittleren Achse gehen und sich dem Buch zuwenden, das ein Diakon für sie an der Seite hochhält. In diesem Falle halte ich die katholische Praxis nicht unbedingt für ein gutes Vorbild.

Der Platz des Liturgen bei Einsetzungsworten

Wenn der Liturg *vor* dem Altar steht, gibt es verschiedene Formen, die Einsetzungsworte zu sprechen. Einmal kann er dies mit dem Rücken zur Gemeinde tun. Diese Praxis findet sich häufig in lutherisch geprägten Gemeinden, und hier werden die Worte dann auch oft gesungen. Manche Liturgen wenden sich nun im Verlauf der Einsetzung der jeweiligen Seite zu, heben Brot und Wein hoch und schlagen über den Objekten das Kreuz (siehe Abb. 110+111). Dabei entstehen viele Doppelbotschaften. Dieses Vorgehen stellt einen faulen Kompromiss dar zwischen einer rein verbalen Zeremonie und einer inszenierten. Letzten Endes wird hier im Subtext ausgesagt: »... Damit ihr wenigstens ein bisschen etwas sehen könnt, halte ich jetzt das Abendmahlsobjekt hoch ...« Dabei vermisse ich die Logik der Inszenierung. Ich sehe keine Schwierigkeiten, wenn jemand sich aus theologischen Gründen dafür entscheidet, diese Sequenz mit dem Rücken zur Gemeinde durchzuführen: als eine »heilige Handlung«, die vor der Gemeinde verborgen wird und ausgerichtet ist zum Hochaltar, zum Kreuz hin, zum »Platz Gottes«. Es ist dann nur die Frage, wie wir als Gemeinde einbezogen werden. Ist es für uns allein die verbale Erinnerung? Was haben wir davon, wenn wir nichts sehen? Ich finde, es ist nicht unbedingt die Form, bei der die Gemeinde ins Erleben mit einbezogen wird.

Abb. 110: Kreuzeszeichen über Objekt
außerhalb der liturgischen Achse

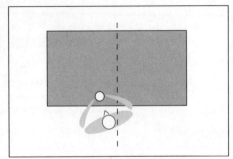

Abb. 111: Sicht von oben zu Abb. 110

Die konsequente Möglichkeit für einen Liturgen, der das Abendmahl als reine Erinnerung versteht, ist folgende: Er steht vor dem Altar und schaut zur Gemeinde. Die Objekte werden nun nicht mehr in die Hand genommen und die Abendmahlsworte werden nur gelesen oder gesprochen. – Natürlich bleibt dann für mich als Hörer immer noch die Frage, warum ich im Text teilweise direkt angesprochen werde, und wie dieses Angesprochen-Werden, dieses »für dich gegeben«, seinen Ausdruck findet.

Falls jemand nun die strenge Form der rein verbalen Erinnerung aufbricht – dies geschieht häufig so, dass er vor dem Altar steht, zur Gemeinde schaut und spricht und dann jeweils die Objekte zur Präsentation vom Altar holt –, dann gilt für die Wendung zum Altar die *Liturgische Regel*: Wir drehen uns immer im Uhrzeigersinn über rechts, mit dem Herzen zuletzt vom Altar weg, also eine 180-Grad-Drehung, und dann wieder zurück, gegen den Uhrzeigersinn, aber immer mit dem Herzen am Altar. Wir haben hier immer eine halbe Drehung über rechts. Es wird also nie eine 360-Grad-Drehung am Altar stattfinden (siehe Abb. 112+113). Wendet sich der Liturg nun auf die linke Seite zum Brot hin, ergibt sich ein Achssprung, denn er geht *in diesem Falle ausnahmsweise* über die 180 Grad hinaus. Nun ist es wichtig, dass er das Objekt nicht nur mit einer Hand holt, sondern es

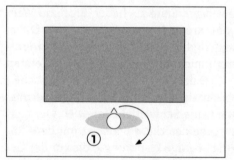

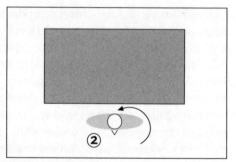

Abb. 112: Liturgische Drehung vom Altar weg   Abb. 113: Liturgische Drehung zum Altar hin

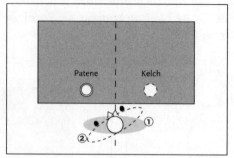

Abb. 114: Ganze Hinwendung zum Objekt

mit beiden Händen fasst und dass beide Beine mitgehen. Es ist also ein ganz kleiner Schwenk mit dem ganzen Körper. Auch die Füße werden mitbewegt, sonst hätten wir eine Verdrehung im Körper, die Füße zeigten weiterhin zur Mitte, während sich der Körper zum Objekt wendete (siehe Abb. 114).

Die Einsetzungsworte sollten immer frei und auswendig gesprochen werden, »von ganzem Herzen« und wirklich aus der Seele kommend. Es ist eine enorme Doppelbotschaft, wenn Theologen und Theologinnen die Einsetzungsworte aus dem Ringbuch ablesen – und noch schlimmer, wenn sie dabei Abendmahlsgeräte in der anderen Hand halten. Die Einsetzungsworte bilden in der Dramaturgie des Abendmahls einen der Höhepunkte. *Egal, ob sie gesprochen oder gesungen werden, wichtig ist, sie auswendig zu kennen und frei sprechen zu können.*

Das Blocking der Einsetzungsworte zum Brot

Ich unterscheide bei der Analyse von liturgischem Verhalten zwei Ebenen: Einmal spreche ich vom *Blocking*, das meint die Struktur und den Aufbau der Handlung, auf der anderen Seite steht das Sprechen.

Die erste Sequenz sieht bei einem *Blocking* zur Einsetzung des Brotes folgendermaßen aus: den ganzen Körper hin zum Objekt wenden, mit beiden Händen den Teller nehmen, den Teller zur Mitte führen und vor der Körpermitte halten. Die Höhe wird bestimmt von der Größe des Objektes, sie findet sich in der Regel zwischen Brustbein und Bauchnabel (siehe Abb. 115). Mit ungefähr vier kleinen Schritten im Uhrzeigersinn zur Gemeinde drehen. Nun steht der Liturg zur Gemeinde gewandt, den Teller in beiden Händen, etwa in Höhe Bauchnabel, mit etwas Abstand zum Körper (siehe Abb. 116-118). Der Blick war bei der Drehung nicht auf das Objekt gerichtet, damit würde nämlich auch der Blick der Gemeinde darauf gelenkt werden. Hier haben wir aber noch keinen *liturgischen Akt*, das heißt, es sollte nicht das Ziel des Liturgen sein, den Blick der Gemeinde auf das Objekt zu lenken. Der Liturg schaut nur in dem Moment, wenn er das Brot vom Altar nimmt, kurz zum Objekt, dann nimmt er es, dreht sich damit und steht nun vor der Gemeinde.

Abb. 115: Objekt wird vom Altar genommen

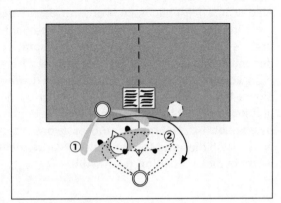

Abb. 116: Drehung mit Objekt zur Gemeinde

Abb. 117: Endposition nach der Drehung, Ausgangsposition Einsetzungsworte

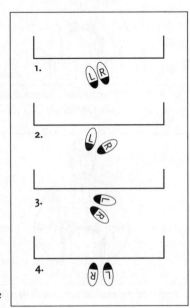

Abb. 118: Auflösung der Schrittfolge

Die zweite Sequenz ist eine Inhibition/ein kleines Innehalten: in »Präsenz« sein, atmen und einen offenen Blick in die Gemeinde geben. Das ist kein suchender oder fixierender Blick, sondern wie beim Fotoapparat der Weitwinkel, mit dem man die Gemeinde *wahrnimmt.*

Es folgt die dritte Sequenz – die erste mit Worten: »... Unser Herr Jesus Christus, in der Nacht, da er verraten ward ...« Der Blick schwenkt bei diesen Worten durch die Gemeinde (siehe Abb. 119).

In der vierten Sequenz folgen die Worte »... nahm er das Brot ...«, und zu diesen Worten wird synchron der Blick des Liturgen auf den Teller gelenkt (aber nur ganz kurz, denn würde der Blick zu lange darauf ruhen, so würden wir uns als Gemeinde fragen: Was sucht er da auf dem Teller?) (siehe Abb. 120+121).

Also schon beim nächsten Wort, *mit Beginn der fünften Sequenz*, zu »... dankte ...« wird der Blick wieder nach oben gebracht zur Gemeinde, »... dankte und brach's und gab es seinen Jüngern und sprach ...« Diese ganze Sequenz ist wieder voll an die Gemeinde gerichtet (siehe Abb. 122).

Nun kommt ein nächster Handlungsakt. *Bei der sechsten Sequenz* wird, mit einem kurzen Blick zum Brot, der Teller zu den Worten synchron nach vorne geführt und leicht angehoben – eine Bewegung, die einen kleinen Oberbogen beschreibt: »... Nehmt hin und esst, das ist mein Leib, der für euch gegeben wird ...« Ab diesem Moment hält der Liturg den Teller bis zum Schluss der Brotworte in dieser Position (siehe Abb. 123+124).

Abb. 119: Horizontalschwenk durch die Gemeinde

Abb. 120: Seitenansicht: Blick zum Teller (Brot)

Abb. 121: Frontal: Blick zum Teller (Brot)

Abb. 122: Blick in die Gemeinde

Abb. 123: Anfangsposition sechste Sequenz

Abb. 124: Endposition sechste Sequenz

Abb. 125: Ausgangsposition Kreuz
Dies ...

Abb. 126: Hand geht nach unten
... ist ...

Abb. 127: Hand geht nach links,
aus der Sicht des Liturgen
... mein ...

Abb. 128: Hand kommt in
Schlussposition Kreuz
... Leib.

Bei der siebten Sequenz mit den Worten »... Solches tut zu meinem Gedächtnis ...« bleibt der Blick in der Gemeinde. Wird hier das Kreuz geschlagen, dann ist für die Dauer dieser Geste ein Blick zum Kreuz notwendig, um die Aufmerksamkeit der Gemeinde darauf zu lenken (siehe Abb. 125–129).

Die achte Sequenz: Nach dem Brotwort dreht sich der Liturg wieder zurück. Dabei wird der Teller wieder näher an den Körper geholt und schließlich an demselben Platz abgestellt, an dem er vorher gestanden hat. Nun könnte man auch sagen: Dieses Detail spielt keine Rolle, ich kann das Brot auch an einem anderen Platz abstellen. Aber wegen der Ordnung und der inneren Harmonie des Rituals ist es besser, die Dinge dahin zurückzubringen, wo ich sie hergeholt habe (siehe Abb. 130).

Abb. 129: Seitenansicht,
Endposition Einsetzungsworte

Abb. 130: Auf denselben Platz zurück

Nach dem Abstellen löse ich mich von dem Objekt. Ich stelle mich – wieder mit beiden Beinen und Füßen – in die Mitte. Es entsteht ein kleiner Moment des Innehaltens. *Für das Sprechen der Einsetzungsworte ist prinzipiell zu berücksichtigen, dass das Objekt in der mittleren Achse zu halten ist und nicht mit der Zuwendung des Liturgen zur Gemeinde nach links oder rechts mitbewegt wird, da der Liturg sonst den rituellen Akt schwächt.*

Das Blocking der Einsetzungsworte zum Wein

Die Abfolge der Sequenzen gilt hier analog zu den Brotworten. Es beginnt aus der Mitte heraus mit der Drehung nach rechts – mit beiden Füßen! – und den Kelch mit beiden Händen nehmen (siehe Abb. 131). Dann den Kelch mit dem Fuß etwa in Höhe Brustbein halten, Drehung nach rechts und vor der Gemeinde zum Stehen kommen (siehe Abb. 132). Innehalten und Blick in die Gemeinde: »... Desgleichen nahm er auch den Kelch ...«, kurzer Blick zum Kelch bei den Worten »... auch den Kelch ...« (siehe Abb. 133) Bei der Fortsetzung »... nach dem Abendmahl, dankte, gab ihnen den und sprach ...«, ist der Blick schon wieder zur Gemeinde gerichtet (siehe Abb. 134). Dann die Anhebung des Kelches und seine Bewegung in einem sanften Bogen nach oben, hin zur Gemeinde, synchron mit den Worten: »... Nehmt hin und trinkt alle daraus, dies ist der neue Bund in meinem Blut, das für euch vergossen wird ...« Nur zu den Worten »nehmt hin« wird ein kurzer Blick auf den Kelch gerichtet (siehe Abb. 135+136).
Die Bewegung sollte auf der mittleren Achse bleiben. Der Kelch darf nicht so hoch gehoben werden, dass er das Gesicht verdeckt. Er sollte auch nicht so weit nach vorne gebracht werden, dass sich der Liturg zur Gemeinde hin beugt, damit die Geste nicht mit einem Zuprosten verwechselt wird!
Der Blick geht jetzt wieder nach oben und nach vorne zur Gemeinde. Der Kelch wird in der Regel mit der linken Hand am Kelchfuß gehalten und mit der rechten Hand oben an der Kuppa. Aus hygienischen Gründen berührt man nicht den Trinkrand selbst. Wenn ein Kreuz geschlagen wird zu den Worten »... zu meinem Gedächtnis ...«, löst man die rechte Hand und zeichnet das Kreuz über dem Kelch – wendet dem Kelch auch einen kurzen Blick zu –, schaut aber gleich wieder zurück

Abb. 131: Kelch nehmen, zur Gemeinde drehen

Abb. 132: Ausgangsposition Einsetzungsworte

Abb. 133: ... nahm er auch den Kelch ...
(Blick zum Kelch)

Abb. 134: ... dankte, gab ihnen den Kelch
und sprach: ... (Blick zur Gemeinde)

Abb. 135: Nehmet hin ...

Abb. 136: ... und trinket ...

Abb. 137: Ausgangsposition Kreuz
... Das ist mein Blut ...

Abb. 138: Seitenansicht zu Abb. 137

Abb. 139: Hand geht von links ...

Abb. 140: ... nach rechts aus der Sicht der Liturgin

Abb. 141: Solches ... zu meinem Gedächtnis ... (Blick in die Gemeinde)

Abb. 142: Nach der Drehung: Abschluss Kelchsequenz

in die Gemeinde (siehe Abb. 137–142). Nachdem das Kelchwort einen kleinen Augenblick ausklingen konnte, wird die Haltung aufgelöst. Dies geschieht über die Drehung nach links zurück, auch dieses Objekt wird wieder genau auf den Platz gestellt, von dem ich es geholt habe. Die Choreografie der Blickrichtungen dient dazu, das Gesagte zu unterstützen und die Aufmerksamkeit der Gemeinde dementsprechend zu lenken.

Die Unterscheidung von Symbolebene und Handlungsebene

Dieses gesamte *Blocking*, das ich jetzt für Brot- und Kelchwort beschrieben habe, würde ich der *Symbolebene* zuordnen. Wir müssen immer bedenken, dass die Form, in der Jesus das Mahl gefeiert hat, sich natürlich von allen unseren Gestaltungsformen heute extrem unterscheidet. *Wir befinden uns eigentlich immer schon auf der Symbolebene.* In den meisten Gemeinden sitzen die Leute während der Einsetzungsworte nicht schon um den Altar, so wie die Jünger früher mit Jesus zusammen gesessen (oder gelegen) haben. Wir sind auch nicht zu einer längeren Mahlzeit versammelt, bei der – wie es damals war – zwischen Brot und Wein vielleicht Stunden liegen. Obwohl wir es also grundsätzlich mit einer symbolischen Mahlzeit zu tun haben, unterscheide ich doch bei den verschiedenen Möglichkeiten, die Abendmahlsliturgie zu vollziehen, *zwischen einem Ritual, das stärker auf der*

Symbolebene, und einem solchen, das stärker auf der Handlungsebene stattfindet. Die Handlungsebene zeichnet sich dadurch aus, dass der Liturg während der Einsetzungsworte durch Handlungen nachvollzieht, was er sagt. Die Handlungen werden immer von ihm direkt rituell vollzogen. Auf der Symbolebene haben wir das nicht, dort überwiegt die verbale Erinnerung.

Nun ergeben sich auf der Handlungsebene sehr häufig Doppelbotschaften. Das geschieht zum Beispiel dadurch, dass der Liturg am Anfang einige Handlungen vollzieht, dann aber, wenn es um das Brotbrechen geht, diese Handlung nicht ausführt. Damit wird die innere Logik der Inszenierung unterbrochen. Wir springen unvermittelt von der Handlungsebene in die Symbolebene, und bei den Mitfeiernden entsteht Verwirrung.

Das Sprechen der Einsetzungsworte

Selbstverständlich muss ein Liturg die Einsetzungsworte auswendig können. Der Sprecher sollte beim Sprechen der Worte die einzelnen Sequenzen und Szenen gut trennen, damit die Gemeinde der Erzählung gut folgen kann.

Wie ein Film kann die Situation vor den Augen der Gemeinde ablaufen ...

In den Einsetzungsworten gibt es Szenen, die sich auf Vergangenes beziehen, und andere, die uns in der Gegenwart direkt ansprechen. Wenn sich nun der Liturg für eine Einsetzung auf der Handlungsebene entscheidet, wenn er also jede Handlung unmittelbar vollzieht, dann hat er das Problem, diesen Zeitwechsel logisch nachvollziehen zu müssen. Er kann sich zum Beispiel nicht, wenn er die ersten Worte zur Gemeinde gesagt hat: »... Unser Herr Jesus Christus, in der Nacht, da er verraten ward ...«, umdrehen und während dieser Drehung sagen: »... nahm er das Brot ...«, das schafft Unsicherheit. Umgekehrt sollte er gleich zu Beginn mit dem Brot vor der Gemeinde stehen und dann erst die Worte sprechen: »... Unser Herr Jesus Christus, in der Nacht, da er verraten ward ...«

Jetzt könnte ein stimmiger Wechsel zur Handlungsebene stattfinden, indem er zu den Worten »... nahm er das Brot ...« mit der rechten Hand die Oblate herausnimmt und sie der Gemeinde vorhält (siehe Abb. 143). Der Teller wird an dieser Stelle dem Brot untergeordnet. Er nimmt möglicherweise sogar eine große Brechoblate und geht direkt vor das Mikrofon, damit das Brechen von allen zu hören ist. (Ich halte dieses kleine Kunststück aber für eine Abwertung des Ritus; außerdem würde ich immer ein Brot bevorzugen, das den Namen verdient und sich in seiner ästhetischen und geschmacklichen Qualität nicht völlig vom Brot verabschiedet hat (siehe Abb. 144).) Nun nehmen wir an, der Liturg hat das Brot vor der Gemeinde gebrochen und hochgehalten. Dann kommt es hier leider häufig zu einer Handlung, die eine bedeutungsvolle Doppelbotschaft in sich birgt: Der Liturg legt am Ende dieser Sequenz das gebrochene Brot wieder zurück auf den Teller. Damit sagt er eigentlich: »... Liebe Gemeinde, einen kleinen Moment müssen Sie noch warten, ich lege das Brot noch einmal kurz zurück und gehe weiter zum Kelch ...« Die Doppelbotschaft, die prinzipiell nicht zu vermeiden ist, wird durch die demonstrative Handlung sehr verstärkt: Es beschäftigt uns innerlich,

Abb. 143: Präsentation der Oblate

Abb. 144: Kunststück: Brechen mit einer Hand?

Abb. 145: Doppelbotschaft: Zurücknehmen
der gebrochenen Oblate

Abb. 146: Handlungsebene:
... nahm er das Brot

Abb. 147: ... dankte ... (Blick in die Gemeinde)

Abb. 148: ... und brach es und
gab es ihnen und sprach:

Abb. 149: ... Nehmet hin und esset ...

Abb. 150: ... Das tut zu meinem Gedächtnis.

dass er das weglegt, was er uns gerade angeboten hat (siehe Abb. 145). Die andere
Schwierigkeit ergibt sich durch den Vergleich mit der anschließenden Sequenz,
der Einsetzung des Kelches, wo wir keine entsprechende Handlung haben werden.
Dadurch entstehen unterschiedliche Qualitäten zwischen Brot- und Kelchwort.
Sehr viel stimmiger wird diese Form der Einsetzung auf der Handlungsebene, wenn
man *hinter dem Altar* steht. Gewiss sind auch von hier aus immer noch einzelne
Doppelbotschaften zu bemängeln. Aber dramaturgisch ist es viel überzeugender,
wenn sich jemand von dieser Stelle aus mit dem Objekt in der Hand zur Gemeinde
wendet. Alle können zusehen, wie er es von links oder von rechts herholt und es
nun in der Mitte hochhält. Hier ist es auch stimmig, nur das Brot zu nehmen. Der
Teller bleibt auf dem Tisch stehen und das Brot kann mit beiden Händen gebrochen werden. Natürlich muss dem Kelch anschließend genau die gleiche Aufmerksamkeit zukommen, auch wenn die Handlungen anders ausfallen (siehe Abb. 146–
150).

Stimme und Emotionen

Ein weiterer wesentlicher Aspekt ist der Gebrauch der Stimme bei den Einsetzungsworten. Nach meiner Erfahrung werden die Einsetzungsworte häufig
mit sehr viel Schwere und Melancholie gesprochen. Ich halte diese alles dominierende Traurigkeit aber für unangemessen gegenüber den verschiedenen Situationen, die hier zur Sprache kommen. In der ersten Sequenz: »... Unser Herr
Jesus Christus, in der Nacht, in der er verraten ward ...« haben wir eine Situation
der Erinnerung. Die Gemeinde wird an die letzte Nacht erinnert, die Jesus mit
seinen Jüngern verbracht hat, unmittelbar vor seinem Tod. Viele, die das hören,
haben vielleicht die berühmten Bilder vor Augen, wo Jesus mit den Jüngern am
Abendmahlstisch sitzt. Und mit dem Stichwort »Verrat« wird noch einmal eine
besondere Situation des Geschehens angesprochen, nämlich dass Judas ihn an
seine Gegner verraten hat. Jesus stellt die Sache, dass einer ihn verraten wird,
selbst in den Raum. Die Jünger sind sehr erschrocken. Jeder fragt sich, ob er
diesen Verrat üben wird. Jeder könnte zu dieser Tat fähig sein. Und mit dieser
Einsicht fühlt sich keiner der Anwesenden wohl. Also ist in diesem ersten großen
Satz die Emotion tatsächlich geprägt von Traurigkeit, Unsicherheit und anderen
deprimierenden Empfindungen. Man hört es mit Sicherheit auch in der Stimme
des Liturgen. Es herrscht eine gedrückte Stimmung.
Nun ist es aber so, dass hier nicht die Stimme Jesu in direkter Rede zu uns
spricht, sondern ein Erzähler uns an diese Vorgänge erinnert. Auch die zweite
Sequenz bleibt noch in der Erzählform, »... nahm er das Brot ...«. Aber hier
ändert sich schon die Qualität der Erzählung. Wir haben uns weiter in das Geschehen hineinbegeben. Wir nehmen teil an dieser Szene. Denn wir sehen jemanden vor uns, der mit zwei Händen ein Brot nimmt. Wir sind nicht mehr nur
Betrachter von außen und hören nicht nur eine Erinnerung, sondern wir werden
langsam darauf vorbereitet, unmittelbar an der Abendmahlsszene teilzunehmen.
Da stellt sich die Frage: Mit welchen Emotionen spreche ich diesen Satz? Ist hier

schon eine andere Emotion im Spiel als die Traurigkeit des ersten Satzes? Man könnte an eine Spur von Gewissheit denken, an ein Stück Lebensmut, der einen fähig macht, auch in einer traurigen Situation nach einem Stück Brot zu greifen, etwas zu essen und sich zu stärken.

Spätestens aber mit den Worten »... dankte, brach's und gab es seinen Jüngern und sprach ...« muss ein emotionaler Wechsel in der Stimme stattfinden. Denn ab hier kommt der Jesus-Charakter in der Szene voll zum Tragen. Er spricht uns in wörtlicher Rede an. Der Erzähler hat die Rolle gewechselt, es ist jetzt ein Charakter, der zu uns spricht. Damit sind die stillen und nach innen gerichteten Gefühle der Traurigkeit nicht mehr dominant. Einer spricht die anderen an. Jesus geht aus sich heraus. Er nimmt Kontakt auf, einen sehr intensiven, für die Jünger stärkenden Kontakt: »... Nehmt und esst, das ist mein Leib, der für euch gegeben wird ...« Mit anderen Worten: Ich bin für euch da. Mit meiner ganzen Person bleibe ich bei euch, auch wenn ich gehe. Und auch später noch, in der Zukunft, werde ich bei euch sein, denn: »... Das tut zu meinem Gedächtnis ...«. Natürlich sollte der Wechsel der Emotionen fließend stattfinden, gebunden in einer gewissen Feierlichkeit. Denn ich gehe davon aus, dass uns Jesus *kein* trauriges Sakrament hinterlassen hat. Man sollte nicht zu Beginn expressiv »traurig spielen« und es dann umschlagen lassen in eine künstliche Heiterkeit. Trauer, Zuversicht, Hoffnung und Freude werden sich gegenseitig durchdringen. Eines wird jeweils in der Stimme überwiegen – aber doch nie ganz ohne die Färbung der anderen sein.

Einsetzung mit zwei Liturgen

Wenn zwei Personen die Einsetzungsworte sprechen oder auch mehrere Leute das Abendmahl liturgisch begleiten, dann löst sich die Regel für die liturgische Drehung – »über rechts drehen, Herz zum Altar« – auf. Meiner Erfahrung nach macht es keinen Sinn, wenn beide sich auf das Kommando eines Einzelnen »liturgisch drehen«. Es sieht besser aus, wenn sie sich gegeneinander drehen, das heißt, beide drehen sich zur Mitte hin und auch wieder aus der Mitte zurück (siehe Abb. 151–153). Das ist der einzige Punkt, wo die Regel der liturgischen Drehung aufgehoben wird. Jedoch ist die liturgische Drehung ohnehin nur direkt vor dem Altar anzuwenden. Sie bezieht sich nicht auf andere Orte.

Einladung und Austeilung

Die Einladung zur Teilnahme am Abendmahl wird in der Regel als ein kleiner liturgischer Akt begangen. Ich halte nicht viel davon, wenn hier noch einmal die Einsetzung in gekürzter Form wiederholt wird. Leider muss ich das oft beobachten: Der Liturg nimmt dazu kurz den Teller oder den Kelch zur Hand (nur eins ist möglich, und allein das bedeutet schon eine Abwertung des ande-

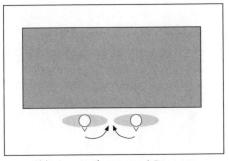

Abb. 151: Drehung, zwei Personen

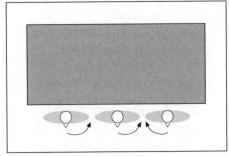

Abb. 152: Drehung, drei Personen

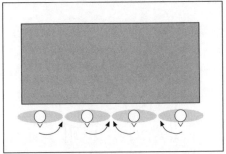

Abb. 153: Drehung, vier Personen

*Abb. 154: Einladung, den Kelch
noch in den Händen*

ren!), und er zitiert in seiner Einladung wesentliche Stücke aus der Einsetzung: »... Das ist mein Leib, für dich gegeben ...« – Durch solche (inflationäre) Wiederholung werden die Einsetzungsworte abgewertet (siehe Abb. 154).

Aber wir haben hier die Möglichkeit, die Hände mit einer einladenden Geste zur Gemeinde zu wenden und dazu die entsprechenden Worte zu sprechen: »Kommt, denn es ist alles bereit«, oder: »Kommt, lasst euch stärken im Glauben und freut euch der Gemeinschaft in Jesus Christus« (siehe Abb. 155). Dann kommt eine kritische Passage, die es unter Umständen nötig macht, für einen Moment aus der Rolle des Liturgen auszusteigen und Anweisungen zu geben. Durch Worte und kleine Gesten wird deutlich gemacht, wie, wohin und in welcher Gruppengröße die Gemeindeglieder zur Austeilung kommen sollen. Die Leute sollten im Altarraum so gelenkt werden, dass es nachher bei der Austeilung für alle Beteiligten keinerlei Schwierigkeiten mehr gibt. Niemand darf über eine Stufe stolpern. Der Liturg sollte möglichst nah, in einer guten Höhe und doch mit einer höflichen Distanz an jede Person herankommen können (siehe Abb. 156).

Wenn sich nun der Halbkreis vor dem Altar gebildet hat – oder auch der Kreis –, dann sollte der Liturg noch einen kleinen Moment innehalten, um sich wieder von der Rolle des Anweisers zu lösen. Er wird jetzt wieder zum Liturgen. Er nimmt das Brot und beginnt mit der Austeilung. Setzen wir voraus, dass er dem üblichen Austeilungsmodus folgt, der in den meisten Gemeinden vorzufinden ist: Ich halte es für sinnvoll, die Runde im Uhrzeigersinn abzugehen (siehe Abb. 157). Der Li-

Abb. 155: Einladung zum Abendmahl

*Abb. 156: Instruktionsgeste für die
Platzierung des Abendmahlskreises*

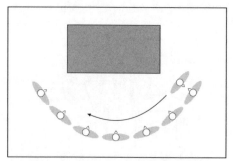

*Abb. 157: Austeilung im Uhrzeigersinn,
»Stellen« der Gemeinde*

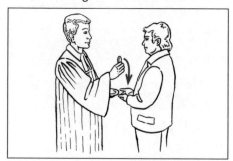

*Abb. 158: Blocking Spendewort:
Christi Leib für dich gegeben*

turg stellt sich jeder einzelnen Person gegenüber und spricht ihr die Spendeworte
zu. Häufig ist es ein Satz, in dem Teile aus den Einsetzungsworten vorkommen,
zum Beispiel: »Christi Leib, für dich gegeben.« Diese Entscheidung, immer das-
selbe Spendewort zu sprechen, halte ich für gut und richtig. Es liegt nicht an den
Sätzen, wenn es hier etwas langweilig wird. Langeweile entsteht durch eine bestimmte Art zu sprechen, durch ein routiniertes, rhythmisches Aufsagen der Sätze ohne innere Beteiligung des Liturgen.

Wenn jemand diesen Satz spricht: »Christi Leib, für dich gegeben«, sollte er zugleich das *Blocking* für die Austeilung des Brotes beachten: Der Liturg hält mit
der linken Hand den Teller. Er greift mit der rechten Hand zum Teller und nimmt
sich eine Oblate, hält kurz inne mit der Oblate in der Hand, dann beginnt er:
»Christi Leib, ...« und beim letzten Teil des Spendewortes »... für dich gegeben«
gibt er die Oblate dem Gemeindeglied (siehe Abb. 158). Durch eine feine Abstimmung von Wort und Handlung gewinnt das Ritual an Ausdrucksstärke. Manche
Liturgen sprechen zuerst die Worte und dann reichen sie das Brot. Handeln und
Sprechen bilden dann keine Einheit mehr, sie fallen auseinander.

Auch der Blickkontakt ist genau zu beachten. Er sollte nicht zu intensiv sein, fixierend oder intim, sodass die angeschaute Person sich fragt: Was will der von mir?
Der Blick sollte auch nicht oberflächlich sein oder flüchtig und kühl wie bei einer
bürokratischen Pflichtübung. Wir nehmen die Person, die vor uns steht, wahr, re-
spektvoll, freundlich, individuell zugewandt. Und wir bleiben immer ganz klar in der
Rolle des Liturgen, das heißt, wir werden hier niemals privat oder sogar wertend.

Ist das Brot gereicht, verabschiedet sich der Liturg von einer Person. Dies geschieht nicht durch ein Nicken, sondern durch eine ganz kurze Inhibition. Das ist aber keine unnatürliche Dehnung und Verzögerung des Ablaufs! Dann macht er einen kleinen Schritt zur Seite, geht zur nächsten Person und beginnt hier auch wieder, indem er mit der rechten Hand die Oblate vom Teller nimmt und weitergeht wie beschrieben. Die rechte Hand sollte in unserem Falle als die »trockene Hand« etabliert werden (siehe Abb. 159). Das heißt, sie legt die Oblate immer nur in die Hände eines Teilnehmers. Sollte jemand aus theologischen oder anderen Gründen die Oblate nicht in der Hand, sondern im Mund empfangen wollen, dann sollte der Liturg seine linke, oder eben die jeweils andere Hand als »nasse Hand« dazu benutzen. Das ist eine Möglichkeit, hygienische Bedenken bei der Teilnahme am Abendmahl zu reduzieren (siehe Abb. 160).

Abb. 159: »Trockene Hand«

Abb. 160: »Nasse Hand«

Weiterhin ist es mir ein großes Anliegen, dass Liturgen bei der Austeilung nicht in ein »automatisches Sprechen« verfallen. Wenn der Liturg vor eine Person tritt, sollte er es in der inneren Haltung tun, als spräche er dieses Wort an diesem Tag zum ersten Mal einem Menschen zu. Die ständige Wiederholung der Formel vor 30 oder 50 Personen kann sehr schnell zu einem entleerten, automatischen Sprechen führen. Die Teilnehmer gewinnen den Eindruck, dass sich der Liturg langweilt oder dass er selbst gar nicht mehr bei der Sache ist. Natürlich handelt es sich hier im Ritual um eine sehr spezielle Sprechsituation. Es ist nicht der Ort für ein Sprechen wie im Alltag, im Theater oder bei der Predigt. Die Stimme sollte einer »Liturgischen Haltung« des Liturgen entsprechen. Sie darf nicht routiniert oder pastoral klingen, sondern freundlich, natürlich und auf die Einzelnen bezogen – jedoch ohne spürbare Unterschiede.

Dazu ist es hilfreich, wenn der jeweilige Teilnehmerkreis nicht zu groß wird. In einem sehr großen Kreis dauert ein Durchgang jeweils ziemlich lange. Der Liturg fängt an, sich zu beeilen. Er denkt vielleicht an die älteren Personen, die am Ende der Reihe stehen und schon unruhig werden. Deren Aufmerksamkeit wird mehr und mehr von körperlichen Handicaps in Anspruch genommen. Diesen Schwierigkeiten sollte man von vornherein begegnen, indem man für überschaubare Gruppen sorgt. – Dessen ungeachtet bleibt es die Aufgabe des Liturgen, immer wieder »die Kunst des ersten Moments« zu üben. Eine Sache, die für jeden Schauspieler unerlässlich ist. Auch wenn er hundert Mal denselben Satz spricht oder dieselbe Aufführung spielt: Er sollte in der Haltung sein, als wäre es die Erstaufführung.

Es darf nie Hektik vom Liturgen ausgehen oder eine Angst, dass die Prozedur zu lange dauert. Wenn solche Emotionen in der Runde zu spüren sind, dann sollte der Liturg sie keinesfalls aufnehmen oder verstärken. Es darf eigentlich nicht sein, dass sich der Liturg irgendwelche Sorgen darüber macht, ob die Leute auch lange genug stehen können oder Ähnliches. In dem Moment ist er nicht mehr voll in seiner Rolle als Liturg. Er steigt aus und hat seine Aufmerksamkeit verloren. Ihm fehlt etwas von der vollen Energie, die er zur Austeilung braucht.

Auch im Blick auf den körperlichen Abstand muss das richtige Maß gefunden werden. Das können manchmal nur Zentimeter sein, die es einem Gemeindemitglied unmöglich machen, entspannt und aufmerksam bei der Sache zu sein. Da fühlt sich jemand bedrängt durch zu viel Nähe. Ein anderer zieht sich zurück, weil der Liturg zu weit weg ist oder auf andere Weise Distanziertheit ausdrückt. So besteht häufig die Schwierigkeit darin, dass man sich wegen vorhandener Treppenstufen nicht auf Augenhöhe begegnet. Es entsteht ein Gefälle, ein Gefühl von Hierarchie. Es kommt dann zu unnatürlichen Ausgleichsbemühungen, wenn sich der Liturg herunterneigt. Kurz, ich halte es für besser, dafür zu sorgen, dass man sich in Augenhöhe begegnen kann.

Um nicht immer denselben Satz Person für Person wiederholen zu müssen, verteilen *manche* Liturginnen und Liturgen ein längeres Spendewort über vier Leute: »(1) Nehmt hin und esst ..., (2) das ist mein Leib ..., (3) der für euch gegeben wird ..., (4) das tut zu meinem Gedächtnis.« Ich halte das für sehr problematisch, denn es bedeutet, dass nicht mehr jede Person das Ganze empfängt, sondern nur ein Viertel. Die Einzelnen hören ja auch den Satzteil mit, der dem Nachbarn zugesprochen wird. Sie fangen vielleicht an zu überlegen, wer nun den besseren Teil bekommt. Außerdem entsteht das Problem, dass der ganze Satz immer erst nach der vierten Person abschließt. Das führt dazu, dass man in der Betonung oben bleibt und diesen Viererblock insgesamt überbetont, oder aber nicht mehr die Blicke sucht, sondern sich vom Sprechrhythmus führen lässt (siehe Abb. 161). Demgegenüber halte ich es für wesentlich, dass jeder Teilnehmer als individuelle Person wirklich mit dem Liturgen in Kontakt kommt. Das entspricht auch der Ausrichtung des Abendmahls, es ist »*für dich*« gegeben. Der Gemeinschaftscharakter ergibt sich ja andererseits dadurch, dass man zusammen in der Runde vor dem Altar steht, dass man aus *einem* Kelch trinkt und von *einem* Teller isst – und schließlich zusammen gesegnet wird.

Speziell bei der Brotausteilung ist noch zu bedenken: Wenn sich zum Beispiel auf dem Teller ein Kreuzeszeichen befindet, sollte dieses möglichst zum Gemeindeglied hin zeigen oder zum Liturgen – und nicht irgendwohin (siehe Abb. 162+163). Auch die Höhe spielt eine Rolle: Der Teller sollte etwa in Gürtelhöhe gehalten werden – lieber etwas höher als tiefer.

Eine grundsätzliche Variante besteht darin, das Brot in der Runde weiterzugeben. Der Liturg stellt sich vor das erste Gemeindeglied, gibt ihm den Teller oder den Brotkorb und sagt dazu die Spendeworte. Dieses Gemeindeglied nimmt sich

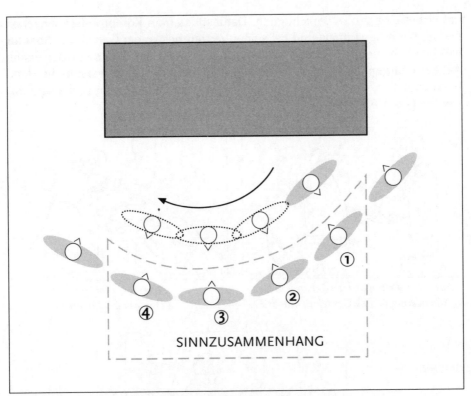

Abb. 161: Ein Bibelwort für »4«

Abb. 162: Kreuz auf dem Teller wird in der
mittleren Achse gehalten

Abb. 163: Teller wird zu tief gehalten

erst einmal selbst ein Stück Brot, wendet sich dann zu dem Nächsten, sagt die
Spendeworte und gibt den Teller weiter. So geht dieser Brotkorb durch den Kreis
oder durch die Reihen.

Dabei kann ein schönes Gemeinschaftserlebnis entstehen, von denen es ja in
der Kirche zurzeit nicht gerade viele gibt. Die Schwierigkeiten bei dieser Form
sehe ich darin, dass man gleichzeitig mehrere Dinge in der Hand halten und tun
muss. Viele Menschen reagieren verunsichert, wenn sie selbst im Gottesdienst
etwas tun sollen. Das stärkere Gemeinschaftsgefühl, das hier entstehen kann,

hat sicher eine große Berechtigung. Dafür muss man Kompromisse eingehen bei der Form des Rituals und bei seiner Vertrautheit in der Gemeinde. Aber für welche Form auch immer man sich entscheidet, es ist klar, dass durch den ersten Akt des Liturgen die Abfolge etabliert wird: Je mehr die Leute selbst in die Hand nehmen sollen, desto besser muss der Ablauf durchdacht sein und eingeführt werden (siehe Abb. 164–166).

Abb. 164: Weitergabe des Tellers von Gemeindemitglied zu Gemeindemitglied

Abb. 165: Problem:
Wohin mit der Oblate?

Abb. 166: Liturg begleitet Austeilung

Die Austeilung mit dem Kelch

Der Liturg hat den Kelch vom Altar geholt. Nun steht er vor einem Ge-meindeglied, den Kelch etwa in Brusthöhe. Die rechte Hand fasst den Kelch oben an der Kuppa, etwas unterhalb des Trinkrandes, die linke am Fuß (siehe Abb. 167). Die Regel ist, dass ich den Kelch zu den Worten »Christi Blut ...« noch bei mir halte und ihn zu den Worten »... für dich vergossen« zum Gemeindeglied hinführe. Die meisten Gemeindeglieder nehmen mir den Kelch ab oder fassen ihn zumindest mit an und trinken selbstständig daraus (siehe Abb. 168). Ich bekomme den Kelch zurück, nehme ihn in der vertrauten Haltung und verab-schiede mich von der Person durch ein kurzes Innehalten, nicht durch Kopfni-cken.
Gerade hier beim Umgang mit dem Kelch muss ich darauf achten, mir »die Kunst des ersten Moments« zu bewahren. Ich zähle nicht im Stillen, wie viele Personen

Abb. 167: Halten des Kelches

Abb. 168: Gemeindemitglied trinkt selber
aus dem Kelch

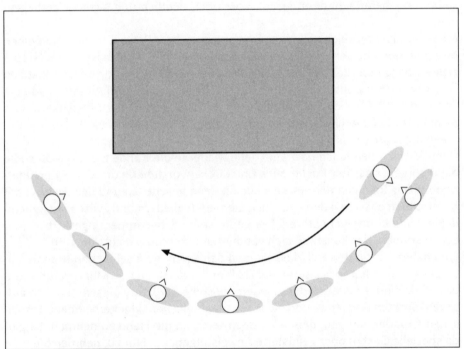

Abb. 169: Bewegungsrichtung des Liturgen bei der Austeilung des Kelches

Abb. 170: Liturg bekommt den Kelch und
wendet sich neuem Gemeindemitglied zu

schon getrunken haben, »eins, zwei, drei ...«, sondern ich gehe weiter in der Haltung: eins und eins und noch mal eins. Ich wende mich mit meinem Kelch *jeder einzelnen Person* zu und gehe nicht eine Reihe entlang (siehe Abb. 169). Während ich mich von einer Person zur nächsten bewege, führe ich den Kelch in einem kleinen Bogen zu mir hin und wieder von mir weg. Das heißt, der Kelch »schwebt« nicht auf einer Ebene in Mundhöhe durch die Runde, sondern er wird vor jeder Person erneut leicht angehoben. Vor der nächsten Person geschieht auch das Drehen des Kelches. Sie sollte sehen, dass ich den Kelch für sie drehe, damit sie nicht unsicher wird und für sich selbst eine unbenutzte Stelle am Kelchrand suchen muss (siehe Abb. 170–172). Die hygienischen Vorbehalte sind heute leider sehr groß und halten viele davon ab, am Abendmahl teilzunehmen. Wir sollten uns bemühen, dem dezent, aber doch deutlich und sichtbar zu begegnen.

Mit einer frischen Kelchstelle trete ich vor die nächste Person, halte wieder einen Moment inne und verfahre weiter wie beschrieben. Beim Kelch ist nun noch speziell zu beachten, dass er nach vier Personen gereinigt wird. Im ungünstigen Falle muss ich das als Liturg selber tun, ich begebe mich zum Altartisch, reinige den Rand mit Alkohol oder Ähnlichem. (Hier ist natürlich zu bedenken, dass Alkoholiker Schwierigkeiten bekommen können, auch wenn ein Kelch nur mit Alkohol gesäubert wird.)

Dann fülle ich den Kelch nach und gehe wieder in die Runde zurück. Man sollte dafür sorgen, dass der Küster oder eine Kirchenvorsteherin diese Arbeiten übernimmt. Das Reinigen der Kelche sollte fließend geschehen und den Prozess der Kommunion zwischen den einzelnen Gemeindegliedern und zwischen Gemeindeglied und Liturg nicht stören. Der Liturg sollte dabei immer ungestört vorweg gehen können, der Küster seitlich von hinten kommen – nicht von vorn.

Nun haben wir oft den Fall, dass jemand den Kelch nicht selbst berühren möchte. Er erwartet also vom Liturgen, dass ihm der Kelch an den Mund geführt und das Trinken unterstützt wird. Auf jeden Fall sollte der Liturg diesem Wunsch entgegenkommen und jemanden nicht aus theologischen oder gemeindepädagogischen Gründen nötigen, den Kelch doch selbst in die Hand zu nehmen. Es gibt da spezielle Gesten oder geflüsterte Anweisungen: »... Nur zu, nehmen Sie bitte den Kelch ..., hier bei uns machen das alle so ...« Das kann Menschen sehr in

Abb. 171: *Kelch wird vor dem Gemeindemitglied gedreht*

Abb. 172: *Nach der Drehung des Kelches, Hand in Ausgangsposition bringen*

Verlegenheit bringen. Manche, wie zum Beispiel russlanddeutsche Gemeindeglieder, haben eine Abendmahlsfrömmigkeit, die ihnen das unmöglich macht. Andere können aus Altersgründen oder wegen einer Behinderung den Kelch nicht halten, ohne zu zittern und etwas zu verschütten. Da ist es notwendig, dass der Liturg am Kelch bleibt. Eine Möglichkeit, diese manchmal schwierige Situation auch technisch gut zu lösen, bietet sich, indem der Liturg sich nicht einer Person *frontal gegenüberstellt*, sondern ihr zur Seite tritt (siehe Abb. 173). Dann kann er die Höhe besser einschätzen, er sieht, wie der Kelch angenommen wird und ob jemand auch wirklich getrunken hat (siehe Abb. 174). Diese Dinge muss der Liturg erspüren. Ich halte es fast für einen Übergriff, wenn der Liturg sich weigert, auf Wünsche oder Schwächen von Gemeindegliedern einzugehen. Auch ohne eine feste Prägung in der Abendmahlsfrömmigkeit, auch ohne eine Behinderung wünsche ich mir persönlich diese Freiheit, wo immer ich am Abendmahl teilnehme, dass ich es nehmen oder mir geben lassen kann.

Entlassung

Wenn die Austeilung des Kelches beendet ist, gibt es mehrere Varianten, die Situation aufzulösen. Das kann durch das Zusprechen eines Bibelwortes geschehen oder durch eine Art Segenszuspruch mit Kreuzeszeichen. Die Gemeinde kann eine entsprechende Haltung einnehmen, zum Beispiel, indem sich alle die Hände reichen zum Zeichen der Gemeinschaft und der Verabschiedung aus dieser Runde. Während ein Teil der Gemeinde vorne das Abendmahl empfängt, ist es natürlich eine Unterstützung, wenn leise die Orgel spielt. Eine Austeilung kann viel Zeit in Anspruch nehmen. Zu der hohen Kunst bei der Gestaltung des Abendmahlsgottesdienstes zählt ganz sicher die richtige Einschätzung der Dauer – und eine dementsprechende Einbindung dieses Teils in das Gesamtkonzept.

Meine persönliche Einschätzung ist, dass in der heutigen Zeit das Abendmahl viel zu wenig geachtet wird. Von den beiden Sakramenten, die wir in der protestantischen Kirche haben, kann die Taufe nur einmal vollzogen werden. Das Abendmahl aber kann einen ein Leben lang begleiten. Auf die Feier und die Gestaltung

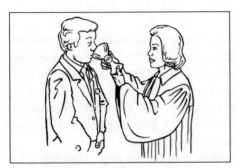

Abb. 173: »Gefahr im Vollzug«

Abb. 174: »Mehr Einsicht«

der beiden Sakramente sollte deshalb in der Kirche sehr viel mehr Sorgfalt verwendet werden. Dann wird es auch auf der Erlebnisebene wieder etwas Besonderes für die Menschen heute werden. Man darf sich natürlich auf keinen Fall von
der inhaltlichen Bedeutung des Sakraments lösen. Die Leute müssen schon wissen, dass das etwas ist, was tief im Urchristentum wurzelt und sie heute wieder
damit in Verbindung bringt. Aber mein Anliegen ist es, die religiöse Erlebnisqualität, wie sie schon für viele Menschen im Segen beim Gottesdienst spürbar wird,
durch die Gestaltung und Stärkung des Ritus auch für das Abendmahl wieder zu
erreichen.

Einzelkelch?

In einer wachsenden Zahl von Gemeinden werden heute Einzelkelche benutzt. Man meint wohl, damit ein hygienisches Problem zu lösen, schafft sich
zugleich aber viele neue: Wie geht man vor, wenn Einzelkelche und zugleich der
Gemeinschaftskelch in Gebrauch sind? Wie erkennt man Leute, die den Einzelkelch bevorzugen? Wie wird die Austeilung organisiert? Soll der Küster mit den
Einzelkelchen auf einem Tablett voraus gehen, der Pfarrer kommt mit dem Ge-
meindekelch nach und wechselt je nach Bedarf das Geschirr? Hier wird Chaos
erzeugt.
Eine andere Schwierigkeit entsteht, wenn die Einsetzungsworte mit dem großen
Kelch gesprochen werden, sich in diesem Kelch aber kein Wein befindet – wie ich
es öfter erlebe. Vielleicht hat das Presbyterium beschlossen: Wir nehmen zur Austeilung nur noch Einzelkelche. Und bei der Einsetzung soll etwas zu sehen sein, da
zeigen wir unseren wertvollen Kelch aus dem 16. Jahrhundert. Aber wir machen
ihn nicht mit Wein schmutzig, er geht »trocken« an die Arbeit. Hier ist für mich die
Grenze erreicht. Es ist unannehmbar für die Gemeinde, wenn sich im Kelch weder
Wein noch Saft befinden – und der Liturg tut so als ob. Die Einsetzungsworte
haben doch eine große Bedeutung in der Kirche. Ganze Konfessionen haben sich
gestritten und wieder versöhnt auf der Grundlage dieses Geschehens. Dann darf
man mit diesen Symbolen nicht derart beliebig und achtlos umgehen.

Schlussbemerkung

Auch wenn wir in der protestantischen Kirche keine Weihe haben oder kei-
ne Wandlung, so haben wir doch ein tiefes inneres Gefühl für die Anwesenheit
Gottes in diesem Ritual, für die reale Gegenwart Jesu Christi. Hier geschieht eine
Präsenz, aus der sich unsere liturgische Präsenz ableitet und aufbaut. Es geht
mir nicht um Magie, sondern um Ehrfurcht vor dem, was uns überliefert wurde.
Das Abendmahl hat sich über die Jahrhunderte hin entwickelt. Immer wieder
einmal wurden neue Schwerpunkte entdeckt und gestaltet.
Ich sehe das Abendmahl vor allem im Handeln Jesu Christi begründet. Ich gehe
ganz stark davon aus, dass Jesus gesagt hat, wir sollen dieses Ritual so oft wie

möglich feiern – zu seinem Gedächtnis. Deshalb kann es auch nicht überwiegend ein Ritual des Leidens und der Traurigkeit sein, sondern der Freude, der Gemeinschaft und der Befreiung.

Leider wird das bei uns heute in der Kirche nicht sehr häufig erlebt. Warum hat das Abendmahl sein Feuer verloren? Was kann man tun, damit das Feuer in das Abendmahl zurückkehrt? – Auf keinen Fall wird dies gelingen, indem wir es in eine Atmosphäre pastoraler Behäbigkeit einpacken oder es wie die Pflichtübung eines Beamten ablaufen lassen. Natürlich muss es liturgisch klar geordnet sein: ein Ritus, der übersichtlich ist und den die Leute verstehen. Aber es muss auch ein Geheimnis bleiben, etwas, das seinen exklusiven Charakter behält. Alle Beteiligten sollten ihm in größter Wertschätzung begegnen. Flapsige Bemerkungen vor oder nach der Feier, ein laxer Umgang mit den Formen und Gegenständen sollte man bei einer Liturgin oder einem Liturg nicht beobachten. Nicht dass wir zwanghaft werden müssten, nicht dass wir eine künstliche Heiligkeit spielen müssten wie in einem mittelalterlichen Stück um den heiligen Gral. Wertschätzung, Natürlichkeit, Gegenwärtigkeit und die innere Überzeugung des Liturgen werden sich aber ihren Ausdruck verschaffen, sie werden die Haltung eines Liturgen formen und füllen.

Erst dann, so glaube ich, wird dieses Ritual wieder mehr und mehr Einfluss gewinnen auf die Menschen, die sich zum Christentum bekennen. Und das Abendmahl kann wieder anders erlebt werden und nicht als ein notwendiges Übel.

Der Segen

Der Herr segne dich und behüte dich.
Der Herr lasse leuchten sein Angesicht über dir
und sei dir gnädig.
Der Herr erhebe sein Angesicht auf dich und gebe dir Frieden.
Amen.

Aaronitischer Segen

Der Segen – aus meiner Sicht

Für viele, die in den Gottesdienst gehen, ist der Segen der wichtigste Teil. Gesegnet zu werden von einer höheren Instanz ist für viele, auch wenn sie keine große Bindung an die Kirche haben, der entscheidende Moment. Allein das Wort »Segen« hat für die Menschen eine tiefe, positive Bedeutung. Es ist wie etwas Gutes, das ihnen auf die Seele gelegt wird. Sie stellen sich vor, dass sie dann geschützt sind und dass sie unter dem Segen Gottes mit mehr Sicherheit durchs Leben gehen. Die Angst tritt zurück, sie fühlen sich begleitet von Gott. Vielleicht könnten sie auf den übrigen Gottesdienst verzichten, wenn aber der Segen wegfällt, dann fehlt den Menschen das Wesentliche. Der Gottesdienst unterscheidet sich gerade dadurch auch von einer normalen Veranstaltung. Durch den Segen ist er ein »Dienst Gottes« für die Menschen. Den Segen kann sich niemand selbst geben. Man kann ihn auch nicht kaufen, aber erbitten kann man ihn. Und schon in der Bitte bekommt man ein Stück ab vom Segen, von diesem Geschenk Gottes.

Die große Bedeutung des Segens steht fast im Widerspruch zu seiner Länge. Wenn man die Segensworte normal spricht, ohne Sendung, dauern sie etwa 15 Sekunden, pro Sinneinheit fünf Sekunden.

Hier sieht man, es ist nicht entscheidend, wie viele Worte ich spreche oder wie lange eine Station geht. *Entscheidend ist, mit welcher Qualität ich die Worte spreche.* Und besonders die Segensworte tragen eine eigene Kraft in sich. Schon seit Jahrtausenden werden sie gesprochen. Durch das immer Wiederkehrende ist aber auch die Gefahr gegeben, dass die Worte sich abnutzen und an Qualität verlieren. Und deswegen ist es wichtig, dass sich der Pfarrer gut vorbereitet auf diese Station, und er muss auch vorbereitet werden, durch den Gottesdienst selbst. Er sollte die Segensworte dann so sprechen können, dass deutlich wird, sie stammen nicht von ihm, sondern sie kommen quasi von einer anderen Instanz und gehen durch ihn hindurch.

Position im Gottesdienst und Vorbereitung zum Segen

Wir sehen, es kommt sehr darauf an, wie man auf die Station »Segen« im Gottesdienst zugeht. Dass der Segen nicht gleich am Anfang des Gottesdienstes steht, hat schon seinen Sinn. Die Pfarrerin braucht einen Vorlauf für den Segen und die Gemeinde braucht ihn auch, um den Segen in einer bestimmten seelischen Qualität empfangen zu können. Zugespitzt könnte man sagen: Alle Schritte des Gottesdienstes führen zum Segen hin und dienen der Vorbereitung auf ihn, sodass ich dann beim Vollzug mit meiner Seele wirklich ganz bei der Sache sein kann. Der Segen ist ein transpersonaler Akt. Ich öffne mich im Verlauf des Gottesdienstes: Türen schließen sich auf, die Grenzen meiner Person werden durchlässig, ich gelange in tiefere Schichten meines Seins. Ich glaube: Wenn die Seele im Gottesdienst angerührt wurde, wenn sie hören und antworten konnte, kann die Empfindung für den Segen sehr viel tiefer sein.

Speziell für Pfarrerinnen und Pfarrer gilt es also, eine besondere innere Haltung im Blick auf den Segen einzunehmen. Es wäre gut, wenn der Pfarrer sich nicht mehr einmischt, wenn er den Segen spricht. Ich meine, dass er sich nicht einmischt etwa durch persönliche Gewohnheiten, durch gut gemeinte, aber falsche Betonung. Oder dass er von der Sache ablenkt durch sein Auftreten und durch seine Körperhaltung, sodass wir auf Dinge schauen, die für den Segen nicht relevant sind, sondern die uns nur wegbringen von den Worten und von der Energie des Segens. Letzten Endes kann der Pfarrer auf der Ebene körperlicher und seelischer Präsenz sehr viel tun, indem er so gut vorbereitet ist, dass er sich nicht mehr einmischen muss. Er wird die Worte mit Ehrlichkeit und Intensität sprechen, er wird auch innere Bilder und Vorstellungen zu den Worten haben, sie aber nicht zu stark in den Vordergrund spielen, sodass wir durch den Pfarrer und durch seine Präsentation nicht abgelenkt werden vom Wesentlichen des Segens.

Rolle des Liturgen – »Teilpersönlichkeit« Priester

Das Paradox dabei ist, dass die Liturgin sich auf der einen Seite als Person zurücknehmen, gleichzeitig aber natürlich und gefühlvoll im Sprechen wirken soll. Sie soll also voll identifiziert sein mit der Rolle der Liturgin, gleichzeitig aber ihre persönlichen Gefühle außen vorlassen. In dieser Station »Segen« hat der Liturg die Rolle des Priesters. Er lebt eine Teilpersönlichkeit. Es wird von ihm gefordert, in diesem Moment nicht den Vater, den Pädagogen oder den Seelsorger nach vorn zu spielen – also Teile seiner Persönlichkeit, die sonst auch zu ihm gehören –, sondern jetzt er soll vor allem Liturg sein. Diese Teilpersönlichkeit besitzt eigene Emotionen, Körperhaltungen und vollzieht typische Handlungen. Sie ist verwurzelt im »Archetyp« des Priesters und der Priesterin. Dieser Archetyp kennt zum Beispiel keine Angst vor Gott bzw. er kann mit dieser Angst umgehen. Er hat Vertrauen. Er schöpft aus dem Reservoir des Kollektivs – das heißt hier: Er schöpft aus der Tradition und dem Glauben der Gemeinde. *Er steht an seinem Platz nicht als Privatperson, sondern als Stellvertreter der Gemeinde.* Die Worte in seinem Mund sind Gottes Worte.

Vom Zuschauen ins Erleben

In diesem Zusammenhang spielt der Heilige Geist als eine Art »Vermittlerinstanz« zwischen Gott und Mensch wie auch zwischen Liturg und Gemeinde eine wichtige Rolle. Der Heilige Geist ist der unsichtbare Bote. Er ist nicht materiell, sondern ein Teil von Gott. Er ist wie ein Medium, das mich inspiriert und das mir als besondere Kraft zur Seite steht. Diese besondere Kraftquelle, diese spirituelle Qualität können wir letztlich nicht beschreiben. Aber ich kann an sie glauben und ich kann sie erleben. Und vor allem um diese Erlebensqualität geht es uns beim Segen.

Solange die Gemeinde beim Gottesdienst einer Inszenierung zuschaut, solange sie zuschaut, wie einer den Segen spricht, solange bleibt sie außen vor in einer Beobachterrolle. Für mich aber zählt es zu den wichtigsten Zielen meiner Arbeit, dass im Gottesdienst die Gemeinde vom Zuhören und Zuschauen ins Erleben kommt. Die Station Segen ist für mich daher primär kein Denkereignis, sondern ein Gefühlsereignis.

Der Segen stellt eindeutig einen Höhepunkt im gottesdienstlichen Erleben dar. Was gibt es Höheres als den Segen Gottes? Wer den Segen Gottes hat, ist gesegnet, ist versiegelt in der Welt. Durch diese Versiegelung, mit diesem »Schutzfilm Segen« geht man dann aus der Kirche hinaus in die Welt.

Der Ort des Segens

Der zentralen Stellung des Segens im Gottesdienst entspricht auch sein Ort im Kirchenraum. Es gibt drei mögliche Plätze, die der Liturg aufsuchen kann, um den Segen zu sprechen: *Vor* dem Altar, *hinter* dem Altar und – in einem stark reformierten Kontext – auch *auf* der Kanzel. Zu meinem Bedauern hat sich auch noch eine vierte Variante eingebürgert, die mit der Position des Mikrofons zu tun hat (siehe Abb. 175 + 176). Ich werde mich auf die Variante *vor dem Altar* konzentrieren, weil es in den Grundstrukturen des Ablaufs keine sehr großen Unterschiede gibt,

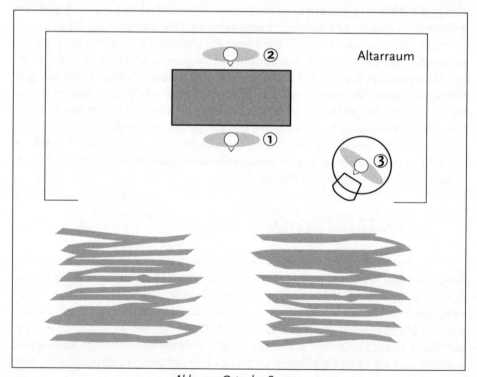

Abb. 175: Orte des Segens

Abb. 176: Mikro schwächt die Präsenz
der Liturgin

doch im Detail wesentliche Dinge zu beachten sind. Die Wahl des Liturgen, von wo aus er den Segen spricht, hat ein spezielles *Blocking* zur Folge und macht bestimmte Gesten notwendig, die nur durch den Platz bestimmt sind. Auch die theologischen Wurzeln (lutherisch, reformiert und uniert) spielen immer eine Rolle in Bezug auf den Ort. Zum Beispiel ruft die Entscheidung, sich hinter den Altar zu stellen, Probleme mit den Blickrichtungen hervor, die vor dem Altar nicht aufgetreten wären. Das hat damit zu tun, dass sich dementsprechend auch die Dramaturgie ändern müsste. Das heißt, auf einem reformierten Platz eine lutherische Dramaturgie zu haben, bringt viel Verwirrung und Doppelbotschaften in die Szene.

Im Prinzip ist der Ort des Segens immer die *Middlestage*, die Mitte der Bühne. Er liegt in der Kirche in der Hauptachse. Wenn wir den Gottesdienstraum in drei Achsen einteilen, dann gibt es eine rechte, eine linke und eine mittlere Achse. Der Altar steht auf der mittleren Achse (siehe Abb. 177). Auf dieser Achse liegt der größte Kraftpunkt im Raum, den man auch visuell lokalisieren kann. Die ganze Architektur, das Gefüge der Linien im Raum geht auf den Altar zu. In einigen Kirchen ist diese Stelle im Chorraum noch einmal erhöht. Das »Allerheiligste« wird vom Schiff getrennt und durch mehrfache Hervorhebung gegliedert.

In der Dramaturgie des Gottesdienstes finden wir seine Bedeutung ebenso hervorgehoben: Der Segen ist keine Seitennotiz, sondern ein fett gedruckter Hauptsatz. Wenn ich nun den Segen im Kirchenraum von irgendwo links vorne oder vom Platz der Lesung aus spreche, können wir die Intensität, die den Segen ausmacht, nicht voll erleben. Seiner Verankerung im Kollektiven und seiner Stellung als Knotenpunkt im Netz symbolischer Verknüpfungen entspricht kein nachgeordneter Platz. Wenn ich zum Segen in der dichtesten Kommunikation mit Gott stehen sollte, ich entferne mich aber körperlich und visuell von dem zentralen Platz, der die Nähe Gottes repräsentiert, dann schwäche ich sowohl den Platz als auch den Segen.

Das Stehen

Im Prinzip gilt für einen guten, sicheren Stand, dass der Abstand der Füße der Beckenbreite entsprechen sollte. Das Becken einer Person gibt organisch die

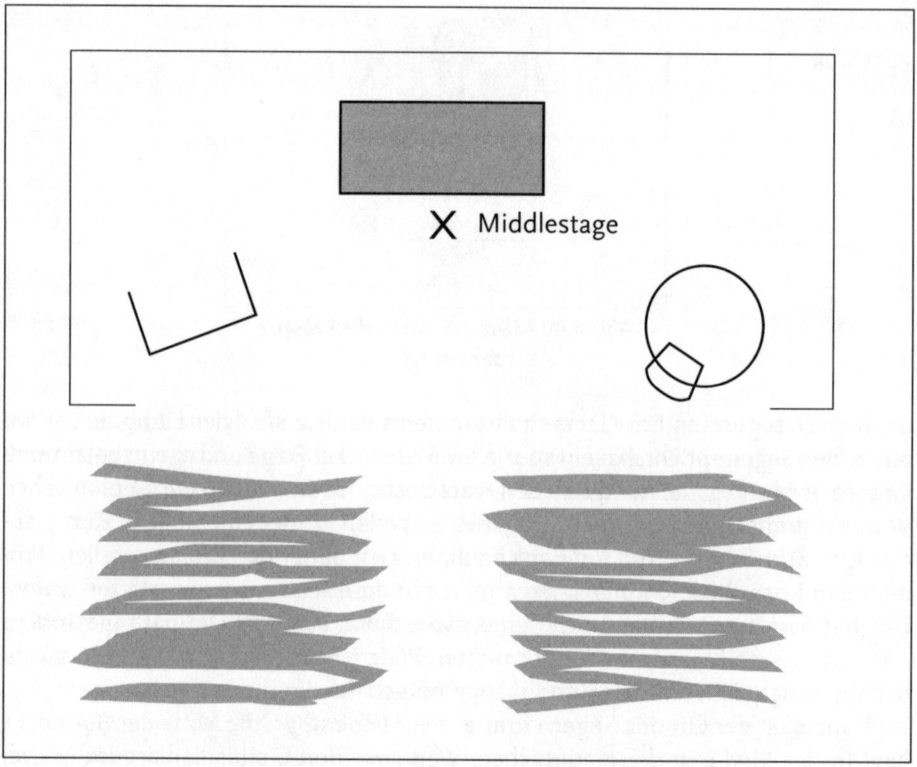

Abb. 177: Der Platz des Segens: Middlestage

Breite zum Stehen vor. Vielleicht ist es gut, mit einer ganz leichten Tendenz nach vorne zu stehen , Knie nicht durchgedrückt. Egal, was ich tun will, bevor ich beginne, sollte ich mir einen sicheren Stand verschaffen, sodass ich gut verankert bin in der Welt. Gerade für den Segen ist der gute Stand entscheidend: Wenn ich nicht gut stehe, dann kann ich nicht wirklich offen werden, um zu empfangen und weiterzugeben. An dieser Station brauche ich für mein eigenes Erleben so einen Moment, sodass ich mich zunächst hinstelle und kurz innehalte, atme, den Boden spüre und zu der Kraft des Ortes Kontakt aufnehme. Wenn ich jetzt sofort beginnen würde – was viele tun –, dann würde ich sozusagen keine Erlebnispause lassen, die es dem Liturgen und der Gemeinde ermöglicht, mit der neuen Qualität dieses Platzes vertraut zu werden.

Hier spielt also das Prinzip des Innehaltens eine wichtige Rolle. Das heißt für den Handlungsablauf: Wenn ich mich zu einem Platz begebe, zum Beispiel vor den Altar trete, um von da aus den Segen zu sprechen, dann komme ich von meinem Platz zu dieser Stelle vor den Altar, drehe mich zügig um, ohne noch irgendwelche besonderen Vorbereitungsübungen vor dem Altar zu machen. Ich stehe – und es dreht sich hier wirklich nur um einen kurzen Moment –, ich atme aus und stehe bewusst an diesem Ort: Und jetzt, in dieser Pause, bekommt der Platz seinen Wert. Das ist wichtig: Wenn ich nicht in Achtsamkeit mit diesem Platz in Kontakt bin, dann wird meine Präsenz geschwächt sein. Ich bin dann »nicht voll da« , wie man sagt. Das heißt, meine Stellung beeinflusst meine innere Einstellung und sie beeinflusst auch, was ich nach außen darstelle.

Die Trennung des Gebetsteils vom Segen

Wenn wir von der Dramaturgie oder vom *Blocking* des Segens ausgehen, dann ist es in lutherischen Kirchen so, dass vorher der Liturg zum Altar gewendet ist und sich dann über rechts (von der Gemeinde aus gesehen) »liturgisch dreht« zur Gemeinde hin für Sendung und Segen. An diesem Ablauf ist zu beobachten: Er beginnt in der Gebetshaltung beim Vaterunser (siehe Abb. 178–179); nach dem »Amen« wird die Haltung aufgelöst, die Hände hängen seitlich entspannt (siehe Abb. 180). Der Liturg dreht sich, dabei ist sein Kopf nicht nach unten geneigt, wie es leider häufig geschieht. Denn gerade eine Neigung des Kopfes nach unten verhindert die Kontaktaufnahme (siehe Abb. 181). Man dreht also den Körper zur Gemeinde hin, mit offenen Augen – und zwar nicht zuerst das Becken und dann den Kopf –, sondern den ganzen Körper zugleich (siehe Abb. 182). So steht man nun vor der Gemeinde – man atmet aus, weil das Umdrehen eine große Einatmung auslöst. Es ist ganz wichtig, hier loszulassen und sich von der alten Station, vom Gebet zu trennen. Denn das Gebet ist etwas anderes als der Segen, der jetzt folgen soll. Wenn ich nicht auflöse, wenn ich mich mit noch gefalteten Händen umdrehe, dann bleibe ich mit dem Körperausdruck im Gebet, obwohl ich schon auf einer neuen Station angekommen bin (siehe Abb. 183 + 184). Das führt zu Doppelbotschaften und zu Verwirrung. Dieses Trennen – wenn ich von einer Station zu anderen gehe – ist wichtig gerade vor dem Segen, weil mir und der Gemeinde sonst auch die Einstimmung für diesen besonderen Moment fehlt. Durch das Trennen aber kann die Gemeinde diesen Schritt bewusst miterleben.

Abb. 178: Gebetshaltung,
Vaterunser

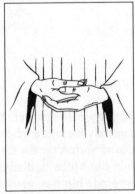

Abb. 179: Variante:
Detail Gebetsgeste

Abb. 180: Nach der Auflösung:
Gebet Vaterunser

Abb. 181: Endposition nach der Drehung

Abb. 182: Kopf neigt sich nach unten [F]

Abb. 183: Gebetsgeste, nicht aufgelöst [F]

Abb. 184: Gebetsgeste,
obwohl kein Gebet stattfindet

Drehung

Sehr häufig werden bei der 180-Grad-Drehung vor dem Altar nur zwei Schritte gemacht, und damit lande ich außerhalb der Mitte. Ich brauche bei einer liturgischen Drehung vom Altar zur Gemeinde aber mindestens drei, wenn nicht vier Schritte, um in der Mitte zu bleiben. Ich sollte auch keinen großen Schritt nach vorn zur Gemeinde hin tun, etwa mit der Absicht, der Gemeinde freundlich näher zu kommen. Denn damit entferne ich mich vom liturgischen Platz und schwäche ihn (siehe Abb. 185). Ich war vorher im Gebet nah bei Gott, gehe dann weg

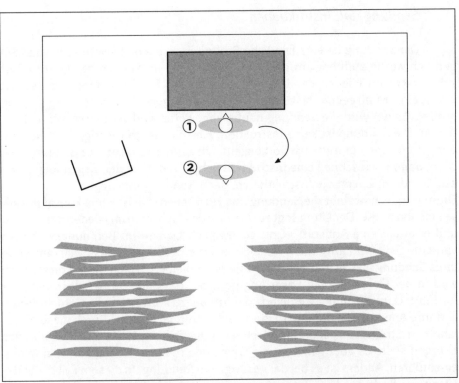

Abb. 185: Liturgische Drehung wird im abgehängten Zustand beendet

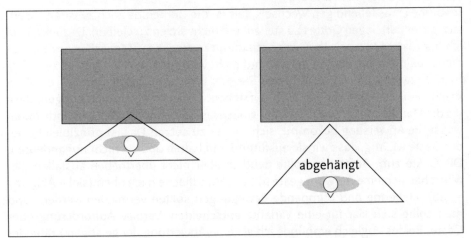

abgehängt

Abb. 186: Stimmiger Abstand und abgehängter Abstand

durch eine falsche Art der Drehung und entferne mich sozusagen von Gott. Damit kann wiederum der Segen geschwächt werden.

Ich sollte jedoch keinesfalls am Altar kleben! Es findet keine Berührung statt. Es ist wichtig, dass eine Art Dreieck entsteht durch den kleinen, aber spannungsvollen Abstand zwischen mir und der Vorderkante des Altartisches (siehe Abb. 186).

Sendung und Instruktionen

Die Sendung ist eine feierliche Eröffnung, wie eine Ouvertüre für den Segen. Ich werde aufmerksam gemacht: »Gehet hin im Frieden des Herrn«. Wir gehen nicht im Frieden des Liturgen, sondern im Frieden Gottes. Das ist fast schon ein »Minisegen«, fast schon ein kleiner Segen zur Vorbereitung auf den großen. Leider wird die Sendung häufig abgewertet und vermischt mit Instruktionen. Die Sendung ist keine Instruktion. Für mich ist es wichtig, dass die Sendung dem Segen unmittelbar vorausgeht. Ich kann also nicht eine Sendung machen, dann noch schnell eine Instruktion geben und dann den Segen folgen lassen. Sondern: Zuerst die Instruktionen, dann Sendung und Segen.

Dramaturgisch besteht die Sendung aus zwei Teilen. Sie ist keine kommunikative Einbahnstraße. Der Liturg sagt zur Gemeinde »Gehet hin im Frieden des Herrn« und er erhält eine Antwort: »Gott sei ewiglich Dank!« Im Betonungsverhalten von Liturgen und Liturginnen hat sich leider eingebürgert, dass viele am Ende ihres Sendungssatzes mit der Betonung oben bleiben. Durch diese Sprechweise wird in der Gemeinde die Erwartung geweckt, dass der Liturg selbst den Satz fortführt. Damit fehlt der Gemeinde der Impuls zu antworten, die Gemeinde verliert ihre Antwort, die dann der Liturg stellvertretend spricht. Durch diese eingefahrenen Strukturen gehen liturgisch wichtige Teile verloren. Zur Aufgabe des Liturgen sollte es aber gehören, die Gemeinde in einen lebendigen Dialog hineinzuführen. Anders ist es bei der gesungenen Sendung. In diesem Fall bleibt der Liturg am Ende auf der vorgegebenen Tonhöhe. Die Gemeinde nimmt diesen Ton ab und singt ihre Antwort.

Im Sinne eines lebendigen Wechselspiels ist die Gemeinde auch zu veranlassen, sich unter den Segen Gottes zu stellen und nicht sitzen zu bleiben. Dazu brauche ich Instruktionen, vor allem, wenn ich damit rechne, dass Menschen am Gottesdienst teilnehmen, die mit dem Ablauf nicht vertraut sind. Hier gibt es zwei Formen: Entweder ich sage: »Erheben Sie sich bitte zum Segen Gottes«, oder ich mache eine Handbewegung zum Aufstehen. Dabei ist zu berücksichtigen, dass ich die Hand nicht zu schnell wieder sinken lasse, weil sonst die Gemeinde unbewusst die Anweisung bekommt, sich wieder zu setzen Das ist prinzipiell bei jeder Geste wichtig, dass wir sie ausführen und halten und sie nicht nur andeuten. Die Geste zum Aufstehen sollte deutlich aber nicht übertrieben ausfallen. Bewährt hat sich eine Aufwärtsgeste mit der Handfläche nach oben (siehe Abb. 187 + 188). Hebende und pumpende Bewegungen sollten vermieden werden. Und man sollte sich klar für eine Variante entscheiden: Verbale Aufforderung oder Geste. Beides zugleich empfinde ich als eine Abwertung der geistigen Kräfte der Gemeinde. Ich persönlich würde nicht so viele Worte machen, um hier nicht die Stimmung vom vorhergehenden Gebet zu unterbrechen durch alltägliche Dinge. Durch das eben gesprochene Gebet ist die Gemeinde in diesem Augenblick energetisch nah bei Gott, und wir sollten sie in dieser Stimmung lassen oder es ermöglichen, dass sie noch intensiver werden kann. Mache ich jetzt eine Instruktion mit Worten, zerstöre ich eine Welt. Ich würde auch jede Instruktion vermeiden, wenn die Gemeinde wirklich weiß, was sie zu tun hat.

Abb. 187: Aufstehgeste ohne Ringbuch   Abb. 188: Aufstehgeste mit Ringbuch

Gesten zur Sendung

Nun nehmen wir an, die Gemeinde ist aufgestanden und ich gehe in meine liturgische Haltung für die Sendung. Ich habe die Hände im mittleren Raum und kann jetzt die Sendung körperlich mit einer liturgischen Sendungsgeste unterstützen. Das »Gehet hin im Frieden des Herrn« wird synchron gesprochen mit einer öffnenden Bewegung beider Arme aus der Mitte nach vorne. Gleichzeitig mit der Bewegung der Arme nach vorne macht der Kopf einen horizontalen Schwenk von rechts nach links aus der Sicht der Gemeinde (siehe Abb. 189). (Ich entscheide mich hier für diese Reihenfolge. In der folgenden großen Segensgeste werde ich die Blickrichtung von links nach rechts wählen. Auf diese Weise vermeide ich eine Wiederholung.)
Der Liturg bespielt damit den ganzen Raum und macht damit deutlich, dass nicht nur bestimmte Ecken oder der Mittelgang gemeint sind. Die Sendungsgeste ist eine einladende Geste, die offenen Hände weisen zur Gemeinde hin, nicht aber in den seitlichen oder hinteren Raum, was zum Beispiel dazu führen kann, dass bei Frauen die Brust auffällig nach vorn kommt (siehe Abb. 190). Die Handflächen sind offen und zeigen nach oben. Ich halte für einen Moment die Hände. Es ist wichtig, dass beim Sprechen am Ende des Satzes die Betonung nach unten geht!

Abb. 189: Auflösung des Sendungswortes   Abb. 190: Arme zu weit im hinteren Raum,
                                              Überstreckung [F]

Abb. 191: Liturgische Grundhaltung

Jetzt antwortet die Gemeinde: »Gott sei ewiglich Dank«. Erst mit dem Beginn der Antwort fange ich an, die Hände zurückzuholen. Ich nehme die Antwort der Gemeinde in einer schließenden liturgischen Geste auf. Ich gehe also denselben Weg zurück in meine liturgische Ausgangsgeste und schließe sie, indem ich ausatme (siehe Abb. 191).

Aufbauen der großen Segensgeste

Gleich zu Beginn ist wieder zu beachten: Ich muss Sendung und Segen trennen. Ich habe also wieder eine kleine Pause. Ich gehe innerlich wieder ein Stück tiefer in den Segen. Jetzt ist der Moment gekommen, wo ich die Arme aus der Mitte heraus zur Segensgeste nach oben hin ausbreite. Hier ist von größter Bedeutung, den *Körperatmer* vom *Sprechatmer* zu trennen. Leider passiert es häufig, dass bei dem Hochnehmen der Arme eine Überstreckung im Brustkorb stattfindet und zu viel Luft eingeatmet wird. Offenbar haben manche das Gefühl, sie müssten Luft holen für die Lesung einer ganzen DIN-A4-Seite. Dadurch gelangt zu viel Luft in den Brustkorb, der ganze Kehlkopfbereich wird gestört, und ich fange auf einer zu hohen Tonlage an zu sprechen (siehe Abb. 192+193).

Abb. 192: Überstreckung im Brustkorb

Abb. 193: Seitenansicht zu Abb. 192: Spannung im Kehlkopf

Abb. 194: Ausgangsposition Aufbau zur großen Segensgeste, liturgische Grundhaltung

Abb. 195: Heben der Arme über den
seitlichen Raum

Abb. 196: Endposition große Segensgeste

Abb. 197: Seitenansicht zu Abb. 196:
Schlussposition große Segensgeste

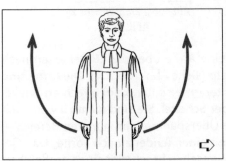

Abb. 198: Variante: Ausgangsposition ohne
vorherigen liturgischen Akt / Sendung

Abb. 199: Endposition der
großen Segensgeste

Abb. 200: Aufbau der großen Segensgeste ...[F]

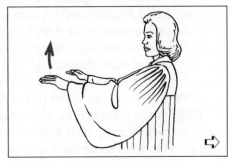

Abb. 201: ... über den vorderen Raum ... [F]

Abb. 202: ... führt zur Überstreckung [F]

Abb. 203: Es entsteht der Eindruck:
»Hands up« [F]

Abb. 204: Seitenansicht:
keine Überstreckung

Abb. 205: Frontansicht zu
Abb. 204

Ein stimmiger Ablauf wäre: Ich öffne meine Arme über die Körperseiten nach oben und gelange in die große Segensgeste (siehe Abb. 194-203). Die Arme sind leicht nach vorn gestreckt. Ober- und Unterarme sollten keinen rechten Winkel bilden. Die Hände sind etwas höher als der Scheitel. Sie sind nicht zu weit nach vorn gestreckt – dann bekomme ich eine Überspannung im hinteren Bereich –, sondern sie werden zur Seite gehalten mit einer Tendenz nach vorne. Das Gesamtbild der Arme von der Gemeinde aus gesehen beschreibt einen großen harmonischen Bogen. Die Hände sollten sich beim Aufbau der Geste nicht lange in ihre Endposition hineintasten müssen. Diese Sicherheit sowie das Gefühl für Symmetrie und Proportionalität zum eigenen Körper kann nur durch Üben erreicht werden, entweder vor dem Spiegel oder, noch besser, mit einem Partner. Die Ebene der Hände befindet sich etwa 30 Zentimeter vor dem Gesicht. Die Daumen sollten nicht abgestreckt sein, aber auch nicht angelegt werden, weil dadurch sofort eine Spannung in die Hand kommt, die sich über die Arme bis zum Kehlkopf übertragen kann (siehe Abb. 204+205).

Die Finger sollten entspannt, aber präsent anliegen, nicht auseinander klaffen und auch nicht schräg nach außen weisen. Ganz wichtig ist, dass die Innenflächen der Hände zu sehen sind wie ein »face-to-face« zur Gemeinde. »Der Herr lasse leuchten sein Angesicht über dir ...« – Die Hände sollen wie Scheinwerfer sein, die zur Gemeinde hin strahlen (siehe Abb. 206-209). Als Schauspieler habe ich natürlich ein inneres Bild bei meinen Gesten, und diese Imagination ist eins meiner Werkzeuge. Ob es so ist, dass beim Segen aus den Händen tatsächlich etwas Unsichtbares strahlt oder fließt, weiß ich nicht. Auf jeden Fall macht es einen Unterschied, wenn ich mir das beim Segen vorstelle. Die angemessene Rundung der Handflächen ist gut herauszubekommen, wenn ich die Hand z.B. um das Knie lege und sie ein bisschen mehr dehne. Die Hände sollten nicht flach und hart gespannt sein, aber auch nicht schlaff hängen. Ich sollte mein eigenes, mir angenehmes Maß finden zwischen Über- und Unterspannung. Präsenz ist etwas, was immer genau zwischen diesen beiden Polen liegt, nicht entspannt und nicht verspannt, sondern als achtsamer, sehr konzentrierter und gegenwärtiger Zustand, und der sollte auch an der Hand sichtbar sein.

Abb. 206: Zu sehr im seitlichen Raum [F]

Abb. 207: Daumen zu sehr abgespreizt [F]

Abb. 208: Frontansicht: Handfläche überspannt [F]

Abb. 209: Seitenansicht zu Abb. 208: überspannte Handfläche [F]

Raum- und Körpergröße

Die Größe des Raumes hat keinen Einfluss auf die Segensgeste. Es spielt keine Rolle, ob ich in einem Stadion bin beim Kirchentag mit 80.000 Leuten oder in einer kleinen Dorfkirche. Der Körper gibt die Größe der Segensgeste vor. Das Einzige, was sich verändert, ist das Bewusstsein, und das geschieht mit Hilfe von *visuellen und mentalen Ankerpunkten im Raum*. Als Hörer müssen wir das Gefühl haben, dass die Person in einer präsenten Körperhaltung vor uns steht und jeder von uns erreicht wird, dass die in der ersten Reihe nicht überspielt und die in der letzten Reihe nicht abgehängt werden.

Die Geste des Liturgen sollte vor allem dem eigenen Körpermaß entsprechen. Kleine Menschen neigen dazu, zum Ausgleich bei der großen Segensgeste in eine Überstreckung zu gehen. Sie heben die Arme weit über den Kopf hinaus – und zeigen dadurch eigentlich erst recht ihr Handicap (siehe Abb. 210+211). Hoch gewachsene Leute nehmen eine eher gedrungene Haltung ein. Sie neigen den Kopf vor, leicht nach unten oder zur Seite – sie vermeiden damit Präsenz und kollabieren im Brustkorb (siehe Abb. 212+213). – Eine präsente Haltung resultiert aus der Angemessenheit der Geste zum Körper und ist fast unabhängig von der Raumgröße (Ausnahme wäre ein extrem kleiner Raum wie die Stube beim Hausabendmahl oder das Krankenzimmer).

Abb. 210: Überstreckung in den oberen und seitlichen Raum [F]

Abb. 211: Seitenansicht: Überstreckung in den oberen und hinteren Raum [F]

Abb. 212: Schräge Kopfhaltung [F]

Abb. 213: Seitenansicht: gedrungene, verkrümmte Körperhaltung [F]

Das Zusprechen der Segensworte – Blickachsen

Ich habe mich also zur Segensgeste aufgebaut, die Arme sind oben, ich bin in einer präsenten Haltung – dann atme ich aus und verschaffe mir wieder diese kleine Pause. Jetzt ist es wichtig für meinen Blick, dass Nase und Augen immer in dieselbe Richtung zeigen. Eine hinderliche Augenspannung entsteht häufig dann, wenn ich aus den Augenwinkeln Leute anschaue, die an der Seite sitzen, aber mein Kopf bleibt in der Mitte (siehe Abb. 214+215). Das heißt, nur in den ersten Reihen sehen die Gemeindemitglieder, dass die Augen des Liturgen sich hin und her bewegen. Hinten sieht es so aus, als wenn er immer nur in eine Richtung schaut (siehe Abb. 216). Hier kann der Kopf als visuelles Zeichen dienen. Das Schauen vollzieht sich zugleich mit einer Kopfbewegung. Dadurch hat die Gemeinde den Eindruck des Blickkontaktes (siehe Abb. 217). Dazu kommt ein anderer Aspekt: Sehr häufig wird der Kopf nach unten gerichtet: Es entsteht ein Druck auf den Kehlkopf und insgesamt ein unfreundlicher Ausdruck im Gesicht und ein gepresster Klang in der Stimme (siehe Abb. 218+219).

Der Text des Aaronitischen Segens umfasst drei Sinneinheiten, die daher auch mit Blickkontakt in drei Richtungen in die Gemeinde gesprochen werden sollten. Dazu sucht man sich unter den Zuhörern drei Personen aus, um sie anzusehen, möglichst an verschiedenen Plätzen, die die Versammlung räumlich repräsentieren: (aus der Sicht des Liturgen) links, hinten und rechts. Wenn der Liturg mit rechts das Kreuz schlägt, dann ist darauf zu achten, dass er links beginnt: »Gott segne dich und behüte dich ...«. Er sieht dabei auf eine Person in dem vorderen Teil auf der linken Seite in der Mitte. Er sollte die Person wahrnehmen, sie nicht anstarren, sondern sie nur wahrnehmen. Auch wenn die Person ihn nicht anschaut, ist trotzdem eine Kommunikation möglich.

Abb. 214: Stimmige Kopfhaltung,
Blickrichtung

Abb. 215: Kopfhaltung und Blickrichtung
nicht in dieselbe Richtung (Augenspannung)

Abb. 216: Über eine große Distanz ...

Abb. 217: ... dient der Kopf als visuelles
Zeichen und bespielt damit den Raum

Abb. 218: Gesenkter Kopf [F]

Abb. 219: Druck auf den Kehlkopf [F]

*Abb. 220: Schwenken des Oberkörpers
wertet die symbolische Handlung ab [F]*

*Abb. 221: Blick zur Empore
statt in die Gemeinde [F]*

Man sollte nicht zwischen die Leute ins Leere schauen oder auf Stühle und Objekte. Denn es muss ein authentisches Gefühl beim Liturgen entstehen können: Dieser Segen ist für Menschen gesprochen. Zusätzlich nimmt der Liturg auch das »Echo« von den Gesegneten her wahr. Dies geschieht nonverbal, auf anderen »Kanälen«. Es ist wichtig, dass die Stimme beseelt wird von Emotionen. Das geschieht, indem ich mit einem Gemeindeglied in Kontakt trete, das stellvertretend für eine größere Zahl steht, die in der Nähe sitzen. Je größer der Raum, desto eher haben die Menschen in der Gemeinde das Gefühl, dass mit ihnen kommuniziert wird, wenn eine Person angeschaut wird. Denn die anderen werden mit hineingenommen in das Erleben dieses einen und es entstehen Kommunikationsfelder. Häufig wird dieser Kontakt vermieden oder man sagt, man solle dreißig Zentimeter über die Köpfe der Leute hinwegschauen. Aber dadurch fällt der Liturg in eine Art »Trance«. Und die Trance führt dazu, dass er in ein unbewusstes, automatisches Sprechen kommt, ins Überbetonen, in Singsang oder andere seltsame Sprechmuster.

Da der Segen ein symbolischer Akt ist, sollte seine Ausführung auch der Logik symbolischer Handlungen entsprechen und keine reale Handlung vortäuschen wollen. Was ist gemeint? Wenn ich in einer Kirche bin, wo Leute auf der Empore sitzen, und ich versuche beim Segen mit meinen Händen jeden zu »treffen«, auch die weit außen sitzen oder hinter mir – wenn ich mich allen mit meinem ganzen Körper zuwenden will, dann kommt eine rudernde Bewegung zu Stande (siehe Abb. 220+221). Auf der theologischen Ebene könnte das auch so missver-

standen werden, dass nur die Personen gesegnet sind, auf die meine Hände gezeigt haben. Das wäre für mich Magie. Um das Symbolische an diesem Akt zu unterstützen, sollte der Liturg mit Körper und Armen in der frontalen Ausrichtung bleiben. Mit dem Kopf, mit den Augen und den zugesprochenen Worten wendet er sich in verschiedene Richtungen. Man darf dabei aber keinen Achssprung erzeugen, indem man hinter die Arme schaut und spricht (siehe Abb. 222-224).
Ich beginne links, an der äußersten Seite und bewege mich nach rechts, um am Ende beim Kreuzzeichen eine schönere Auflösung zu haben – sodass Kreuz und Kopf sich in eine Richtung bewegen. Der Ablauf würde jetzt im Ganzen so aussehen: Ich habe die Arme erhoben (siehe Abb. 225+226) – Pause – ich trete in Kontakt mit einem Gemeindemitglied – Pause – ich bin in Kontakt – jetzt spreche ich den Segen, nicht zusammenhängend, sondern in drei verschiedenen Sinneinheiten. Das Sprechen sollte so sein, dass es drei Mal ein abgeschlossener Satz ist. »Gott segne dich – und behüte dich« (siehe Abb. 227). Innerhalb

Abb. 222: Kopf- und Blickrichtung ... [F]

Abb. 223: ... hinter die Handlungsachse (Achssprung) [F]

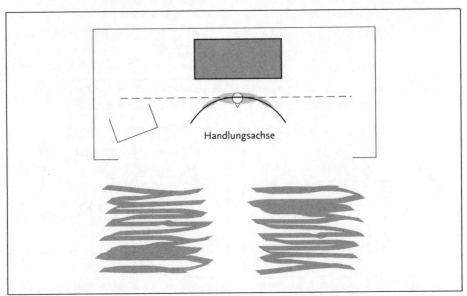

Handlungsachse

Abb. 224: Handlungsachse des Kopfes beim Segen

dieser Sinneinheit gibt es zwei Sequenzen, nämlich »Gott segne dich« und »und behüte dich« also zwei Gaben, da gibt es jeweils noch einmal andere Betonungsstufen, aber am Schluss wird nach unten betont. Ich löse mich von der Person, suche mir eine neue Person, halte inne, trete in Kontakt und spreche den zweiten Sinnabschnitt »Gott lasse leuchten sein Angesicht über dir – und sei dir gnädig« (sieh Abb. 228). Das sind auch wieder zwei Geschenke in einer Sinneinheit. Dann gehe ich über zum dritten Sinnabschnitt (siehe Abb. 229).

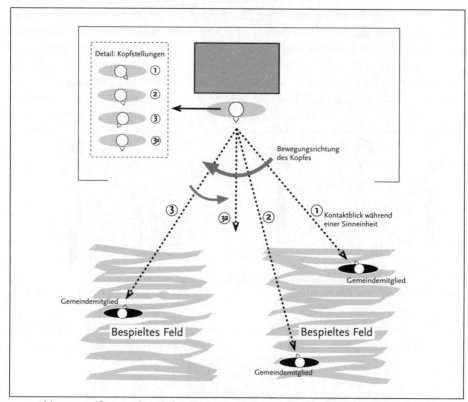

Abb. 225: Auflösung der Blickrichtungen. Durch den Kontaktblick mit einer Person entstehen bespielte Felder und beziehen die anderen mit ein.

Abb. 226: Ausgangsposition Aaronitischer Segen

Abb. 227: 1. Sinneinheit: Gott segne dich und behüte dich

Abb. 228: 2. Sinneinheit: Gott lasse leuchten
sein Angesicht über dir und sei dir gnädig

Abb. 229: 3. Sinneinheit: Gott erhebe sein
Angesicht auf dich ...

Abb. 230: Auflösung zum Kreuz:
... und gebe ... (cut bei »und«)

Abb. 231: Auflösung Kreuzschlagen:
... dir Frieden (Sinneinheit 3a)

Das Kreuzeszeichen

Jetzt kommt etwas Besonderes hinzu, das Kreuzeszeichen. Sein Aufbau beginnt noch während des Segens. Noch bin ich im Kontakt mit einer Person auf der rechten Seite im hinteren Schiff und spreche: »Gott erhebe sein Angesicht auf dich« (siehe Abb. 230). Dann löse ich den Blick von der Person, der rechte Arm wird in einem kleinen »Dirigentenbogen« zur Mitte geführt – synchron dazu auch der Kopf. Jetzt weitet sich der Blick zu einer »Totalen« auf die ganze Gemeinde (siehe Abb. 231). Und eine weiche, entspannte Hand zeichnet das Kreuz (siehe Abb. 232). Wir sollten jetzt nicht versuchen, durch komplizierte Fingerstellungen der Gemeinde theologische Konstruktionen darzubieten: drei aufrechte Finger für die Trinität, dazu zwei eingefaltete Finger für die zwei Naturen Jesu Christi ... Der Nachteil dieser speziellen Gesten ist, dass die Gemeinde sie nicht ohne weiteres übersetzen kann. Die Geste sollte nicht zu artifiziell, wie mit Zeichenstift, aber auch nicht hart wie mit einer »Pistolenhand« ausgeführt werden (siehe Abb. 233-235). Am besten ist es, die ganze Hand zu benutzen, gerade in großen Räumen. Als stimmig wird eine weiche Hand erlebt, die mit der Handkante zur Gemeinde zeigt. Gerade wenn ein Gemeindeglied weit hinten sitzt, kann es so visuell die Geste besser wahrnehmen und verfolgen (siehe Abb. 236+237).

Abb. 232: Blick beim Kreuzschlagen:
»Totale« (Hand unscharf)

Abb. 233: Komplizierte
Fingerstellung

Abb. 234: Pistolenhand ...

Abb. 235: ... der Versuch
einer theologischen Gestik

Abb. 236: Weiche Hand ...

Abb. 237: ... aus der Entfernung gut zu sehen

Ich betone noch einmal: Der Aufbau der gesamten Geste von links nach rechts erzeugt die größte Stimmigkeit: Die Bewegungen werden für den Liturgen – im Uhrzeigersinn – fließend, organisch, sie lassen sich leichter von der Gemeinde mitlesen und am besten im Kreuzeszeichen auflösen. Wenn der Kopf und die Blickachse nach rechts in die Gemeinde schauen, dann ergibt sich daraus eine

Abb. 238: Stimmige Auflösung
zum Kreuzzeichen (Rechtshänderin)

Abb. 239: Unstimmige Auflösung
zum Kreuzzeichen (Rechtshänderin)

Abb. 240: Stimmige Auflösung
zum Kreuzzeichen ...

Abb. 241: ... für Linkshänderin

schönere Auflösung zum Kreuz, weil der Kopf und der rechte Arm zusammen zur Mitte gebracht werden (siehe Abb. 238). Nicht so organisch wäre, wenn der Kopf nach links zeigt, weil dadurch zur Auflösung des Kreuzes eine gegenläufige Bewegung entsteht (siehe Abb. 239). Sollte hierzu noch die linke Hand beim Kreuz vor dem Körper gebracht werden, dann wird ein großer Teil der Aufmerksamkeit der Gemeinde vom Kreuz abgezogen und das Kreuzessymbol damit in einem erheblichen Maße geschwächt (siehe Abb. 240). Schlägt jemand das Kreuz mit der linken Hand (Linkshänder, Behinderung u.a.m.), kehren sich die Bewegungsrichtungen um und man beginnt entsprechend auf der anderen, auf der *rechten* Seite (aus der Sicht des Liturgen) (siehe Abb. 241).

Ergänzend ist zu sagen, dass der Aaronitische Segen ursprünglich kein Kreuz kennt. Er ist ein jüdischer Segen und das christliche Symbol wurde später von der Gemeinde als Segenszeichen hinzugefügt. Es wird nun häufig versucht, diese unterschiedlichen Welten zusammenzubringen, indem man den Text des Aaronitischen Segens im Sprechen mit dem Kreuzzeichen zur Deckung bringen will. Man gebraucht zusätzliche Worte, das führt zu künstlichen, verzerrenden Betonungen. Wenn ich also jetzt im dritten Teil sage: »Gott erhebe sein Angesicht auf dich« (hier lösen wir auf – wie gesagt), »und er schenke dir seinen Frieden«: Wenn ich also diese Worte »seinen« als vertikalen Strich benutze und »Frieden« als horizontalen Strich, dann bekomme ich Überbetonungen im gesprochenen Text und in der Geste (siehe Abb. 242). Das führt auch dazu, dass

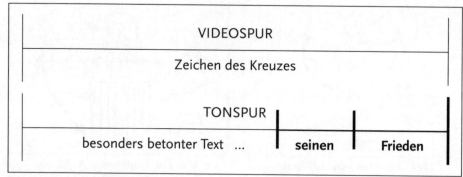

Abb. 242: Künstlich verlängerte Tonspur, um Zeichen und Worte deckungsgleich zu bekommen [F]

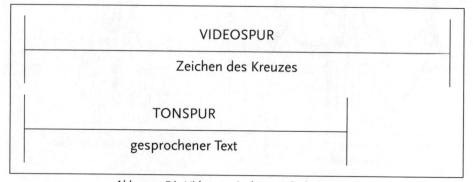

Abb. 243: Die Videospur ist länger als die Tonspur

Abb. 244: ... und ...

Abb. 245: ... gebe dir Frieden

die ersten beiden Sinnabschnitte des dreiteiligen Segens abgewertet werden, weil ich den letzten Abschnitt besonders hervorhebe. Heißt das dann etwa, die jüdischen Teile sind weniger wert als die christlichen?

Für mich scheint es nicht möglich, Text und Zeichen wirklich zur Deckung zu bringen. Man kann im Grunde nur das Kreuz anspielen. Das meint, der Liturg hat *nicht* das Bestreben, das Sprechen und das Kreuzschlagen deckungsgleich zu machen. In der Sprache der Filmtechnik würde man sagen: Audio- und Videospur sind in diesem Falle einfach nicht gleich lang (siehe Abb. 243). Einige Liturgen

versuchen nun das Zeichen am Ende über den Segen zu legen oder es anzuschlie-
ßen. Hier ergibt sich für mich wieder ein neues Problem: Es wird dann nämlich
das »Amen« der Gemeinde vom Liturgen durch das Kreuz kommentiert. Theologisch gesehen schließt aber die Gemeinde mit ihrem Amen den Segen eigenständig ab. In der Konsequenz spreche ich also auch den dritten Teil in dem bisheri-
gen Rhythmus und in der gleichen Betonung weiter und schlage das Kreuz während des letzten Halbsatzes »... und gebe dir Frieden« (siehe Abb. 244+245). Beim
und ist die einzige Möglichkeit zu »schneiden«, das *und* leitet die Auflösung der
großen Segensgeste zum Kreuz ein.

Zu Beginn des Kreuzzeichens war die linke Hand zur linken Körperseite herunter-
geführt worden und die rechte nach oben in die Mitte des Stirnbereichs – beide
Hände gleichzeitig, im Rhythmus und von der Energie her identisch. Bitte nicht
so, dass die linke Hand seitlich wegfällt oder sich verkrampft. Auch nicht so, dass
sie vor den Bauch gehalten wird, dort Spannung erzeugt und Aufmerksamkeit
wegnimmt (siehe Abb. 246-248). Von der Stirnhöhe aus zeichnet die Rechte den
senkrechten Kreuzschenkel bis zur Höhe des Solarplexus. Bei dieser Fahrt sollten
die Finger immer nach oben zeigen und nicht im unteren Bereich immer mehr
wegkippen – kein »Käseschneiden«! (Siehe Abb. 256+257) Dann gehe ich zur
Seite im linken Schulterbereich und ziehe waagerecht nach rechts bis zur Schul-
terkante. Ich vermeide ein Wischen in der Horizontalen, die Hand selber bewegt
sich nicht, sondern nur der Arm. Man sollte auch nicht zu weit in die Seiten gehen, dadurch gerät die Linie leicht zum Bogen. Der Körper gibt auch hier wieder
das Maß vor: Etwas mehr als Schulterbreite. Und nicht im Halsbereich schneiden
(siehe Abb. 260). Rechts angekommen, ziehe ich die Hand aus der Linie zurück
und nehme sie zur Körpermitte, wo sie sich mit der Linken trifft, die synchron von
der linken Körperseite aus hochgeführt wird.

Der Akt schließt in der liturgischen Grundhaltung. Es folgt das »Amen« der Gemeinde, dreifach oder einfach (siehe Abb. 249-255). Erst nach diesem Amen, wenn
es noch verhallt, kann ich ganz auflösen mit losen Händen an den Seiten (siehe
Abb. 260). Würde ich vor dem »Amen« keine liturgische Grundhaltung mehr einnehmen, dann würde ich als Liturg schon vor der Gemeinde aus dem gemeinsamen Ritus aussteigen. Das Kreuzeszeichen ist in der Regel der letzte gestische

*Aufmerksamkeit
der Gemeinde
auf der Hand*

*zieht Energie
weg vom
Kreuz*

Abb. 246: Verkrampfte linke Hand   *Abb. 247: Linke Hand vor dem Bauch
(gespaltene Aufmerksamkeit)*

Abb. 248: Liturgisches Einhandkörbchen,
zieht die Energie vom Kreuz weg

Abb. 249: Sequenzauflösung Kreuz:
Vertikaler Balken

Abb. 250: Seitenansicht zu Abb. 249

Abb. 251: Anschluss zu Abb. 249, untere
Schlussposition der Hand

Abb. 252: Seitenansicht zu Abb. 251

Abb. 253: Anfang: Horizontaler Balken

Abb. 254: Ende: Horizontaler Balken

Abb. 255: Zurück zur liturgischen
Grundhaltung

Abb. 256: Hand klappt bei vertikalem Kreuz schlagen nach unten [F]

Abb. 257: »Hand schneidet Käse« [F]

Abb. 258: (Seitenansicht zu Abb. 259) Wenn die Hand zu steil und zu nah am Körper ist ... [F]

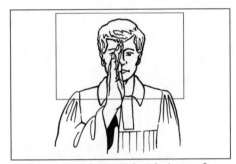

Abb. 259: ... dann spielt sich der Kopf zu stark in das Feld des Kreuzes [F]

Abb. 260: Hand schlägt bei der Querfahrt auch den Hals, Kopf zu weit im Vordergrund [F]

Abb. 261: Auflösung: Trinitarischer Segen Es segne und behüte dich ...

Abb. 262: ... der allmächtige und barmherzige Gott

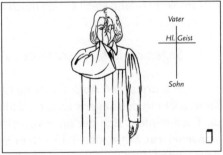

Abb. 263: ... Vater, Sohn und Heiliger Geist

Abb. 264: Seitenansicht: Vertikaler Balken

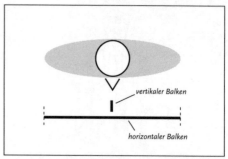

Abb. 265: Horizontalen Balken vor vertikalen Balken legen

Abb. 266: Auflösung ohne Kreuz, Kopf schwenkt bei ... und ...

Abb. 267: ... gebe dir Frieden. Arme nach Frieden in liturgische Grundhaltung zurück.

Eindruck, den die Gemeinde vom Gottesdienst mitnimmt. Es sollte deshalb eine klare, natürliche Gestalt sein, die durch freundliche, fließende Bewegungen in den Raum gestellt wird. Ich sollte bei der gesamten Linienführung keine Strecken doppelt abfahren, also nicht von den Enden jeweils wieder zurück in die Mitte, das erzeugt Irritationen. Wiederum das Kreuz beim Trinitarischen Segen lässt sich sehr stimmig auflösen (siehe Abb. 261-263).

Hilfreich ist die Vorstellung, dass ich das Kreuz wie mit einem Stift auf zwei gedachten Ebenen ca. 30 Zentimeter vor meinem Körper im Raum zeichne. Die *horizontale Linie* wird dabei ein wenig *vor die vertikale gelegt* (siehe Abb. 264+265). Dadurch entsteht der visuelle Eindruck, dass das Kreuz auf die Gemeinde zukommt. Es ist ja ein Zeichen für die Gemeinde, nicht für den Liturgen. Zeichnet der Liturg das Kreuz nah am Körper, dann spielt er sich rituell in das Feld des Kreuzes (siehe Abb. 258+259).

Segen ohne Kreuzeszeichen

In liturgischen Abläufen ohne Kreuzeszeichen gestaltet sich nur der dritte Sinnabschnitt des Segens anders. Während des letzten Halbsatzes »... und gebe dir Frieden« löst sich der Blick von einer Person auf der rechten Seite, der Kopf schwenkt zur Mitte, der Blick öffnet sich in einen *weiten Winkel*, und erst nach dem letzten Wort »... Frieden« werden beide Arme über eine seitliche Bewegung zurück und in die liturgische Grundhaltung geführt (siehe Abb. 266+267).

Segensbitte und entsprechende Gebetshaltungen

Bei der Segensbitte ist die Situation so, dass alle Gott um den Segen bitten, und stellvertretend spricht die Liturgin diese Worte. Häufig aber spricht jemand: »Der Herr segne uns und behüte uns ...«, er hat dabei offene Augen und schaut die Gemeinde an. Das ist für mich eine sehr starke Doppelbotschaft. Denn die Kommunikation bei einer *Bitte richtet sich zu Gott hin* und *nicht* zur Gemeinde. Für mich ist hier wichtig, sich klar zu entscheiden, ob ich einen *Zuspruch* sprechen oder eine *Bitte* formulieren möchte. Bei einer *Bitte* sollte kein Augenkontakt mit der Gemeinde gesucht werden. Indem der Liturg den Kopf neigt und die Augen schließt, setzt er den Impuls, dass die Gemeinde ihre Aufmerksamkeit von ihm lösen und selber ins Gebet kommen kann. Hält der Liturg die Augen offen und schaut in den leeren Raum vor sich auf den Boden, lenkt er die Aufmerksamkeit der Gemeinde in diese Grauzone und beide fallen in einen Trance-ähnlichen Zustand.

Ferner empfehle ich, bei einer Segensbitte die direkte Anrede zu wählen: »Herr, segne uns und behüte uns ...« Beim *Zuspruch* des Segens sollte ich darauf achten, dass ich *nicht* das »Amen« spreche, denn es liegt in diesem Fall bei der Gemeinde. Bei der Segensbitte dagegen werde ich das Gebet auch selbst mit dem »Amen« beschließen, in das die Gemeinde einstimmen kann.

Nun gibt es zwei Körperhaltungen, die ich bei einem öffentlichen Gebet einnehmen kann. Ich kann die Hände falten und den Kopf neigen, das ist eine bekannte Geste, die ich aber für das Segensgebet in der Öffentlichkeit nicht empfehlen möchte (siehe Abb. 268). Denn dieses spezielle Gebet hat Fassetten, die viel besser in der so genannten Orantenhaltung zum Ausdruck kommen: Ich stehe mit leicht gehobenen und geöffneten Händen, die Augen geschlossen, den Kopf leicht geneigt (siehe Abb. 269). Durch diese Körperhaltung entsteht eine andere Präsenz. Die Wirkung der Bitte wird im Raum verstärkt. Es wird auch deutlicher, dass ich nicht privat bete. Und die Worte bekommen einen volleren Klang.

Diese beiden Möglichkeiten gibt es beim Segen: *Zuspruch* oder *Bitte*. Mischformen haben immer den Nachteil, dass die Gemeinde nicht weiß, wie sie sich verhalten soll: Soll sie mitbeten oder empfangen, soll sie antworten oder still bleiben? Der Liturg ist verantwortlich für eine klare Kommunikation im Gottes-

Abb. 268: Segensbitte: Gebetshaltung

Abb. 269: Segensbitte: Variante

dienst. Er hat vorher die Entscheidung zu treffen und muss der Gemeinde deutliche Impulse und Zeichen geben, wie sie sich verhalten soll.

Alternative Texte

Meine Meinung zum Text eines Segens ist: Der Segen muss frei gesprochen werden. Nur dann kann ich tiefer in ihn eintauchen, nur dann habe ich die Möglichkeit, wirklich eine seelische Qualität zu erreichen. Aber *auswendig* ist nicht *frei* gesprochen! Ich muss den Segen nicht nur auswendig können, sondern er muss in meine Person eingegangen sein. Er muss mir zur *zweiten Natur* geworden sein. Diese *einunddreißig Worte* haben es in sich. Wenn ein Segen abgelesen wird, der auch noch als Zuspruch formuliert ist, dann sage ich dem Liturgen: »Das ist eine Doppelbotschaft, wenn du deinen Segen nicht kannst, wenn du ihn aus dem Ringbuch holst und ihn ins Ringbuch hineinsprichst.«
Ich empfinde auch Schwierigkeiten, wenn – was häufig geschieht – der Text durch einen anderen ausgetauscht wird. Damit wird der jeweilige Segen und auch die liturgische Station des Segens geschwächt. Auch durch die Benutzung freier Formen, durch sprachliche Zusätze und deutende Veränderungen wird der Segen für mich eher überfrachtet. Die Kernaussage verschwindet und die Energie schwächt sich eher ab, als dass sie stärker wird. Ich persönlich würde auch immer eine trinitarische Grundform vorziehen, diesen überlieferten Dreierschritt. Dies heißt nicht, dass die anderen Formen schlecht sind, sondern es geht mir um ein Fühlen des Segens und nicht primär um ein neutrales Denkereignis. Dabei würde ich keine Hierarchien innerhalb der Sinneinheiten erzeugen. Es muss eine Gleichwertigkeit der *drei Personen* sein. Gott Vater, Jesus Christus und der Heilige Geist sind eins, sie bilden eine Qualität, sie sind eins und zugleich drei. Wenn ich einen Sinnabschnitt stärker bewerte, dann bringe ich eine Hierarchie ins Sprechen.
Ein Liturg im Dienst ist immer persönlich und doch nicht privat. Wenn er zufällig eine bekannte Person in der Gemeinde sieht oder persönlich mit jemandem in Kontakt tritt, weil er vielleicht aus seelsorgerlichen Gründen denkt: »Oh, da ist gerade jemand gestorben, da muss ich diese Angehörigen jetzt ganz besonders mit einbeziehen, ich formuliere schnell den Segen um für Trauernde oder ich schaue die Leute intensiv an«, dann wird der Segen bewertet. Er bekommt eine Besonderheit, der Liturg mischt sich in den Segen ein. Das ist eine Vermischung der Ebenen. Der Segen ist unabhängig vom Liturgen und gleichzeitig ganz abhängig von ihm. Sonst wird eine Geschichte aus dem Alltag in den Segen hineingemischt, die mit dem Segen nichts zu tun hat. Die persönliche Vermittlung des Segens in die spezielle Situation von einzelnen Personen ist Aufgabe des Heiligen Geistes.
Alles, was ein Liturg an Wissen und an handwerklichen Fähigkeiten für den Segen erwerben und anwenden kann, sollte er nutzen. Dies alles aber macht noch nicht den Segen. Der Segen wird ihm und seiner Gemeinde jedes Mal im Augenblick des Segnens neu geschenkt.

Die Dramaturgie des Gottesdienstes

»Die Dramaturgie des Gottesdienstes ist mehr als das Wissen um Anfang, Mitte und Ende. Ein klares Verständnis von Cuts, Sequenzen und Beats and Moments, von der inneren Struktur einer Inszenierung ist nötig, damit die Liturgin/der Liturg die dramaturgischen Ziele des Gottesdienstes erreicht.«

Erster Teil

Grundlegende Notizen zur Dramaturgie

Theater und Gottesdienst

Nach jahrelanger Erfahrung mit der Arbeit am Gottesdienst zeichnen sich für mich eine Reihe von Ähnlichkeiten zu der Situation am Theater ab. Das ist nicht selbstverständlich, denn bei den beiden Personengruppen, die am Theater und bei der Kirche beschäftigt sind, existieren große Vorurteile und Widerstände gegeneinander. Die Theologen sagen: Wir wollen keine Schauspieler sein, und viele Künstler wollen auf keinen Fall mit der Kirche in Verbindung gebracht werden. Dabei gehen beide auf dieselben Wurzeln zurück. Kultus und Kultur sind eng verwandt. Das Theater ist in der alten Zeit aus den Mysterienspielen erwachsen. Was zum Beispiel früher einmal die Maske war, zeigt sich heute noch in der Schminke. Sie gibt dem Schauspieler die Möglichkeit, sich mit seiner Rolle klarer zu identifizieren.

Theater und Gottesdienst sind auch von der baulichen Struktur einander ähnlich. Da gibt es den Raum, in dem etwas Besonderes stattfindet, und den Raum, in dem Menschen sitzen, um zu hören, zu schauen und den Ereignissen auf der Bühne oder im Altarraum beizuwohnen. Das Wort »Theater« kommt vom Griechischen »theatron«, das ist der Platz des Schauens. Damit ist nicht allein die sinnliche Wahrnehmung gemeint, sondern ein Sehen, das weit darüber hinaus geht: eine Schau nach innen. Schon allein das Betreten dieses Raumes führt dazu, dass ich mich vom Alltag lösen kann. Es ist wie in einer Höhle. Das Licht wird nur auf bestimmte Dinge gelenkt. So hat das Erleben im Theater archetypischen Charakter. Ich habe Stücke gesehen, zum Beispiel den »Ödipus« im Thalia-Theater mit Ulrich Wildgruber, die mich in Dimensionen des Fühlens und des Denkens versetzt haben, die ich vorher nie erlebt habe. Da hat ein Schauspieler es geschafft, mich zu bannen. Er hat mich mit Dingen konfrontiert, die ich mir nicht einmal ausdenken konnte, die mich über Jahrzehnte begleiten, wie ich es nie vorher oder nachher erlebt habe.

Die Zeit, die sich auf der Bühne ereignet, ist eine verdichtete Zeit. Diese Wirklichkeit ist eine erschaffene Wirklichkeit, und sie hat trotzdem die Qualität, in der Gegenwart so zu wirken, dass es mein Leben beeinflusst. Etwas Ähnliches erlebe ich auch in einem Gottesdienst. Er konfrontiert mich mit einer ganz anderen Welt und lässt mich Dinge erleben, die ich ohne den Gottesdienst nicht entdecken kann.

Der Nutzen, den Theologen davon haben können, dass ich von Theater und Film herkomme und von außen auf die »Inszenierung Gottesdienst« schaue, kann darin bestehen, dass ich Techniken anwende, die in Theater und Film über Generationen erarbeitet wurden und sich bewährt haben: Wie platziere ich Menschen? Wo setze ich Akzente durch das Licht? Wie kreiere ich ein Bühnenbild und welche Stimmung, welche Atmosphäre entsteht dadurch?

Natürlich gibt es auch wesentliche Unterschiede zwischen Gottesdienst und Theater. Wer im Theater begraben wird, ist nicht wirklich tot. Bei einem Gottesdienst zur Bestattung ist das anders. Dieser Unterschied bedeutet aber nicht, dass das, was im Theater passiert, weniger wirklich ist oder die Menschen weniger berührt. Und es bedeutet auch nicht, dass das, was im Gottesdienst passiert, sich den Regeln der öffentlichen Darstellung entzieht. *Die Kirche ist kein Platz des Schauspiels, sie ist aber ein Ort der rituellen Inszenierung.*

Das muss man betonen angesichts der Vorbehalte, die viele Theologen und Theologinnen gegenüber Schauspiel und Regie zeigen. Da wird immer gesagt: »Der spielt, das ist nicht echt, das ist nicht authentisch, sondern eine Show.« Was aber passiert denn, wenn Menschen im Kino sitzen? Sie schauen auf eine weiße Leinwand. Sie sehen vielleicht zunächst nur eine Projektion. Das heißt, die Darsteller sind nicht wirklich als Menschen vorhanden. Im Film »Schindlers Liste« sind Schauspieler und Schauspielerinnen zu sehen, die man heute nicht mehr kennt und die schon gestorben sind. Trotzdem gibt es diesen Moment, in dem die Besucher vergessen, dass sie im Kino sitzen. Sie werden berührt, sie haben Angst oder sie freuen sich. Sind das nicht ebenso authentische Gefühle? Diese Gefühle könnten ohne das Moment der Wahrhaftigkeit und der Ehrlichkeit seitens der Schauspieler bei der Aufnahme des Films nicht entstehen.

Ich meine damit nicht diese Art von Produktionen, die man damit beginnt, dass irgendwo in Hamburg oder Köln auf der Straße Leute gecastet werden, die nur einen schönen »Body« haben. Man stellt sie einfach vor die Kamera für eine »Daily soap«. Unser neuer Schauspieler übt zum ersten Mal das Schauspielen, aber schon laufen vier Kameras. Und nachher wird zusammengeschnitten, was man gebrauchen kann. Das hat überhaupt nichts mit Schauspiel zu tun. Wenn wir Künstlern wie Hannelore Hoger oder Michael Mertens, die sich mehrere Wochen lang intensiv mit einem Charakter und mit einem Stück auseinander setzen, die mit ihrer Rolle ringen, wenn wir solchen wirklichen Künstlern sagen: Was du machst, ist doch bloß ein Spiel, ist doch nur ein »Heckmeck«, dann ist dies eine unerträgliche Abwertung der Schauspielerei. Das wäre so, als würde man einem Pfarrer sagen: »… Ach, das bisschen Gottesdienst hier, das machst du doch mit links.«

Schauspiel ist nur scheinbar ein »als ob«. Wahrhaftiges Schauspiel enthält sehr viele spirituelle Momente. Es ist wie Musik. Jeder Dirigent wird sich sehr darüber aufregen, wenn die Streicher aus einer Sechzehntelnote eine Achtelnote machen. So würde jeder wahrhaftige Schauspieler sich sehr darum kümmern, wie etwas ausgesprochen wird, in welchem Rhythmus ein Sonett von Shakespeare zu sprechen ist, welche Silbe in einem Moment in den Vordergrund tritt. Blicke, Gesten, Wendungen mit dem Körper, Pausen, all das sind Details aus dem Leben, all das ist auf der Bühne komprimierte Wirklichkeit. *Das ist nicht aus dem Leben, aber es ist dargestelltes Leben.* Und wir haben hier die Chance, einzelne Momente herauszuschneiden, sie zu verlängern, einzelne Momente zu übertreiben und so ein Erleben zu schaffen, wie wir es selbst im wirklichen Leben nicht haben können. Auf der Bühne kann ein 2-Stunden-Stück von der Kindheit eines Menschen bis zum Alter erzählen. Im Film kann ich über Jahrhunderte springen. Allein durch einen Schnitt kann ich das Publikum in der Zeit hundert oder tausend Jahre zurückführen. Das kann ich im echten Leben nicht.

Im Gottesdienst aber kann ich diese Bewegungen ebenso vollziehen wie im Film und im Theater. Auch die Bibel versetzt uns in die Zeit des ersten Schöpfungstages oder in die Zeit am Ende der Welt. Und das ist das Faszinierende. Dieser spirituelle Aspekt, der eigentlich zur Kirche gehört, wird leider von ihr selbst heute vernachlässigt. Im Gottesdienst ist die dramaturgische Spannung verloren gegangen. Der Gottesdienst hat dem Showgeschäft all seine Elemente geliefert, die Art des Auftretens, die Treppe, die Komposition von wechselnden Emotionen. Die katholische Messe hat den Weg bereitet für die große Fernsehshow. Und die Kirche selbst hat ihr Gut verloren. Sie hat es aus der Hand gegeben und Leuten in die Hand gespielt, die die alten spirituellen Verbindungen kappen.

Genau diese spirituellen Verbindungen gilt es aber wieder zurückzugewinnen. Für mich als Künstler ist es von großem Interesse, dass die Kirche sich an ihren spirituellen Auftrag erinnert, dass sie sich um die Seele kümmert. Pfarrer sollen ja nicht Kirchensorger, sondern Seelsorger sein. Das meine ich nicht im psychologischen und therapeutischen Sinne der Seelsorge, sondern im Blick auf Bereiche, in denen es um etwas Unaussprechliches geht, um die Beziehung zu Gott. Und dieses Unaussprechliche, das wohnt beiden inne, dem Theater und der Kirche mit ihrer Liturgie.

Es geht nicht darum, aus dem Gottesdienst eine perfekte Inszenierung zu machen. Das wäre ein Missverständnis. Es geht auch nicht darum, zwei Wochen lang täglich vier Stunden für einen Gottesdienst zu proben. Anders als beim Theater haben wir beim Gottesdienst ja auch ein sehr ähnliches, immer wiederkehrendes Stück mit festen Formen. Diese Wiederholung hat den Nachteil, dass sich Routine und Lässigkeit einschleichen können. Man fängt an, ohne Bewusstsein zu sprechen und ohne Liebe, ohne die »Kunst des ersten Moments«. Entscheidend aber ist, dass verwendete Formeln wie zum Beispiel »Im Namen des Vaters und des Sohnes und des Heiligen Geistes« viel mehr sagen als nur die Worte selbst. Und entscheidend ist ebenso, was der Liturg für eine Beziehung zu diesen Texten aufbaut, mit welchem Bewusstsein und in welchem Geist er sie spricht.

Grundängste des Schauspielers und des Liturgen

Wer den Beruf des Schauspielers ergreift, hat meistens eine Grundangst: *nicht gesehen zu werden*. Sonst würde man sich nicht auf die Bühne stellen und sich derart massiv der Öffentlichkeit aussetzen. Man braucht ständig das Feedback. Man hungert nach Resonanz. Das Bestreben der meisten Schauspieler, die ich kenne – mich selbst schließe ich da ein –, ist es, *sich in den Vordergrund zu spielen* und im Rampenlicht zu stehen.

Die Grundangst von Pfarrerinnen und Pfarrern steht dem genau gegenüber. *Es ist die Angst, gesehen zu werden.* Viele Theologinnen und Theologen haben die Tendenz, das Wort vorzuschieben und dem Talar die Aufgabe zu übertragen oder noch lieber dem Heiligen Geist: »Das Wort spricht für sich allein«, wird behauptet. Aber das Wort spricht eben nicht von sich aus. Es spricht erst, wenn es Stimme bekommt, wenn es von jemandem gesprochen wird, wenn jemand sich darum gekümmert und es wirklich bearbeitet hat. Das Wort spricht erst (und spricht erst an), wenn es »Fleisch« und »Blut« wird, wenn es von Geist und Emotion erfüllt ist, wenn es in einem konkreten Menschen zum Ausdruck kommt.

Eine ganz wesentliche Verbindung von Schauspiel und Gottesdienst besteht darin, dass man auch dem Schauspieler sagt: *Es geht nicht darum gesehen zu werden, sondern dass das Stück sichtbar wird.* Beim Liturgen sagt man vielleicht, es geht nicht darum, dass du gelobt wirst, sondern dass Gott gelobt wird. Der Liturg steht in einem engen Verhältnis zu seiner Verkündigung und muss doch von ihr unterscheiden. Er wird daraufhin angeschaut und befragt, ob er selbst glaubt und lebt, was er sagt. Für einen Schauspieler ist primär wichtig, ob er die Rolle gut und glaubwürdig spielt. Er muss die Rolle nicht lieben.

Auch ein Liturg muss nicht jede Stelle im Gottesdienst lieben, aber er verkörpert das, was er glaubt. Und danach wird er gefragt. Man kann diese Aufgabe mit der eines Bergführers vergleichen. Der gute Bergführer kennt seinen Berg. Er ist selbst diesen Weg mehrmals zum Gipfel gegangen und auch zurück. Nur so kann er Bergführer sein. Diese Begleitung wünsche ich mir auch von dem Liturgen während des Gottesdienstes. Er soll mich durch sein Wissen und durch seine Erfahrung mit dem Reich Gottes in Berührung bringen, mich dann aber auch meine eigenen Erfahrungen machen lassen. Er geht mit mir bis zur Schwelle. Er sagt mir, was ich finden kann und worauf ich Acht geben muss, und dann schickt er mich auf den Weg. Das heißt, der größte Teil des wirklichen Lebens findet weder im Gottesdienst noch im Theater statt, sondern draußen in der Welt. Aber das Leben kann vom Theater wie vom Gottesdienst wesentliche Impulse empfangen.

Der Raum der Inszenierung

Früher war die Kirche der wichtigste Raum in einem Ort. Kirchen wurden oft auf Plätzen gebaut, die schon kultische Wurzeln hatten. Plätze, die zum Beispiel durch eine natürliche Lage oder durch ihren Ort in der Mitte der Gemeinschaft herausgehoben waren. Allein die Architektur einer Kirche kann unglaubliche spirituelle Qualität erzeugen, weil eben jeder Raum »redet«. Manchmal ist der Raum sogar der einzige spirituelle Faktor eines Gottesdienstes. Es kann nämlich leicht passieren, dass die anderen Elemente so schwach werden, dass der Gottesdienst nur durch die Architektur der Kirche, durch die Energien, die im Raum und in seinen Kunstwerken vorhanden sind, »gerettet« wird.

Die Kirche – ein Bewegungsraum

Die meisten alten Kirchen sind nach Osten zur aufgehenden Sonne hin ausgerichtet. Das heißt, symbolisch in Richtung der Auferstehung und der Wiederkehr Jesu
Christi. Osten ist die Himmelsrichtung des Morgens, der Zukunft. Nach Osten schauen
heißt wach werden und in Bewegung kommen. Schon vor dieser baulichen Ausrichtung der Kirchen im frühen Mittelalter wurden wichtige Gebete im Gottesdienst zum
Osten hin gesprochen. Im Kirchenraum selber gibt es in der Regel eine Gliederung in
drei Zonen. Wir haben den Eingangsbereich, wir haben das Kirchenschiff für die Gemeinde und den Altarraum. Meistens wird das Schiff von einem Mittelgang durchzo-
gen und es ergeben sich durch Säulen abgetrennte Seitenschiffe (siehe Abb. 270).
Wie man in den katholischen Kirchen in südlichen Ländern heute immer noch sehen
kann, war die Ausstattung der Kirchen mit Bänken kein ursprünglicher Zustand.
Früher stand man während des Gottesdienstes, und man konnte sich ohne Schwierigkeiten zu den Orten der liturgischen Handlungen hinwenden oder hinbewegen. Man
war also körperlich viel aktiver als heute im Gottesdienst. Erst nach der Reformation
hielten die Bänke Einzug in den Kirchenraum. Die Predigt wurde zum wichtigsten
Teil des Gottesdienstes, und die Anwesenden sollten ihr in aller Ruhe zuhören können.

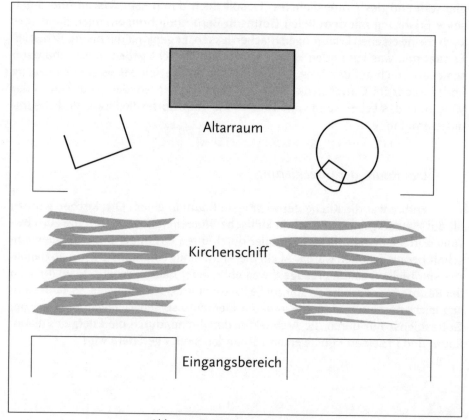

Altarraum

Kirchenschiff

Eingangsbereich

Abb. 270: Drei Zonen des Raumes

Mit dem Sitzen ging aber auch eine Stillstellung des Körpers einher. Wie in den östlichen Religionen, in denen sich meditative Sammlung häufig mit dem Sitzen verbindet, sollte nun die ganze Aufmerksamkeit der Predigt gehören können. Andere körperliche und sinnliche Erfahrungen des Gottesdienstes, wie das Gehen, die Prozession, das Knien, das Kreuz-Tragen, die vorher stärker entwickelt waren, gingen leider durch Reformation und Aufklärung fast ganz verloren.

Das Übungsprogramm *Liturgische Präsenz* hat unter anderem das Ziel, die Beteiligung des Körpers und das Bewusstsein für den Körper wieder stärker mit dem Gottesdienst zu verknüpfen. Die Kirchenräume waren ursprünglich Bewegungsräume. Liturgische Handlungen wurden begangen, vollzogen und dargestellt. Und ohne dass sich in den Kirchen der Körper bewegt, wird sich auch die Seele schwer bewegen lassen. Diese Sinnlichkeit zu stärken, ist eine große Aufgabe, gerade heute in der Zeit eines allgemein wachsenden Körperbewusstseins.

Die Kirche – ein Klangraum

Mit den Bänken wurden oft auch Emporen in die Kirchen eingebaut. Das heißt, man füllte die Kirchen mit hölzernen Einrichtungsgegenständen. Damit veränderte sich die Akustik. Während die Kirchen vorher freie Klang-Räume waren, in denen vor allem gesungen wurde, bekamen sie nun einen dumpfen Klang. Sie eigneten sich nun zwar viel besser zum Predigen und zum Hören des Wortes, aber die Bedingungen zur Entfaltung der Singstimme wurden schlechter. Damit einher ging eine Reduzierung des Hörerlebnisses, sowohl für den Gemeindegesang als auch für Kantor und Chor. Auch das intensive Erleben von Stille in diesem Raum, das erst im Kontrast zum Klang entstehen kann, wurde anders. Heute versucht man, den Mangel, der dadurch entstanden ist, mit Hilfe von Mikrofonanlagen auszugleichen. Aber dies gelingt nur teilweise. Durch das System der steinernen Gewölbe und Wände wurde die menschliche Stimme verstärkt und reflektiert. Sie hatte eine Ursprünglichkeit und natürliche Resonanz, die durch eine Mikrofonanlage nie erreicht werden kann.

In meinen Kursen arbeite ich nie mit Mikrofon, ich nutze immer den Raum, wie er uns gegeben ist. Und es ist eine der berührendsten Erfahrungen in der Kirche, allein mit der menschlichen Stimme das »Amen« zu singen und sich selbst als Liturgin oder Liturg in diesem Raum hören zu können, wie es in kaum einem anderen Raum möglich ist. Es ist also wirklich der Kirchenraum, der gegenüber den alltäglichen Räumen zu einer ganz anderen Klangerfahrung führt. Kein Bürogebäude, keine Turnhalle, kein Stadion gibt uns diese Möglichkeiten, klanglich eine Erfahrung zu machen, die weit über die Dimension unseres alltäglichen Hörens hinaus geht.

Ein anderer Aspekt der Architektur ist die Hervorhebung des Altarraumes. Er wirkt wie eine Insel, er ist ein eigenständiger Bereich, der durch einen Bogen, durch Stufen oder durch eine Verengung vom Hauptraum abgegrenzt wird. Hier stellt sich ein anderes Gefühl ein, eine höhere Energiekonzentration. Man ist noch näher an der Empfindung des Heiligen. Dass dieses Heilige aber trotzdem überall im Raum wahrzunehmen ist und sich nicht nur am Hochaltar zeigt, hängt von den Sichtverhältnissen ab. Durch die Erhöhung des Altars haben wir Möglichkeiten, den Liturgen besser zu sehen.

Hinzu kommt die Verwendung von Licht in der Architektur. Der Chorraum ist sehr oft der hellste Bereich, weil sich die meisten Fenster darin befinden. Wenn man in Richtung Altar schaut oder geht, bewegt man sich im Kirchenraum in Richtung Licht. Und auch dieses Licht kann als Gottessymbol verstanden werden. Man bewegt sich also auf Gott zu.

Oder aber der Chorraum ist dunkler als das Kirchenschiff. Man bewegt sich sozusagen auf eine Höhle zu. Da können Assoziationen entstehen zur Geburtshöhle, zur Höhle, durch die man ins Leben gekommen ist, oder zu der Höhle, durch die man dieses Leben einmal verlassen wird, um in ein anderes Leben zu gehen. Der Kirchenraum ist also ein transzendierender Raum, der die Möglichkeiten menschlicher Begegnung und sinnlicher Erfahrung für die Begegnung mit Gott fruchtbar macht.

Dem dienen auch die Kunstwerke im Raum, besonders die Glasmalerei, die uns in Farben und Gestalten einen Blick in »himmlische Welten« eröffnet. Ebenso der Altarschmuck, die Kerzen und Geräte, die feierlichen Gewänder, die Heiligenbilder. Ein anderes Symbol ist auch der steinerne Fußboden in der Kirche, der von Hunderten und Tausenden von Menschen vor uns begangen wurde. Nun trägt er diese Spuren in sich wie ein kleines Glaubensbekenntnis. All diese Dinge vergegenwärtigen jene andere Welt, von der unsere Vergangenheit zeugt und die zugleich in der Zukunft auf uns wartet. Wir befinden uns in einem Schwellenraum, in dem die Zeitgrenzen durchbrochen werden.

Es gibt Kirchen, die überleben jeden Gottesdienst. Auch die ärmlichsten und schlechtesten Gottesdienste vermögen es nicht, einen Raum, der eine reiche Spiritualität in sich trägt und der mit dem richtigen Geist geschaffen worden ist, zu töten. Umgekehrt können sich aber auch die besten Liturgien in schlechten Räumen nur mühsam entfalten. Wenn beides zusammenkommt, ein guter Raum und ein fähiger Liturg, können sie sich in optimaler Weise verstärken.

Skriptanalyse einer Inszenierung

Die Skriptanalyse ist die *Exegese* des Gottesdienstes, seines Textes und seines Kontextes. Alle praktische Arbeit ist ohne Fundament, wenn diese Vorbereitung vernachlässigt wird. Mit der Skriptanalyse wird ein Prozess in Gang gesetzt, der uns in tiefere Schichten führt und verschiedene Ebenen sichtbar macht. Die Skriptanalyse basiert auf einer Reihe von *Kernfragen*, die immer wieder zu stellen sind, wenn man die Inszenierung eines Gottesdienstes vorbereitet:

Zentrale Fragen zum Gottesdienst

• Was ist das übergeordnete Ziel des Gottesdienstes?
Dieses Ziel hängt zum Beispiel mit der Stellung im Kirchenjahr zusammen. Ha-

ben wir Karfreitag, dann wird die Erinnerung an den Tod Jesu eine wesentliche Rolle spielen. Was hat dieser Tod mit uns zu tun?
- Welche Hauptstimmungen und Situationen durchziehen den Sonntagsgottesdienst? Worum geht es konkret?
- Welche Jahreszeit ist in der Natur? Was beeinflusst den Gottesdienst von außen her?
  Beeinflussungen und Stimmungen wirken auf alle Gottesdienstteilnehmer.
- Wo findet der Gottesdienst statt, im Gemeindesaal, in der Winterkirche, in der Kirche im Freien?
- Wer gestaltet den Gottesdienst mit?
  Daraus ergeben sich vielerlei neue Fragen. Wer hat den Hauptpart? Wer sind die »Nebendarsteller«? Wer sind die sonstigen Mitwirkenden?
- Wohin gehen die Kommunikationsrichtungen in den einzelnen Szenen?
  Gibt es klare Ausrichtungen zu Gott und zur Gemeinde? Wann wechseln die Richtungen?
- Wann finden Rollenwechsel statt?
  Wann bin ich mehr der Prediger, wann bin ich mehr Priester?
- Was mache ich von wo aus?
  Die Begrüßung aus der mittleren Achse ist z.B. eine andere Begrüßung als die vom Stehpult aus. Begrüße ich mit Ringbuch oder ohne Ringbuch?
- Mit welchem *Opening* fange ich den Gottesdienst an?
  Diese Entscheidung beruht zum größten Teil auf theologischen Vorüberlegungen. Habe ich einen »hochliturgischen« Gottesdienst, in dem es keine persönliche Begrüßung gibt? Oder ist es ein Familiengottesdienst, zum Beispiel zum Erntedankfest, in dem wir mehr mit persönlichen Dingen zu tun haben, wo die Gemeinschaft eine große Rolle spielt und die rituelle Form in den Hintergrund treten kann?
- Welche Gemeinde erwarte ich?
  Ist es eine vertraute Gemeinde, die sich mit dem Ablauf des Gottesdienstes auskennt? Oder ist es eine Gemeinde, die mehr aus Fremden besteht, sodass man sie im Ablauf begleiten muss?

Grundsätzlich kann man zur Skriptanalyse sagen: Sie ist ein sehr wesentliches Werkzeug zum Erforschen des Gottesdienstes, und sie bildet neben der liturgischen Präsenz die zweite Säule der Arbeit am Gottesdienst.

Subtext und Text

Der Subtext ist das Feuer einer jeden Kommunikation. Er kommt dann zur Wirkung, wenn die Gemeinde den Text zu Gehör bekommt, und er hängt von ihrer sozialen Zusammensetzung ab. Das heißt, wir ändern unser Handeln, unser Tun und Sprechen, wenn wir in Kontakt mit anderen Menschen sind.
Der Text allein stellt immer nur einen Teil der Kommunikation dar. Erst in Verbindung mit dem Subtext und durch die Stimmung, die bei der Kommunikation

erzeugt wird, entsteht diese Spannung zwischen *Text* und *Subtext*. Das ist das Salz in der Suppe einer jeden Kommunikation. Wissenschaftler sagen uns, dass von 100 Prozent Kommunikation 93 Prozent Subtext sind, nonverbale Kommunikation. Nur 7% wird vom Inhalt bestimmt.

Der Subtext ist das, was wir immer wahrnehmen. Das geschieht nicht bewusst, sondern auf der Ebene von Gefühl und Ahnung. Der Subtext wird intuitiv wahrgenommen, als Schwingung, als Emotion. Beim Redner sind es kleinste Veränderungen im Kehlkopf, in der Blickrichtung, in der Stellung des Kopfes im Verhältnis zu den Armbewegungen, die den Subtext erzeugen. Der Redner kann den Subtext kaum kontrollieren. Er kann ihn auch nicht vermeiden. Ein Subtext wird immer entstehen.

In Theater und Film geht es darum, dass man zwischen Text und Subtext Spannung erzeugt. In der Kirche geht es dagegen darum, Text und Subtext in eine Kongruenz zu bringen. Hier soll der Hörer nicht durch eine Spannung zwischen Text und Subtext irritiert werden: Die Predigerin und der Prediger stehen für das, was sie sagen. Allerdings haben sie auch Dinge zu sagen, die weit über ihren Horizont hinaus gehen. Beide sprechen für mehr als nur für sich. Sie sprechen auch für das, was sie verkünden.

Um die Spannungen, die sich daraus ergeben, bewältigen zu können, kann man ein Hilfsmittel benutzen, das *Substitut*. Da hat sich zum Beispiel ein Pfarrer gerade von seiner Frau scheiden lassen. Wie soll er jetzt ein Paar trauen? Wie soll er von Treue reden und ein Treueversprechen abnehmen? Das ist nur möglich durch die Benutzung eines Substituts. Das bedeutet: Während der Amtshandlung ist der Pfarrer mehr als nur eine private Person, die sich hat scheiden lassen. Der Priester ist mehr als die Person, die im privaten Bereich Schwierigkeiten mit Menschen hat. Trotzdem kann er seine Lebenserfahrung nutzen. Seine Predigt über Liebe und Treue muss nicht allein schon wegen seiner persönlichen Situation unglaubwürdig sein.

Das Geheimnis der Stimmigkeit zwischen Text und Subtext ist, dass beide in Kontakt zueinander bleiben müssen. Wir hören das eine, und wir nehmen zugleich auch das andere wahr. Wir sehen den Bruch, die Unterschiede, aber wir müssen erkennen: Das eine hat mit dem anderen zu tun. Eins ist der Spiegel des anderen. Wenn das nicht möglich wäre, dürfte auch niemand das Wort »Gott« in den Mund nehmen. Denn Gott ist immer mehr, als wir sagen können. Seine Wirklichkeit ist unaussprechlich. Trotzdem sprechen wir von Gott in unseren Bildern und Erfahrungen, und meinen damit eine Welt, die weit über das hinausgeht, was wir mit Worten ausdrücken können.

Energie aus Details

Ein Schlüsselsatz meiner Ausbildung zum Schauspieler und Regisseur war: *Energie kommt aus Details.* Diese Regel ist eines der wichtigsten Werkzeuge in der darstellenden Kunst. Einem Dirigenten ist es eben nicht egal, ob eine Achtelnote hier an dieser Stelle gespielt wird und mit welcher Dynamik sie im Zusammenhang eines Taktes zu spielen ist. Erst diese kleinen Dinge machen aus Noten Musik. Sie machen, dass ein Klang entsteht, eine Sprache, eine lebendige Beziehung. »Die Chemie«, die zwischen den Charakteren entsteht, unterscheidet die Mittelmäßigkeit vom Könner und den Könner vom Genie.

Es geht aber in der Arbeit mit Details darum, sie richtig zu nutzen – und nicht um Perfektion. Eine selbstverliebte, übertriebene Perfektion ist nicht erstrebenswert, sondern es geht um den Geist, der hinter der Arbeit mit den Details steht. Gemeint ist eine grundsätzliche Neugier, eine Liebe zum Erforschen und Ausprobieren der Dinge. Da entdeckt jemand ein neues Detail, das die Antwort auf seine Frage sein könnte. Und plötzlich ergibt sich eine Möglichkeit, die Dinge zu lösen, die wir bisher nicht lösen konnten. Wir befinden uns damit im Herzen eines kreativen Prozesses.

Man kann heute einen Text auf eine bestimmte Art und Weise auslegen. Zwei Wochen später legt man ihn auf eine andere Weise aus. Die Gleichgültigkeit, die ich oft bei Theologen erlebe, besteht darin, dass sie glauben, es gibt nur eine oder zwei richtige Möglichkeiten, etwas treffend auszudrücken. Aber in Wirklichkeit gibt es Tausende. Und trotzdem muss die eine Möglichkeit, für die ich mich in diesem Zusammenhang entscheide, genau stimmen.

Stellen Sie sich vor, ein Orchesterstreicher spielt Tausende von Noten richtig. Wenn er allerdings mehrfach während einer Aufführung falsch spielt, kann ihn das den Job kosten. Aber in der Kirche meinen viele, sie könnten einfach so drauflos sprechen. Sie müssten das Sprechen nicht üben. Es würde schon irgendwie gehen. Und es geht dann auch irgendwie, aber die anderen hören das »Irgendwie« im Subtext sehr deutlich, und wir wissen: *Der Subtext ist mehr als 90 Prozent.*

Grundstruktur einer Inszenierung

Grundsätzlich gibt es beim Theater und beim Film bestimmte Ähnlichkeiten in den Strukturen. Da ist ein Stück, das aus mehreren Akten bestehen kann (siehe Abb. 271+272). Die Akte setzen sich aus Szenen zusammen (siehe Abb. 273). Eine Szene wiederum besteht aus *Beats and Moments*. Neben dieser dreischrittigen Struktur spricht man bei der Gliederung eines Stückes auch von Sequenzen. Bei einer Sequenz handelt es sich um eine Handlungsabfolge, die sich sowohl über mehrere Szenen als auch innerhalb einer Szene über mehrere Beats und Moments erstrecken kann (siehe Abb. 274+275). Eine ähnliche Struktur finden wir in jeder Form von Erzählung, im Märchen, im Roman, in jeder Story.

Der besondere Charakter des Sonntagsgottesdienstes als Stück

Der normale Sonntagsgottesdienst in der evangelischen Kirche hat bei uns heute etwa die Dauer von 60 Minuten. Normalerweise findet er ohne Abendmahl statt. Er hat einen Anfang, einen mittleren Teil und ein Ende. Und obwohl

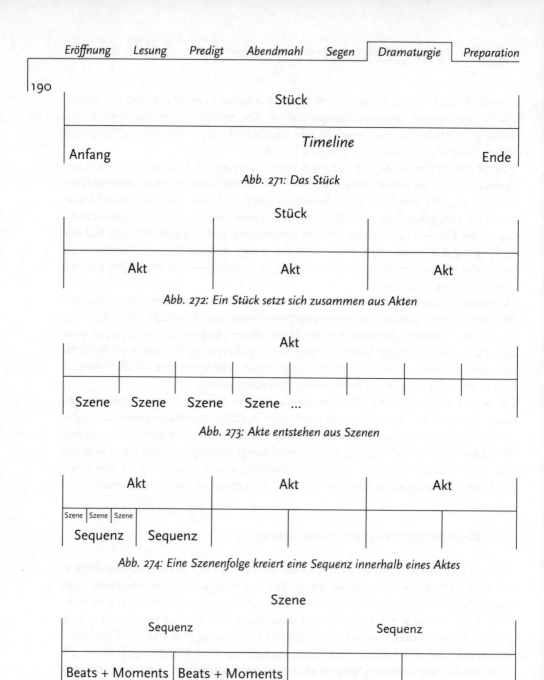

Stück

Timeline

Anfang   Ende

Abb. 271: Das Stück

Stück

| Akt | Akt | Akt |

Abb. 272: Ein Stück setzt sich zusammen aus Akten

Akt

Szene   Szene   Szene   Szene ...

Abb. 273: Akte entstehen aus Szenen

| Akt | Akt | Akt |

Szene | Szene | Szene

Sequenz | Sequenz

Abb. 274: Eine Szenenfolge kreiert eine Sequenz innerhalb eines Aktes

Szene

| Sequenz | Sequenz |

| Beats + Moments | Beats + Moments |

*Abb. 275: Eine Szene besteht aus Sequenzen,
die aus einer Folge von Beats and Moments entstehen*

sich das meiste, was wir zur Inszenierung sagen können, immer sehr konkret auf diesen einen Gottesdienst bezieht, wird der Charakter des Stückes von Faktoren bestimmt, die außerhalb von seinem Anfang und seinem Ende liegen. Schon die Vorstellung, dass an jedem Sonntag dieses Stück in vielen Variationen auf der Erde tausendfach aufgeführt wird, ist beeindruckend. Das trifft auf keine andere Veranstaltung zu, auf kein Theaterstück und auf keinen Film. Millionen von Menschen pilgern jeden Sonntag in einen Gottesdienst und nehmen daran teil. Allein die Regelmäßigkeit, in der das Stück stattfindet, die Weite und die Vielfalt, das alles sind Rahmenbedingungen, die von Anfang an zum besonderen Charakter dieses Stückes gehören.

Wie das Stück nun konkret aufgeführt wird, hängt von der Bedeutung des Sonntags ab. Auch hier haben wir die Einbindung des Stückes in einen übergeordneten Kontext, wie etwa in den des Kirchenjahres. Gründonnerstag, Himmelfahrt und Totensonntag unterscheiden sich sehr in ihrer Kernbotschaft. Die wiederum bestimmt die Auswahl der Bibeltexte, der Gebete und Lieder und natürlich die Anforderungen an die atmosphärische Einstimmung durch den Liturgen. Jeder erkennt auch sofort die Logik, nach der man den Totensonntag im November begeht. Allein das Klima im November hilft uns, in diese Stimmung des Abschiednehmens zu kommen. Die Reise nach innen beginnt schon Ende September mit Michaelis, dem alten kirchlichen Herbstfest. Es wäre in unserem Kulturkreis überhaupt nicht logisch, wenn wir im Mai, der unsere Aufmerksamkeit nach außen zieht, den Totensonntag feiern würden. Das heißt, die Sonntage sind nach einer zeitlichen Dramaturgie so über das Jahr verteilt, dass man mit ihrer Botschaft bestimmte körperliche und seelische Erfahrungen verknüpfen kann.

Ein weiteres Mittel, mit dem der Gottesdienst über sich hinausgreift, ist der »Wochenspruch«. Der Gottesdienst begleitet einen auf diese Weise durch die Woche. Dieser Meditationsgegenstand hilft uns, in Kontakt mit dem Gottesdienst zu bleiben. Man lässt seine Gedanken durch den Geist des Gottesdienstes gehen, wie manche Gläubigen die Perlen einer Gebetsschnur durch ihre Finger gleiten lassen. Sie halten Verbindung mit dem Heiligen. Wenn jemand eng mit dem Christentum verbunden ist, dann könnte das heißen, dass er einen immer während en Gottesdienst im Alltag feiert. Letzten Endes stellt der Gottesdienst im Laufe unserer Lebenszeit ja auch so etwas dar wie die Perlen auf der Schnur. Er ist ein Anstoß, eine Erinnerungshilfe: Gott hat seinen besonderen Platz an diesem Ruhetag. Das ist auf der Reise durch das Leben ein Innehalten, wo ich mir vergegenwärtige, dass es mehr gibt als nur mein Handeln, mein Tun, meine Sorgen und meine Nöte.

Der Akt

Wie die meisten Stücke gliedert sich der Gottesdienst fast immer in drei Teile: Anfang, Mitte und Ende. Dieser Dreierschritt ist wie ein Lebensweg: geboren werden, überleben und sterben. Schon Aristoteles hat ein Stück in drei Akte geteilt. Seine Theorie hat sich über Jahrhunderte bewährt. Natürlich gibt es auch Stücke mit vier, fünf, sieben oder zehn Akten. Aber auch dann wird man sich an Anfang, Mitte und Ende orientieren. 90 Prozent der Filme, die wir im Kino oder im Fernsehen sehen, folgen diesem System.

Innerhalb dieses Systems hat der erste Akt die Funktion der *Exposition*, im zweiten Akt kommt es zur *Konfrontation*, und mit dem dritten Akt endet ein Stück mit der *Auflösung* (siehe Abb. 276). Diese Abfolge beobachten wir auch im alltäglichen Verhalten. Wir beginnen eine Handlung, wir setzen sie fort, wir begegnen

Hindernissen und können sie überwinden oder auch nicht, am Ende schließen
wir die Handlung positiv, negativ oder neutral ab (siehe Abb. 277).

*Jedes Stück ist eine Synthese von Akten und Sequenzen, das heißt, von Szenenfolgen.
Der Akt ist eine Synthese von Szenen und Beats and Moments.* Jeder Akt baut dabei
beim Erzählen auf dem anderen auf. Das heißt, ich kann nicht mit dem zweiten Akt
beginnen und den ersten folgen lassen. Ich kann auch nicht den dritten Akt nach
vorne stellen, sondern die Dinge müssen logisch ineinander greifen. Eine Szene
verursacht die nächste, und die folgende setzt die vorhergehende voraus. Und
wir bewegen uns über die Akte hinaus zu einer Konzentration, zu einem ganz
bestimmten Moment, in dem eine Entscheidung fällt und in dem sich der Charakter verändert oder nicht verändert.

Diese Klimax ist von entscheidender Bedeutung: Hat der Charakter sich verändert oder bleibt er da, wo er hergekommen ist? Ein Gottesdienst hat elementare
Auswirkungen über sich selbst hinaus. Die Gemeinde soll ja in einen anderen

Exposition	Konfrontation	Auflösung
1. Akt	2. Akt	3. Akt

Abb. 276: Dramaturgische Auflösung in drei Akte

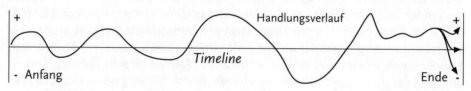

Abb. 277: Unterschiedliche Erlebnisqualitäten am Ende eines Handlungsverlaufs

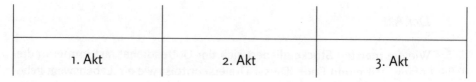

Abb. 278: 3 Akte ohne Abendmahl

Exposition	Konfrontation		Auflösung
1. Akt	2. Akt	3. Akt Abendmahl	4. Akt

Abb. 279: 4 Akte mit Abendmahl

Zustand gebracht werden. Wenn sich während des Gottesdienstes nichts ändert, dann ist er eine nutzlose Veranstaltung, dann ist es verschwendete Lebenszeit. Diese Veränderung muss nicht immer gleich zu sehen sein. Sie muss auch nicht in einem naiven Sinne positiv sein. Aber die Grundeinstellung muss sein, dass der Zustand, den alle Beteiligten am Anfang mitbringen, sich ändern soll. Sonst gibt es keine Dynamik, sonst gibt es kein Leben. Ich spreche dann von einer *No-Situation*.

Den Gottesdienst in drei Akte zu teilen, ist nicht immer schlüssig. Wenn das Abendmahl dazu kommt, ergibt sich ein 4. Akt. Gleichzeitig jedoch zähle ich das Abendmahl zum großen zweiten Teil der *Konfrontation* (siehe Abb. 278+279). Nach der Begegnung mit Gott durch das Wort ist es die Begegnung auf einer anderen Ebene im Sakrament, sodass wir bei unserer Einteilung des Gottesdienstes in drei Teile bleiben können.

Sequenz

Der Begriff Sequenz ist keine feste Bezeichnung für einen bestimmten Teil im Stück, sondern er meint eine Abfolge von Handlungen und kann in unterschiedlichen Zusammenhängen gebraucht werden.

1. Meint es eine Szenenfolge. Mehrere Szenen bilden einen Handlungsablauf, der in sich geschlossen und logisch ist (siehe Abb. 280+281).

2. Ist die Sequenz eine Folge von Handlungsschritten (Beats and Moments) innerhalb einer Szene (siehe Abb. 282+283).

3. Schließlich können Sequenzen auch von einem Akt in den anderen reichen. Sie sind dann Brücken, die uns neue Aspekte erschließen. Zum Beispiel: Warum gehen wir von dieser Stelle des ersten Aktes in den zweiten? Wo befinden wir uns jetzt im zweiten und wo gehen wir dann in den dritten? Diese Schwellen zwischen den Akten werden sichtbar, wenn man die letzten Schritte des voraus-

Eröffnungssequenz

Orgelvorspiel	Begrüßung + Eröffnung	Psalm
Szene	Szene	Szene

Abb. 280: Auflösung einer Sequenz in Szenen

1. Akt

1. Sequenz / Eröffnung	2. Sequenz / Anrufung

Abb. 281: Ein Akt besteht aus Sequenzen

1. Handlungsschritt	2. Handlungsschritt
Liturgisches Votum	Persönliche Begrüßung

Abb. 282: Grobe Auflösung: Eine Sequenz besteht aus mehreren Handlungsschritten

Persönliche Begrüßung		
Begrüßungsakt	Thema des GD	Wochenspruch / Liedankündigung

Abb. 283: Detaillierte Auflösung in Beats and Moments

Exposition		Konfrontation		Auflösung
Loslassen des Alltags	Anklingen des Themas	Konfron-tation	und Durcharbeitung des Themas des GD	

Abb. 284: Dramaturgische Sequenz verbindet Akte

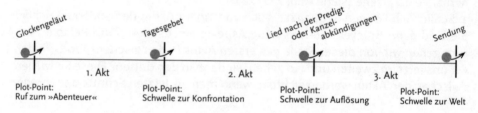

Abb. 285: Plot-Points vor den Schwellen im Gottesdienst

gehenden und die ersten Schritte des folgenden Aktes als eine eigene Sequenz betrachtet (siehe Abb. 284+285).

Beats and Moments

Die Bezeichnung *Beats and Moments* hat zwei Bedeutungen. Eine Szene besteht aus Beats and Moments. Eine Szene nach Beats einzuteilen, bedeutet, in der Skriptanalyse die Szene aufzulösen. Das heißt, ich schaue nach kleinen Handlungszusammenhängen und Sinneinheiten, um einen Überblick zu gewinnen. Was ist die Situation? Was passiert in einer Szene? Was ist ihre Intention? Wo verändert sich etwas? Wie ist die Atmosphäre?

Ein Beat ist immer eine Einheit von Aktion und Reaktion. Ist die Reaktion nicht logisch mit der Aktion gekoppelt, folgt ein neuer Beat. Wie viele Beats man in einer Szene zählt, hängt davon ab, wie groß man den Blickwinkel wählt. Man kann wie unter einem Mikroskop immer noch kleinere Einheiten anschauen. Sie geben dem Regisseur ein genaues Bild von einem bestimmten Moment (siehe Abb. 286+287).

Von Moments spreche ich innerhalb einer Szene. Man möchte in jeder Szene einen Moment haben, der den Höhepunkt darstellt. Dementsprechend haben wir auch in jeder Szene diesen Dreierschritt, die Szene fängt an, sie hat eine Mitte und sie hört auf. Dieser Dreierschritt zieht sich durch alle Teile. Wie im Stück, so haben wir im Akt und in der Szene ähnliche Strukturen (siehe Abb. 288).

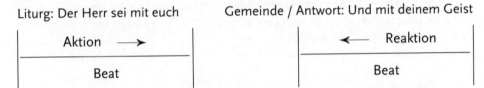

Liturg: Der Herr sei mit euch   Gemeinde / Antwort: Und mit deinem Geist

Aktion $\longrightarrow$		$\longleftarrow$ Reaktion
Beat		Beat

Abb. 286: Auflösung des Liturgischen Grußes in Beats

Timeline Liturg

Der Herr segne dich und behüte dich	Schwenk und neue Kontaktaufnahme	Der Herr lasse leuchten sein Angesicht ...
1. Beat – Sprechen	2. Beat – Nonverbales Handeln	3. Beat – Sprechen

Timeline Gemeinde

Hört den Text	Fühlt und reagiert	Hört den Text
1. Beat – Hören	2. Beat – Erleben	3. Beat – Hören

Abb. 287: Auflösung des Segens in Beats and Moments von Liturg und Gemeinde

STÜCK			AKT		
Anfang	Mitte	Ende	Anfang	Mitte	Ende

SZENE			SEQUENZ		
Anfang	Mitte	Ende	Anfang	Mitte	Ende

Abb. 288: Dramaturgischer Dreierschritt

Die Szene

Eine Szene ist in der Regel der Rahmen für eine bestimmte Erfahrung. Sie ist wie ein Raum, in dem sich das Leben abspielt. So muss man sich grundsätzlich bei einer Szene fragen: *Wo bin ich? Wo komme ich her? Wo will ich hin?* Ein wesentlicher Faktor der Szene ist deshalb der Raum. Wenn ein Gottesdienst in einer Kathedrale stattfindet, wird die Szene anders erlebt als in einer Dorfkirche oder draußen auf dem Jahrmarkt im Bierzelt. Das Abendmahl vor einem Hochaltar wird anders erlebt als im Krankenzimmer. Die Räumlichkeit in der Szene ist also von entscheidender Bedeutung.
Weiterhin spielt eine große Rolle: Wann findet diese Szene statt? In welchem Moment findet sie statt? Die Szene am Morgen hat eine andere Qualität als die am Abend. So erreicht denn der Gottesdienst am Sonntagmorgen um 10 Uhr auch nur eine bestimmte »Szene« von Leuten, während die meisten anderen Szenen dadurch ausgeschlossen werden.

Die Station

Es hat sich gezeigt, dass sich die Bezeichnung *Szene* für Teile des Gottesdienstes nicht gut eignet. Ein besserer Begriff ist in diesem Zusammenhang die *Station*. Station enthält auch einen spirituellen Aspekt. Man geht einen Weg durch den Gottesdienst. Man geht einzelne Schritte und Stufen, um sich Gott anzunähern. Ich spreche also in diesem Buch von den Stationen des Gottesdienstes, nicht von seinen Szenen.
In ähnlicher Weise tausche ich auch den Begriff der Klimax aus. Jede Szene hat als Höhepunkt eine Klimax. Für den Gottesdienst würde ich sagen: Jede Station hat ihren *Heiligen Moment*. Nun muss man sagen, wenn sich ein einziger solcher heiligen Momente im Gottesdienst ereignet, können wir schon zufrieden sein. Wenn es in jeder Station zu einem heiligen Moment kommt, dürfen wir uns sehr glücklich schätzen und können begeistert sein.
Auch wenn das also nicht immer gelingt, so können wir doch mit den Mitteln der Inszenierung die Bedingungen dafür schaffen. Das Erlebnis der heiligen Momente selbst ist ein Geschenk, ist Gnade. Wenn man sich jedoch nachher fragt: »Warum haben wir diesen besonderen Augenblick gerade an der Stelle erlebt?«, dann hat das häufig damit zu tun, dass viele Faktoren in einem stimmigen Verhältnis zueinander standen. Und dazu kann man viel beitragen.
Eine besondere Bedeutung kommt dabei der Gestaltung der Übergänge und der Schwellen im Gottesdienst zu. Hier erfährt das Geschehen eine Steigerung. Es ändert die Richtung, es nimmt einen neuen Verlauf. Die Aufmerksamkeit wird gebündelt. Der Gottesdienst selbst zeigt als Stück eine große Zahl von Schwellen, die wir überschreiten. Wir verlassen den Alltag, um uns auf den Gottesdienst vorzubereiten, wir kleiden uns ein mit Worten und mit Gesängen, der Liturg hat den Talar, wir reinigen uns, wir treten vor Gott, erst bescheiden und vorsichtig, dann ein bisschen mutiger. Wir überwinden immer wieder neue

Schwellen. Es werden immer mehr Türen zu einer intensiven Erfahrung geöffnet.

Das Verhältnis vom Stück-Spine zum Rollen-Spine

Gegenüber dem *Stück-Spine*, der sich auf den ganzen Gottesdienst bezieht, betrifft der *Rollen-Spine* die einzelnen Personen, die im Gottesdienst in verschiedenen Funktionen handeln. Im Theater muss sich ein Schauspieler klar darüber sein, was er in dem Stück will und soll. Der Held hat einen Rollen-Spine, der sich über das ganze Stück hinzieht und den roten Faden für den Schauspieler bildet (siehe Abb. 289+290). Ein *Spine*, das sind die Wünsche und Absichten, die Hauptintentionen, die ein Charakter hat. Auf der Bühne entsteht die Dynamik eines Stückes oft dadurch, dass die unterschiedlichen Charaktere unterschiedliche Spines haben und daraus Konflikte, Hindernisse und Aufgaben erwachsen. Wenn unser Held im Film ein Ziel verfolgt, gibt es meist einen Gegenspieler, der die Hindernisse schafft. Der Rollen-Spine dient dazu, trotz der Hindernisse am Ziel festzuhalten und es auf jeden Fall zu erreichen.

Im Gottesdienst kann der Rollen-Spine der Liturgin und des Liturgen auf vielerlei Weise gestört werden. Zum Beispiel durch die Gemeinde, durch sich selber oder durch technische Gegebenheiten. Also muss der Rollen-Spine aktiviert werden, um die Hindernisse, die sich einem entgegenstellen, zu überwinden. Dieser Rollen-Spine kann zum Beispiel bei der Begrüßung sein, mit der ich Nähe zur Gemeinde schaffen will. An diesem Gedanken hält der Liturg während der Station der Begrüßung fest, auch wenn zum Beispiel das Mikrofon ausfällt oder wenn Leute zu spät kommen.

Beim Abendmahl kann ein ganz anderer Rollen-Spine zum Tragen kommen. Vielleicht der, dass die Liturgin eine Atmosphäre der Erleichterung und Erlösung hervorrufen will. Es gibt einen übergeordneten Rollen-Spine, der ändert sich wäh-

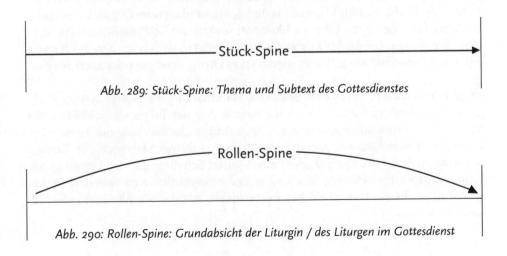

Stück-Spine

Abb. 289: Stück-Spine: Thema und Subtext des Gottesdienstes

Rollen-Spine

Abb. 290: Rollen-Spine: Grundabsicht der Liturgin / des Liturgen im Gottesdienst

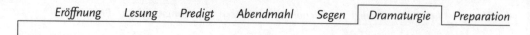
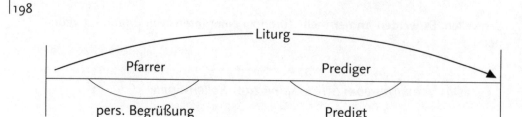

Abb. 291: Haupt- und Nebenrollen während des Gottesdienst-Verlaufs

rend des ganzen Gottesdienstes nicht. Und es gibt verschiedene *Sub-Spines*, die sich von Szene zu Szene ändern können und dem großen Rollen-Spine zuarbeiten (siehe Abb. 291). Jede Situation erfordert eine bestimmte Rolle; die wiederum wird getragen vom Sub-Spine.

Teilpersönlichkeiten und Rollen

Wenn man Pfarrerinnen und Pfarrern gegenüber von Rollen spricht, ist immer wieder ein starker Widerstand zu spüren. Sie sagen: »Ich will keine Rollen spielen. Ich bin Pfarrer und Mensch. Weitere Rollen sind bei uns in der Kirche nicht notwendig.« Diese Abwehr beruht auf einem Missverständnis. Es geht nicht darum, eine Rolle *zu spielen*, sondern darum, in einer Rolle *zu sein*. Wenn der Liturg bei einer persönlichen Begrüßung nur der Liturg bleibt, dann wird er dieser Station nicht gerecht. Es geht also um eine kleine Fassettenänderung in der Zusammensetzung seiner Gesamtrolle als Liturg aus verschiedenen Teilpersönlichkeiten.

In diesem Sinne wechselt der Pfarrer draußen im Alltag auch ständig seine Rollen. In einem bestimmten Moment ist er Vater, dann ist er der Geliebte, dann ist er der Ehemann, dann ist er der Leiter der Jugendgruppe oder der Vorgesetzte seiner Mitarbeiter. Ebensolche Rollenwechsel gibt es im Gottesdienst. Da ist der Autor, der das Manuskript für die Predigt schreibt, da ist der Organisator, da ist der Darsteller, der in die Öffentlichkeit tritt und diesen Teil verkörpert. Da ist er manchmal sogar (wenn der Küster die Arbeit nicht macht) noch der, der für sein eigenes Bühnenbild sorgt. Dann wieder ist er Liturg, Prediger oder auch Seelsorger.

Es geht also darum, durch eine bewusste Handhabung die Energien dieser Teilpersönlichkeiten zu nutzen. Denn die Aktivierung der Teilpersönlichkeiten löst bestimmte Körperhaltungen und ein bestimmtes Denken aus, die Teilpersönlichkeit hilft dem Liturgen jeweils, die unterschiedlichen Stationen des Gottesdienstes zu meistern. Die Fähigkeit eines guten Schauspielers und eines guten Liturgen ist es, im richtigen Moment in der richtigen Rolle zu sein und sie bewusst zu wechseln. Das ist ein Bewusstseinsakt, der viel Wachheit und viel Präsenz erfordert.

Blocking und Staging

Blocking bedeutet, einen Handlungsablauf in allen einzelnen Schritten detailliert durchzugehen. Wie beginnt die Handlung? Wie ist ihr Verlauf? Welche Gegenstände werden wie benutzt? Wie ist es mit Drehungen und Blicken?
Vom *Blocking* unterscheidet sich das *Staging*. Staging meint das Durchgehen eines Handlungsablaufs im Blick auf die Positionen im Raum und auf die Beziehung zu anderen Menschen und Objekten. Wo stehe ich? Wann verlasse ich den Ort und in welcher Richtung? Wo befinde ich mich im Verhältnis zu anderen? Wenn man mit einem Vikar vor seinem ersten Gottesdienst in der Kirche einmal den gesamten Ablauf durchgeht, ist dies mit Sicherheit eine große Starthilfe. In den Trainingskursen zur liturgischen Präsenz spielen diese beiden Dinge, Blocking und Staging, eine wesentliche Rolle.

Handlungsbögen

Handlungsbögen sind logische Zusammenhänge, die sich innerhalb einer Reihe von Handlungselementen ergeben. Wenn zum Beispiel jemand während des ganzen Gottesdienstes die Gebete zum Altar hin spricht, aber irgendwann ein Gebet zur Gemeinde hin, dann hat er diesen Bogen unterbrochen. Er hat während des ganzen Gottesdienstes eine bestimmte Richtung für das Gebet etabliert, und mit seiner Ausnahme durchbricht er diese Logik. Das mag für ihn selbst stimmig sein. Die Frage ist, ob die Gemeinde nachvollziehen kann, warum plötzlich diese Änderung stattfindet. Die Art der Etablierung einer Handlungssequenz hat immer Folgen für die Art ihrer Fortsetzung. Ich kann also nicht beliebig neue Handlungsbögen erschaffen, ohne die Gemeinde vorzubereiten oder ihr den Sinn der Änderung klar zu machen. Schließlich hängt das Gelingen des Gottesdienstes davon ab, dass die Gemeinde den einzelnen Schritten folgen kann.

Substitut

Substitute sind Werkzeuge. Der Gebrauch von Substituten dient immer dazu, die Spannung zwischen Text und Subtext auf ein erträgliches Maß zu reduzieren. Wie erschafft man sich ein Substitut? Stellen wir uns einen Schauspieler vor, der im Film eine Liebesrolle spielt, aber seine Partnerin gefällt ihm nicht oder er gefällt ihr nicht. Sie müssen aber ihre Arbeit tun und das Publikum muss ihnen abnehmen, dass sie einander lieben. Hier greift die Technik des Substituts. Der Schauspieler imaginiert sich eine Frau, die er anhimmeln kann. Gedachte Personen können also ein Substitut sein.
Aber auch Sätze und Inhalte oder Bilder können ein Substitut sein. Ich kann zum Beispiel ein formelhaftes, mir fremdes Sündenbekenntnis, das offiziell gesprochen werden muss, mit einem Substitut unterlegen. Ich fülle die Worte mit einem Sinn, den ich nachvollziehen kann, und bin damit in der Lage, auch das

formelhafte Bekenntnis »mit Seele« zu sprechen. Ein Substitut hat immer das Ziel, die Gemeinde nicht auf Dinge zu lenken, die sich von meiner Person aus als Störung zeigen könnten.

Wenn ich private Schwierigkeiten habe, dann erschaffe ich mir ein Substitut. Mit etwas Distanz zu der Sache kann ich meine Arbeit bewältigen. Sonst müsste ich mich krankschreiben lassen. Wenn ich aber in die Öffentlichkeit gehe, dann muss ich meine Arbeit machen. Ich erinnere mich an eine Vikarin, die sagte: »Ich spreche nur Texte, die mir gefallen.« Diese Haltung kann sich ein Schauspieler nicht leisten. Ebenso erwarte ich als Gemeindeglied von einer Pfarrerin, dass sie sich mit Sachen auseinander setzt, die ihr nicht gefallen. Sie tut es für mich. Ich möchte, dass sie mir diese Texte nicht vorenthält. Und ich erwarte von ihr, dass ich beim Hören nicht so sehr mit ihren Problemen beschäftigt werde, sodass ich den Text nicht mehr hören kann. Auch ein Schauspieler darf nicht seine eigene Show abziehen oder seine Defizite herzeigen. Das ist nicht seine Aufgabe auf der Bühne.

Zusammenspiel und Aufgabenverteilung

Die normale Rollenverteilung weist der Liturgin und dem Liturgen ihre liturgischen Aufgaben zu. Mit ihnen zusammen arbeiten Lektoren oder Presbyter, die die Begrüßung und die Lesungen halten. Leider mutet man ihnen oft zu viel zu. Sie bekommen zehn Minuten vor dem Gottesdienst einen Text und sollen ihn lesen. Das führt im Verlauf des Gottesdienstes häufig zur Absenkung des Energieniveaus durch eine schlechte Lesung.

Eine andere wichtige Rolle spielt der Kirchenmusiker. Da gibt es oft einen »Kampf der Giganten«: Pfarrer gegen Kantor oder Organist. Diese Spannungen können den Gottesdienst erheblich beeinflussen. Ein Kantor improvisiert zur Eröffnung über sieben oder acht Minuten hin Dinge, die nicht das Thema des Gottesdienstes sind. Einer muss dem anderen offenbar beweisen, dass er wichtiger ist. Mancher Pfarrer hat sich das selbst zuzuschreiben. Geringschätzung dieser künstlerischen Aufgaben oder eine musikalische Bevormundung führen nicht selten dazu, dass Kantoren musikalisch Rache nehmen. Das Zusammenspiel der beiden im Gottesdienst sollte von störenden Emotionen freigehalten werden. Beide zusammen sind für die wertvolle und sensible Gestaltung des Gesamtkunstwerks Gottesdienst zuständig. Zumindest in der Organisation darf man hier ein gewisses Maß an Professionalität erwarten. Alle Gottesdienstumfragen bescheinigen der Kirchenmusik immer wieder eine große Erwartungshaltung seitens der Besucher. Die Musik ist der Teppich im Gottesdienst, der alle Stationen miteinander verbindet. Es ist wie bei der Musik im Film, sie kann Stimmungen erzeugen, auffangen, vertiefen und weitertragen.

Bei anderen ehrenamtlich Mitwirkenden sollte darauf geachtet werden, dass sie für ihre Aufgabe gut ausgebildet und vorbereitet sind. Sonst ist der Abstand zwischen ihnen und den professionell Mitwirkenden so groß, dass sie in ein schlechtes Licht geraten.

Der Küster ist mit dem Inspizienten am Theater zu vergleichen. Das ist ein ausgesprochen wichtiger Posten, der den Ablauf der Inszenierung sicherstellt. Der Küster ist zugleich auch Requisiteur. Er stellt das Bühnenbild. Er pflegt und hängt die Paramente. Er bereitet die Geräte für Taufe und Abendmahl vor. Er hat wesentlichen Einfluss auf die Atmosphäre im Raum, auf seine Ordnung und Sauberkeit, Temperatur und Lüftung. Oft ist er verantwortlich für Licht und Tonregie. Das Läuten liegt in seiner Hand, einschließlich der wichtigen Vaterunser-Glocke. Schließlich ist er in seiner Art, wie er Menschen begrüßt und verabschiedet, wie er Geld einsammelt, wie er auf Bitten reagiert oder Zurechtweisungen ausspricht, eine lebendige Visitenkarte der Gemeinde. Das wird leider oft verkannt.

Requisiten

Requisit kann alles sein. Die Bibel, die Abendmahlsgeräte, auch der Weihnachtsbaum, die Erntegaben und der Kollektenteller. Hier sind Objekte gemeint, die für den Gottesdienst eine Bedeutung haben. Das Verhältnis des Liturgen zu einem Requisit erzeugt Intensität im gottesdienstlichen Erleben oder auch nicht. Für viele Liturgen ist ihr Ringbuch das allerwichtigste Requisit. Es ist wie ein drittes Bein: Sie treten nicht ohne auf. Grundsätzlich muss man sagen: Es gibt Momente, in denen das Ringbuch gebraucht wird. Und es gibt Momente, in die es wirklich nicht hineingehört. Wenn man das Ringbuch benutzt, sollte man sich auch im Klaren darüber sein, *wie* man es in der Hand hält, ob es sich um einen liturgischen Akt, ein Gebet oder einen persönlichen Akt handelt. Ein Ringbuch sollte immer gut in der Hand liegen. Es sollte mit einer Hand gut zu greifen sein und keinesfalls das DIN-A5-Format überschreiten.

Konfessionelle Unterschiede bei der Inszenierung

Am Anfang meiner Beschäftigung mit der *Liturgischen Präsenz* war ich im Predigerseminar in Essen in einem Raum, der einem Gemeindesaal gleicht. Ich habe gesagt: »Ich würde gerne in einen Gottesdienstraum gehen.« Mir wurde geantwortet: »Wir sind im Gottesdienstraum.« Ich wunderte mich: »... Hier sind gar keine Kerzen, hier ist kein Altar. Das ist doch kein Gottesdienstraum ...« Darauf wurde mir gesagt: »Herr Kabel, Sie können erkennen, welche Theologie hinter einem Gottesdienst steht, wenn Sie das Beffchen anschauen. Unser Beffchen ist ganz geschlossen. Es ist das reformierte. Das ganz offene ist das lutherische. Dann gibt es noch eine dritte Variante, das ist das unierte. Halb auf, halb zu (siehe Abb. 292). Wir haben hier keine Altäre. Wir haben auch keine Kerzen, weil es die bei uns nicht gibt. Bei uns gibt es einen Abendmahlstisch, aber sonst nichts.« Ich hatte geglaubt, jeder evangelische Gottesdienst in Deutschland sei so wie der lutherische, den ich aus meiner Heimat kannte. Meine Vorstellung war naiv. Heute weiß ich: Es gibt eine Vielzahl von Varianten, die sich kaum einer vorstel-

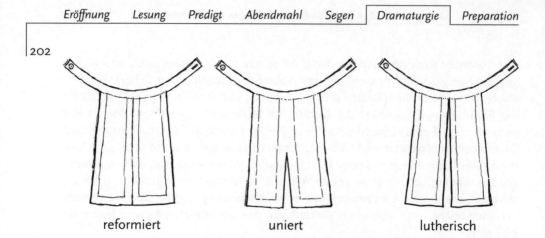

reformiert   uniert   lutherisch

Abb. 292: Beffchen: Die drei Wege zur Theologie

len kann. Manche Gottesdienste beginnen lutherisch, werden reformiert und enden uniert. Es ist ein Sammelsurium von Formen und Gestalten. Deshalb geht es hier in diesem Buch nicht darum zu sagen: Es gibt nur die eine Form und die eine Form ist die richtige, sondern es geht darum, dass jede Form ihr Recht hat. Sie ist gewachsen. Sie hat ihre Prägung, ob nun katholisch, lutherisch, reformiert oder uniert. Ich werte nicht diese Form und ich will sie nicht verändern. Mir geht es um Stimmigkeit und Logik. Sind wir in Bayern, gibt es Kreuzträger. Sind wir in Schleswig-Holstein, dann ist es vielleicht ein liturgischer Akt zu sagen: »Moin, moin, liebe Gemeinde.« Und die Gemeinde antwortet: »Moin, moin, Herr Pfarrer.« Wenn man diesen liturgischen Akt als Pfarrer nicht akzeptiert, dann heißt es: »Sie passen nicht hierher. Sie gehen besser wieder.«

Zweiter Teil

Zur Dramaturgie des Gottesdienstes im praktischen Verlauf

Im ersten Teil dieses Kapitels wurden Techniken und Werkzeuge der Dramaturgie vorgestellt. Hier sollen sie nun auf den Gottesdienst angewendet werden. Dabei orientieren wir uns am tabellarischen Ablauf eines Gottesdienstes. Dieser Entwurf wird nicht allen Gottesdienstformen mit ihren konfessionellen und landeskirchenspezifischen Unterschieden gerecht. Er beinhaltet Elemente und Strukturen, die ein normaler evangelischer Gottesdienst in seiner Grundform haben könnte. Es geht um die Prinzipien einer dramaturgischen Analyse des Gottesdienstes, die dann in der Übertragung auf die jeweils konkreten Formen erst ihre Anwendung finden müssen.

1. Akt: Exposition

1. Akt: Exposition		2. Akt: Konfrontation	3. Akt: Auflösung
1. Sequenz	2. Sequenz		

Abb. 293: Dramaturgische Aufteilung: Zerlegung in drei Akte und Sequenzen (ohne Abendmahl)

Erste Sequenz: Eröffnung

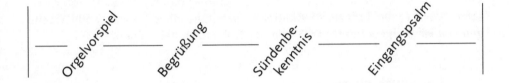

Abb. 294: Auflösung der ersten Sequenz

Der Gottesdienst beginnt vor dem ersten Auftritt des Liturgen. Einen exakten Zeitpunkt für den Beginn zu bestimmen, ist schwierig. Vielleicht muss man von einer Zeitzone sprechen, die die Eintrittsschwelle zum Gottesdienst darstellt. Während des Glockengeläuts haben die Menschen den Raum betreten. Im Theater ist das dreimalige Klingeln vor der Aufführung ein »Ruf zum Abenteuer«. Man begibt sich in eine andere Welt und setzt sich der anderen Wirklichkeit aus. In der Regel folgt dem Geläut unmittelbar Musik. Ein Klang, der von außen kam, wird durch einen anderen Klang im Innenraum abgelöst. Die Musik soll sammeln, konzentrieren und nach innen führen, nicht aufwühlen oder zerstreuen.
In der Oper ist das die Zeit der Ouvertüre. Auch die Eröffnungsmusik des Gottesdienstes hat Themen, die sich trotz einer gewissen Weite schon auf das Folgende beziehen. Dieser Bezug geschieht aber in quasi homöopathischer Dosierung. Wir werden allmählich auf die Atmosphäre, zum Beispiel des Ewigkeitssonntages oder des Pfingstfestes, vorbereitet. Es beginnt ein Sich-Lösen vom Alltag und seinen Problemen. Wir werden in eine neue Richtung gelenkt. Man könnte auch sagen: Wir packen unsere Sachen für die Pilgerreise durch den Gottesdienst. Diese Musik führt uns über die Schwelle. Wir gehen zunächst durch ein Niemandsland, wo noch rudimentäre Elemente aus dem Alltag auftauchen. Da kommt zum Beispiel jemand zu spät und lässt hektisch das Gesangbuch fallen. Noch ist nicht klar, ob es wirklich ein gutes Erlebnis für uns sein wird. Während dieser Musik kann es sein, dass wir den Einzug des Pfarrers erleben. Es kann aber auch sein, dass der Pfarrer schon im Gottesdienstraum sitzt. Das hängt von den örtlichen Traditionen ab.

Begrüßung

Die Begrüßung, ob liturgisch oder persönlich, hat immer einen grundsätzlichen Spine: Kontakt aufnehmen, Nähe schaffen – auf der menschlich-sozialen wie auf der spirituellen Ebene. Zugleich bereitet sie uns vor oder führt uns sogar ein Stück weit ein in die Grundatmosphäre und das Thema des Gottesdienstes. Bei der Begrüßung geht sozusagen der Vorhang auf. Es zeigt sich etwas. Wir hören ein liturgisches Votum. Das gibt der Veranstaltung ihren besonderen Charakter. Wir befinden uns also nicht in irgendeiner normalen Feier, sondern wir sind zusammen »im Namen des Vaters und des Sohnes und des Heiligen Geistes«. Zum ersten Mal wird die Aufmerksamkeit ausdrücklich in Richtung Altarraum gelenkt. Es wird uns gesagt, auf welchen »Gegenstand« sich der Gottesdienst bezieht. Der Wochenspruch kann diese Absicht unterstützen. Fraglich wird sein Gebrauch an dieser Stelle allerdings, wenn er das trinitarische Votum ersetzt. Wenn er wirklich als Meditationsgegenstand für die kommende Woche gemeint ist, sollte er besser am Ende des Gottesdienstes stehen.

Sündenbekenntnis

Ein weiteres, dramaturgisch wichtiges Element zu Beginn ist die explizite Trennung vom Alltag, das Loslassen oder, in gesteigerter Intention, die Reinigung. In einigen Gemeinden ist es in jedem Gottesdienst üblich (in anderen nur, wenn Abendmahl gefeiert wird), dass auf die Begrüßung unmittelbar das Sündenbekenntnis folgt. Für viele Gottesdienstteilnehmer mag dieser Akt zunächst befremdlich wirken. Aber wenn man sich vergegenwärtigt, dass das Sündenbekenntnis ein Element der Reinigung ist, das uns hilft, von Belastungen frei zu werden und danach die ganze Aufmerksamkeit auf den Gottesdienst richten zu können, dann ist dieser konfrontierende Schritt am Anfang sinnvoll. Deshalb sollte man darauf achten, dass die Formulierungen des Sündenbekenntnisses und die Art, wie sie gesprochen werden, auch wirklich diesen positiven, reinigenden Charakter zum Ausdruck bringen. Man sollte dieses »weiße Gewand«, das man hier für seine Pilgerreise bekommt, auch wirklich erleben. Es sollte nicht so wirken, als würde man gedemütigt oder in einen grauen Sack statt in ein weißes Gewand gesteckt. Hier spielt das stille Gebet mit innerer Beteiligung des Einzelnen eine ebenso große Rolle wie ein deutlicher Gnadenzuspruch, die Vergewisserung der Reinigung an Geist und Seele. Gnadenzuspruch und Sündenbekenntnis gehören unmittelbar zusammen.

Duale Grundstruktur

Diese Dualität ist etwas, das die Dramaturgie des ganzen Gottesdienstes auf faszinierende Weise prägt. Es gibt immer wieder Plus und Minus, ein Wechselspiel der Kräfte, wie Ein- und Ausatmen, Hören und Antworten. Das ist ein

Abwechseln der Energien. Der ganze Organismus Gottesdienst ist wie ein lebendiges Netzwerk, dessen Teile voneinander abhängen im Öffnen und Schließen, Weitwerden und Engwerden.

Eingangspsalm

Mit dem nun folgenden Introitus kommen wir wieder auf eine neue Stufe des Bewusstseins und in eine neue Tiefe des Gottesdienstes. Es begegnet uns ein »Urtext«, der Psalm aus dem Ersten Testament. Der Psalm gibt uns zunächst die Grundstimmung eines Gottesdienstes vor. Er ist speziell diesem Sonntag zugeordnet und er kann der Klage Ausdruck geben oder der Freude. Er kann ein feierliches Gebet sein. Er bringt Dinge zum Ausdruck mit Worten, die uns sehr bekannt und lieb, die uns aber auch ganz fremd sein können. Oft spricht er von extremen Gefühlszuständen in der Beziehung zu Gott, im Ringen und in der Auseinandersetzung mit Gott, aber auch im Vertrauen und in der Geborgenheit. Es sind Gefühle und Arten des Ausdrucks, die wir uns heute kaum noch leisten. Sie sind Energie pur. Mit den Psalmen erspüren wir den Wurzelboden der alttestamentlichen Frömmigkeit. Wir werden erinnert an den Glaubensgrund, auf dem auch Jesus stand und den er nie verlassen hat. Dieses Element darf nie fehlen in einem Gottesdienst, weil sonst die Verbindung zum Ursprung, zum Beispiel zur Geschichte Israels, zur Schöpfungsgeschichte und zu den Geboten, zu diesen wirklich tiefen Schichten der christlichen Spiritualität abreißen würde.

Gloria Patri

Nach dem Psalm haben wir einen *Plot-point*, einen Wendepunkt. Auf den Psalm folgt als Antwort das »Ehre sei dem Vater«. Hier ist (abgesehen vom Eingangslied) zum ersten Mal die Gemeinde gefordert. Sie stimmt ein in das Gotteslob des Psalms oder sie kontrastiert die Klage ihrerseits mit dem Lob. Anders als früher, als diese Psalmen nur vorgesungen wurden, singt man heute an dieser Stelle als ganze Gemeinde oder mit dem Chor zusammen, dann entsteht hier ein besonders tiefes Gemeinschaftsgefühl, eine besondere Klangerfahrung. Früher zogen die Liturgen während dieses Psalmtextes durch den Mittelgang in die Kirche ein. Wenn sie vorne am Altar angekommen waren, konnte die Gemeinde einstimmen mit ihrem Ruf »Ehre sei dem Vater und dem Sohn ...«. Auf einen alttestamentlichen Text wird nun ein christlicher, ein trinitarischer Schluss gesungen. Die Gemeinde signalisiert: Wir sind mit dem Liturgen zusammen in den Kirchenraum eingezogen, und wir stehen jetzt zusammen mit ihm vorne vor dem Altar an heiligster Stelle. Der Einzug ist damit beendet.

Zweite Sequenz: Anrufung

Abb. 295: Auflösung der zweiten Sequenz

Wir sind nach dem Gang durch die Erinnerung an die Wurzeln unseres Glaubens in der Gegenwart dieses Gottesdienstes angekommen. Damit sind wir im Grunde längst übergegangen zum Kernanliegen der zweiten Sequenz, der Anrufung. Oder wir sind doch bestens vorbereitet für diesen Part, für die volle und bewusste Kontaktaufnahme mit Gott. Vielleicht sind wir durch den Psalm erinnert worden an unsere Not und Bedürftigkeit, vielleicht haben seine Worte Vertrauen in uns geweckt.

Kyrie

Nach dem großen Lobgesang wenden wir unseren Blick wieder auf unsere eigene Wirklichkeit und rufen Gott um Hilfe an. Dies geschieht aber nicht kleinlaut, klagend oder nörgelig-depressiv, sondern in Verbindung dieser Bitte mit einem starken, trotzigen Bekenntnis. Wir sagen: »Kyrie«, du bist der Herr, es gibt dich, Gott. Du bist nicht irgendeine Erfindung, sondern du hast bestimmte Dinge versprochen, wir möchten auch, dass du sie hältst. Du hast gesagt, du lässt uns nicht allein, du stehst immer zu uns.
In diesem Kyrie ist auch ein Element der Konfrontation enthalten. Unser Selbstbewusstsein wird gestärkt. Ich darf mit Gott sprechen – und zwar laut und öffentlich. Das ist anders, als mit irgendeinem Menschen zu sprechen. Und ich kann das überhaupt nur wagen, weil es vorher ein Element der Reinigung gab. Meine Schuldgefühle sind mir von Gott genommen. So wage ich dieses trotzige Gebet. In der Alten Kirche war es sogar gefährlich, das Kyrie zu beten: Gott »den Herrn« zu nennen bedeutete eine Abgrenzung vom Kaiser, der als Gott verehrt werden wollte. Das Kyrie ist im Grunde die äußerste Hinwendung zu Gott: Auf Gedeih und Verderb liefere ich mich aus und sage, dass es keinen gibt, der höher ist als Gott.

Gloria in excelsis

Weniger trotzig, vielmehr jubilierend schließt sich unmittelbar der große Lobgesang der Engel aus der Heiligen Nacht an. Es wird ein Stück Weihnachtsliturgie zitiert. »Ehre sei Gott in der Höhe und Frieden auf Erden«. Hier macht sich die Gemeinde fest im Heilsgeschehen. Jesus Christus ist für uns geboren. Der, den wir eben als allergrößten Kyrios angebetet haben, wird Mensch. Aus diesem Geschehen erwarten wir die Hilfe, die wir eben von Gott eingefordert haben. Nach dem klagenden oder trotzigen Moment kommen wir ins Feiern. Damit knüpfen wir zugleich an jedem Sonntag eine Verbindung zu Weihnachten, zu einem der wichtigsten Punkte des Kirchenjahres. Es wird an die großen Heilstatsachen erinnert, die Gott schon geschaffen hat.

Kollektengebet oder Tagesgebet

Die alte Bezeichnung dieses Gebets hatte häufig das Missverständnis zur Folge, es würde um Geld gehen, um die Kollekte. Gemeint ist aber eine andere Sammlung: die Konzentration der Aufmerksamkeit, die Sammlung der Gedanken in einem kurzen Gebet, das die Anliegen dieses Tages auf einen Punkt bringt. Das heißt, wir kommen in einen anderen Zustand, die Energien wechseln. Wir haben gesungen, wir sind dynamisch gewesen, hier ist nun eine kleine Ruhepause. Nach dem großen Agieren, nach dem dynamischen Element kommen wir hier zu einer kleinen Station, die kurz, aber wichtig ist. Zum ersten Mal kommt im Rhythmus von Aus- und Einatmen explizit eine Atempause. Manchmal wird hier sogar eine kurze Gebetsstille eingehalten. Der Weg, den wir bisher im Gottesdienst gegangen sind, erscheint noch einmal kurz im Rückblick. Der Gottesdienst hat in einer großen Weite begonnen, wir haben Alltägliches abgelegt, wir haben das Alte Testament gehört, wir haben einen großen Lobgesang gesungen und einen Hilferuf, wir sind an Weihnachten erinnert worden. Aus dieser Weite führen die einzelnen Stränge immer enger zusammen wie in einem Trichter, der sich nach unten schließt. Im Tagesgebet verschmelzen unsere Anliegen mit der Botschaft des Tages und münden in einer ritualisierten Schlussformel »... von Ewigkeit zu Ewigkeit«, woraufhin die Gemeinde ihr »Amen« singt. Mit dem Amen beenden wir die zweite Sequenz und gleichzeitig schließen wir den ersten Akt.

Zwischen erstem und zweitem Akt

Man kann sagen: Die erste Prüfung ist genommen. Wir haben ein Zwischenplateau erreicht an unserem Berg. Wir sind auf einer neuen Stufe, wir haben die alte Welt verlassen und befinden uns jetzt in einer neuen Welt. Wir sind noch immer nicht ganz da, aber sehr dicht davor. Jetzt stellt sich die Frage: Was hat der erste Akt geleistet? Eine Reinigung fand statt: Wir wurden eingebunden durch Gesänge, durch die Erlebnisse in der Gemeinschaft, die Welt Gottes stellte sich vor, wir erlebten Dynamik und Jubel, und wir haben uns am Ende voller Wachheit und Konzentration in eine Gebetspause begeben.

2. Akt: Konfrontation

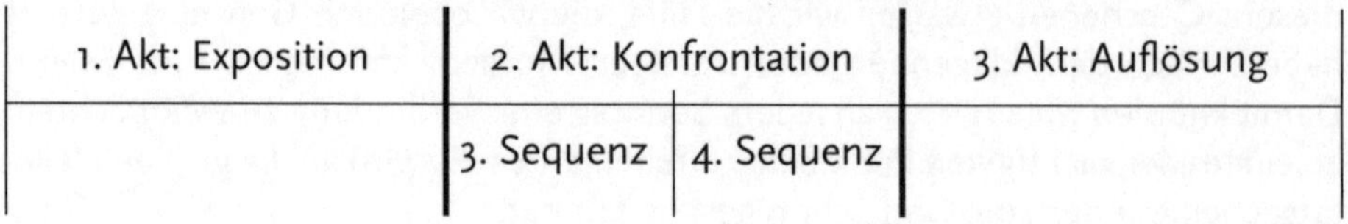

1. Akt: Exposition	2. Akt: Konfrontation	3. Akt: Auflösung
	3. Sequenz | 4. Sequenz	

Abb. 296: Dramaturgische Auflösung der Konfrontation

Nun erwartet uns der zweite Akt, wir überschreiten die Schwelle. Dieser zweite Akt hat im Film oder im Theater das große Thema »Konfrontation«. Womit werden wir konfrontiert? Was erwartet uns in diesem zweiten Akt? Sehr häufig ist es auch der längste Teil, wie im Film und im Theater, so auch im Gottesdienst. Die Schlüsselbegriffe des zweiten Aktes sind Verkündigung und Bekenntnis. Jetzt werden wir gefordert. Jetzt heißt es: Hör hin und bekenn dich dazu oder dreh um. Sag Ja oder Nein. Aber triff eine Entscheidung. Bleib nicht so, wie du bist, verändere dich oder lass dich verändern.

Dritte Sequenz: Die Lesungen und unsere Antwort

Abb. 297: Auflösung der dritten Sequenz

Biblische Lesung

Wir sind durch den vorausgehenden Prozess jetzt wirklich »nahe am Reich Gottes«; das Geschehen beginnt gleich auf höchstem Niveau, nämlich mit dem Bibeltext pur. Damit wird an dieser Stelle ein biblischer Kontrapunkt zur Predigt angelegt. Bei der Auswahl der Lesung kann man sich an zwei Kompositionsmöglichkeiten, die für den ganzen Gottesdienst gelten, orientieren.
Man kann einen Gottesdienst nach dem Prinzip »Gleiches zu Gleichem« konzipieren. Wir folgen also einem Gesamtthema, das sich wie ein roter Faden durch den ganzen Gottesdienst zieht, zum Beispiel »das Brot des Lebens«. Der Psalm, die Lieder und ganz besonders die Lesungen richten sich dann nach diesem Thema, das ebenfalls in der Predigt bearbeitet wird. Hinter diesem Prinzip kann man die pädagogische Absicht des Durcharbeitens und der Vertiefung entdecken.

Bei dem anderen Prinzip folgt der Gottesdienst keinem thematischen Gesamt-
duktus. In der Lesung wird bewusst ein Kontrapunkt gesetzt und ein anderes
Thema angesprochen, zum Beispiel »die Quelle des Lebens«. Sie ergänzt das
»Brot des Lebens«. So können auch noch einmal andere Zielgruppen im Gottesdienst angesprochen werden. Es wird eine gewisse Fülle erreicht: »Der Tisch des
Wortes Gottes soll reichlich mit vielen Speisen gedeckt sein«, sodass man darauf vertrauen kann, dass viele Hörer etwas für sich persönlich entdecken und
mitnehmen.

In manchen Gottesdiensten gibt es auch mehrere Lesungen: Altes Testament, Epistel
und Evangelienlesung. Entsprechend sollte man darauf achten, dass die Lesungen aus einem anderen Genre stammen als der Predigttext. Wenn Altes Testament gepredigt wird, sollte Evangelium gelesen werden. Wenn Evangelium gepredigt wird, sollte Epistel oder Altes Testament gelesen werden. Lesung ist Verkündigung pur. Es sollte alles dafür getan werden, dass sie ein Hörerlebnis wird,
dem sich die Gemeinde konzentriert zuwendet. Dem dient auch die Ansage, eventuell eine kleine Hinführung und das Sich-Erheben der Gemeinde.

Halleluja, Halleluja, Halleluja

Auf die Schriftlesung folgt ein gesungenes Gotteslob. In der Gemeinde
findet eine Steigerung der Energie statt. Diese Energie ist nach oben gerichtet.
Das Halleluja wendet sich zum Himmel. Die mehrfache Wiederholung der Voka-
le A, E, U, A beschreibt klanglich einen Weg durch den Körper, von den Tiefen in
die Höhen, von dumpfen zu strahlenden Lauten. Dieses Halleluja erinnert uns
auch an den Kern des Sonntags überhaupt. Es stellt eine Verbindung zur Osterli-
turgie her, zum Auferstehungstag, dem ersten Tag der Woche, der zum Prototyp
für den Sonntag wurde. Wir wenden uns mit diesem Jubelruf nach dem Hören
der Lesung ins Schauen in eine neue Zukunft, in einen neuen Morgen, in ein
neues Licht. Da kommt wieder die beschriebene Dualität zum Tragen, dieses
kosmische Zusammenspiel von Wort und Antwort, männlich und weiblich. In
der Fastenzeit, in der es nichts zu jubeln gibt, wird dieses Halleluja durch ein
schlichtes Amen ersetzt. Auch das ist aber noch ein kleines Bekenntnis, nämlich:
»So sei es«. Auch hier wird wieder die Verkündigung abgeschlossen. Es wurde
etwas geöffnet und das Amen versiegelt nun diesen Part. Folgen der Schriftlesung statt des Hallelujas oder des Amens andere Elemente wie Stille oder Musik,
sollten diese Elemente dem Charakter der Station im Gottesdienst entsprechen.

Bekenntnis

Jetzt ist eine Selbstprüfung angesagt. Im Raum steht die Frage: Stehst du zu
uns? Stehst du zu unserem Denken und Glauben? Daraufhin wird »der Vertrag
erneuert«. Das Tauf- und Glaubensbekenntnis wird öffentlich vor Gott und vor
der Gemeinde wiederholt. Dieses Bekenntnis ist kein Gebet, auch wenn es oft

so verstanden und gesprochen wird. Ein Bekenntnis ist etwas, das ich vor der Öffentlichkeit und zum Teil auch für die Öffentlichkeit tue, mit offenen Augen und mit kräftiger Stimme. Es ist nach außen gerichtet. Die alte Dynamik eines ehemalig geschlossenen Vertrages entfaltet sich wieder. Das hat nichts mit Bekehrungsfrömmigkeit zu tun, sondern es ist ein Prüfen und Bekräftigen. Bin ich bereit, mit diesem Glaubensbekenntnis zu leben? Ist das mein Glaube? Auch nach dieser Lesung, die ich gehört habe? Damit mein Glaube aber nicht allein an der zufälligen Aussage einer Lesung hängt, führt uns das Bekenntnis selbst noch einmal durch die Summe der christlichen Glaubensinhalte mit dem Schwerpunkt der Geschichte Jesu Christi. Und wer sich diesem Glauben anschließt, tut es nicht für sich allein, sondern er stellt sich in den Kreis der Gemeinde, der Kirche und der Kirchen weltweit. Damit endet die dritte Sequenz.

Wochenlied

Mit dem folgenden Wochenlied bleiben wir im Niveau auf der Höhe von Verkündigung und Bekenntnis, aber in der Dynamik erlaubt uns das Lied eine Ruhepause. Für jeden Sonntag ist ein spezielles Wochenlied festgelegt. Es entspricht zumeist dem Thema des Evangeliums und hat ebenfalls einen verkündigenden, lehrenden oder bekenntnishaften Charakter. Das Wochenlied spielt in der traditionellen Frömmigkeit evangelischer Gemeindeglieder eine große Rolle. Weil es jährlich wiederholt wird, gibt es eine ganze Reihe von Christen, die gerade diese Lieder auswendig können. Und sie erwarten auch, dass sie zu den entsprechenden Sonntagen im Gottesdienst gesungen werden. Der Tendenz, dass sich durch die ständige Wiederholung Dinge abnutzen und mit der Zeit langweilig werden, begegnete man in der Kirchenmusik durch die Gestaltung der Wochenlieder in etlichen großen kirchenmusikalischen Werken. Johann Sebastian Bach schrieb viele seiner Kantaten zu den Wochenliedern. Dramaturgisch ist das Wochenlied wieder eine Art Plot-Point, weil es uns in eine andere Richtung lenkt und uns vorbereitet für die Predigt.

Vierte Sequenz: Verkündigung und Ausblick

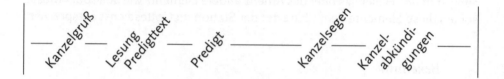

Abb. 298: Auflösung der vierten Sequenz

Predigt

Eigentlich beginnt die vierte Sequenz erst nach dem Wochenlied. Sie ist von der Konfrontation des biblischen Textes mit dem Alltag bestimmt. Diese geschieht in der Predigt. Hier erwartet uns die längste Station des Gottesdienstes, abgesehen vom Abendmahl. In der Regel ist es auch die persönlichste Station, sowohl für den Prediger als auch für die Hörer. Ich werde als Hörer unterwiesen, ich werde angeleitet, die Dinge auf eine bestimmt Art und Weise zu verstehen, und ich werde gestärkt. Mir werden Möglichkeiten gezeigt, meine Einsichten auch im Alltag umzusetzen.

In einem evangelischen Gottesdienst muss man wohl die Predigt als den Höhepunkt des zweiten Aktes bezeichnen. In manchen Gottesdiensten werden wir schon seit der Begrüßung auf die Predigt vorbereitet. Auch wenn es einen besonderen Gast in der Gemeinde gibt, wird seine Stellung durch die Mitwirkung gerade bei der Predigt herausgehoben. Man sagt nicht: »Heute ist der Herr Bischof bei uns zu Gast. Wir freuen uns, dass er nachher mit uns beten wird.« Außerdem ist die Predigt der Teil, der sich am meisten auf die Welt draußen, auf den Alltag und die Gegenwart bezieht. Eine gute Predigt ist wie ein belebendes Elixier, das wir auf unserer Reise durch den Gottesdienst verabreicht bekommen. Es kann sehr viel geistige Frische durch eine Predigt entstehen. Man wird immer erwarten, dass die Predigt Energie bringt und nicht wegnimmt. Dabei spielt auch die Dauer der Predigt eine Rolle. Häufig wird uns Hörern durch Überlänge die Energie wieder genommen, und wir fallen eher in ein Wachkoma, als dass es zu einer Steigerung der Energie für uns kommt.

Intern gliedert sich die Predigtstation noch einmal in Kanzelgruß, Textlesung, Kanzelgebet, Auslegung und Kanzelsegen. Gerade das Kanzelgebet zu Beginn weist daraufhin, dass möglichst frei gepredigt werden sollte. Man kann nicht beten: »Herr, tue meine Lippen auf ...«, und dann von seinen DIN-A5-Seiten ablesen. Das lateinische Wort »praedicare« bedeutet »zurufen«. Es geht also im Ursprung um etwas Freudiges, Bekräftigendes, Vergewisserndes. Es geht um eine Ermahnung oder um einen Trost und nicht um eine wissenschaftliche Vorlesung. Die Predigt kann mit »Amen« oder mit dem Kanzelsegen schließen, je nach liturgischer Tradition. Man sollte darauf achten, dass der liturgische Rahmen der Predigt aus gleichwertigen Elementen besteht. Ein Segen am Ende ohne einen liturgischen Gruß am Anfang wirkt disproportional.

Kanzelabkündigungen

Häufig schließen sich hier nach einem Liedvers die Kanzelabkündigungen an. Für viele Liturgen und Liturginnen stellen die Abkündigungen, egal an welcher Position im Gottesdienst, immer eine Verlegenheit dar. Sie scheinen immer zu stören. Sie unterbrechen immer einen Fluss von Energie. Aber gerade die personenbezogenen Abkündigungen haben auf der Kanzel keinen schlechten Platz. In der Geschichte war zu Zeiten der Staatskirche die Nennung der Getauften, der zu Trauenden oder der Toten die offizielle Nachricht des Standesbeamten. Heute hat die Kirche zwar diese öffentliche Funktion verloren, aber die Abkündigung von Namen wird immer noch mit großer Aufmerksamkeit in der Gemeinde gehört. So könnten die Namen hier auf der Kanzel in ein kleines eigenes Gebet eingebunden werden oder sie finden ihren Platz vor oder in dem Fürbittengebet. Andere Bekanntmachungen sollte man davon trennen und am Anfang oder Ende des Gottesdienstes platzieren, nach dem dramaturgischen Prinzip: »Wir kommen aus oder wir gehen in die Welt.« Damit schließen die vierte Sequenz und der zweite Akt.

Vor dem Dritten Akt

Wir sind durch die Prüfung gegangen. Das Element der Konfrontation liegt hinter uns und wir treiben in den dritten Akt.
Der dritte Akt kann einmal aus dem Abendmahl bestehen. Im normalen Wortgottesdienst aber, ohne Abendmahlsfeier, folgt jetzt das Gebet. Der dritte Akt hat im Wortgottesdienst die großen Säulen Gebet und Segen.

Dritter Akt: Auflösung

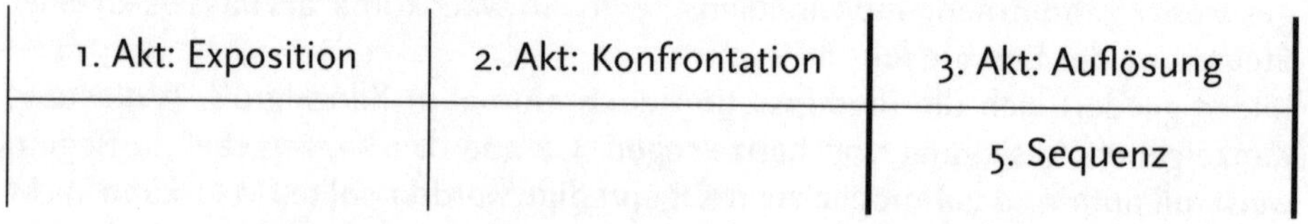

1. Akt: Exposition	2. Akt: Konfrontation	3. Akt: Auflösung
		5. Sequenz

Abb. 299: Dramaturgische Zerlegung der Auflösung

Fünfte Sequenz: Gebet und Segen

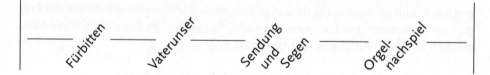

Abb. 300: Auflösung der fünften Sequenz

Fürbitten

Die Art des Gebets verändert sich jetzt. Im Eingangsteil war es mehr ein Anrufen oder ein Klagen, jetzt hat das Gebet eine andere Absicht. Von der Predigt, die in uns nachklingt, bringen wir vielleicht Fragen mit: Was brauche ich noch für die Zukunft? Wofür muss ich noch sorgen, dass ich mit gutem Gewissen wieder in die Welt gehen kann? Was gibt es noch zu bedenken? Kann ich etwas für andere tun?

Wir haben also ein Fürbittengebet, das die Anliegen der Predigt aufnehmen oder sie ergänzen kann. Wir denken voraus. Eine Verbindung zum Alltag wird hergestellt. Aber wir gehen doch noch einmal vom Alltag weg, zurück in die Nähe Gottes. Und Gott tragen wir unser Anliegen vor. Es ist eine seelische Pendelbewegung. Wir fangen an, uns langsam zu verabschieden aus der neuen Welt, in der wir jetzt waren.

Und doch ist es ein gleitender Übergang: Fürbitte, Vaterunser, Sendung und Segen bilden zusammen eine sehr sensible Sequenz, in der auch eine Steigerung stattfindet. Zwischen diesen Teilen sollten keine Liedverse oder Abkündigungen, auch keine Ortswechsel des Liturgen mehr stehen. Denn sie stellen immer eine Unterbrechung dar. Am besten bilden Fürbitte, Vaterunser, Sendung und Segen einen in sich geschlossenen Zusammenhang. So sammelt sich die Energie und steigert sich dann bis zum höchsten Punkt im Vaterunser, dem wichtigsten Gebet der Christenheit. Damit erreichen wir den allerletzten Höhepunkt, einen *Heiligen Moment*. Die Betglocke schlägt, Menschen, die nicht zum Gottesdienst kommen konnten, schließen sich womöglich draußen im Ort diesem Gebet an. Wir nähern uns Gott mit den Worten, die Jesus selbst gesprochen hat. Wir sprechen wie er.

Diese Erfahrung gilt es anzunehmen und zu verdauen. Und damit wir sie verdauen können, bekommen wir den Segen zugesprochen, in dem uns noch einmal die Nähe des Heiligen erreicht und wir gestärkt werden für den Weg nach draußen. Dramaturgisch ist für mich diese fünfte Sequenz, Fürbitte, Vaterunser, Sendung und Segen, eine der wichtigsten Sequenzen. Gliedert man diesen Teil des Gottesdienstes in *Beats and Moments*, dann ist ein Beat das Vaterunser mit seiner äußersten Annäherung an Gott. Wir treten auch räumlich nahe an das Allerheiligste heran, an den Altar, häufig auch mit dem Blick zum Kreuz gerichtet. Zur Sendung, das ist das Faszinierende an der lutherischen Liturgie, wendet man sich um, man wendet sich nicht ab, sondern man wendet sich um. Man hat diese Kraft von Gott bekommen, nun wendet man sich um und sendet die Energie weiter zur Gemeinde hin. Die Sendung ist wieder eine Vorbereitung. Die Gemeinde steht ja schon die ganze Zeit über. Sie ist schon in einem gewissermaßen erhöhten Zustand. Deshalb sollte man bei den Fürbitten auch auf Kürze und Stringenz achten, damit der Gemeinde nicht die Beine und der Kopf schwer werden. Sehr häufig geht die Energie beim Fürbittengebet verloren, weil der Liturg noch eine kleine Predigt nachliefert.

Sendung und Segen

Nun folgt der Segen selbst. Es ist für mich in der Regel der aaronitische Segen. Hier schließt sich ein großer Bogen: Wir haben mit dem Psalm aus dem Alten Testament angefangen und hören mit dem Segen aus demselben Testament auf. Beides wird in den christlichen Kontext eingebunden, zu Beginn durch das trinitarische Eröffnungsvotum und hier, am Ende, durch das Kreuzeszeichen. Für mich als Regisseur ist es faszinierend zu sehen, dass diese Dinge in einem logischen Zusammenhang stehen. Natürlich kann auch ein anderer Segen gesprochen werden. Man sollte aber wissen, was man tut und welchem Gesetz der Aufbau der überlieferten Liturgie folgt.

Nach dem »Amen«

Nach dem Amen sollte man nichts mehr machen. Das Einzige, was noch zu tun ist, ist, den Platz am Altar zu verlassen. Auch *keine* Ringbuchseiten mehr ordnen oder die Sachen packen! Was nun das Ende des Gottesdienstes angeht, gibt es zwei Varianten. Die eine besagt: hinsetzen, das Nachspiel anhören und genießen, sich von der Energie, die sich im Raum aufgebaut hat, weitertragen lassen, zur Ruhe kommen und in Ruhe hinausgehen, aber nicht eilig aufbrechen. Die andere Variante besagt: Nach dem Segen sollt ihr aufbrechen. Zwar festlich geleitet durch Musik, aber ohne zu zögern. Nach der großen Nähe zu Gott sollen wir schnell die Nähe zur Welt erleben, sollen nicht träumen, nachhängen und trauern, sondern wach und fröhlich die Schwelle nach draußen überschreiten. Auch wenn das ein bisschen ungemütlich wirkt, so ist es doch ein Schritt in die Realität, so wie eine Geburt.
Aber unabhängig davon, welche Variante für den Schluss bevorzugt wird, stellt sich die Frage: Geht der Liturg an die Kirchentür und verabschiedet er sich persönlich von den Gemeindegliedern? Für eine solche Verabschiedung spricht das Erleben der heute weithin vermissten persönlichen Kontakte. Dagegen spricht, dass die sich ergebenden kleinen Alltagsgespräche das Energieniveau des Gottesdienstes dann schnell abbauen und zerstreuen. Wichtiger aber, als einer Norm zu folgen, ist hier zu wissen, was man und warum man es tut.

Der Abendmahlsgottesdienst

Unter dramaturgischen Gesichtspunkten besteht der Abendmahlsgottesdienst wie der Wortgottesdienst aus drei Teilen: *Exposition, Konfrontation* und *Auflösung*. Das Abendmahl als großer eigener Part wird zum Konfrontationsteil gezählt. Wir haben dann folgende Struktur (siehe Abb. 301):

> EXPOSITION
> > 1. Akt: Eröffnung und Anrufung
>
> KONFRONTATION
> > 2. Akt: Verkündigung und Bekenntnis
> > 3. Akt: Abendmahl
>
> AUFLÖSUNG
> > 4. Akt: Gebet und Segen

Ich zähle das Abendmahl zur Konfrontation, auch wenn es uns auf einer anderen Ebene konfrontiert, als dies bei der Predigt geschieht. Auf eine theologische For-

Exposition	Konfrontation	Auflösung
Eröffnung + Anrufung 1. Akt	Verkündigung + Bekenntnis 2. Akt Abendmahl 3. Akt	Gebet + Segen 4. Akt

Abb. 301: Dramaturgische Aufteilung in vier Akte (inklusive Abendmahl)

mel gebracht kann man sagen: »Gott begegnet uns in Wort und Sakrament.«
Während wir bei der Predigt aber mehr von einem Hör- und Denkereignis sprechen,
so hat das Abendmahl einen ganz starken sinnlichen Aspekt. Es wird erlebt, gefeiert
und begangen. Der Körper kommt stärker ins Spiel. Es gibt etwas zu essen und zu
trinken. Wir bewegen uns und stärken das Erlebnis von körperlicher Zuwendung und Gemeinschaft. Durch das Abendmahl wird dieser mittlere Teil der Konfrontation erweitert. Der spirituelle Aspekt wird wesentlich verstärkt. Wir haben
eine tiefere Erfahrung mit den Grundkräften des Christentums, Erinnerung, Versöhnung, Gemeinschaft, Ausrichtung auf die Zukunft.

1. Akt: Exposition	Konfrontation		4. Akt: Auflösung
	2. Akt: Verkündigung + Bekenntnis	3. Akt: Abendmahl	
		5. Sequenz 6. Sequenz 7. Sequenz	

*Abb. 302: Dramaturgische Aufteilung: Zerlegung in vier Akte und Sequenzen (mit Abendmahl)
Der 3. Akt besteht dann aus der 5.-7. Sequenz.*

Das heißt nicht, dass der Wortgottesdienst weniger wert ist gegenüber dem Abendmahlsgottesdienst. Man sollte fragen, zu welcher Zeit im Kirchenjahr der Wortgottesdienst mit seiner speziellen Struktur im Vordergrund stehen sollte und wann
der Abendmahlsgottesdienst bevorzugt gefeiert werden kann. Ihre unterschiedlichen Möglichkeiten müssten stärker gewertet werden. Das bedeutet aber bei der
geringen Zahl von Abendmahlsgottesdiensten überhaupt vor allem eine Verstärkung auf dem Gebiet des Sakraments.
Im Blick auf die Struktur des Abendmahlsgottesdienstes muss man davon ausgehen, dass ein so wichtiger und großer Teil der Inszenierung nach vorne und
nach hinten ausstrahlt. Es bildet sich im Gesamtverlauf eine Art Ouvertüre des
Abendmahls und auch eine Art Nachspiel, obwohl die davon betroffenen Teile
selbst nicht direkt zum Abendmahlsritus zu rechnen sind.

Fürbittengebet

Falls das Abendmahl gefeiert wird, kann sich das Fürbittengebet gleich an das Lied nach der Predigt anschließen oder es folgt dem Dankgebet am Ende der Mahlfeier. Wenn die Fürbitten vor dem Abendmahl stattfinden, sind sie eher kurz und zügig. Es werden wenige klare Bitten sein, die sich vielleicht noch auf die Predigt zurückbeziehen. Das Gebet hat an dieser Stelle eine Brückenfunktion. Es lässt einerseits die Predigt nachklingen, andererseits können hier die angesprochenen Sorgen und Nöte an Gott gerichtet werden, sodass sich der Beter anschließend etwas freier dem Abendmahl zu wenden kann. Problematisch könnte ein Fürbittengebet hier nur werden, wenn es zu lang und zu eigenständig im Inhalt oder zu kompliziert im Aufbau ist, sodass das organische Fließen des Gottesdienstes auf das Abendmahl zu unterbrochen würde.

Fünfte Sequenz: Gebete und Gabenbereitung

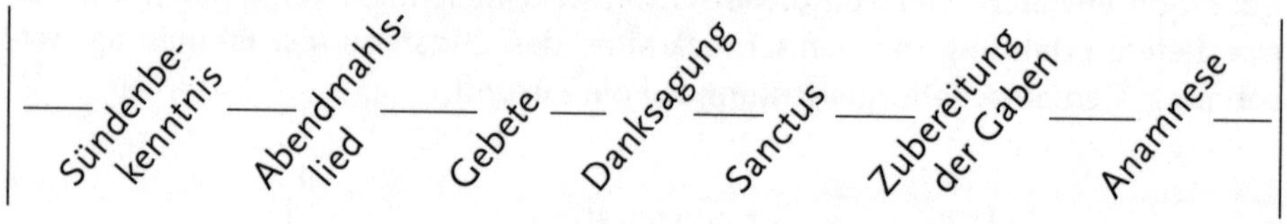

Abb. 303: Detaillierte Auflösung der fünften (Eröffnungs-) Sequenz beim Abendmahlsgottesdienst

Sündenbekenntnis

Falls es nicht am Anfang des Gottesdienstes stattfindet, folgt das Sündenbekenntnis hier. Damit ändert sich aber auch sein Charakter. Am Anfang ist es eher allgemein und weitläufiger formuliert. Hier an dieser Stelle kann es besonders durch einen Bezug zur Predigt konkreter ausfallen. Die Stellung des Sündenbekenntnisses ist ein sehr entscheidender Punkt für die Gesamtinszenierung eines Abendmahlsgottesdienstes. Steht es nach der Predigt und nach dem Glaubensbekenntnis, kann man das Sündenbekenntnis als eine zweite Prüfung ansehen. Erst hatten wir die Prüfung des Glaubens, nun wird die Frage nach der Schuld gestellt. Das sind zwei Aspekte des Bekennens. Das Glaubensbekenntnis richtet sich mehr nach außen und formuliert die eigene Gewissheit, das Sündenbekenntnis führt mehr in die Erforschung des Innenlebens und gibt der Selbstbefragung Raum. Auch hier zeigt sich die Logik der Pilgerreise durch den Gottesdienst, bei der die eine Station für die andere Bedingungen schafft. Das Glaubensbekenntnis kann eine gute Basis sein, die es einem möglich macht, seine Sünden zu bekennen. Es kann aber auch ein Spiegel sein, eine Verstärkung des Sündenbekenntnisses in dem Sinne: Hast du nach diesem Glauben gelebt? Hast du Fehler gemacht? Bist du abgekommen von deinem Weg? Hast du dein Ziel noch vor Augen?

Die Entscheidung, ob das Sündenbekenntnis am Beginn des Gottesdienstes oder vor dem Abendmahl platziert wird, hat mit dem *Stück-Spine* zu tun, mit dem Thema des Gottesdienstes, mit seiner Gesamtaussage. Ein Sündenbekenntnis am Anfang führt zu ganz anderen dramaturgischen Bewegungen und zu anderen emotionalen Erlebnissen als ein Sündenbekenntnis, das erst später im Gottesdienst folgt. Hier wird vom Liturgen gefordert, sich zu überlegen, welche innere Struktur er vorgibt und welche spirituellen und emotionalen Auslöser er setzen will. Ein Sündenbekenntnis zu Beginn ist wie ein enges Eingangstor, durch das wir uns bücken müssen. Und wenn wir hindurchgeschlüpft sind, dann haben wir eine wichtige erste Schwelle genommen. Wir sind von unseren Sünden gereinigt. Das hat etwas Gutes und Befreiendes. Vor uns öffnet sich ein weiter, heller Raum ohne Hindernis. Das Sündenbekenntnis nach der Predigt kann eine ganz andere Tiefe erreichen. Wir haben schon einen Weg hinter uns. Wir haben einen Prozess der Selbsterkenntnis hinter uns und nun führt der Weg noch einmal durch eine »enge Pforte«, aus der wir dann gereinigt hervorgehen und an der Mahlfeier teilnehmen können.

Zum Beispiel für einen Gottesdienst am Buß- und Bettag könnte dieser Aufbau mit dem Sündenbekenntnis direkt vor dem Abendmahl günstiger sein. Wir haben die 10 Gebote gehört. Sie waren uns ein Spiegel. Nun geht es darum, der Selbsterkenntnis das Bekenntnis folgen zu lassen: *Erkenne dich selbst, bekenne dich selbst.* Zum Erntedankfest wäre es sicher günstiger, das Sündenbekenntnis an den Anfang zu setzen, um nachher den freudigen, festlichen Charakter des Abendmahls zu unterstreichen.

Mit dem Sündenbekenntnis endet die vierte Sequenz und der zweite Akt. Jetzt erst beginnt das Abendmahl und mit ihm der dritte Akt. Mit einem Lied gleiten wir hinüber in den dritten Akt, in die Feier des Sakraments.

Das Abendmahl – die Feier des Sakraments

Das Abendmahl selbst ist ein Sakrament, ein »heiliges Zeichen«. Gegenüber den vielen Worten von Verkündigung und Bekenntnis steht es mehr auf der Seite des Erlebens, des Fühlens und der Feier. Predigt und Sakrament ergänzen einander und bilden ein spannungsvolles Paar. Wir haben also eine starke Dualität in diesem dramaturgischen Mittelteil der Konfrontation. Die Funktion des Abendmahls ist auf jeden Fall stärker spirituell und nicht so sehr im intellektuellen Denken verhaftet.

Dramaturgisch gesehen ist es hier ein wichtiges Ziel, den Kern einer Geschichte zu erreichen, die Dualitäten zu überwinden, dann in einen anderen Raum zu kommen und neue Wege zu erschließen. Theologisch geht es darum, entweder die größtmögliche Nähe oder auch die Vereinigung mit Gott zu erzielen. Theologische Streitigkeiten über die Deutung des Abendmahls sind nach meiner Einschätzung für den praktischen Verlauf der Liturgie nicht von entscheidender Bedeutung. Dass es beim Abendmahl um eine Synthese geht, um eine Zusammenführung, wird sowohl an den Objekten deutlich – ein Kelch für alle, ein Brot für alle – wie auch an der sozialen Gestalt. Es ist ein Mahl in der Gemeinschaft, öffentlich und kollektiv. Viele Menschen kommen an einem Tisch zusammen oder sie stellen sich sogar in einem Kreis auf. Auch diese Vorgänge haben natürlich für viele Einzelne einen konfrontativen Charakter. Sie werden durch die Feier nicht immer ganz freiwillig mit anderen, zum Teil unbekannten Menschen, zusammengeführt.

Abendmahlslied

Die erste Station, das Abendmahlslied, dient zugleich noch als Brücke zum Abendmahl. Es ist auch wieder eine Art Erholungspause nach der intensiven Konfrontation im Sündenbekenntnis. Wir haben Zeit, uns auf das Abendmahl einzustellen. Die Pause ist nicht zum Aussteigen aus dem Prozess gedacht, sie ist keine Ruhepause, sondern sie reguliert verschiedene Dynamiken. Sie bringt uns durch den Rhythmus von Aktivität und Passivität in eine gute Präsenz.
Häufig verbindet das Lied das Thema des Sonntags mit dem Abendmahl. Es gibt auch spezielle Lieder, die man zu besonderen Festen im Kirchenjahr vor dem Abendmahl singt, zum Beispiel zu Weihnachten: »Ich steh an deiner Krippen hier« mit dem Vers »So lass mich doch dein Kripplein sein, komm, komm und lege bei mir ein, dich und all deine Freuden.«
In vielen Gemeinden findet während dieses Liedes die Zubereitung statt. Jetzt ist es das erste Mal, dass der Liturg eine Beziehung zu den Objekten aufbaut. Diese Zubereitung kann auf sehr unterschiedliche Weise stattfinden. Das hängt wieder mit den theologischen Prägungen zusammen, ob jemand *vor* dem Altar oder *hinter* dem Altar feiert. An seinem speziellen Platz also bereitet der Liturg das Abendmahl zu. Hier gilt es von Anfang an zu entscheiden, welchen liturgischen Umgang man mit den Geräten wählt. Wenn es eine lutherische Form ist, würde dazuzählen, dass wir als Gemeinde das Hereinbringen der Vasa sacra, das Abnehmen der Tücher, das Einschenken des Weines und das Herausholen und Auflegen des Brotes miterleben. Wenn es eine reduzierte, reformierte Variante ist, sind diese Dinge schon vorher komplett vorbereitet.

Abfolge und Umfang der Gebete insgesamt

Vielleicht muss man zunächst erwähnen, dass es eine insgesamt äußerst reduzierte Form der Mahlfeier gibt, die sich auf *Einsetzungsworte, Vaterunser* und *Austeilung* beschränkt. Der Gebrauch der Kurzform kann entweder konfessionell bedingt sein oder damit zusammenhängen, dass nur eine kleine Zahl von Teilnehmern im Gottesdienst anwesend ist. Wir gehen hier von der ausgeformten Liturgie der Mahlfeier aus, die sich auch noch einmal graduell unterscheidet. Die Einsetzungsworte stellen beim Abendmahl neben der Austeilung den zweiten Höhepunkt dar, sie sind eingebettet in Gesänge und Gebete, die in einer ganz bestimmten Reihenfolge stehen und jeweils eine andere Fassette darstellen. Dieser Gebetsteil, den man in solcher Komplexität und in solchem Reichtum bei uns nur im Abendmahlsgottesdienst findet, dient einerseits dem Dank, dem Gotteslob, der Steigerung der Energien und der festlichen Stimmung, andererseits ist es ein langsames, stufenweises Sich-Annähern an die Einsetzungsworte. Für liturgische Spezialisten und bei genauester Differenzierung betrachtet, haben die einzelnen Gebete unterschiedliche Namen und inhaltliche Details: Dialog, Präfation, Sanctus, Postsanctus, Anamnese, Epiklese I, Einsetzungsworte, Gabengebet, Epiklese II, Vaterunser.

In ihrer Intention aber sind sie einander ähnlich und kreisen um die Themen Dank, Lob und Bitte um Geist und Segen. Übersetzt man zum Beispiel den Gebetskomplex in die Gebärdensprache, kann man feststellen, dass die unterschiedlichen Fassetten nicht wirklich unterschiedlich darstellbar sind. Die Gebärden wiederholen sich. Das eine Gebet wird dann dem anderen sehr ähnlich.

Andererseits wird bei dieser Beobachtung deutlich, welche besondere Herausforderung diese Gebete für die Sprache, für das Sprechen und für die Stimme darstellen. In der klanglichen Gestalt durch Gesang und Betonung, durch Blicke und die Änderung der Kommunikationsrichtung, durch den Wechsel von dialogischen, monologischen und gemeinsamen Gebeten lösen wir immer wieder neue Emotionen und Energien aus und entfalten ein breites Spektrum menschlicher Äußerungsmöglichkeiten in Sprache und Körper. Gerade die feinen Unterschiede der Gebete können durch Körperhaltungen besser zum Ausdruck gebracht werden. Bitte und Anrufung, stilles und klanglich volles Gebet fordern natürlich unterschiedliche Gesten heraus.

Andererseits erkennt man in diesem Teil besonders deutlich die Grammatik eines religiösen Rituals. Es besteht oft aus der Wiederholung von Gleichem. Die geringfügigen Veränderungen, ganz kleine Fortentwicklungen im Detail und Rückblenden machen diese Abfolge von Gebeten so interessant. Man könnte diese kreisenden, spiralförmigen Bewegungen auch als einen Tanz vor Gott bezeichnen, einen Tanz mit der Grundfigur eines liegenden Rades. Wir bewegen uns auf unterschiedlichen Wegen von der Peripherie zum Zentrum, immer wieder auf einer neuen Speiche zur Nabe hin, schauen sie an, gehen zurück, treten zur Seite, beginnen von vorn. Mit steigender Energie ist es ein verbaler, mentaler und körperlicher »Tanz vor Gott«.

Danksagung

Die Danksagung beginnt mit einem »Auftakt zum Tanz«, mit einem liturgischen Wechselgruß. Der kann gesungen oder gesprochen werden. Im dreimaligen Wechseln zwischen Liturg und Gemeinde finden wir also wieder eine Dreiheit in einer Dualität. Dieser Zahlenrhythmus ist traditionell und energetisch bewährt. Erstens: »Der Herr sei mit euch – und mit deinem Geist.« Zweitens: »Erhebet eure Herzen – wir erheben sie zum Herrn.« Drittens »Lasset uns Dank sagen dem Herren, unserm Gott – das ist würdig und recht.«

Liturg und Gemeinde beginnen einen neuen Part und sie geben sich hier gegenseitig die Zustimmung, dass sie diesen Weg auch zusammen gehen wollen. Wie eine Aufforderung zum Tanz und die Erklärung des Einverständnisses klingt das. Gleich anschließend haben wir eine Änderung der Kommunikationsrichtung: Das Gebet richtet sich an den Schöpfer. Je nach Thema des Sonntags wird hier der Dank an Gott konkretisiert. Bei längeren Gebeten kann man innerhalb des Textes sogar eine innere Bewegung beobachten. Sie führt von den sichtbaren zu den unsichtbaren Gaben. Wir treten vom gegenständlichen in den geistigen Raum. Vom Irdisch-Konkreten über die Mitmenschen zu den göttlichen Dingen. Das heißt, der Blick ist zuerst nach unten gerichtet, auf die Erde. Dann richten wir uns auf, kommen in Augenhöhe von Mensch zu Mensch. Und im dritten Teil schauen wir zum Himmel. Schon in der Gebetsbewegung liegt eine Aufrichtung, eine Himmelsreise. Man kann sogar sagen, »wir beten uns in den Himmel«. Am Ende des Gebets wird dann die Feststellung getroffen, dass wir angekommen sind. Wir beten »mit allen, die an dich glauben, auch mit allen, die uns im Glauben vorangegangen sind, mit der ganzen Schöpfung singen wir dein Lob«. Man hat also den Blick von den Dingen gelöst und verbindet sich mit den himmlischen Chören, die ständig Gottes Lob singen. Man verbindet sich sogar mit den Seelen der Toten und singt in der Fantasie zusammen mit diesen Chören, die immer und ohne Ende vor Gott singen, das »Dreimal Heilig«, das *Sanctus*.

Sanctus

Die Gemeinde stimmt ein in den Gesang dieses »Dreimal Heilig«. Und drei Mal bedeutet hier: unzählige Male. Die Gemeinde nimmt als ein hier versammelter Chor teil am Gesang der Engel-Chöre. Wir zitieren hier einen Propheten, Jesaja 6. Wir treten ein in die Vision des Propheten, aber nicht nur im Schauen und Hören, sondern wir identifizieren uns mit den Engeln. Es geht ein Fenster auf zur Welt Gottes und die Gemeinde stimmt ein in den immer währenden kosmischen Gesang, der die ganze Schöpfung durchzieht.
Das ist eine wichtige Stelle. Denn auf der Reise durch den Gottesdienst fragt sich der Pilger: Wo ist Gott? Wo finde ich Gott? Wie kann ich Gott spüren? Und hier wird deutlich: Gott ist immer da. Es wird auch immer sein Lob gesungen. Gott ist nicht erst da, wenn wir ihn darum bitten, aber wir treten erst Stück für Stück näher in seine Welt ein. Wir hören den Klang der Ewigkeit und bekommen Kontakt zu dieser Welt, indem wir uns an den Gesängen beteiligen. Die Grenzen der Zeit lösen sich auf. Die Seele erhebt sich in große Höhen.
Dann aber setzt gleich eine Gegenbewegung ein. Wir singen das »Hosianna«. Wir singen den Willkommensgruß vom Einzug Jesu in Jerusalem, das heißt, wir haben ein Element der Erinnerung, wir gehen zurück, wieder in eine andere Zeit, in das Leben Jesu auf der Erde. Wir werden verbunden mit einer anderen Energie, nämlich mit der Geschichte, dass Gott vom Himmel zur Erde kommt und Einzug hält in unseren Städten und Räumen. Es geht um Jesus, der über unsere Erde gegangen ist und in dem uns Gott begegnet. Dieser Gesang hat uns im

Ganzen in eine Traumwelt geführt, die Grenzen von Raum und Zeit wurden nach hinten und nach vorne aufgesprengt.

Zubereitung der Gaben

Wenn die Gabenzubereitung nicht beim Abendmahlslied stattfand, dann hat sie hier während des Sanctus ihre Zeit. Ich halte das aber an dieser Stelle für eine problematische Handlung. Wir haben uns schon die ganze Zeit über auf das Abendmahl eingestimmt. Wir haben schon gefeiert, aber die Gaben waren noch nicht zu Ende vorbereitet.

Wenn jedoch die Zubereitung an dieser Stelle erfolgt, bekommt sie stärker den Charakter der »Wandlung«: Es wird nicht einfach der Tisch gedeckt, sondern es wird eine heilige Handlung an einer herausgehobenen, energiegeladenen Stelle zelebriert. Der Lobgesang des »Dreimal Heilig« gilt dann auch zugleich den erst jetzt enthüllten Gaben. Das »Hosianna« heißt Christus willkommen, der in Gestalt von Brot und Wein jetzt sichtbar in diesem Raum Einzug hält. Natürlich trägt es im dramaturgischen Sinne zum Aufbau von Spannung in einer Handlung bei, wenn Dinge nacheinander geschehen und jedes für sich herausgehoben wird. Das Spiel mit Verhüllung und Enthüllung kann einen hohen ästhetischen oder hier sogar einen spirituell-erotischen Reiz entfalten. Es geht mir hier nicht um das Markieren einer Norm im Sinne von richtig und falsch, aber der Liturg sollte wissen, was er auslöst, wenn er sich für die eine oder andere Möglichkeit der Gabenbereitung entscheidet.

Anamnese

Der nächste Gebetsteil ist ein Dank, der sich besonders auf die Erlösung in Jesus Christus bezieht, zum Beispiel: »Herr, unser Gott, wir danken dir, dass du dich über deine Schöpfung erbarmst. Du hast deinen Sohn in die Welt gesandt, uns zu erlösen.« Noch einmal werden wir von unserer Himmelsreise im Sinne des christlichen Glaubens auf den Boden unserer Heilsgeschichte zurückgeholt. Es wird erinnert an die Person Jesu Christi, an die konkrete Geschichte, die auf der Erde stattfand: Jesus ist unsere Begegnung mit Gott. Er ist einer, der unseren Erfahrungen näher ist, einer, dem wir glauben können. In seiner Person und an seinem Charakter, in der Beziehung zu ihm liegt das Besondere des christlichen Glaubens, und das Abendmahl wurde von ihm begründet. Das heißt, wenn es einen liturgischen Ritus in der Kirche gibt, der wirklich auf Jesus Christus zurückgeht, ist es das Abendmahl. An dieser Stelle wird Jesus Christus in jeder Form angerufen, herbeigerufen und an ihn erinnert. Wir verbinden uns mit ihm, indem wir uns an diese Qualität erinnern, an diesen Menschen, obwohl wir ihn selbst nicht gesehen und gehört haben, verbinden wir uns mit diesem Energiefeld der Person Jesu Christi. An dieses Erinnern schließen sich in dramaturgischer Logik ganz unmittelbar die Einsetzungsworte an.

Sechste Sequenz: Einsetzung

Abb. 304: Detaillierte Auflösung der sechsten Sequenz beim Abendmahlsgottesdienst

Einsetzungsworte

Die Einsetzungsworte sind ein »heiliger Text«. Ein sprachlich geformtes, überliefertes, exklusives liturgisches Stück. Was ist ein »heiliger Text«? Ein Text wird heilig, wenn man eine bestimmte Beziehung zu ihm aufbaut. Er ist nicht heilig an sich, sondern er wird heilig durch die Art der Wertschätzung und seines Gebrauchs innerhalb einer Gemeinschaft und ihrer Geschichte.

Was drücken die Einsetzungsworte aus? Zunächst sind sie sicher eine Erinnerung. Damit wird aufgenommen und verstärkt, was in den Gebeten vorbereitet wurde. Unser Fokus ist auf die Erinnerung gerichtet. Wir vergessen alles um uns herum, Gegenwart und Alltag, und wir werden hineinversetzt in die Szene des letzten Abendmahls, das Jesus mit seinen Jüngern gefeiert hat. Diese erzählte Szene fasst die Geschichte des Lebens Jesu in einem wesentlichen Ausschnitt zusammen. Wir erleben eine Komposition von Eindrücken und Bildern, die nicht nur schön, sondern auch erschütternd sind. In der Nacht, in der Jesus verraten wurde, passieren Dinge, die wir selbst nicht freiwillig erleben möchten. Er wird von allen Jüngern im Stich gelassen, er wird verhaftet, verhört, gefoltert, geschlagen. Und das wird uns hier in kurzen Worten am Anfang der Einsetzung präsentiert. Aber warum müssen wir das wissen? Warum hat Jesus seinen Jüngerinnen und Jüngern gesagt, sie sollen sich immer wieder genau an diese Situation erinnern?

Es hängt damit zusammen, dass Jesus sich hier ganz anders verhält, als wir es erwarten. Wenn ich erleben müsste, was Jesus erlebt hat, würde meine Reaktion ganz anders aussehen. Ich nähme Rache. So würden es die meisten Menschen tun. Jesus reagiert unerwartet. Er wehrt sich nicht. Er verzichtet auf Rache. Und deshalb bringen uns schon die ersten Worte in den Einsetzungsworten mit einem heiligen Ereignis in Kontakt. Wir ahnen, dieses Ereignis hat etwas zu tun mit dem Kern der Sakramentsfeier. Denn worum es hier geht, was wir uns mitnehmen, was uns bewegt, an dieser Feier teilzunehmen, das muss etwas sein, das weit über unsere eigenen Vorstellungen und Möglichkeiten hinausgeht.

In der Dramaturgie moderner Filme, die uns eine Geschichte erzählen, eine so genannte Heldenreise, sagt man zu dieser Stelle, an der sich alles entscheidet, an der jemand alles bekommt, er bekommt ein »verstecktes Elixier«. Auch hier erleben wir wieder die Aufhebung von Raum und Zeit, denn die Szene springt von der Erinnerung in die unmittelbare Gegenwart. Wir werden angesprochen und selbst einbezogen. Eigentlich muss man sagen: Jesus Christus inkarniert sich in dem Moment und er spricht direkt zu uns durch den Liturgen. Wir werden als Teilnehmer in die gleiche Situation gebracht wie die Jünger vor 2000 Jahren. Wir kommen mit den Fundamenten des Christentums in Berührung. Wenn wir das Abendmahl mitfeiern, befolgen wir sozusagen direkt den Auftrag Jesu, denn er hat gesagt: »Das tut zu meinem Gedächtnis.«

Was passiert mit Brot und Wein?

Erst einmal werden sie hervorgehoben als Grundelemente menschlicher Nahrung. Darüber hinaus entfalten sie eine hohe symbolische Wirkung. Sie stehen für Essen und Trinken überhaupt. Und hinter diesen Elementen tut sich eine unermessliche Welt auf, die Assoziationen und Verbindungen zulässt: Es geht um das Ernährt-Werden von Gott, um Themen wie Gemeinschaft, Fest und Feier. Aber auch um das Brechen und Teilen der Nahrung. Das heißt, man isst etwas auf. Etwas Gewachsenes, Lebendiges wird zerstört, damit man selbst weiterleben kann. Eigentlich muss man sagen: Es geht um Leben und Tod. Das ist also nicht einfach nur ein schönes Mahl, das wir zu uns nehmen, sondern es werden viele Inhalte im Subtext mitgeliefert, die weit über das hinausgehen, was man in diesem Moment verstehen und fühlen kann.

Brot selbst ist ja kein natürliches Produkt und der Wein auch nicht. Sondern beides sind Produkte, die einen bestimmten Arbeits- und Reifungsprozess durchgemacht haben. Man könnte sich natürlich fragen: Warum wird kein Wasser gereicht oder keine Milch? Warum wird nicht etwas gereicht, das uns die Natur liefert? Brot und Wein sind beides Kulturprodukte. Sie sind erschaffen von Menschenhand. Es gibt für jedes dieser Elemente natürliche Urstoffe, Getreide und Trauben. Aber sie müssen eine Verwandlung durchmachen. Sie werden gereinigt und bearbeitet. Es gibt eine Gärung, einen Backprozess. Transformationen finden statt. Das will sagen: Was Gott uns gibt, was Gott uns zeigt, ist ein Geschenk, mit dem wir arbeiten müssen, das in uns arbeiten muss. Auch Brot und Wein müssen gekaut und verdaut werden. Sie müssen im Körper verarbeitet und aufgenommen werden. Die Elemente selbst geben uns viele Hinweise, dass das Abendmahl eine große spirituelle Kraft hat, die über den Augenblick der Mahlzeit hinaus ihre Ausstrahlung beweist.

Gebet um den Geist

Mit den Einsetzungsworten haben wir ohne Frage einen der Höhepunkte im Abendmahl erreicht. Die nun folgende Bitte um den Heiligen Geist hat die Intention, dass sich diese Atmosphäre unter uns hält und ausbreitet. Wir werden nicht sofort mit neuen Dingen konfrontiert, sondern die Worte schwingen nach. Die Stimmung soll auf einem hohen Niveau gehalten werden. Wir bleiben in dieser besonderen Energie. Und als ein Ferment, als eine Kraft, die uns hilft, das Gehörte zu verdauen und für uns fruchtbar zu machen, wird jetzt der Heilige Geist um Hilfe angerufen. Es ist eine Art von Beschwörung. Heilige Energien und göttliche Kräfte werden gebeten. Es ist ein Bekräftigen, ein Mahnen, ein Wiederkäuen, ein Wiederholen, ein Aktualisieren der Einsetzungsworte für uns in unserer Zeit. Man möchte durch die Gaben des Abendmahls inspiriert und gestärkt werden, dass man selbst ein anderer und neuer Mensch wird und sich den Aufgaben der Gegenwart stellen kann. Darüber hinaus bittet man sogar, auch für die Zukunft von diesem Geist durchtränkt, erfüllt und gestärkt zu werden.

So haben wir in den vielen bisher gesprochenen Gebeten insgesamt einen Dreierschritt: *Vergangenheit*, *Gegenwart* und *Zukunft* kommen zur Sprache. Und wir haben auch einen trinitarischen Grundschritt: Im *ersten Teil* ging es um den Dank an Gott, den Schöpfer. Im *zweiten Teil* ging es um die Erinnerung an Jesus Christus, und jetzt, im *dritten Teil*, geht es um den Heiligen Geist.

Vaterunser

Mit dem nächsten Gebet halten wir immer noch das Energieniveau auf dem höchsten Stand. Wir haben wieder einen »heiligen Text« vor uns. Das Vaterunser wird nicht ohne Grund in größter Nähe zu den Einsetzungsworten gesprochen, denn wir beten, wie Jesus selbst gebetet hat. Zugleich hat das Vaterunser mit der in ihm enthaltenen Brotbitte die Funktion eines Tischgebetes und es artikuliert den Vorgang der Versöhnung, der vor dem Gang zum Mahl stattfinden sollte: »Vergib uns unsere Schuld, wie auch wir vergeben unseren Schuldigern.«

Agnus Dei

Der Gemeindegesang »Christe, du Lamm Gottes ...« wendet sich bittend an Christus und spricht ihn in einer der möglichen Deutungsfiguren seines Todes an: Er ist das wahre Passahlamm. Hier wird noch einmal explizit das Thema »Sünde« berührt. Man fragt sich ja beim Sündenbekenntnis: Wo gehen meine Sünden hin? Wo bleiben sie? Sind sie einfach verschwunden? Was passiert mit ihnen? Da gibt es nun hier eine Deutung: Der Ort, oder besser die Person, zu der wir kollektiv die Sünden hinbringen können, ist in diesem Vollzug ganz klar Jesus Christus. Die Geschichte, an die das »Lamm Gottes« erinnert, ist die Passahgeschichte. Das Zeichen des Blutes bewahrte davor, getötet zu werden. Die Israeliten durften leben und aus der Sklaverei in die Freiheit gehen. Die Farbe Rot spielt in diesem Zusammenhang eine große Rolle. Hier ist sie im Wein wieder zu entdecken. Mit dem *Agnus Dei* endet der große Gebetsteil.

Friedensgruß

So, wie der Gebetsteil begonnen hat, mit einem Wechselgruß vor der Danksagung, so schließt er auch: dialogisch mit dem Friedensgruß. Zunächst wird er nur zwischen Liturg und Gemeinde ausgetauscht. Inhaltlich haben wir wieder eine logische Verknüpfung vom Sündenbekenntnis zum Zuspruch der Vergebung, zur Verstärkung der Bitte im *Agnus Dei*, und nun folgt ein Wort, das die Versöhnung des Einzelnen mit Gott zu einem sozialen Versöhnungsgeschehen ausweitet. Möglicherweise wird der liturgische Friedensgruß von der Gemeinde aufgenommen und man wendet sich in Worten und Gesten einander freundlich zu.

Meine Erfahrung mit dieser Form des Friedensgrußes ist nicht überzeugend. Es entsteht oft eine künstliche, wenn nicht sogar eine peinliche Situation. Auf einmal soll jetzt, ohne dass es etwas Ähnliches vorher im Gottesdienst gegeben hat, ein lebendiger, spontaner Kontakt unter den Gemeindegliedern entstehen. Das ist nett gemeint, aber es führt aus der Energie, in der wir gerade sind: Die Aufmerksamkeit ist auf Jesus Christus gerichtet, wir sind in einem Ritus nach langen Vorbereitungen an einem Höhepunkt angekommen und wir erwarten den nächsten – da werden wir nun plötzlich herausgeholt und sollen uns einander zuwenden, was einen gewissen sozialen Stress und individuelle Unsicherheiten verursacht. Wenn man dieses Element nutzen will, sollte man es liturgisch von Anfang an besser vorbereiten und einführen. Es braucht eine besondere Atmosphäre, um gelingen zu können.

Siebte Sequenz: Austeilung

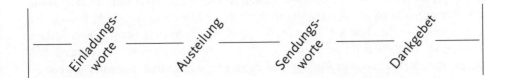

Abb. 305: Detaillierte Auflösung der siebten Sequenz im Abendmahlsgottesdienst

Die Einladungsworte

Die Einladungsworte können einen formellen liturgischen Charakter haben: »Kommt und esst vom Brot des Lebens, kommt‚und trinkt vom Kelch des Heils«, oder sie können frei und persönlich formuliert werden. Ob so oder so, ohne ein Mindestmaß an Instruktionen zum praktischen Ablauf der Austeilung werden wir nicht auskommen. Diese Instruktionen schaffen die nötige Sicherheit, wie man sich bei der Austeilung verhalten soll. Der Liturg wechselt damit für einen Moment die Rolle. Er ist jetzt weniger der Liturg und mehr der freundliche Informant. Wie soll die Gemeinde gehen und stehen? In welcher Anzahl und in welcher Richtung soll sie kommen? Er sagt Dinge, die man wissen muss, um sich ganz frei auf einen möglichst störungsarmen Ablauf der Abendmahlsfeier einlassen zu können.

Austeilung mit Spendeworten für jeden Einzelnen

Mit der Austeilung soll sich erfüllen, was der Gemeinde bisher in Aussicht gestellt wurde. Sie nimmt Brot und Wein, sie erlebt die Nähe oder die Vereinigung mit Jesus Christus im Mahl und in der Gemeinschaft am Tisch des Herrn. Hier ist das Grundelement Geben und Nehmen, der Kontaktaustausch auf vielen Ebenen. Dramaturgisch und im Rahmen der Pilgerreise ausgedrückt heißt das: *Wir bekommen das Elixier.*

Zugleich lauert an dieser Stelle eine große Gefahr. Es findet eine Entzauberung oder sogar eine Enttäuschung statt. Die Gemeindeglieder erleben vielleicht nicht das, was sie erwartet haben. Es entsteht möglicherweise kein heiliger Moment. Es dauert lange, bis sie an die Reihe kommen. Der Liturg hat es eilig. Alles schmeckt einfach nur nach Oblate und nach irgendeinem Wein. Da fragt man sich nach wenigen Minuten: Das soll schon alles gewesen sein? Sehr häufig ist dieses Ritual, obwohl es ein Kraft spendendes Ritual, ein Sakrament sein soll, nur langweilig oder traurig. Viele fragen sich: Warum machen wir das überhaupt? Warum haben viele Protestanten so wenig Spaß am Abendmahl oder schöpfen so wenig Kraft aus ihm?

Um dem entgegenzuwirken, fängt man nun an, das Ritual zu verändern, es »lebendig« zu machen durch andere Lieder, durch andere Sitzordnungen, durch Arbeit an Äußerlichkeiten. Ich halte es für einen großen Trugschluss, das Ritual auf diese Weise stärken zu können. Man muss sich klar machen: Die Teilnahme am Abendmahl bleibt bei aller Sinnlichkeit *vor allem ein Bewusstseinsakt*. Die Erlebnisintensität lässt sich nur in der Seele steigern und nicht durch Äußerlichkeiten. Natürlich ist äußerste Sorgfalt in der liturgischen Gestaltung verlangt, natürlich kann das Äußere viel dazu beitragen, aber wir müssen vor allem den inneren Bezug erneuern und stärken.

Die katholische Kirche macht in der Abendmahlsliturgie wundersame Sachen. Allein schon die Inszenierungen führen zu einer Hervorhebung des Rituals. Da werden Glöckchen geläutet in ganz besonders gestimmten Tonarten. Da sind besondere Gerüche. Da wird viel gezeigt. Es entsteht ein regelrechtes Schauritual. Aber der Unterschied zum Protestantismus war lange Zeit, dass die Gemeinde nicht alles bekam. Es wurde ihr etwas vorenthalten – und ich frage mich: Was konnte der Zweck und die Wirkung dieses Vorenthaltens sein? Eine Möglichkeit, dies zu verstehen, ist, dass die katholische Kirche ihren Gläubigen die Enttäuschung ersparen will, indem sie ihnen immer einen Teil des Abendmahls vorenthält. Nur der Priester bekommt alles. Er ist religiös eingeweiht und ein reifer Mensch, der auch mit einer religiösen Enttäuschung eher umgehen kann und dem klar ist, dass das eigentliche Erleben des Abendmahls sich auf der spirituell-geistlichen Ebene abspielt. Das Heil liegt nicht darin, dass ich

auf der physisch-sinnlichen Ebene eine Brothostie im Mund schmecke oder
einen Schluck sauren oder süßen Wein bekomme. Durch dieses teilweise Vorenthalten haben die Gläubigen vielleicht eher die Chance, ihre Sehnsucht aufrecht zu erhalten. Das Abendmahl bleibt ein spirituelles Gesamterlebnis, wo
die ausführlichen Vorgebete und das Vorzeigen der Hostie eine größere Rolle
spielen als die zehn Sekunden der Kommunion. Das sind aber Vermutungen
oder auch vielleicht Provokationen für ein Gespräch im protestantischen Raum.
Sicher bin ich mir dagegen, dass es notwendig ist, die geistige Haltung gegenüber dem Abendmahl zu ändern. Das Aufblähen der Abendmahlsfeier zu einem zwei Stunden dauernden Happening, an dem 3000 Leute teilnehmen, stärkt
vielleicht eine protestantische Event-Kultur, aber nicht die Intensität des Abendmahls in seinem ursprünglichen Sinn.

Sendungsworte

Nach der Austeilung spricht der Liturg fast eine Form von Segen. Er schließt
die Gestalt, die geöffnet worden ist. Das ist eine Art von *Versiegelung*. Man hat
einem heiligen Ritual beigewohnt und man geht aus der besonderen Gemeinschaft wieder zu sich zurück in die große Gemeinde, aber nun mit dem Elixier.
Ich kann diese Tür, die hier geöffnet wurde, nicht einfach offen lassen, sondern
ich muss diese Tür schließen. Was ich jetzt bei meiner unmittelbaren Erfahrung
im Abendmahl erlebt habe, das muss geschützt werden. Es wird also noch einmal versiegelt durch die Sendungsworte.

Musik

Schon während der Austeilung spielte das Element der Musik eine große
Rolle. Die Musik färbt die Atmosphäre der Austeilung ganz elementar. Sie sollte
nicht zu traurig, aber auch nicht zu belebt sein. Sie sollte nicht ablenken, gleichzeitig soll sie die Leute schützen, die vorne stehen. Sie soll ebenfalls diejenigen
schützen, die nicht teilnehmen, damit keine soziale Kontrolle entsteht. Ein großer Kreis im *ganzen* Kirchenraum führt zur *emotionalen Erpressung* der Sitzen-
den, da so alle Nicht-Teilnehmer am Abendmahl unangenehm exponiert werden. Vielleicht möchte jemand auf ganz andere Weise am Abendmahl teilnehmen, nämlich ohne nach vorne oder in einen *allumschließenden Kreis* zu gehen,
auch das sollten wir berücksichtigen und akzeptieren. Die Musik verbindet sie
alle. Sie trägt dazu bei, dass ein großer kollektiver *Leib Christi* entstehen kann.
Andererseits ermöglicht sie auch, dass jeder als eigene Person beim Abendmahl sein kann. So ist die Musik ein verbindendes und zugleich ein trennendes
Element.

Dankgebet

Nach den Sendungsworten folgt ein kompletter Abschluss für die ganze Gemeinde, das Dankgebet nach dem Abendmahl. Dieses Gebet kann durch eine Interaktion zwischen Liturg und Gemeinde eingeleitet werden: »Danket dem Herrn, denn er ist freundlich und seine Güte währet ewiglich.« Mit diesem Gebet können Fürbitten verbunden sein, die sich dann in besonderer Weise auf das Mahl beziehen können. Mit dem Gebet nach dem Abendmahl schließt der Abendmahlsteil ab. Es endet auch der dritte Akt. Wir gleiten nun hinüber in die Auflösung, in den *vierten Akt* (8. Sequenz), der aus den bereits besprochenen Teilen Sendung, Segen, Orgelnachspiel besteht.

Die Preparation

Altes chinesisches Sprichwort:
»Der Erfolg einer Sache hängt von ihrer Vorbereitung ab!«

»Mein Kommentar: So ist es!
Aber Kommunikation geht vor Perfektion.«

Die Preparation – aus meiner Sicht

Das Kapitel »Preparation« trägt diese Bezeichnung, weil in meiner Ausbildung als Schauspieler das Erlernen professioneller Preparationstechniken einen wesentlichen und sehr großen Teil ausmachte. Uns war es verboten, unvorbereitet auf die Bühne zu gehen. Zum Beispiel gibt es die Anweisung, dass man 1 $^1/_2$ Stunden vor Stückbeginn zu erscheinen hat. Man muss unterschreiben, wenn man im Theater eintrifft. Ab einer halben Stunde vor Stückbeginn ist es untersagt, persönlich miteinander zu reden. Man darf nur noch als Charakter sprechen. Diese mentale Preparation für eine Arbeit, die nachher eine Stunde dauert, ist ein wesentlicher und sehr grundlegender Bestandteil von Präsenz. Jeder Sportler hat eine Vorbereitung vor dem Wettkampf. Diese Vorbereitung hat mit Schwitzen zu tun, man muss sich warm laufen und warm machen, man muss sich dehnen. Auf den Gottesdienst übertragen, könnte man von einem geistigen Dehnen sprechen, von einem geistlichen Aufwärmen: das Erforschen des Atems, der Stimme, des Körpers, das Präparieren der Instrumente des Körpers, das Durchgehen des Atems, des langen Atems, des kurzen Atems, des stillen und des lauten Atems – all diese Facetten von Lebendigkeit brauchen Zeit und genaueste Konzentration.

Dieses Kapitel beschreibt grundlegende Übungen, die es dem Liturgen und der Liturgin ermöglichen, mehr Sicherheit und handwerkliches Know-how für die persönliche liturgische Praxis zu gewinnen. Diese Übungen sind nicht als allein selig machender Weg zu einer perfekten Praxis anzusehen, sondern es sind Hilfen und Werkzeuge für eine professionelle und praktische Gottesdienstvorbereitung und Gestaltung.

Wichtig ist bei der Arbeit mit diesem Kapitel, nicht steif und zwanghaft zu werden, indem man meint, man muss jetzt hundertprozentig alles genauso machen, wie es hier beschrieben wurde. Ich kann das nicht deutlich genug sagen: Diese Übungen sind Vorschläge, die anregen sollen, *Erfahrungen* zu machen, – Erfahrungen mit der eigenen Präsenz. Und ich wünsche allen, die das versuchen, gute Erfahrungen. Mögen sie erkennen, dass die Preparation einen unschätzbar großen Einfluss auf die Aufführung hat. Mögen sie erkennen, dass ihre eigene Präsenz einen Einfluss auf das Gottesdienstgeschehen insgesamt hat. Möge der Heilige Geist mit ihnen sein und sie in diesen Erfahrungen schützen, stärken und voranbringen.

Feedback und seine Bedeutung

Ein unerlässliches Werkzeug für die Arbeit am Gottesdienst ist es, Feedback geben und annehmen zu können. Effektive Arbeit an einem Akt öffentlichen Auftretens wie dem Gottesdienst kann ebenfalls immer nur in einer gewissen »Öffentlichkeit« stattfinden. Die Übungen, die hier beschrieben werden, können *ausnahmsweise* auch allein gemacht werden. Es ist aber immer viel besser, mit einer anderen Person zusammen oder mit einer Gruppe zu üben. Dann kann sich der Übende auf seinen eigenen Part konzentrieren, andere achten darauf, wie es wirkt. Einige der Übungen sind so aufgebaut, dass sie unbedingt einen Coach brauchen, also ein Gegenüber, das nicht nur wahrnimmt und Rückmeldung gibt, sondern auch Impulse setzt und Vorschläge macht, wie Dinge geändert werden können. Bei Bedarf wechseln dann die Rollen. Somit lernt man in beiden Funktionen nämlich, den Prozess eines anderen zu begleiten und die eigene Praxis durchzuarbeiten.

Das Feedback stellt eine Säule meiner Arbeit an der liturgischen Präsenz dar. Dabei ist es für mich von fundamentaler Bedeutung, egal ob es sich um Schauspieler, Vikare oder Pfarrer handelt, *an den Stärken und Fähigkeiten eines Menschen zu arbeiten*. Das heißt, ihn in dem Potenzial zu unterstützen, das er zur Verfügung hat. Das heißt nicht, dass ich jemanden in naiver Weise immer nur lobe und bestätige. Aber ich halte es für sinnlos, einen Probanden bloßzustellen, ihn in angstvolle Situationen zu bringen und dann zu erwarten, dass er kreativ arbeiten soll. Als Schauspieler habe ich einige sehr schmerzliche Erfahrungen machen müssen. Es gab Situationen, wo der Regisseur uns als Schauspieler so unter Druck setzte, dass man nur noch das Gefühl haben konnte: »... ich bin unfähig, ich weiß überhaupt nichts mehr, ich fühle mich bloßgestellt, ich habe meinen Text vergessen und von Spielen kann überhaupt keine Rede mehr sein, ich will einfach nur noch im Bühnenboden versinken ...«

Man muss sich wirklich darüber im Klaren sein, dass Angst fast immer eine Rolle spielt, wenn jemand öffentlich auftreten soll, auch schon dann, wenn er vor anderen das Auftreten »nur üben« soll! Und mit dieser Emotion »Angst« *muss* man im Feedback sehr achtsam umgehen. Eine Feedback-Regel besagt: *Abwertung ist kein Feedback*. Wenn jemand Feedback gibt und spricht darin eine Abwertung aus, dann hilft er der Person in keiner Weise, sondern er stellt sich über die Person und ruft einzig ihre Abwehr hervor. Das Erleben im Zuschauerraum oder in der Gemeinde ist ganz anders als das auf der Bühne. Jemand, der beobachtet, hat Distanz. Er kann es sich leisten, gelassen zu sein. Er kann diese sehr nützliche Haltung der *bifokalen Sicht* einnehmen. Bifokale Sicht meint, gleichzeitig zwei Blickpunkte einzunehmen, den analysierenden und den wertschätzenden Blickpunkt. Ein Coach muss immer die Haltung haben: »Vor dir steht eine lebendige Seele und diese Seele gilt es auf keinen Fall zu verletzen.« Die andere Sicht bezieht sich auf die Handlung und das Tun. Ebenfalls sollte man klar respektieren, wenn jemand eine bestimmte theologische Entscheidung für sein liturgisches Handeln getroffen hat. Man kann vielleicht später diskutieren, ob diese theologische Entscheidung richtig und stimmig ist, aber während der Übungen wird die theologische Entscheidung erst einmal akzeptiert.

Ein guter Einstieg in die Übung ist es, eine Person zu fragen: »Was willst du erreichen, was willst du zeigen, was ist dein Spine?« Dann kann man sich daran orientieren, ob diese Mitteilungsabsichten auch umgesetzt werden. Meint die Person lebendig zu wirken, aber das Feedback der Gruppe besagt: »Wir haben deine Lebendigkeit nicht wahrgenommen« dann ist das ein Thema, an dem gearbeitet werden muss. Sowohl der Übende als auch der Coach sollten möglichst ohne Vorurteile an diese Arbeit gehen. Man sollte sich nicht darauf festlegen, dass eine bestimmte liturgische Form oder eine bestimmte Formel immer in gleicher Weise wirken muss. Man sollte als Übender auch nicht von vornherein sagen, »... diesen Schritt mache ich niemals und diese Geste nehme ich niemals ein«. Es führt viel weiter, wenn jemand bereit ist, auch ungewohnte Dinge zu tun. Der Coach gibt sein Feedback immer zu diesen Handlungen, nicht zu Entscheidungen, die er im Hintergrund vermutet. Damit bleiben der Proband oder die Probandin frei, später zu entscheiden, auf welche Art er oder sie in Zukunft diesen Teil praktizieren wollen.

Für mich hat es sich bewährt, beim Feedback eine bestimmte Reihenfolge einzuhalten. Ich sage zuerst, was funktioniert hat, und an zweiter Stelle, was nicht funktioniert hat. Sonst besteht die Gefahr, bei den Fehlern hängen zu bleiben und sie überzubewerten. Ich halte es auch für entscheidend, von *Feedback* und *Auswertung* zu sprechen und *nicht von Kritik*. Kritik sagt im Subtext viel stärker, dass etwas richtig oder falsch ist. Hier bei dieser Arbeit aber geht es immer um Varianten und Möglichkeiten und nicht um richtig und falsch. Auf meinen Seminarreisen durch Deutschland und Europa hat sich gezeigt, wie viele verschiedene Lösungen es für eine stimmige Ausführung einer einzigen liturgischen Form gibt, sodass ich persönlich es ablehne, von richtig und falsch zu sprechen. Aber auf die Reihenfolge der Feedbackbeiträge sollte man achten, sodass man nicht anfängt: »... Ja, es war schon sehr schön. Das hat schon ganz gut geklappt« und danach kommt man mit einer ganzen Palette von negativen Dingen. Besser ist es, erst zu sagen, was nicht stimmig war, was vielleicht noch fehlte, und dann kann ich zum Schluss sagen: »Hör zu, da hat mir etwas gut gefallen. Ich habe eine freundliche, klare Stimme gehört. Du bist präsent.« Dann bleibt am Ende dieser positive Eindruck, diese aufbauende, unterstützende Energie. Der Proband kann leichter von seinen Fähigkeiten aus weiterarbeiten.

Die vier Bewusstseinsschritte

In meiner ganzen Arbeit spielt das Modell der vier Bewusstseinsschritte beim Lernen eine große Rolle: Dass jemand auf den Weg kommt, *aus der unbewussten Unfähigkeit über die bewusste Unfähigkeit und die bewusste Fähigkeit zur unbewussten Fähigkeit.* Diese Lernschritte sind für mich ein sehr hilfreiches Modell, Personen einschätzen und unterstützen zu können, wenn sich etwas an ihrem Verhalten ändern soll, das über die Analyse und über die theoretische Einsicht hinausgeht.

Von der unbewussten Unfähigkeit zur bewussten Unfähigkeit

Die unbewusste Unfähigkeit beschreibt den Zustand einer Person, die anfängt zu arbeiten und zu üben. Sie ist sich bestimmter Muster und Strukturen im körperlichen Verhalten beim Sprechen und in ihrer Präsenz nicht bewusst. Nehmen wir zum Beispiel eine Person, bei der immer die rechte Schulter leicht hochgezogen ist. Für die Person ist es der normale Zustand. Sie merkt es nicht. Aber alle anderen sehen es. Manchmal, wenn es um liturgisches Verhalten geht, ist auch die Gemeinde im Zustand der unbewussten Unfähigkeit: Sie hat sich an den Fehler »ihres Liturgen« schon gewöhnt, sie sieht es nicht mehr. Aber einige Gemeindeglieder werden mit Sicherheit dieses Muster bemerken. Das heißt, es ist der Gemeinde doch bewusst, aber es ist dem Liturgen, der Liturgin nicht bewusst. Nun muss man einschätzen, um was für eine Art von Muster es sich handelt und in welchem Grad es störend wirkt. Es gibt bestimmte Muster, die eine Psychotherapie oder eine professionelle Körperarbeit erfordern. Doch in der Regel bedeutet es schon eine große Hilfe, wenn jemand hier ein qualifiziertes, genaues Feedback bekommt: »... Du, ich sehe, dass du die Schulter hochziehst.« Jetzt kann es sein, dass er diese Beobachtung erst einmal abwehrt: »... Das mache ich nicht. Ich habe selbst nicht das Gefühl, dass ich die Schulter hochziehe.« Andere verstärken aber die erste Wahrnehmung: »Ja, aber wir sehen es doch. Du ziehst die Schultern hoch.« Wir kommen also an einen Punkt, wo die Person vielleicht zum ersten Mal mit diesem Muster konfrontiert wird. Vielleicht ahnt sie schon, dass da »etwas Richtiges dran« ist, aber sie entwickelt einen Widerstand, und der hat möglicherweise mit dem Muster selbst etwas zu tun. Weshalb jemand ein Muster hat, das muss uns hier nicht interessieren. Es geht darum, dass dieses Muster die Präsenz schwächt und unsere Aufmerksamkeit von der Person im liturgischen Handeln wegnimmt. Jetzt könnte man zum Beispiel daran arbeiten, durch kleine Übungen: »Versuch doch bitte einmal, wenn du gehst und auftrittst, die Schulter loszulassen, so gut du kannst.« Wenn das zum Teil gelingt, kommt die Person in einen Zustand zwischen bewusster Unfähigkeit und bewusster Fähigkeit. Das heißt, sie kann vielleicht nichts oder nur wenig ändern, auch nach mehreren Übungen bewegt sich vielleicht nur wenig. Aber sie ist sich jetzt dieses Zustands bewusst. Es ist wirklich zunächst das Ziel dieser praktischen Arbeit, von dem Zustand der unbewussten Unfähigkeit in den der bewussten Unfähigkeit zu kommen. Dieser Zustand ist eigentlich der normale, den man während der ersten Übungen im Kurs »Liturgische Präsenz« oder mit diesem Buch erreicht. Man wird einige Dinge für einige Zeit ändern können und dann fällt man vielleicht für Wochen wieder zurück in die alten Muster. Einige Schritte wird man üben, man wird Fortschritte erleben und doch wieder Rückschläge, aber im Ganzen wird man ein verändertes Bewusstsein bekommen und eine neue Sensibilität. Dieser zweite Zustand, die bewusste Unfähigkeit, ist im Prinzip immer mit Schmerz und Trauer verbunden, mit Schwierigkeiten und Widerständen, weil man jetzt erst deutlich merkt, was man nicht kann. Jemand bemerkt zum Beispiel, dass er nach unten betonen will, aber doch weiterhin nach oben betont, er spürt das. Die bewusste Unfähigkeit ist wie eine Diagnose: Wo sind meine Defizite? Wo gibt es Schwierigkeiten? Wo kann man mehr Lebendigkeit erzeugen? Hier lassen sich dann auch die Arbeitsfelder abstecken, auf denen in der liturgischen Präsenz geübt und gearbeitet werden muss. Hier ist es von großer Bedeutung, richtig einzuschätzen, welche Schritte eine Person nachvollziehen kann. Auf keinen Fall darf man an mehreren Mustern gleichzeitig arbeiten. Man kann durch das Aufdecken von Mustern eine Person total blockieren, wenn man ihre Aufmerksamkeit auf mehrere Punkte zugleich lenken will. Es wäre auch weise, einige Muster, die man beobachtet hat, nicht zu nennen. Zu einem hilfreichen Feedback kann es gehören, bestimmte Dinge *nicht* zu sagen oder abzuwarten bis zum richtigen Zeitpunkt, um es in Ruhe und Würde sagen zu können.

Von der bewussten Unfähigkeit zur bewussten Fähigkeit

Ist die Diagnose gestellt, sind die Unfähigkeiten bewusst, so kann das eigentliche Üben beginnen: Das Einüben von liturgischer Präsenz anhand von Techniken und kleinen Übungsschritten, die immer wiederholt werden müssen, bis das Verhalten einem in Fleisch in Blut übergeht, bis es in der letzten Körperzelle angekommen ist. Der dritte Zustand, die bewusste Fähigkeit, ist das Ergebnis von Fleiß und Ausdauer. Ohne praktische Übung wird man schön aufschreiben können, was Liturgische Präsenz ist, man wird sagen können, was es beinhaltet, aber man wird keine Liturgische Präsenz haben. Der Übungsweg Liturgische Präsenz ist zu vergleichen mit der Übungsstunde beim Ballett oder mit der Übungsstunde eines Musikers. Dieser Prozess dauert Jahre. Jemand wird nur Meisterschaft erreichen, wenn er wirklich übt.

Von der bewussten Fähigkeit zur unbewussten Fähigkeit

Das Üben hat zunächst das Ziel, die bewusste Fähigkeit zu erlernen, das heißt, jemand lernt mit seinen Mustern umzugehen, er lernt, die Muster aufzulösen oder sie in ein anderes Verhalten zu transformieren. Und wenn die Muster verwandelt sind, führt der Weg in den vierten Zustand, die unbewusste Fähigkeit. Die Kenntnis der vier Bewusstseinsschritte ist ein unermesslich reiches Werkzeug für die Arbeit mit anderen Menschen und für die Arbeit an sich selber. Es ist sehr wichtig, die Reihenfolge zu beachten. In einzelnen Bereichen des Verhaltens und des Lebens muss man immer wieder auf diesem Weg von vorn anfangen. Es ist wie bei den Schalen einer Zwiebel, die immer das Ganze auf einer neuen Stufe umfassen. Wieder und wieder entdeckt man bei sich eine bis dahin unbewusste Unfähigkeit, man geht über in die bewusste Unfähigkeit und über die bewusste Fähigkeit zu dem Ziel der unbewussten Fähigkeit.
Feedback und Auswertung haben immer die Absicht, Muster, die der Präsenz abträglich sind, sichtbar zu machen, einzuschätzen und zu transformieren und so mit der Zeit bei einer Person mehr Präsenz und mehr Lebendigkeit im Gottesdienst zu erreichen. Wer an diesen Dingen arbeitet, begibt sich auf einen Weg, den man mit den Wegen spiritueller Praxis vergleichen kann. Er muss sich viel Zeit nehmen, die kleinen Haltestellen und Wegweiser nutzen und doch das große Ziel, liturgisch präsent sein zu wollen, nicht aus den Augen verlieren.

Übung: Rollendiagramm

Das Ziel dieser Übung ist, die unterschiedlichen Rollen, die ein Liturg, eine Liturgin während des Gottesdienstes einzunehmen hat, erfassen und bewältigen zu können. Das Erstellen des Rollendiagramms soll Klarheit schaffen, an welchen Stellen die Rolle des Liturgen im Vordergrund steht und an welchen Stellen die Rollen zum Beispiel des Begrüßers, der Begrüßerin, des Moderators, der Moderatorin usw. in den Vordergrund treten. Ich gehe grundsätzlich davon aus, dass wir von einer Hauptrolle sprechen, das ist die des Liturgen und der Liturgin. Diese Rolle hält sich grundsätzlich über den ganzen Gottesdienst durch. Aber im Blick auf die Haltung und auf das Sprechverhalten kommt es doch an einzelnen Stellen zu Rollenvarianten. Zum Beispiel tritt bei der Predigt ein anderer Charakter in den Vordergrund. Beim Abendmahl wird wieder stärker die archetypische Rolle des Priesters durchscheinen.

Die Arbeitsanweisung sieht folgendermaßen aus: Sie brauchen einen detaillierten, tabellarischen Ablauf des Gottesdienstes, alle Stationen sind möglichst auf einem großen Blatt, in einer Reihe aufgestellt (DIN-A2-Format, die einzelnen Zeilen senkrecht oder quer gestellt). Wählen Sie verschiedene Farben zur Markierung der Rollen. Sie haben zum Beispiel für die liturgische Rolle blau, dann gehen Sie jetzt vom Anfang bis zum Ende des Gottesdienstes jeden einzelnen Punkt durch und markieren die liturgischen Teile blau. Dann gehen Sie den Gottesdienst noch einmal durch und markieren zum Beispiel die Rolle des Predigers mit einem roten Stift. So werden alle verschiedenen Gottesdienstrollen sichtbar gemacht. Und Sie werden an diesen verschiedenen Linien, die Sie auch zu einer Linie verbinden können, sehen, wie häufig die Rollen sich ändern und wie häufig sich verschiedene Rollenaspekte überlagern. Das Rollendiagramm kann natürlich auch sehr differenziert angelegt werden mit einer hohen Auflösung bis hin zu den einzelnen Beats. Ziel dieser Übung ist, ein Gefühl dafür zu bekommen, wie häufig sich die Rolle des Liturgen, der Liturgin immer wieder ändert und durch die Verbindung mit anderen Rollenaspekten unterschiedlich eingefärbt wird. Ganze Stationen, wie das Gebet, haben ihren Schwerpunkt in liturgischen Rollen, andere Stationen haben einen deutlichen Schwerpunkt in persönlichen Rollen. Die Predigtstation hat kleine liturgische Rahmenstücke, sonst jedoch stellt sie den größten Teil einer anderen Rolle neben der des Liturgen im Gottesdienst dar. Die meisten Rollen verbinden sich mit einem bestimmten Platz im Gottesdienstraum oder mit dem Gebrauch von Requisiten, sodass auch die Übergänge durch eine Änderung der Position im Raum oder durch das Benutzen bestimmter Objekte erleichtert werden. Am meisten wirken sich verschiedene Rollen auf den Gebrauch der Stimme, der Sprache und des Gestogramms aus. Für die Dramaturgie des Gottesdienstes ist es bereichernd, wenn die einzelnen Rollen klar differenziert zum Ausdruck gebracht werden (Luther zog zur Predigt den Gelehrtentalar an und zu den Sakramenten das Priestergewand). Allerdings sollten die Rollen immer durch die Person miteinander ausbalanciert und integriert bleiben. Für diese anspruchsvolle Leistung kann die Übung »Rollendiagramm« von großem Nutzen sein.

Übung: Blocking und Staging

Diese Übung ist von unschätzbarem Wert für die Liturgin und den Liturgen. Ich empfehle jedem, der sich mit der Praxis des Gottesdienstes beschäftigen will, mit dieser Übung zu beginnen. Keine Vikarin und kein Vikar sollten den ersten Gottesdienst halten müssen, ohne vorher zusammen mit dem Mentor ein Blocking gemacht zu haben.

Für die Übung brauchen Sie alle Requisiten, die Sie während eines Gottesdienstes benutzen: Bibel, Agende, Lektionar, Gesangbuch, Predigtmanuskript und alle anderen Texte ausformuliert, Ringbuch, Talar, Beffchen, Gottesdienstschuhe ... Die Übung braucht 1 ¹/₂ bis 2 Stunden Zeit und wird am besten zu zweit gemacht. Wir wählen uns jetzt als Beispiel Vikar und Mentor. Sie gehen zusammen in die Kirche, in der Sie üblicherweise Gottesdienst halten. Ich schlage vor, Sie beginnen die Übung von dem Moment an, in dem Sie den Gottesdienstraum gewöhnlich betreten. Das heißt, Sie versetzen sich in die Situation etwa eine halbe Stunde vor dem Gottesdienst und gehen zusammen von diesem Zeitpunkt an nicht nur mental, sondern auch praktisch, Schritt für Schritt, die Handlung des Gottesdienstes und zugleich die entsprechenden Positionen im Raum durch. Sie fangen zum Beispiel mit der Frage an: »Wann meinen Sie, müssten Sie spätestens in der Kirche sein?« Vikar: »Eine halbe Stunde vor dem Gottesdienst.« (Eine halbe Stunde vor dem Gottesdienst halte ich persönlich für das Minimum an Vorbereitungszeit in der Kirche.) Dann fragt der Mentor zum Beispiel: »Was ist das Erste, das Sie machen?« Vikar: »Als Erstes gehe ich in die Sakristei, stelle meine Aktentasche weg, ziehe den Mantel aus, ich gehe dann zum Kantor und zum Küster, begrüße sie und spreche mit ihnen.« Diese Dinge werden im Detail besprochen. Auch, ob es bestimmte Eigenheiten gibt: Einer geht zum Beispiel immer eine Viertelstunde vor dem Gottesdienst zur Toilette, der andere muss seine Meditationseinheit einlegen, ein dritter muss rauchen. All diese Varianten, all diese persönlichen »secrets«, die man vor dem Gottesdienst hat, wie zum Beispiel immer wiederkehrenden Streit zu Hause, Lampenfieber, Überarbeitungssymptome, die speziell vor dem Gottesdienst auftreten, werden genannt. Wie weit man in diese Fragen geht, hängt sehr vom gegenseitigen Vertrauen ab. Wenn der Mentor diese Fragen stellt, dann sollte dem Vikar die Möglichkeit gegeben werden, so offen und ehrlich wie möglich zu antworten. Gleichzeitig sollte er aber auch von dem Mentor Hilfestellung bekommen und dessen viel größeren Erfahrungsschatz nutzen können.

Bei dieser Arbeit ist es wichtig, sich trotz der vielen Details zu konzentrieren und immer wieder zur Handlung des Gottesdienstes zurückzukehren. Der Vikar, für den die Übung gemacht wird, trägt seinen Talar. Er hat alle Utensilien dabei, die er braucht, und legt sie jetzt an die Orte, wo er sie im Gottesdienst brauchen wird: also auf den Altar, auf das Lesepult, auf die Kanzel ... Eine Variante dazu wäre, dass jemand seine Sachen immer von einer Station zur anderen mitnimmt. Wenn Sie diese vorbereitenden Dinge geklärt haben, gehen Sie im Detail die einzelnen Handlungsabläufe und ihre Positionen durch. Sie beginnen und sagen zum Beispiel: »Ich komme vor dem Orgelspiel aus der Sakristei, setze mich auf meinen

Platz. Ich gehe nicht zur Kirchentür, um die Leute zu begrüßen. Mit all meinen Sachen setze ich mich auf meinen Platz ...« Eine Variante dazu wäre, »... ich komme zehn Minuten vor Gottesdienstbeginn aus der Sakristei, ich habe dort mit allen Mitwirkenden noch ein Gebet gesprochen, jetzt gehe ich nach vorne und begrüße am Eingang die Leute. Dann gehe ich auf meinen Platz und setze mich. Nach dem Orgelvorspiel stehe ich auf und gehe nach vorne in die Mitte.«

Wenn der Vikar diesen Ablauf beschreibt, vollzieht er auch ganz praktisch die einzelnen Wege und Schritte. Der Mentor ist wie ein Schatten dabei. Er beobachtet, er fragt nach, und er gibt auch seine Kommentare. Er hat zum Beispiel gesehen, dass die Finger im zugeklappten Ringbuch steckten, und er fragt: »Machen Sie das immer so?« Der Vikar sagt: »Das weiß ich jetzt gar nicht. Es ist mir noch nie aufgefallen, dass ich das mache. Aber ich gebe zu, es sieht nicht gut aus.« So wird jede Handlung durchgegangen, der ganze Gottesdienst, Schritt für Schritt. Er setzt sich zum Eingangslied hin, nach dem Lied steht er auf, geht ohne Ringbuch zum Lesepult, weil das Buch dort schon aufgeschlagen liegt. Er sagt, wie er die Lesung ankündigt, wie er das Buch in die Hand nimmt, usw. Dann kommt er irgendwann zu der Station Predigt: »... Ich gehe während des Liedes auf die Kanzel, schalte das Licht an, lege mir meine Sachen zurecht, während des Liedes stelle ich mich so hin, dass ich gut stehen kann, halte die Hände am Pult, und wenn das Orgelspiel zu Ende ist, atme ich tief ein und fange dann an mit dem Kanzelgruß ...«

Dieses detaillierte Durchgehen *jeder einzelnen Handlung und der Positionen* des Gottesdienstes gibt dem Übenden eine Vorstellung von der Komplexität und der Vielschichtigkeit des Gottesdienstes und von den Entscheidungen, die im Blick auf Plätze, Gänge, Drehungen, Blickrichtungen, Kommunikationsrichtungen usw. zu treffen sind. All diese Strukturen kommen ins Bewusstsein und führen dazu, dass man in dieser Übung erkennt, wo man im schriftlichen Ablauf etwa Dinge vorgesehen hat, die nicht realisierbar sind. Man hat zum Beispiel am Anfang einen Stil und eine Theologie vorgegeben, die nachher nicht fortgesetzt werden können. Es entstehen Brüche im Handlungsablauf und in der theologischen Logik. Man verlässt das, was man vorher etabliert hatte. Man begrüßt zum Beispiel hochliturgisch mit einem Votum und gerät später ins Moderieren. Oder man begrüßt mit freien Worten und wird nachher in seinen Gesten und Voten hochliturgisch. Man steht einmal bei den Gebeten zum Altar gewandt, einmal zur Gemeinde. Hierdurch werden Sprünge erzeugt. Man kann das natürlich machen, aber man sollte sich dessen bewusst sein, und man sollte diese Brüche und Übergänge transparent machen und sie nachvollziehbar gestalten.

Insgesamt führt diese Übung zu einem tieferen Bewusstsein für die Harmonie und die Proportionalität der Handlungen im Raum, für die Kommunikation der Mitwirkenden, für das Miteinander und Gegenüber von Liturg oder Liturgin und Gemeinde.

Und diese Übung schafft etwas ganz Wesentliches, sie gibt dem Liturgen und der Liturgin *Sicherheit*. Wenn das der einzige Grund wäre, die Übung zu machen, dann wäre dieser allein schon ausreichend. Sicherheit, vertraut sein mit der Handlung und mit dem Raum ist eine der grundlegenden Bedingungen für das Entstehen von Liturgischer Präsenz. Deshalb kann diese Übung nicht oft genug gemacht werden. Sie erreicht ihre Wirkung, weil man sie wirklich körperlich praktisch nachvollzieht und jemand von außen, ein Regisseur oder ein Coach, sich die Handlungen anschaut und Rückmeldung geben kann.

Das Blocking und Staging ist aber nicht nur ein Instrument zur Erfassung des gesamten Gottesdienstes, sondern auch für die Analyse einzelner Stationen oder Handlungssequenzen. Sie ist besonders zu empfehlen, wenn ein Gottesdienst vom üblichen Ablauf abweicht. Oder wenn man kleine Unsicherheiten in einer bestimmten Szene ausräumen will. Zum Beispiel: Wie gehe ich durch die Einsetzung des Kelches beim Abendmahl? Dabei kann der Handlungsrahmen immer enger abgesteckt werden. Wir bekommen sozusagen einen mikroskopischen Blick auf einen Detailausschnitt des Gottesdienstes. Besonders hilfreich ist die Übung auch, wenn neue kreative Elemente verwendet werden sollen oder wenn mehrere Akteure am Gottesdienst mitwirken. Dann ist das Blocking und Staging ein unerlässlicher Schritt.

Einführung zum Thema »Spine«

Spine heißt, aus dem Englischen übersetzt, Wirbelsäule, Rückgrat. Ich unterscheide in der Arbeit an der Liturgischen Präsenz den *Rollen-Spine* vom *Stück-Spine*. In beiden Fällen ist der Spine ein Werkzeug für die Liturgin und den Liturgen. Er dient als »roter Faden«, als Generator für Präsenz und wirklich als Rückgrat für den gesamten Gottesdienst. Der Spine ist die bewusste und klar formulierte Hauptintention des Liturgen, an die er sich in jedem Moment des Gottesdienstes erinnern kann und die auch für die Gemeinde in allen Handlungen sichtbar oder als Subtext spürbar wird. Beim Spine handelt es sich nicht um einen körperlichen Akt, sondern er ist eine Attitüde (übersetzt Einstellung, Haltung). Der Spine formuliert sich als eine innere Haltung, die der Liturg im Handeln zum Ausdruck bringt. Zuerst ist also diese Haltung, diese mentale, geistige Kraft, und die manifestiert sich dann in Körperhaltungen, in der Stimme, im gesamten Reden und Tun. Häufig wird angenommen, dass der Spine durch eine unmittelbare und sehr direkte Übertragung in körperliche Intensität am besten zum Ausdruck kommt. Dabei wird der Körper dann leicht als Instrument der Vermeidung benutzt. Die aufgewendete Energie fließt nicht in den klaren Ausdruck, sondern es kommt zu Verzerrungen. Man ist dann damit beschäftigt, die richtige Pose einzunehmen.

Leider gibt es auch oft einen negativen Spine, der das Handeln eines Liturgen bestimmt und von dem er annimmt, dass es für die Gemeinde nicht sichtbar sein würde. Manchmal sind diese Spines dem Liturgen selber nicht bewusst oder sie sind nicht von ihm gewollt, aber sie bestimmen trotzdem sein Handeln und können deutlich von der Gemeinde wahrgenommen werden: »Ich will heute mal schnell fertig werden.« Oder: »Man darf das hier alles nicht so ganz ernst nehmen.« Oder: »Für diese neun Gottesdienstbesucher lohnt sich der Aufwand eigentlich nicht.« Oder: »Diese riesige Konfirmationsgemeinde mit vielen Kirchenfremden macht mir Angst. Also, Augen zu und durch.« Es sollte eben nicht so sein, dass ein unbewusster Spine von außen über den Liturgen herfällt und ihn im Griff hat, sondern er sollte sich über seinen Spine Klarheit verschaffen und die Kraft, die daraus hervorgeht, für seine Präsenz nutzen.

So dient diese erste Übung der Ermittlung und Formulierung des persönlichen *Rollen-Spines*. Wenn Sie jetzt an Ihrem Spine arbeiten, vergegenwärtigen Sie sich immer, dass Sie das aus der Sicht der Liturgin oder des Liturgen tun und nicht aus der Sicht der Gemeinde. Meine Erfahrung ist, dass Theologinnen und Theologen immer gleich ihre Aufmerksamkeit auf die Erwartungen der Gemeinde lenken und nicht bei sich selbst bleiben. Sie meinen, sie wüssten, was die Gemeinde fühlt und braucht, obwohl man das eigentlich nie genau wissen kann. Es ist nicht möglich, bei 20, 50 oder 100 Leuten wirklich zu wissen, was jeder Einzelne jetzt braucht. Was Sie aber wissen können, ist das, was Sie selbst fühlen und brauchen, was Sie erleben und vermitteln wollen. Das ist ein großer Unterschied. Ich gehe davon aus, dass Sie zuerst Ihr eigenes Fühlen und Denken, Ihre eigenen Wünsche und Bedürfnisse als Liturgin und Liturg erforschen und formulieren müssen. Und wenn Sie das bewusst und klar zum Ausdruck bringen, wird es eine große Wirkung haben. Es ist wie der Stein, der in einen stillen See geworfen wird und der seine Ringe zieht und deshalb eine Wirkung auf das Große und Ganze hat.

Die Spine-Übung hat das Ziel, Ihnen klarzumachen, dass, wenn sie bestimmte Dinge fühlen und wollen, sie durch Übertragung auch für die Gemeinde fühlbar und erlebbar werden. An dieser Stelle besteht eine große Scheu für Theologinnen und Theologen. Sie glauben, es sei eine Hybris, sich mit sich selbst zu beschäftigen. Es sei nur wichtig, sich mit der Gemeinde zu beschäftigen. Für mich als Künstler ist es unverzichtbar und hat oberste Priorität, mich mit meiner Rolle zu beschäftigen. Und das gilt auch für die Rolle als Liturgin oder Liturg. Denn im Gottesdienst hat die Liturgin oder der Liturg die Hauptrolle, die auch kontinuierlich durch den Talar sichtbar wird. Natürlich gibt es im Gottesdienst auch Nebenrollen, die der Liturg für einen Moment wahrzunehmen hat, wie zum Beispiel als Moderator am Anfang bei der persönlichen Begrüßung oder bei den Instruktionen zum Ablauf. Das sind Rollen, die sich vom Liturgen im Laufe der Liturgie absetzen. Wir wissen zum Beispiel von Martin Luther, dass er sich im Verlaufe des Gottesdienstes umgezogen hat. Wenn er zur Predigt gegangen ist, hat er das Messgewand abgelegt, um sich ganz deutlich von der einen Rolle zu verabschieden und in die andere Rolle, in die des Predigers, zu gehen. Der *Rollen-Spine* hat das Ziel, einen roten Faden für Sie in Ihrer Hauptrolle als Liturg zu bilden, sodass Sie sich während des ganzen Gottesdienstes daran halten können.

Übung: Rollen-Spine

Partnerübung zur Ermittlung des Rollen-Spines, Dauer ca. 60 Minuten.

Zur Vorbereitung

Zuerst möchte ich Sie bitten, sich einen Partner zu suchen. Sie brauchen Schreibzeug und Papier, dann wählen Sie sich einen Platz, zwei Stühle, wo Sie für eine

240

Stunde dem Partner gegenübersitzen können. Die ersten beiden Schritte der Übung werden Sie für sich machen, ab dem dritten Schritt werden Sie in einen Austausch treten.

Abb. 306: Mindmap zum Eintragen der persönlichen Antworten zum Rollen-Spine – Schritt 1

Erster Schritt

Bitte nehmen Sie ein leeres DIN-A4-Blatt und drei Farbstifte. Ziehen Sie einen Kreis in der Blattmitte, so groß wie ein Armreif. Von diesem Kreis gehen Striche aus wie Strahlen von der Sonne. Die Anzahl ist nicht von Bedeutung (siehe Abb. 306). Nun schreiben Sie bitte: »*Was will ich als Liturgin oder als Liturg im Gottesdienst erleben und erfahren?*« Schreiben Sie diese Frage gut lesbar in den Kreis. Nun schließen sie die Augen und gehen nach innen. Stellen Sie sich diese Frage: »Was will ich als Liturgin oder als Liturg im Gottesdienst erleben und erfahren?« Und lassen Sie eine Antwort aus Ihrem Inneren kommen. Das ist wichtig: Geben Sie keine Antwort, sondern lassen Sie Antworten kommen. Dann öffnen Sie jeweils die Augen und schreiben ein Stichwort oder einen Satz auf irgendeinen Strich mit einer neuen Farbe. Schreiben Sie keine Abhandlungen, sondern wirklich nur ein Wort oder einen kurzen Satz. Haben Sie das getan, schließen Sie wieder die Augen, stellen Sie sich dieselbe Frage, warten auf eine neue Antwort, öffnen die Augen und schreiben diese neue Antwort auf einen neuen Strich. So gehen Sie immer wieder nach innen und verfahren wie beschrieben. Ziel dieses Übungsschrittes ist es, so viel wie möglich zu sammeln. Fangen Sie keine inneren Diskussionen an, ob die erste und die dritte Antwort zueinander passen, ob sie Sinn machen, ob das gut ist und stimmt. Treffen Sie keine theologische Vorauswahl, sondern jede Antwort, die Sie bekommen, schreiben Sie auf. Diese Phase kann 5 bis 10 Minuten dauern. Je länger Sie dabei bleiben, umso tiefere Schichten werden Sie dabei in sich erreichen, umso mehr werden auch der Theologe und der Zensor in Ihnen in den Hintergrund treten. Sie können diese Übung auch eine Stunde lang machen. Das hängt davon ab, wie viel Sie bei sich entdecken möchten für Ihren *Rollen-Spine*.

Zweiter Schritt

Sie erstellen eine Prioritätenliste. Sie suchen sich 5 von Ihren Antworten aus, die für Sie in diesem Moment die wichtigsten darstellen. Dann machen Sie eine Prioritätenliste. Von Punkt 1, das ist der wichtigste, bis Punkt 5. Nehmen Sie dazu bitte einen anderen Farbstift (siehe Abb. 307). Die Auswahl, die Sie jetzt treffen, ist keine Entscheidung fürs Leben. Wählen Sie aus, was in diesem Moment für Sie am wichtigsten ist.

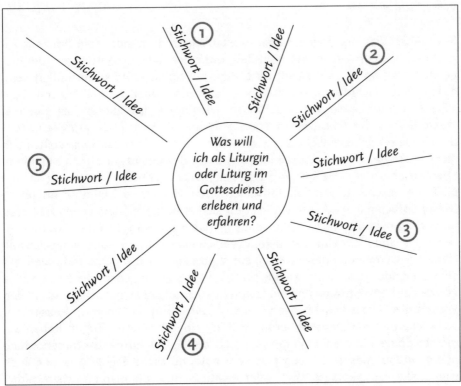

Abb. 307: Mindmap – Schritt 2: Prioritätenliste 1-5 erstellen

Dritter Schritt

Nun kommt Ihr Partner, Ihre Partnerin ins Spiel. Sie sitzen einander gegenüber und einigen sich, wer Person A und wer Person B ist. Dann tauschen Sie Ihre Unterlagen aus und Person B legt die Unterlagen weg. Die Grundabsicht des folgenden Gespräches ist es, Person B darin zu unterstützen, dass sie ihre Antworten durcharbeiten, vertiefen und klären kann. Person A liest dazu eine Antwort von Person B vor. Sie beginnt mit der ersten Antwort und fragt Person B: »Was steht dahinter? Was ist der Grund, dass du diese Antwort aufgeschrieben hast?« Person B hat nun die Möglichkeit, ihre Antwort zu begründen oder etwas von den Erfahrungen und Wünschen zu erzählen, die mit dieser Antwort zusammenhängen. So wird jede einzelne Antwort abgearbeitet. Person A achtet auch auf die Dauer der einzelnen Gesprächsgänge. Für jede Antwort haben Sie etwa $2\frac{1}{2}$ Minuten Zeit zur Verfügung, im Ganzen also 12 bis 15 Minuten. Nach dem Durchgehen der 5 Antworten wechseln die Partner ihre Aufgaben. Beide sollen darauf achten, den Gesprächsprozess nicht durch wertende Äußerungen zu stören. Der Person, die ihre Antworten durcharbeitet, sollte alle Aufmerksamkeit und Wertschätzung entgegengebracht werden. Die Fragen des Partners sollten hilfreich und klärend sein. Er sollte überwiegend zuhören und nicht kommentieren oder von sich erzählen.

Vierter Schritt

Nach Abschluss des gegenseitigen Austauschs nimmt jeder sein Konzept zurück und bekommt einen Moment Zeit, um einen Satz zu formulieren, der den persönlichen Spine zum Ausdruck bringt. Ein Spine sollte so formuliert sein, dass er auch Dinge umfasst, die noch nicht verwirklicht sind, also auch Wünsche, Absichten, Ziele und Bedürfnisse. Wichtig ist, dass dieser Satz eine Herausforderung darstellt. Diese Herausforderung sollte nicht zu groß sein, sondern in weiser Selbsteinschätzung formuliert werden. Aber der Spine sollte auch nicht zu schwach, banal oder einfach ausfallen. Besonders gut eignen sich Metaphern. Ich hatte zum Beispiel in Essen einen Vikar, der hat in Erinnerung an eine biblische Geschichte den Satz formuliert: »Ich will, dass der Himmel aufgeht.« Dieser Spruch hat alle Aspekte, die er für sich in Bezug auf sein Leben als Liturg für wichtig hält, abgedeckt. Man sollte sich aber unbedingt auf *eine* Sache konzentrieren und nicht eine ganze Reihe verschiedener Dinge aufzählen: »Ich will Nähe zur Gemeinde erleben, Kompetenz erreichen. Ich möchte mitfühlen mit der Gemeinde.« Das würde keinen praktikablen Spine ergeben. Der Spine soll ja gerade der Konzentration und der klaren Ausrichtung dienen, auch gerade in den Phasen des Gottesdienstes, wo wir selbst kein Rückgrat haben. In Phasen der Schwäche und der Desorientierung will ich einen schnellen Zugriff haben auf meinen Spine, um wieder in Präsenz und Lebendigkeit zurückzukommen. Metaphern sind an dieser Stelle oft eine sehr gute, nützliche Sache. Was sich auch eignet, sind fest geprägte Worte oder wichtige Sätze, die man im Leben mitbekommen hat, wie etwa aus Liedern, Gedichten und Stücken. In dieser Phase, in der Sie Ihren Spine kreieren, nehmen Sie sich Zeit und formulieren Sie einen positiven klaren Satz. Bitte keine Negationen. Sagen Sie nicht, was Sie alles nicht wollen. Sagen Sie es wirklich als Absicht: »Ich will ...«. Und sagen Sie es nicht als Wunsch, umständlich, konjunktivisch, im Nebensatz ausgedrückt, »Es wäre schön, wenn ...«. Wenn beide Partner ihren Spine formuliert haben, gehen Sie wieder in einen Austausch. Zuerst nennen Sie Ihren Spine. Hier ist von großer Bedeutung, dass der andere, der den Spine hört, ihn nicht durch eine kleine, unkontrollierte Reaktion abwertet. Sie kennen vielleicht diese Situation: Sie haben etwas entdeckt, das für Sie von großer Bedeutung ist, Sie haben sich sehr darum bemüht. Nun gehen Sie nach Hause und sagen es Ihrem Partner. Der Partner aber reagiert ganz anders als erwartet. Sie sagen: »Ich will, dass der Himmel aufgeht.« Und Ihr Partner sagt mit einer ganz bestimmten Mimik und in einer ganz bestimmten Tonlage: »Mein Lieber, ich will erst mal, dass der Himmel in der Küche aufgeht. Bitte räum' die Küche auf, bevor du mir irgendetwas erzählst.« Damit ist Ihre Kommunikation in dieser Sache vermutlich gestört ... Und solche Störungen sollten Sie an dieser Stelle vermeiden. Tauschen Sie sich so über Ihren Spine aus, dass Sie den eigenen und den des anderen grundsätzlich wertschätzen. Es kann sein, dass Sie in dieser Phase durch den Austausch der anderen Person noch eine kleine Rückmeldung geben können: »Dein Spine hört sich für mich an wie ...« oder »Ich habe das Gefühl, er ist zu lang ...« »Das ist eher ein bisschen schwach«. Aber es bleibt wichtig, dass Sie der Person nicht ihre Erfahrung absprechen, sondern dass Sie sie schützen. Abschließend tauschen Sie sich kurz über den Verlauf der ganzen Übung aus. Was möchten Sie aus dieser Übung für sich mitnehmen? Gab es Impulse vom Partner? – Diese letzte Phase der Auflösung der Übung besteht noch einmal aus 10 bis maximal 15 Minuten. Am Ende sollten sie beide einen Satz haben, der ihrem persönlichen Spine, ihrer persönlichen Grundabsicht als Charakter der Liturgin oder des Liturgen Ausdruck gibt.

Manifestation des Rollen-Spines

Sie legen Ihre Unterlagen weg, stellen sich gegenüber im Abstand von 2 bis 3 Metern und entscheiden, wer anfängt zu arbeiten. Person A fängt an. Sie fängt an, ihren Spine zu sprechen. Diese Übung sollte im Stehen stattfinden, ohne Gegenstände in der Hand und immer mit Augenkontakt. Person B ist in diesem Moment der Coach. Das Ziel dieser Übung ist, die Person, die arbeitet, daraufhin zu coachen, dass sich der Subtext ihres Spines im Körper manifestiert. Hier ist darauf zu achten, den Körper nicht zum Ablenkungs- und Vermeidungsinstrument werden zu lassen, sondern er soll die mentalen Prozesse ausdrücken können. Der Spine soll im Körper inkarniert werden.
Person A nennt den Spine: »Ich will, dass der Himmel aufgeht.« Und der Coach gibt ein Feedback, er formuliert seine persönlichen Eindrücke und Wahrnehmungen. Das könnte folgendermaßen aussehen: »... Ich habe das Gefühl gehabt, du hast deinen Kopf von mir weggewendet. Du hast eine starke körperliche Bewegung gemacht, um diesen Spine zu unterstützen, und ich hatte das Gefühl, mei-

ne Aufmerksamkeit ging eher auf deinen Körper und nicht dahin, deinen Satz zu hören. Also, ich habe nicht richtig wahrgenommen, *was* du gesagt hast, sondern ich habe darauf geachtet, *wie* du es gesagt hast. Deine Hände sind auch sehr stark in den Raum gegangen, und ich hatte das Gefühl, dass du nicht ganz sicher bist, ob du selber daran glaubst ...« So wird der Spine immer wieder neu gesprochen und es wird immer wieder ein Feedback gegeben, ein immer feineres Feedback. Das heißt, wir gehen vom Groben ins Feine, und wir bedenken auch hier, dass wir immer die vier Bewusstseinsschritte gehen: von der unbewussten Unfähigkeit zur bewussten Fähigkeit, von der bewussten Fähigkeit zur unbewussten Fähigkeit. Beim Coachen sollte man grundsätzlich Schritt für Schritt vorgehen und nicht einer Person 10 Beobachtungen auf einmal sagen. Man geht vom Groben ins Detail. Man unterstützt die Person, mit der man arbeitet, auf ihrem eigenen Weg. Dann gehen wir auch darüber in den Austausch. »Was fühlst du? Wie ist es dir ergangen? War es schwierig?« Es kann zum Beispiel sein, dass die Person, die arbeitet, sagt, »Ich merke, dass dieser Satz ›Ich will, dass der Himmel aufgeht‹ zu stark für mich ist. Ich würde lieber sagen, ›Ich wünsche mir, dass der Himmel aufgeht‹.« Man ist also im Austausch darüber und versucht durch das Wiederholen und Üben einen Zustand zu erreichen, bei dem der Übende das Gefühl hat, das ist mein Spine. Diese Übungsphase dauert etwa 10 Minuten. Dann tauschen die Partner, die Partnerinnen und wiederholen die Prozedur.

Am Ende dieser Übungsphase sollte jeder seinen eigenen Spine verinnerlicht haben oder ihn doch gut und sicher auswendig können. Dieser *Rollen-Spine* geht mit einem durch die nächste Zeit. Es ist nicht ratsam, ihn kurzfristig hintereinander zu ändern und zu meinen, »... dies ist ein besserer Satz und jenes ist ein besserer Spine ...«, sondern man sollte über eine gewisse Zeit, mindestens über ein halbes Jahr, diesen Spine in der Rolle des Liturgen und der Liturgin auch wirklich gebrauchen. Ich habe inzwischen sehr viele Übungen dieser Art mit Theologinnen und Theologen gemacht und ihre Fortschritte in liturgischer Präsenz kranken immer wieder daran, dass nach den Kurswochen die Übungen nicht regelmäßig weiter genutzt wurden. Der Spine stellt für die Präsenz in der Rolle des Liturgen, der Liturgin ein enorm wichtiges Werkzeug dar. Viele machen sich keine Vorstellung davon, was es bedeutet, über längere Zeit bewusst mit so einem Satz zu leben und zu arbeiten, – das heißt auch, die Widerstände, die sich daraus ergeben, zu erfahren und sie zu überwinden. Das setzt einen Prozess in ihrer Persönlichkeit in Gang. Der Spine schleift den Diamanten »Persönlichkeit« und führt zu einer Reife und einer Präsenz, die dann letzten Endes nicht mehr hergestellt werden muss, sondern über die der Liturg und die Liturgin unbewusst verfügt. Ich meine diesen Prozessweg von der unbewussten Unfähigkeit hin zur unbewussten Fähigkeit. Ich empfehle Ihnen, über diesen Prozess nicht viel zu reden, sodass Sie ihn zerreden. Gehen Sie einfach mit den Sachen um. Sie werden Widerstände spüren. Sie werden spüren, dass der Abstand zwischen dem, was ist, und dem, was Sie wünschen, kleiner wird. Und eines Tages, wenn Sie nicht mehr darüber nachdenken, hören Sie das Feedback, dass sich Ihre Präsenz positiv verändert hat. Dieser bewusste Umgang mit Ihrem Spine wird auf Dauer

Ihre Praxis als Liturg oder Liturgin verändern. Das ist eine der wichtigsten Übungen, die ich für die Arbeit an der Liturgischen Präsenz habe.

Übung: Stück-Spine

Der *Stück-Spine* richtet sich im Prinzip nach zwei Dingen. Einmal fragt er nach Thema und Charakter des Sonntags, an dem der Gottesdienst stattfindet. Zweitens fragt er nach dem Genre. Handelt es sich um einen Familiengottesdienst oder um eine kontemplativ ausgerichtete Feier mit viel Musik? Handelt es sich um eine Taufe, um eine Trauung, eine Konfirmation oder eine Beerdigung? Die ganz speziellen Texte und die Art des Gottesdienstes bestimmen natürlich im hohen Grad seine Energie. Es ist also von Anfang an wichtig, in welchem Stück man sich befindet. Wenn man bei einer Beerdigung in unserem Kulturkreis die Gemeinde und die Trauernden ganz locker begrüßen würde: »Ich möchte Sie sehr herzlich begrüßen heute zur Beerdigung von Hans Müller – ich freue mich und finde es schön, dass Sie alle dabei sind!« dann würden Sie vermutlich negative Emotionen auslösen. Die Gemeinde bekommt das Gefühl, sie befindet sich im falschen Stück. Die Trauerfeier wird nicht ernst genommen. So ist es von großer Bedeutung, sich klarzumachen, welche Hauptstimmung und Botschaft dieser Sonntag hat. Auch der Ort spielt eine Rolle. Der Gottesdienst in einer Krankenhaus-Kapelle hat eine andere Qualität als der in einer großen Hauptkirche mit 1.200 Leuten. Der Ort, der Raum, der Anlass, die Größe und Zusammensetzung der Gemeinde, das Thema des Sonntags, seine Lieder und Texte, seine Verankerung im Kirchenjahr und in der Jahreszeit, all diese Faktoren müssen berücksichtigt werden bei der Suche nach dem *Stück-Spine*. Die Ermittlung des *Stück-Spines* könnte zum Beispiel damit beginnen, dass Sie ein Mind-Map anlegen: In einen Kreis schreiben Sie den Namen des Sonntags, zum Beispiel »Jubilate«. Von diesem Kreis gehen Strahlen aus, die sich verzweigen und an denen entlang Sie die einzelnen Themen entwickeln. Was ist das Hauptthema des Sonntags »Jubilate«? Welche »Melodie« wird heute gespielt? Es geht um Loben und Feiern. Welche Texte und Lieder spielen eine Rolle? Welche Bilder fallen Ihnen dazu ein? Wie fügt sich eins zum anderen im Rahmen der Grundatmosphäre dieses Tages? Man kann sich im Laufe der Zeit diese Arbeit erleichtern, indem man sich eine Sammlung mit Karteikarten für jeden Sonn- und Feiertag des Kirchenjahres anlegt und so über mehrere Jahre einen großen Schatz an Informationen gewinnt, der es auch möglich macht, einen Sonntag vom anderen genau zu unterscheiden und eben seinen *Stück-Spine* zu formulieren.

Übung: Lesung

Das Ziel dieser Übung ist, eine neue Herangehensweise an biblische Texte vorzustellen, gleichzeitig vermittelt sie die Werkzeuge, mit denen jemand strukturiert und sehr gezielt eine Lesung vorbereiten kann. Es handelt sich um eine

Partnerübung. Man kann sie, wenn man etwas besser geschult ist, auch allein machen, es ist aber eine sehr große Unterstützung, wenn man zu zweit arbeitet. In Predigerseminaren oder Pfarrkonventen ist es immer möglich mit einem anderen zusammen zu üben. Beide Personen werden alternierend jeweils einmal der Übende sein und einmal der Coach.
Die Übung besteht aus drei Teilen:
1. Vorbereitung der Übung
2. Skriptanalyse
3. Improvisation und das Trennen der Charaktere

Vorbereitung der Übung

In der Vorbereitungsphase sucht man sich einen Partner. Beide haben eine Bibel in der Hand. Für mich hat sich sehr bewährt, die 84er-Übersetzung von Luther in einem mittleren Buchformat und keine Taschen- und keine Altarbibel zu nehmen. Beide haben den gleichen Text. Man sucht sich einen Raum, einen Platz, wo man sich unbeobachtet und ungestört von äußeren Einflüssen der Übung hingeben kann. Die nächste Entscheidung ist, wer ist Coach und wer ist der Übende? Gehen wir davon aus, es sind zwei Pastoren/Pastorinnen, dann sollte der Übende den Talar tragen. Ich sehe darin eine große Hilfe: Dinge, die man sich während der Übung im Talar erarbeitet hat, sind später leichter in die liturgische Originalsituation zu transferieren. Die nächste Entscheidung betrifft den Text: Es ist gut, einen erzählenden und einen lehrenden, argumentativen Text auszuwählen, damit zweierlei Gattungen vertreten sind.
Die beiden stellen sich nun einander gegenüber, etwa im Abstand von drei bis vier Metern, beide haben die Bibel aufgeschlagen, der Coach kann immer still mit lesen. Der Übende hält die Bibel mit einer Hand, entweder mit der rechten oder der linken, indem er mitten unter das Buch greift; die andere Hand ist die »Spielhand«, die nur an die Bibel gelegt wird.

Skriptanalyse

Die Skriptanalyse beginnt mit dem Prozess des »cold readings«. Eigentlich hat der Übende keine Vorbereitung gehabt, sondern er bekommt diesen Text »kalt«, wie man sagt. Er kennt vielleicht im besten Falle einige Passagen, aber wir gehen davon aus, dass er nicht wirklich mit dem Text vertraut ist. Jetzt liest er ihn das erste Mal vor. Der Coach hört zu und nach dem Lesen beginnt gleich die erste Auswertung. Der Coach sagt alles, was ihm aufgefallen ist. Dabei hat er immer die Haltung, den Übenden zu unterstützen und nicht abzuwerten. Es sind eine ganze Reihe von Dingen, die häufig beim ersten Lesen nicht funktionieren: Monotonie in der Betonung, fehlende Emotionen, keine Unterscheidung der Charaktere, es werden keine Bilder ausgelöst, Überbetonungen, pastoraler Ton, falsche Betonung, am Satzende nach oben betont.

Nach diesen ersten Äußerungen beginnt der eigentliche Arbeitsprozess mit dem Text. Diesen Prozess nenne ich »hot reading«. Der wichtigste Arbeitsschritt in diesem Prozess ist die Skriptanalyse.

Die Skriptanalyse – wie oben schon genannt – fragt nach: Was ist die Situation, was ist der Konflikt, welches Ziel hat der Hauptcharakter, welches Ziel wird im Stück verfolgt, welche Hindernisse gibt es im Stück, welche Emotionen und Gefühle werden gezeigt, wo ist die Klimax, der Höhepunkt, welche Fallhöhe macht unser Hauptcharakter durch? Welche Charaktere kommen in unserer Geschichte vor, wie alt sind sie, welchen Stand in der Gesellschaft haben sie, welche Religion, welches Verhältnis untereinander haben die Charaktere, gibt es versteckte Absichten der Charaktere, dass sie bestimmte Ziele erreichen wollen, die sie dem anderen nicht sagen?

Ein wichtiger Aspekt sind die theologischen Aussagen: Was ist die Botschaft, was ist die Kernaussage, der »Spine« des Textes? Gibt es Requisiten, die im Text von großer Bedeutung sind? Wo, an welchem Ort befinden wir uns im Text? Gibt es dominierende Handlungen, werden Sachen nur angedeutet, gibt es Geheimnisse? Welche Aktionsverben spielen in dieser Szene eine Rolle, die das Verhältnis der Charaktere untereinander deutlich machen?

Im ersten »hot reading«-Prozess bei der Skriptanalyse ist es wichtig, nicht zu viel über die einzelnen Punkte zu sagen und sich nicht ins Reden zu verlieren, sondern man sollte darauf achten, einen ersten roten Faden zu gewinnen. Sollten hier der Übende und der Coach verschiedener Meinung sein, zum Beispiel theologischer Art, dann ist es wichtig, beide Dinge durchzuspielen und beide Dinge zuzulassen, vielleicht entsteht daraus ein dritter Aspekt.

Improvisation und das Trennen der Charaktere

Der nächste Durchlauf sieht so aus: Wir haben zum Beispiel eine Situation mit einem Erzähler, mit Jesus und mit einem Jünger. Dann ist es so, dass der Leser sich überlegen muss, wo er die Charaktere im Raum hinter dem Pult platziert. Das ist jetzt nur wichtig für die Übung, es gilt natürlich nachher nicht für die Originallesung vor der Gemeinde.

Jeder Charakter bekommt also hinter dem Lesepult einen Platz, der Platz für den Erzähler ist immer die Mitte, direkt hinter dem Pult. Sagen wir mal, auf der linken Seite steht Jesus, auf der rechten Seite steht der Jünger. Immer dann, wenn ein bestimmter Charakter spricht, stellt sich der Übende auf diesen Platz. Wir sagen, die Geschichte fängt mit dem Erzähler an, der uns beschreibt, was eigentlich passiert, eine bestimmte Situation mit Jesus. Wenn er nun fortlaufend liest, und der Erzähler ist wieder an der Reihe, steht er immer in der Mitte.

Jetzt geht der Text über zu einem anderen Charakter durch eine wörtliche Rede. Jesus spricht zum Jünger. Dann geht der Liturg auf diesen Platz auf der linken Seite, stellt sich hin und redet jetzt als Jesus, als dieser Charakter, lässt aber weiterhin den Blick auf der Bibel, schaut nicht nach oben, sondern versetzt sich lesend hinein in diesen Charakter. Die Antwort könnte jetzt der Jünger sagen, das heißt, der Liturg geht auf den rechten Platz hinter dem Pult, wo der Jünger steht, und spricht von hier aus als Jünger.

Dieses Lesen wird sehr viel Klärung bringen: Welche Charaktere treten auf, wann sprechen sie, werden unterschiedliche Töne, unterschiedliche Qualitäten zum Ausdruck gebracht? Diesen Schritt nenne ich: »das Trennen der Charaktere«, und dies wird schon Struktur in die Lesung bringen. Nach einem neuen Durchlauf wird weiterhin darauf geachtet: Was sind die Emotionen? Man wird vielleicht spontan sagen: »Mensch, du kannst dich noch viel mehr reingeben in die Jesus-Rolle!« Ich beobachte häufig ein großes Zögern, sich in den »Charakter« Jesus oder Gott hineinzuversetzen, weil man denkt, das sei nicht erlaubt. Aber es geht hier ja nicht darum, Gott zu sein, sondern sich mit diesem Charakter zu identifizieren.

Jetzt folgt der dritte Schritt im »hot reading«: Der Coach fängt an mitzuspielen. Er geht mehr in die Improvisation. Das könnte zum Beispiel sein, dass er für einen Moment in die Rolle des Jüngers geht und der Übende in die Rolle Jesu. Man beginnt in der Situation des Textes, löst sich aber dann auch vom Text, entwickelt etwas, versucht die Situation klarer zu machen. Der Coach fragt als Jünger provozierende Dinge, er nimmt bewusst die Rolle des Gegenspielers ein, er konstruiert Hindernisse und Konflikte, er weicht aus. Und Jesus reagiert, er lässt sich herausfordern. Gerade die Konfrontation macht es dem Übenden leichter, in die Situation des Textes zu kommen.

Hier kann man auch ruhig übertreiben. Das ist manchmal sehr nützlich, die Dinge zuzuspitzen, aber es soll kein schlechtes Schauspiel sein. Es geht einzig darum, durch diesen Schritt zu erforschen und herauszufinden, was mir der Text oder der Charakter für ein Material liefert. Der Coach hat in dem Moment einmal die Rollen anzuspielen, gleichzeitig aber bleibt er in der Rolle des Coachs, er behält also das Bewusstsein und ist verantwortlich für den Prozess. Hier ist wichtig, dass der Coach den Prozess wirklich in der Hand hat und dass der Übende dem Coach vertraut. Hier gibt es einen Punkt, wo die Kontrolle für einen Augenblick wegfallen kann, das heißt der Coach geht zum Anspielen voll in die Jesus-Rolle und der Übende geht in den Charakter des Jüngers.

Wenn nun diese Hauptcharaktere, die in unserer Situation vorkommen, jeweils einmal durchgespielt sind, dann ist schon ein ganz anderes Verständnis für den Text entstanden. Dann kann der Coach noch einmal abschließend seinen Eindruck schildern, auch der Übende kann sagen, wie es ihm ergangen ist.

Und jetzt gehen die Übenden wieder zurück. Alles, was sie erarbeitet haben, nehmen sie mit und gehen sofort in die normale Lesesituation. Man stellt sich hinter das Pult, entweder die Bibel liegt auf dem Pult oder man nimmt sie in die Hand und liest – und ich bin sicher: Wir hören ein neues Lesen, mit all den Dingen, die erarbeitet worden sind. Aber es werden jetzt keine Gesten gemacht, sondern alles, was erarbeitet worden ist, fließt in die Lesung ein und macht sich über das Sprechen und in der Stimme als Subtext bemerkbar.

Ein wichtiger Aspekt beim Coachen ist, nicht zu viel auf einmal von der Person zu verlangen, sondern von dem auszugehen, was jemand mitbringt und in diesem Augenblick zeigt. Der Übende ist in der Regel ja auch kein Schauspieler, der gelernt hat, kleine Szenen exakt zu wiederholen. Es ist gut, wenn der Coach Stück für Stück vorgeht und nicht zu viele Dinge zugleich anspricht. Der Übende kann nicht in jedem Satz drei verschiedene Emotionen kreieren, sondern er soll einen roten Faden finden, an dem entlang er arbeiten kann. Das Entscheidende ist immer wieder, dass sich der Übende mit dem Charakter identifiziert. Er sollte nicht neben sich stehen, sich nicht von außen beobachten, indem er sich selbst coacht. Der Coach ist dazu da, dem Übenden die Möglichkeit zu geben, sich wirklich für einen Moment loszulassen und sich zu erleben, ohne sich selbst irgendwie beobachten zu müssen.

Völlig abschalten kann man die Selbstbeobachtung natürlich nicht. Ein sehr wichtiger Aspekt ist es auch, die Selbstwahrnehmung und die Fremdwahrnehmung zu unterscheiden. Der Coach hat natürlich von außen eine viel bessere Möglichkeit, etwas wahrzunehmen als der Übende. Häufig ist die Selbstwahrnehmung nicht deckungsgleich mit der Fremdwahrnehmung: Man hört sich selbst anders, man schätzt die Wirkung einer Geste selbst anders ein, als sie sich tatsächlich darstellt. Ein faires, ehrliches Feed-back von Seiten des Coachs, Vertrauen von Seiten des Übenden und die Konzentration auf einen eng abgesteckten Bereich von beiden Seiten sind Bedingungen für das Gelingen dieser sensiblen Arbeit.

Die Haltung beider sollte immer sein, einen Text zu erforschen, Möglichkeiten, die es vielleicht noch nicht gab, zu spielen. Es kann auch hilfreich sein, die Situation einmal in unsere Gegenwart umzusetzen: Hier ist ein Konflikt, 2000 Jahre alt, wie würde der sich heute äußern? Es fällt den Übenden manchmal leichter, etwas zu spielen, was ihnen näher ist.

Die Intensität der Lesung oder die Intensität, mit der diese Übung erlebt wird, hängt sehr davon ab, wie der Coach arbeitet. Entscheidend ist zu berücksichtigen: Nicht viele Schritte auf einmal verlangen; keine Abwertung; Unterstützen der Fähigkeiten, die die Person in den Prozess einbringt; sehr wichtig: nicht etwas theologisch zerreden, sondern es durch die Skriptanalyse in das praktische Tun und Erleben mit einem Text einbringen.

Übung: Predigt

Dauer: ca. 1 Stunde. Man braucht auf jeden Fall eine andere Person, besser ist eine kleine Gruppe von 4 oder 5 Personen; Ziel dieser Übung ist die Ermutigung zur freien Predigt.

Vorbemerkungen

Vorher muss ich noch etwas zu einem Missverständnis sagen, das es in der Pfarrerschaft im Blick auf die freie Predigt gibt. Man meint nämlich, eine freie Predigt sei auch, sich am Sonntag Morgen die Bibel zu schnappen, den Predigttext aufzuschlagen, ihn zweimal zu lesen und dann im Gottesdienst Satz für Satz eine frei assoziierte Auslegung zu machen. Das ordne ich eigentlich unter der Kategorie »schlechte Vorbereitung« ein. Es hat mehr mit Faulheit zu tun als mit freier Predigt. Man muss sich klar darüber werden, dass die freie Predigt mindestens doppelt so viel Vorbereitungszeit in Anspruch nimmt wie die Konzeptpredigt. Es mag sein, dass jemand, der sehr viel Erfahrung in freiem Predigen hat, tatsächlich Zeit spart. Aber es bleibt gerade für die freie Predigt wichtig, eine ganz klare Struktur zu entwickeln.

»Frei« heißt nicht » auswendig«. Das ist das nächste Missverständnis. Eine vorher ausformulierte Predigt auswendig vorzutragen heißt noch lange nicht, dass sie frei und lebendig ist. Ein Schauspieler lernt für seinen Auftritt seinen Text auswendig. Er verbringt viel Zeit damit, ihn zu verinnerlichen, bis er ihm zur zweiten Natur geworden ist. Diese Zeit hat der Prediger nur in Ausnahmen zur Verfügung, und der Aufwand würde den Rahmen seiner Aufgaben in der Regel übersteigen.

Vorbereitungen zur Übung

Sie brauchen: eine Bibel, in der Ihr Predigttext steht. Sie sollte groß genug sein, zum Beispiel die Lutherbibel '84 im DIN-A5-Format, sodass Sie ohne Schwierigkeiten daraus vorlesen können. Weiterhin das Manuskript Ihrer Predigt im Ringbuch oder in der für Sie gewohnten Form, Ihren Talar, Beffchen, »Gottesdienstschuhe«. Die Übung sollte in einem Kirchenraum stattfinden, am besten in Ihrer eigenen Kirche, wo Sie normalerweise Gottesdienst praktizieren. Eine Person aus der Gruppe übernimmt die Rolle des Moderators. Er achtet auch auf die Zeit. Insgesamt sollte ungefähr 1 Stunde gearbeitet werden.

Erster Arbeitsschritt

Beim ersten Durchgang halten Sie die Predigt so wie immer. Das kann mit dem Kanzelgruß beginnen. Bedenken Sie, dass es zwischen diesem liturgischen Akt und dem folgenden persönlichen Akt Unterschiede im Gestogramm gibt. Lesen Sie den Predigttext und beginnen Sie dann zu predigen. Nach ca. 5 Minuten erhebt der Zeitnehmer die Hand. Das ist das Zeichen, bald aufzuhören. Wenn dann ein Sinnabschnitt zu Ende geht, hören Sie hier einfach auf und schließen die Predigt. Gehen Sie aber nicht ans Ende Ihrer Predigt, das wäre ein künstlicher Schluss, sondern hier in der Probe brechen Sie an einer geeigneten Stelle einfach ab. Trotzdem ist es gut, auch den Kanzelsegen zu sprechen. Jetzt folgt die Phase der Auswertung, die erste Feedbackrunde auf Ihre Predigt. Das könnten zum Beispiel solche Beobachtungen sein: »... Ich habe festgestellt, dass du sehr stark mit dem Oberkörper arbeitest, aber deine Hände nicht wirklich benutzt ... Ich habe keine Gesten gesehen ... Ich habe eine sehr starke Mimik gesehen, wenn du Dinge betonen willst. Aber das lenkt mich eher ab ... du benutzt sehr stark Spiel- und Standbein.« Und ein letztes Feedback könnte lauten: »Ich habe gehört, dass der Spannungsbogen in deinen Sätzen nicht bis zum Sinnschluss durchgehalten wird, sondern du gehst vor dem Ende herunter und da konnte ich mich nicht auf den Text konzentrieren, sondern ich war eigentlich immer mehr mit dir beschäftigt.« Dieses Feedback mit all den Wahrnehmungen und Beobachtungen dauert 5 bis höchstens 10 Minuten.

An dieser Stelle muss ich noch etwas zum *Feedback* sagen. Die Rückmeldungen sollten Wahrnehmungen und Empfindungen in einer vertrauensvollen und unterstützenden Weise formulieren. Negatives und Positives sollte gleichermaßen ehrlich gesagt werden. Wertungen dagegen sind ebenso wenig hilfreich wie der Einstieg in eine theologische Grundsatzdiskussion. Hier geht es um die Wirkung des Vortrags, um Modulation, Stimmigkeit der Gesten, zu viel oder zu wenig Kontakt. Welche Emotionen löst der Prediger, die Predigerin bei mir aus? Wie steht er, sie zum Inhalt? Bin ich abgelenkt? Steige ich aus? Wie ist es mit der Lautstärke, mit der Artikulation? Diese Dinge sind vor allem am Körper abzulesen. Welche Arten von Gesten erlebe ich? Sind es unterstützende Gesten, die mir helfen, den Inhalt zu verstehen? Oder sind es Gesten, die immer ein wenig verzögert kommen und die eher künstlich wirken und deshalb eigentlich verzichtbar sind? Es gibt also genug zu beobachten und zu bearbeiten. Eine Diskussion über den Predigtinhalt würde nur dazu führen, dass jemand anfängt, sich zu verteidigen. Er muss seine Ideen rechtfertigen und die freie Arbeitsatmosphäre wäre schnell zerstört. Gegen Ende der ersten Feedback-Runde äußert der Proband sich zu seinem eigenen Erleben. Er sollte aber nicht ins Diskutieren über die Beiträge der anderen kommen.

Zweiter Arbeitsschritt

Jetzt beginnt der zweite Durchgang. Vor diesem zweiten Schritt sollte man sich klarmachen, dass ein sehr großer Unterschied zwischen dieser jetzt geleisteten Probenarbeit und der wirklichen Aufführung in der Gemeinde besteht. In diesem zweiten Durchgang wird nur die Bibel und sonst keinerlei Konzept mit auf die Kanzel genommen. Manche möchten gerne das Predigtkonzept vor sich liegen haben und sie nehmen sich vor, dann bei der Predigt nicht hineinzuschauen. Meine Erfahrung ist, dass es gerade darauf ankommt, *nichts* auf dem Pult liegen zu haben, das einen irgendwie, und sei es nur unbewusst, in die Versuchung bringt, hineinzuschauen. Genau dieses Muster, dass man unbewusst mit den Augen nach einem Konzept sucht, möchte ich unterbrechen. Und der Erfolg spricht dafür, in der Probenarbeit konsequent diesen Weg zu gehen und auf jedes Konzept zu verzichten. Das heißt aber nicht, dass die freie Predigt später in der Gemeinde ohne jedes Konzept gehalten werden müsste.

Dieser zweite Durchgang sieht folgendermaßen aus. Sie sprechen den Kanzelgruß frei, dann sagen Sie Ihren Predigttext an und lesen ihn vor. Danach legen Sie die Bibel zur Seite, um nichts mehr in Ihrem Gesichtsfeld zu haben. Und nun beginnen Sie frei zu predigen. Es kann gut sein, dass Sie sich am Anfang noch wörtlich an einige Passagen erinnern, die Sie gerade gepredigt haben, dann aber kommen Sie wirklich ins freie Predigen. Die Formulierungen entstehen erst auf der Kanzel. Und was Sie sagen, sagen Sie zu den Menschen, die wirklich vor Ihnen sitzen.

Jetzt kann es sein, dass Sie einen Blackout bekommen. Diese Möglichkeit müssen Sie auf jeden Fall mit einbeziehen. Für viele Predigerinnen und Prediger ist das die Grundangst: Ich bekomme einen Blackout, und ich komme überhaupt nicht weiter. Dieses Phänomen der Angst vor dem Blackout ist für mich eines der Monster, die uns daran hindern, die alten Strukturen aufzubrechen. Das Monster sagt: »Es hat keinen Sinn, dass ich frei predige. Ich kann das sowieso nicht. Alle anderen können das, aber ich bin dazu nicht fähig. Dazu brauche ich noch viel mehr Vorbereitung, viel mehr Erfahrung. Und es können ohnehin nur bestimmte Leute frei predigen ...« Dieses Geheul der Monster, das jetzt in Ihnen losbricht, ist ein ganz normaler Zustand. Jeder hat seine persönliche Monstersammlung, die mit biografischen Strukturen und Erfahrungen zusammenhängt. Wenn Sie diese Stimmen hören, dann ist es sehr wichtig, ihnen keine Aufmerksamkeit und keinen Raum zu geben. Wenn Sie sich mit diesen Stimmen beschäftigen, gewinnen sie nämlich die Übermacht. Da ist zum Beispiel der Theologe in Ihnen, der sagt: »Du musst dich theologisch viel besser ausdrücken. So kannst du das auf gar keinen Fall sagen.« Oder da ist der Kritiker in Ihnen: »Ich hab es dir gleich gesagt. Du schaffst das nie.« Oder da ist der Antreiber: »Stell dich nicht so an, du musst hier mehr Gesten machen. Du bist überhaupt nicht lebendig, deine Lebendigkeit lässt wirklich zu wünschen übrig.« Dann haben Sie vielleicht noch ein »Sprechertier« in sich, das Ihnen sagt: »Also, du musst bedenken, ein Satz besteht aus Kommas, Punkten, Betonungsstrukturen. Jedes Wort hat seine eigene Qualität.« Wenn Sie jetzt mit diesen Stimmen in Dialog gehen »... ich kann doch nichts dafür. Ich hab mich doch gut vorbereitet« »... du bist überhaupt nicht gut vorbereitet...« »... ich hab mich doch gut vorbereitet ...«, wenn Sie sich mit diesen Stimmen auseinander setzen, werden Sie auf jeden Fall den Kampf verlieren und Sie werden sich noch stärker blockieren und kommen keinen Schritt weiter. Hier gibt es jetzt eine Möglichkeit, den Stimmen zu entkommen, nämlich in diesem Moment, wenn Sie den Blackout spüren, *sollten Sie unbedingt verstärkt mit den Zuhörerinnen und Zuhörern in Kontakt treten.* Auch wenn Sie in dieser Probenarbeit an der freien Predigt die Personen aus der Kleingruppe 2 Minuten lang ohne ein einziges Wort anschauen, ist das keine Katastrophe. Sie werden feststellen, dass die Stimmen in den Hintergrund treten und der Fluss der Gedanken wieder vorankommt. Sie kommen wieder in die Gegenwart und sind in Beziehung mit den Hörerinnen und Hörern, die im Raum vor Ihnen sitzen. Vielleicht ist es auch eine Hilfe, sich an den Predigttext zu erinnern und ein Stichwort oder einen Schlüsselgedanken daraus zu nehmen, um daran anzuknüpfen. Sie könnten im schlimmsten Fall auch aufhören und sagen: »Ich komme nicht weiter.« Und dann starten Sie wieder neu. Das ist hier in der Probe möglich. Aber ich kann Ihnen nur raten, den Mut zu haben, weiter zu gehen, über diese Grenze hinaus und sich dieser Grundangst zu stellen. Sie werden im Feedback hören, dass eine ganz andere Lebendigkeit und Intensität, ein viel besserer Kontakt wahrzunehmen war. Vor allem wird sich Ihr normales Gestogramm entfalten können, das sonst meist auf der Kanzel verloren geht. Die starke Identifikation des Redners mit der Rolle des Pfarrers und der Pfarrerin führt häufig dazu, dass die Lebendigkeit der Gesten verloren geht. Ziel der freien Predigt ist, ein lebendiges, natürliches Gestogramm zu erreichen, das Ihrer Persönlichkeit entspricht. Es geht nicht darum, künstliche Gesten zu trainieren, die nicht zu Ihnen gehören.

Nach diesem Durchgang von ca. 5 Minuten gibt es eine zweite Feedback-Runde. Jetzt wird ausgewertet, was es für Unterschiede zum ersten Durchgang gab. Hat sich das Gestogramm verändert? Ist die Modulation deutlicher geworden? War der Kontakt intensiver? Und es wird auch danach gefragt, welche neuen Probleme sichtbar geworden sind. Das könnte zum Beispiel sein, dass Sie in derselben Zeit denken und sprechen. Das heißt, dass dann keine kreative Energie mehr zur Verfügung stand. Sie konnten nicht in die Gestaltung der Gesten gehen, weil Sie damit beschäftigt waren, zu überlegen, was will ich, wie komme ich weiter, wie erreiche ich mein Predigtziel? Das ist hier häufig das Problem, dass jemand zu weit vorausdenken will. Im alltäglichen Leben sprechen wir von Moment zu Moment. Die Pausen organisieren sich dann ganz natürlich, wie von selbst. Wir nehmen auch wahr, ob jemand etwas verstanden hat. Wir können etwas ergänzen. Und das ist der entscheidende Vorteil bei der freien Predigt, dass wir auch hier stärker auf die Gemeinde achten und mit ihr in Kontakt treten können. Wir entwickeln ein Gespür dafür, ob die Gemeinde etwas nicht verstanden hat, ob Leute abschweifen oder müde werden. Und wir können darauf reagieren, durch Pausen, durch eine Frage, durch Neuansätze, durch die Verwendung von Beispielen, damit der Inhalt, den wir zu diesem Predigttext kreiert haben, auch wirklich klar vermittelt wird.

Ich erlebe oft, dass die Hörerinnen und Hörer nach dem zweiten Durchgang sagen: »Du warst viel lebendiger. Deine Gesten sind deutlicher geworden. Ich konnte dir besser folgen. Ich hatte das Gefühl, du hast zwischendurch nachgedacht. Und während du nachgedacht hast, konnte ich selbst den Predigtinhalt verarbeiten.« Der Proband selbst hat den Vorgang vielleicht ganz anders erlebt. Er sagt: »Es war total anstrengend für mich und sehr mühsam. Ich hatte nicht das Gefühl, dass ich lebendig war. Ich habe schon gespürt, dass ich mehr Kontakt zu den Hörern hatte, aber ich war innerlich sehr angespannt. Ich konnte auch nicht auf meine Gesten achten.« Die Selbstwahrnehmung wird bei den ersten Versuchen zur freien Predigt von Angst geprägt sein. Sie stimmt selten mit der Fremdwahrnehmung überein, die in der Regel positiver ausfällt als die Selbstwahrnehmung.

Dritter Arbeitsschritt

Der dritte Durchgang konzentriert sich auf die Arbeit am Detail. Man wählt eine Szene aus, zum Beispiel eine erzählende Passage, in der mehrere Charaktere auftreten und sprechen. Nun findet eine »Auflösung« dieser Szene statt. Man versucht, die Struktur der Szene genau zu erfassen – bei uns im Film sagt man: Man löst eine Szene in ihre einzelnen *Beats and Moments* und Sequenzen auf und kann so besser an dieser Szene arbeiten. Sehr hilfreich ist die Übung im Trennen und Sprechen der Charaktere, wie sie im Kapitel »Predigt« auf den Seiten 89, 99 ff. und in dem Kapitel »Lesung« Seite 73 beschrieben ist. Ein anderer Schwerpunkt könnte mit dem Raumbezug der Gesten (siehe ebenfalls Seite 99 ff.) oder mit dem Umgang mit Requisiten und Bildern gesetzt werden (siehe Seite 106 ff.).

Bevor Sie mit der freien Predigt in der Gemeinde wirklich auftreten, sollten Sie vorher immer einige Durchgänge für sich geprobt haben, damit Sie ein Grundgefühl und eine Grundsicherheit bekommen – bei all der Unsicherheit, die die freie Predigt mit sich bringt. Es ist naiv und zeugt entweder von großem Mut oder von Fahrlässigkeit, wenn Sie sagen: »... Ich gehe jetzt einfach mal in die Gemeinde, mache freie Predigten, wie Kabel gesagt hat, ganz ohne Konzept...« Der Schnellschuss kann nach hinten losgehen. Wenn Sie aber feststellen: »Es hat sich etwas verändert bei mir. Ich möchte gern frei predigen, aber ich merke, ich brauche noch mein Konzept, ich kann mich einfach nicht lösen.« Dann gibt es vielleicht einen Weg, der mit einer anderen Art der Predigtvorbereitung beginnt. Sie schreiben Ihre Predigt nicht auf, sondern sprechen Sie in ein Diktiergerät. Sie werden merken, wie sehr sich Ihr Konzept und Ihre Sprache zu einer Sprache hin verändert, die man frei sprechen kann.

Nun höre ich oft den Einwand: »Herr Kabel, ich möchte wirklich genau das sagen und sprechen, was ich aufgeschrieben habe. Mir ist es wichtig, diese ganz besonderen Formulierungen, die ich mir durch lange Predigtvorbereitung erarbeitet habe, doch genau so wiederzugeben. Deshalb werde ich niemals ohne mein Konzept auf die Kanzel gehen, und ich sehe keine Veranlassung, jetzt Ihre Übung zu machen.« Ich verstehe dieses Anliegen und möchte dazu zwei Dinge zu bedenken geben. Auch und gerade das genaue Vortragen von ausformulierten Texten muss genauestens geübt werden. Einen langen Schachtelsatz oder dicht und komplex formulierte Gedanken in einer Rede zu vermitteln, ist eine sehr hohe Kunst, die genauso viel Übung braucht wie die freie Rede.
Zu meinem zweiten Bedenken fällt mir die Geschichte von einem Vikar ein. Er hatte mit mir sehr lange darüber diskutiert, ob die Übung »freie Rede« ein für ihn wichtiger Arbeitsschritt sein könnte. Ich habe ihn dann überredet. Er hat widerwillig mitgemacht und es auch geschafft, aber er hat sehr deutlich gezeigt, dass er eigentlich keine Lust dazu hat. Einen Monat später im selben Predigerseminar kommt seine Ehefrau, die auch Vikarin war, und sagt, ihr Mann möchte sich doch noch bedanken für die Übung mit mir. Was war passiert? Er ist zur Beerdigung gefahren mit seinem alten Buckel-VW, ist ausgestiegen und da fiel ihm die Tür zu. Der Schlüssel und seine ganzen Unterlagen für Gottesdienst, Predigt, Talar, Beffchen, alles lag im Auto. Und ohne Schlüssel kann man die Tür am alten Buckel-VW nicht öffnen. Er hat den Talar genommen, der dort in der Kapelle hing, und sich dann vor die Gemeinde gestellt ohne jedes Konzept. Und er sagte, es habe funktioniert. Aber es wäre nie so gut gewesen, wenn er sich nicht vorher im geschützten Raum dieser Aufgabe gestellt hätte, frei zu predigen.
Ich sage Ihnen, es wird der Tag kommen, an dem Ihnen die Seite 7 vom Manuskript fehlen wird. Oder Sie haben die Zettel vertauscht und eine Predigt mit auf die Kanzel genommen, die heute gar nicht stattfindet. Es wird der Tag kommen, an dem Sie gar nichts mitnehmen und alles vergessen haben. Und dann macht es Sinn, dass Sie vorbereitet sind, sodass Sie reagieren können und nicht sterben. Und häufig haben nämlich die meisten, die anfangen frei zu predigen, das

Gefühl, dass sie sterben. Zum Glück ist bei mir in den Kursen noch nie jemand gestorben.

Schauspielerinnen und Schauspieler arbeiten sehr lange, um ihre inneren Widerstände zu lösen, indem sie sich immer wieder mit der Angst auslösenden Situation konfrontieren, und weil sonst in der Fantasie die Ängste ungeheure Ausmaße annehmen und sie daran hindern, überhaupt noch einmal ins Arbeiten zu kommen. Wichtig sind Ausdauer und Geduld bei der Einübung ins freie Predigen. Vielleicht gehen Sie auch Schritt für Schritt vor, um mit einzelnen freien Elementen in der freien Predigt zu arbeiten. Sie wählen zum Beispiel die Anfangsszene der Predigt, die machen Sie frei, und dann gehen Sie wie gewohnt zurück zu Ihrem Konzept. Und so tasten Sie sich über die Versuche und über die Proben immer weiter vor ins freie Predigen. Es macht überhaupt keinen Sinn, sich am Anfang zu überfordern. Das könnte ein Trauma erzeugen, sodass Sie überhaupt nicht weiterkommen. Ein weiterer möglicher Zwischenschritt sieht folgendermaßen aus. Sie haben Ihr Konzept beim Predigen vor sich liegen, aber Sie sprechen nur dann, wenn Sie die Gemeinde auch anschauen. Das heißt, Sie nehmen den Text auf, zwei bis drei Sätze im Sinnzusammenhang, und sprechen diesen Abschnitt zur Gemeinde hin. Dann schauen Sie wieder auf Ihr Konzept, nehmen den nächsten Sinnzusammenhang auf und sprechen erst wieder, wenn Sie die Gemeinde anschauen. Das wirkt am Anfang etwas künstlich, aber Sie werden feststellen, dass viel mehr Kontakt zu den Hörerinnen und Hörern entsteht. Sie sollten sich aber trotzdem schon hier die innere Erlaubnis geben, dass Sie nicht alles Wort für Wort wiedergeben müssen, sondern dass Sie sich auf die Bedeutung konzentrieren und einzelne Worte umstellen.

Es gibt in der Schauspielerei einen Spruch, der ein bisschen zynisch klingt: »Wer probt, ist feige.« Dahinter steckt die Annahme, Kreativität sei immer etwas ganz Spontanes und wahre Künstler müssten in jedem Moment die Welt neu erfinden. Ich habe aber nach meinen langen Erfahrungen die Überzeugung, dass gerade die gute und sehr genaue Vorbereitung der Kreativität dienen kann. Ich empfinde das gar nicht als feige, wenn Sie sich gut vorbereiten. Die Vorbereitung kann nur zu einer Vertiefung der Predigt führen, zu einem tieferen Verständnis des Inhaltes der Predigt und zu einer Intensivierung des Kontaktes beim Predigen. Man kann sagen: »Wer probt, ist feige.« Man kann aber auch sagen: »Übung macht die Meisterin und den Meister.«

Die Bedeutung des Körpers und der Körperarbeit

»Der Körper ist ein Tempel der Seele«

Der Körper ist das Instrument, worüber wir unsere Gestalt und unseren kreativen Ausdruck in der Welt finden. Gerade in seiner Komplexität und im Zusammenspiel seiner verschiedenen Kräfte stellt er etwas dar, was weit über die Grenzen unserer Vorstellungskraft hinausgeht. Man darf seine verschiedenen

Aspekte aber niemals isoliert betrachten. Die einen sagen zum Beispiel, der Körper bestehe zu 70 Prozent aus Wasser. Die Nächsten sagen, der Mensch bestehe im Wesentlichen aus Gedanken, Ideen und Bewusstsein, und der Körper sei deshalb nur so etwas wie ein Arbeitstier, das den eigentlichen Menschen umhertrage. Es kommt aber gerade auf das Zusammenspiel all dieser Aspekte an. Wenn wir davon ausgehen, dass der Körper aus natürlichen Elementen besteht und wir deshalb ein Teil der Natur sind, dann glaube ich, erhöht sich auch der Respekt vor unserem Körper.

In der Arbeit der »Liturgische Präsenz« spielt der Körper die Hauptrolle. Ohne den Körper sind wir in dieser Welt nicht wahrzunehmen. Es wird nichts sichtbar oder hörbar, es können keine Beziehungen aufgebaut werden. All dies ist nur durch den Körper möglich. Mögen auch noch so viele Vorstellungen darüber existieren, was die Seele des Menschen sei, so ist doch das offensichtlichste Zeichen, das in der Welt auf die Seele hinweist, der Körper. Im Körper kommt die Seele zum Ausdruck. Im Körper gewinnt die Person ihre Gestalt. Mit dem Körper nehmen wir an der Gestaltung der Schöpfung teil. Mit diesen Gedanken will ich in keine philosophische oder theologische Diskussion eintreten, mir geht es nur darum, den Körper in seiner zentralen Bedeutung ins Blickfeld zu rücken.

Liturgische Präsenz ist in ihrem Grundanliegen eine Körperarbeit. Die Mittel und Methoden, über die Liturgische Präsenz erzeugt wird, beziehen sich zum größten Teil auf den Körper. Der Erfolg dieser Arbeit hängt sehr davon ab, ob es jemandem gelingt, mit seinem Körper zu arbeiten. Ich zähle diese Hinweise zum Kapitel Preparation, weil der Körper für eine gute Präsenz viel mehr Pflege, Aufmerksamkeit und Training braucht als nur durch die direkte Ausführung konkreter liturgischer Übungen. Der Körper besteht aus Muskeln, Sehnen, aus einem Knochengerüst, aus Nerven, Blutbahnen, aus vielerlei Organen. Man sollte etwas über den Aufbau und das Zusammenspiel der einzelnen Körperteile wissen, denn diese Kenntnisse unterstützen das Körperbewusstsein und die Körperarbeit. Sind wir krank, dann ist sehr schnell sichtbar, dass wir ohne unseren Körper und ohne ein bestimmtes Maß an Körperenergie keinerlei Präsenz haben, oder dass sich die Präsenz darauf beschränkt, dass wir das Bett nicht verlassen und allein sein wollen. Wir brauchen auf jeden Fall einen bestimmten Energiezustand im Körper, damit wir überhaupt Präsenz erzeugen und nach außen bringen können.

Es gibt heute eine große Zahl von Techniken der Körperarbeit, die hier nicht im Einzelnen vorgestellt werden können. Ich nenne hier nur wenige kleine Übungen, die ich sehr nützlich finde. Sie stellen zugleich eine Verbindung zwischen Arbeit am Atem und reiner Körperarbeit dar. Ein wesentliches Ziel dabei ist, die Wahrnehmungskanäle für den eigenen Körper zu öffnen und zu zeigen, dass es mehr Wahrnehmungen gibt als die klassischen fünf Sinne, nämlich das Erspüren von Körper- und Energiezuständen. Es ist ein intensives, ganzheitliches Wahrnehmen, das die Grenzen zum Seelischen hin überschreitet. Dieses Öffnen der Körperkanäle und die Sensibilisierung geschehen immer über eine beständige Praxis wie im Zen-Buddhismus oder bei anderen spirituellen Wegen. Durch das stetige Wiederholen wird ein Bewusstsein erreicht, das weit über sinnliche Wahrnehmung und kognitives Denken hinausgeht.

Übung: Atem

Es reicht schon, wenn Sie sich über mehrere Monate hin täglich ein wenig Zeit nehmen (am besten am Morgen oder am Abend), um für 10 Minuten im Liegen oder im Sitzen ihren Atem zu beobachten. Allein diese Übung führt zu einer Erweitung Ihrer Präsenz für Sie selbst und im öffentlichen Auftreten. Man sollte die Wirkung dieser kleinen Übung nicht unterschätzen. Sie trainiert die Fähigkeit, achtsam zu sein, jetzt und hier da zu sein, wach zu sein, ohne Anstrengung im eigenen Körper gegenwärtig zu sein. Das Schlafen am Tage oder das Schlafen im Gottesdienst, diese gewisse Bewusstlosigkeit des Liturgen oder der Liturgin im Gottesdienst ist ein häufig anzutreffender Zustand. Wir lassen uns meistens in unseren Einstellungen und inneren Haltungen treiben, die wir seit unserer Kindheit in uns tragen und die schnell dazu führen, dass ein permanenter Zustand von Bewusstlosigkeit im Verstand und im Körper entsteht. Nur diese kleine Übung, sich 10 Minuten morgens Zeit zu nehmen, im Sitzen oder im Liegen den eigenen Atem zu beobachten, kann schon viel ändern. – Besser ist es im Sitzen, weil man im Liegen einfach schnell wieder einschläft. – Man beobachtet den Atem, ohne Einfluss auf ihn nehmen zu wollen. Und man achtet darauf, dass ein Atemzyklus nicht nur aus zwei, sondern aus drei Phasen besteht, nämlich aus der *Einatmung*, der *Ausatmung* und der *Atempause*. Gerade die Pause wird sehr häufig nicht mit dem Atem verbunden. Man meint, das Atmen bestehe *nur* im Ein- und Ausatmen.

Der Atem ist eine Grundfunktion unseres Lebens. Das Aufnehmen von Sauerstoff, seine Feinverteilung und Verbrennung im Körper und das Abgeben der »verbrauchten« Luft stellt einen Urrhythmus des Lebens dar. Allein diese Atemübung und die vertiefende Erkenntnis über das Wesen des Atems in einem Menschen können eine große Bewusstseinserweiterung über Gott und die Welt auslösen. Dieses Buch hat keinen direkten spirituellen Anspruch. Es ist ein Buch über Präsenz. Aber wirkliche Präsenz hat auch immer damit zu tun, dass wir ein Bewusstsein über die spirituellen Zusammenhänge erreichen. Ohne Atem ist kein Leben und ohne Leben ist kein Atem. Adam wurde ein lebendiger Mensch, als Gott ihm den Odem des Lebens in die Nase blies.

Wenn Sie sich nun vornehmen, sich morgen mit geschlossenen oder offenen Augen hinzusetzen und Ihren Atem zu beobachten, dann werden Sie feststellen, wie schwer es ist, nur bei dieser einen Sache zu bleiben, sich nicht durch Eindrücke von außen oder durch eigene Gedanken von innen ablenken zu lassen. Kommen Sie immer wieder zurück zum Beobachten des Atems. Suchen Sie sich einen Punkt im Körper, der Ihnen hilft, die Konzentration zu behalten. Zum Beispiel die Nase eignet sich dazu, die Ausatmung, die Einatmung und die Atempause wahrzunehmen, sie zu fühlen und zu beobachten. Wirkliches Beobachten ist kein Danebenstehen, sondern ein Hineingehen in den Prozess. Man ist ganz dabei und behält doch ein waches Bewusstsein, sodass man sich nicht in dem Vorgang verliert. Dieses Element, dabei zu sein und doch nicht dabei zu sein, seine schöpferische Kraft zu spüren und ihr zugleich bewusst gegenüberzustehen, ist eines der großen Geheimnisse der menschlichen Seele. Aber hier ist eigene Praxis der beste Ratgeber. Zu viele Worte verwirren an dieser Stelle nur. Vielleicht sollte man noch wissen, dass sich das Atmen nicht nur in der Lunge abspielt, sondern in jeder Körperzelle. Jede Zelle atmet und jede Zelle bewegt sich und pulsiert. Auch wenn es physikalisch so ist, dass man die Luft nicht direkt ins Becken atmen kann, so ist es doch hilfreich, sich vorzustellen, dass man den Atem lenken kann, ins Becken, in den Kopf, ja, in den ganzen Körper. Überall ist dieses Dehnen und Zusammenziehen zu beobachten. Der ganze Mensch atmet und nicht nur seine Organe. Im Atem kommt Gottes Lebenshauch in einen Körper. Im Atem hat der Mensch Anteil an seiner Umwelt. Und die Auseinandersetzung mit dem Atem ist eine Grundlage für das Sprechen. Atem wird Klang, und Klang wird zur Gestaltung, und Gestaltung drückt sich im Körper und über den Körper aus.

Übung: Stehen

Diese Übung zum bewussten Stehen stammt aus der Alexander-Technik. Die Alexander-Technik ist nach Matthias Alexander benannt, einem Schauspieler aus dem 19. Jahrhundert. Er hatte das Problem, beim Rezitieren von längeren Texten auf der Bühne heiser zu werden. Matthias Alexander entwickelte eine Körperarbeit, um dem Mangel an Präsenz in der Stimme zu begegnen. Seine Entdeckung war, dass sich durch schlechtes Stehen bestimmte Partien im Körper verspannen. Das hat dann zur Folge, dass der Kehlkopf nicht einwandfrei arbeiten kann und es zu Funktionsstörungen kommt, die sich auf die Stimme auswirken. Das heißt, das Stehen ist eine Basisfunktion des menschlichen Körpers. Bei einem guten, sicheren Stand organisieren sich die Dinge im Körper so, dass der Kehlkopf gut arbeiten kann, dass das Zusammenspiel von Luftröhre, Kehldeckel und Stimmlippen optimal koordiniert wird, sodass Atemluft in Klänge und Worte umgesetzt werden kann. Das Zusammenspiel von Kehlkopf, Mundraum, Schleimhäuten und Nasenraum, die Verbindung von Nase und Ohr, das Ohr selbst – all dies muss sich in Harmonie organisieren, sonst führt es dazu, dass wir beim Singen und Sprechen durch bestimmte Fehlfunktionen in der Ein- oder Ausatmung zum Beispiel anderthalb Töne höher singen und nicht in unserer natürlichen, kraftvollen Stimme zu hören sind. Als sehr hilfreich hat sich hier die Alexander-Technik erwiesen. Sie beginnt damit, dass jemand zu dem Stand zurückfindet, der seinem Körper entspricht. Leider haben wir oft Muster in unserem Körper programmiert, die nicht mehr unserer natürlichen Haltung und Präsenz entsprechen. Sie wurden durch Ansprüche von außen beeinflusst, durch körperliche und seelische Verletzungen, die als Verspannungen im Körper und in den Muskeln gespeichert werden.

Ich selbst bin seit Jahrzehnten damit beschäftigt, mich gerade zu halten. In meiner Kindheit wurde ich immer ermahnt: »Steh gerade, ... sei gerade, ... geh gerade ...« Aber ich wusste nicht, was das heißen sollte: gerade gehen. Unsere Wirbelsäule ist in ihrem Ursprung nicht gerade, sondern hat eine Krümmung, damit sie bestimmte Dinge leisten kann. Diese Programmierungen aus meiner Kindheit sind durch extreme Haltungen im Sport, wie zum Beispiel beim Rudern, verfestigt worden, sodass ich jetzt relativ krumm gehe. Nun war meine Sehnsucht immer, gerade zu gehen. Ich dachte zunächst, ich muss mir nur sagen: »Geh gerade.« Ich habe mich dann auch bemüht, aber wenn ich abgelenkt wurde, bin ich natürlich wieder krumm gegangen. So habe ich immer wieder versucht, diesem Gebot: »Geh gerade« zu folgen, geholfen hat es mir eigentlich nie. Es hat sogar eher zu einer Verschlimmerung des Zustandes geführt, zu einem innerlichen Zurückziehen und zur Resignation. Ich musste mir Hilfe holen. Es ging schließlich um meine Aufrichtung, und das heißt, es ging um mein Selbstbewusstsein. So machte ich mich auf die Suche nach Körpertherapien. Ich habe Verschiedenes kennen gelernt: Andersen, Alexander-Technik, Bioenergetik, Soma-Arbeit, Rolfink-Körperarbeit ... Aber es ist mir bis heute nicht gelungen, trotz dieser verschiedenen Methoden, vollkommen gerade zu gehen. Es ist besser geworden. Wenn ich gehe, gehe ich in einer natürlichen Spannung. Nur gehe ich immer noch krumm, besonders wenn ich niedergeschlagen bin, aber ich stehe inzwischen dazu. Ich habe ein Bewusstsein erreicht, und darüber kann ich meine Energien im Körper besser lenken.

Die Auseinandersetzung mit dem Körper, mit dem Atem, mit dem Stehen, mit Körperhaltungen, zum Beispiel über Alexander-Technik, über Ausdrucksarbeit oder über Tanz ist notwendig, damit Sie nicht nur eine geistige Liturgische Präsenz bekommen, sondern eine verkörperte. In der Gestaltung des Körpers zeigt sich das innerste Wissen eines Menschen. Dabei gibt es keinen Umweg und keine Abkürzungen. Sie können nur mit Ihrem Körper Ihren eigenen Weg gehen. Sie können zwar Wegweiser nutzen und die Erfahrungen von anderen einbeziehen, aber Sie müssen den Weg selbst gehen. Es nützt überhaupt nichts, sich Körperarbeit im Kopf auszudenken. Auch über Ermahnungen und Lehrsätze wird sich nichts Wesentliches ändern. Der Prozess, am eigenen Körper zu arbeiten, wird ein Leben lang dauern. Er führte bei mir persönlich dazu, dass ich jogge, dass ich versuche, mich täglich durch langsames Laufen zu bewegen, den Kontakt mit dem Boden bewusst zu spüren, den Kontakt zu meinem Atem herzustellen, meine Gedanken einerseits treiben zu lassen und sie gleichzeitig zu konzentrieren. Ein immer wiederkehrender Rhythmus beim Laufen wird mir zum Meditationsgegenstand. Und mein Bewusstsein vergrößert sich und wächst immer weiter. Gleichzeitig praktiziere ich kleine Einheiten von Alexander-Technik, indem ich mir »directions« gebe. Das sind sehr spezifische Anweisungen, zum Beispiel die, den Hals frei zu halten. Dadurch geht der Kopf nach vorne und nach oben. Eine andere »direction« ist, den Rücken lang und breit werden zu lassen. Wieder eine andere Anweisung ist, »der Oberkörper löst sich von den Beinen«. All diese Anweisungen dienen dazu, eine Beziehung zum eigenen Körper, zu seinen Muskeln, Sehnen, Nervenbahnen und zum Skelett aufzubauen und durch diese Übung mehr Aufrichtung in eine natürliche Körperhaltung zu erreichen. Was hier über das Stehen gesagt wurde, gilt in ähnlicher Weise auch für die Bewegungen. Auch hier verlieren wir schnell unser Bewusstsein für den Körper. Und hier hilft uns zum Beispiel der Zen-Buddhismus mit einer Geh-Meditation. Dabei heben wir ganz langsam ein Bein und setzen es langsam auf, dann heben wir das andere Bein, bewegen es nach vorne und setzen es langsam auf. Langsam wird jede Phase eines Schrittes durchlaufen. Wir machen eine Entdeckungsreise, die von außen nach innen geht und von innen dann nach außen wirkt.

Übung: Stimme

Zur Optimierung der eigenen Sprechweise bieten Gesangstechnik und Stimmschulung viele sinnvolle Möglichkeiten. Die Ausbildung der eigenen Gesangsstimme erfordert jahrelange praktische Beschäftigung mit dem Stimmapparat. Meine Erfahrungen mit dem Singen haben erst über mehrere Missverständnisse zu einem Ziel geführt. Innerhalb der Gesangstechnik gibt es nämlich die Methode der so genannten »Stütze«. Und es werden sehr viele Möglichkeiten beschrieben, wie man für sich eine Stütze erwerben und wie man sie halten kann, wie man sie nützt und was ihr schadet. Ich persönlich habe drei verschiedene Formen von Stützen kennen gelernt, drei verschiedene Gesangstechniken. Das Resultat dieser Arbeit war, dass ich mich eher verspannt habe, statt mich befreiter zu fühlen. Auch in den Kirchen gibt es immer wieder Beispiele, dass Kantoren durch den Mangel an Sängerinnen und Sängern mit geeigneten Stimmlagen dazu neigen, Menschen, die eigentlich anders veranlagt sind, in den Tenor oder in den Sopran hinüberzuziehen, obwohl der Stimmapparat dieser Personen das nicht hergibt. Diese Versuche führen dann dazu, dass der Stimmapparat eher geschädigt wird, als dass er sich entwickelt. Gesangsunterricht ist etwas sehr Persönliches, wie auch die Sprecherziehung tief in die Seele eingreift und beinahe psychotherapeutische Auswirkungen haben kann. Beim Gesangsunterricht sollten Sie sich einen wirklich guten Lehrer suchen. Ein Indikator dafür ist, wenn Sie das Gefühl gewinnen, dass Ihre Stimme frei wird. Um das zu erfahren, brauchen Sie allerdings Geduld. Man weiß es vielleicht erst nach einem Jahr. Generell kann man sagen, dass sich Gesangsunterricht auch positiv auf die Sprechstimme auswirkt. Wenn Leute glauben, weil sie den ganzen Tag reden, könnten sie auch gut in der Öffentlichkeit sprechen, ist das meist ein großes Missverständnis. In meiner Arbeit an der Stimme hat der Ansatz nach Lichtenberg, das so genannte funktionale Stimmtraining, unschätzbare Dienste für meine Präsenz und für das Halten der Energie beim Reden geleistet. Ich rede in meinen Seminaren den ganzen Tag. Meine Stimme ist Höchstbelastungen ausgesetzt. Ohne diese Technik würde ich nach einer Woche bestimmt heiser sein. Wer professionell an seiner Stimme arbeiten will, sollte zunächst zu einem Logopäden oder zu einer Logopädin gehen, um sich eine Diagnose stellen zu lassen. Von dieser Basis aus sollten Sie dann weiter arbeiten, denn eine geschulte Stimme ist eines der wertvollsten Werkzeuge für den Liturgen und die Predigerin.

All diese Möglichkeiten der Körper-, Stimm- und Atemtherapie dienen dazu, Ihnen ein Bewusstsein für Ihren Körper, für Ihre Stimme, für Ihren Kehlkopf, für

Ihre Haltung insgesamt zu geben. Wenn sich diese Dinge in Ihrem Körper einmal manifestiert haben, werden Sie Ihren Gottesdienst halten und die Gemeinde wird bemerken, wie Sie zum Gegenstand des Gottesdienstes stehen, in welcher Intensität und Liebe Sie gegenwärtig sind. Man wird spüren, welche Erfahrungen Sie gemacht haben. Und so entstehen ein Fließen, ein Austauschen, wirkliche Präsenz, die am Ende dazu führen, dass wir keinen Liturgen und keine Liturgin mehr brauchen, sondern dass alle einen inneren Gottesdienst feiern, der sich durch ein Feiern des äußeren Gottesdienstes zum Lob Gottes ausdrückt. Das klingt vielleicht sehr fromm, aber ich habe die Vision, dass Sie erkennen, dass der innere Priester in Ihnen zum Ausdruck kommen will.

Vorbereitung direkt vor dem Gottesdienst

Zu Hause

Über die langfristige inhaltliche Vorbereitung zu Hause ist an anderer Stelle die Rede. Hier, zum Abschluss, nur noch einige Bemerkungen zum Zeitraum kurz vor dem Gottesdienst.

Was jemand in den Stunden vor dem Gottesdienst in seinen privaten Räumen tut, unterliegt oft einem sehr persönlichen rituellen Muster. Das bildet sich oft mit den ersten Gottesdiensterfahrungen aus und prägt sich dann im Laufe der Jahre so tief ein, dass man kaum noch einen Einfluss darauf hat. Der eine zieht sich zurück, er liest sich alle Texte noch einmal durch. Ein anderer betet. Ein Dritter trinkt Kaffee oder raucht und hört seine spezielle Musik. Wieder ein anderer verschafft sich einen »Kick« durch sozialen und organisatorischen Stress beim Anziehen, Sachen zusammensuchen, Streiten mit Familienmitgliedern (»Warum ist mein Beffchen nicht gebügelt?«). Auffällig aber ist, dass sich diese persönlichen Muster stets wiederholen müssen, damit sie jemandem helfen, den Übergang von einer Rolle in die andere zu schaffen. Das Durchspielen vertrauter Abläufe ist wie ein »Warm-up«, um die immer hohe Schwelle zu einem Auftritt in der Öffentlichkeit besser nehmen zu können.

Im Kirchenraum

Wann und wie betrete ich den Kirchenraum? Man sollte den Gottesdienstraum so früh wie möglich betreten, spätestens eine halbe Stunde vor Beginn. Es gibt Ausnahmen, zum Beispiel, wenn man mehrere Gottesdienste hintereinander hat. Dann kann es sein, dass die Gemeinde schon vollständig versammelt ist, aber Kantor und Liturg platzen auf die letzte Minute in den Raum. Zwischen dem ersten und dem zweiten Gottesdienst sollte genügend Zeit sein, sodass die Atmosphäre nicht durch solche hektischen Auftritte gestört wird.

Gehen wir nun einmal davon aus, es ist dreißig, vierzig Minuten vor Gottesdienstbeginn und der Liturg betritt die Kirche. Am besten, er kommt durch einen eigenen Eingang in die Sakristei. Kein Schauspieler kommt über die Bühne in den Raum. Er hat einen Bühneneingang, um nicht die Illusion zu zerstören. Es ist nicht gut, wenn man jetzt noch größere technische Dinge zu erledigen hat. Das würde im Theater niemals passieren. Wenn das Publikum den Raum betritt, sollten alle technischen Vorbereitungen abgeschlossen sein. Allein der Küster oder die Küsterin sind die Personen, welche die allerletzten technischen Angelegenheiten zu regeln haben.

Man kommt also in die Kirche mit seinen Unterlagen. Jetzt ist das Erste, dass alle Dinge an den Platz gelegt werden, an dem sie nachher auch gebraucht werden. Wenn ich dann am Altar agiere, habe ich die Bücher aufgeschlagen auf dem Altar liegen. Ich begehe alle Plätze, die ich betreten werde, und ich mache dabei ein stilles Blocking. Dieses Begehen und Durchgehen der Stationen sollte ich vor allem in fremden Gottesdiensträumen machen oder vor einem Ablauf, der vom üblichen abweicht. Es ist eine große Hilfe. Ich mache mich mit der Atmosphäre vertraut. Ich checke noch einmal meine Requisiten. Jeder Schauspieler tut das in ähnlicher Weise. Er geht auf die Bühne. Er macht sich klar: »...Heute ist der Tag..., heute wird dieses bestimmte Stück gespielt...« Man braucht diesen Teil, um »in die Energie« des Gottesdienstes zu kommen. Es ist ein mentales Check-up für den Gottesdienst.

Dabei trage ich immer noch Alltagskleidung. Bei meinem Rundgang treffe ich bestimmte Absprachen, zum Beispiel mit dem Küster. Ich gehe in Kontakt mit dem Altar, ich gehe in Kontakt mit dem Lesepult, ich gehe bewusst auch auf die Kanzel. Ich überprüfe die Stellung des Mikrofons und ob das Licht funktioniert. Auch wenn ich meine Bücher und Texte jetzt überall hingelegt habe, ist es hilfreich, ein Manuskript des gesamten Gottesdienstes in kopierter Form bei mir zu tragen für einen möglichen letzten Durchgang in der Sakristei.

Bei mehreren Mitwirkenden ist dafür zu sorgen, dass möglichst alle ein ähnliches Blocking durchführen können. Außerdem muss Zeit sein für letzte Absprachen untereinander. Vor jedem Gottesdienst sollte ich besonders mit dem Kantor Kontakt aufnehmen. Mein Gang zur Orgel ist auch eine Würdigung der musikalischen Aspekte. Der Organist kommt nicht zum Pfarrer, sondern der Pfarrer geht zur Orgel. Spätestens hier werden die letzten Feinheiten abgesprochen. Es geht nicht um private Plaudereien, sondern um die Klärung dessen, was noch offen ist – oder offen sein könnte(!). Nicht nur die Energie kommt aus dem Detail – auch der Teufel steckt bekanntlich im Detail. Während dieser Vorbereitungszeit sollten noch keine anderen Leute im Gottesdienstraum sitzen. Dadurch wird, wie gesagt, die Illusion zerstört. Der Gottesdienst ist kein Alltagsgeschehen, sondern die Erfahrung einer anderen Welt. Es muss alles so weit vorbereitet sein, dass die Menschen von dieser besonderen »gottesdienstlichen Stimmung« im Raum erwartet werden.

Mikrofon, Sound-check, Sprechprobe

Weil es besonders wichtig ist, lege ich äußersten Wert auf das Sich-vertraut-machen mit den akustischen Gegebenheiten im Raum und mit der Einstellung des Mikrofons. Leider wird dieses heute oft missbraucht. Wir fühlen unsere Stimme nicht mehr und können nicht richtig einschätzen, wie laut wir sprechen müssen, um überall verstanden zu werden.

Woher weiß die menschliche Stimme, wie laut sie sein muss? Das ist ein Bewusstseinsakt. Schauspieler suchen sich Ankerpunkte im Raum. Sie fühlen den Raum: »Zehn Meter ist die Kirche groß.« Diese Information bekommt unsere Stimme durch das Echo. Das wird fast von allein in uns verarbeitet, ohne dass wir es steuern, es passiert auf ganz natürliche Weise. Leider haben wir diese Dinge verlernt, weil die Mikrofone häufig zu stark eingestellt sind. Wenn jemand ein Problem hat, verstanden zu werden, dann wird es aufgedreht, und der Liturg fällt beim Sprechen in eine stimmliche Unterspannung. Ich kann das ändern, indem ich das Mikrofon in eine leichte Unterspannung bringe, damit ich mich von meiner natürlichen Stimme her noch fühlen kann im Raum. Ein Schauspieler hat gelernt, auf einer großen Bühne laut zu sein und trotzdem Emotionen in der Stimme zu behalten. Viele Laien können das nicht. In einem großen Raum werden sie nur laut, sie betonen jedes Wort, aber die Gefühle und die Differenzierungen in der Betonung verschwinden. Es ist wichtig zu lernen, dass meine Stimme Präsenz, Intensität und Emotionen in einem Raum behält, ohne dass ich laut werde.

Ohne diese Fähigkeiten kommt oft der so genannte »pastorale Klang« zustande: Es werden viele Worte in einem Satz betont. Lautstärke, eine hohe Stimmlage, ein gewisser Rhythmus sollen der Rede Bedeutung verleihen, sie sollen Gefühle vermitteln und die Hörer anrühren. Aber das ist ein Missverständnis.

Im Alltagsleben kann jeder Mensch richtig betonen, wenn er echte Gefühle entwickelt. Zum Beispiel wird einer, wenn er wütend ist, nicht darüber nachdenken: »Jetzt bin ich wütend auf meine Freundin, wie muss ich jetzt dieses oder jenes Wort betonen?« Auf der Bühne oder im Altarraum aber versuchen die Leute das mühsam. Im Leben würde jemand in einer Emotion sein und alles würde sich von selbst organisieren. Also halte ich für wichtig, nicht die Betonung zu suchen, sondern das Gefühl, das zu einem Satz gehört. Die Emotion und die Situation sind zu erspüren. Ich muss wissen, welches Gefühl ich habe, dann organisiert sich die Betonung.

Der Sitzplatz des Liturgen

Der Liturg sollte einen festen Sitzplatz im Raum haben, und dieser Raum muss freigehalten werden. Ich erinnere mich an einen Vikar, der dachte, das sei für ihn ohne Bedeutung, es würde sich nie jemand auf seinen Platz setzen. Und wenn, dann würde es ihm nichts ausmachen. Dann musste er erleben, dass kein Platz mehr für ihn in den ersten Reihen war. Er setzte sich in die dritte Reihe und legte das Ringbuch auf den Boden. Solch ein Missgeschick bringt viel Unruhe mit sich. Der Liturg beginnt den Gottesdienst damit, sich einen Platz zu suchen. Außerdem ist es eine peinliche Situation für die Gemeinde. Der Liturg sollte also nicht irgendwo sitzen, und schon gar nicht hinter einzelnen Gemeindegliedern. In der ersten Reihe oder an den Seiten sollte ein Platz für ihn reserviert sein. Außerdem braucht er etwas Abstand zum Nächsten. Er darf sich keine Sorgen machen, ob er jemanden anstößt oder wo er seine Bücher ablegen kann. Es muss ein Platz da sein, auf dem er sich in seiner Energie sammeln kann. Übrigens sollte er nicht viele Bücher zu seinem Platz mitnehmen, sondern nur eines, das »Gesamtdrehbuch« für diesen Gottesdienst.

In der Sakristei

Es ist wichtig für den Pfarrer und die Pfarrerin, in der Sakristei eine Zeit für sich zu haben zur mentalen Sammlung und zur Konzentration. Dass es in vielen Kirchen keine Sakristei gibt, ist ein Unding. Es muss vor dem Gottesdienst einen Raum geben, an den ich mich zurückziehen und auf meine Rolle als Liturg vorbereiten kann. Hier ist es gut, mit der Zeit seine eigenen Riten zu entwickeln. Vielleicht sind es bestimmte Atemübungen, Stimm- oder Sprechübungen, die jemand vollzieht, vielleicht ist es einfach Stille, oder es sind Gebete. Diese Zeit ist nur für mich bestimmt. Ich muss mit mir allein sein können. Auch wenn andere an dem Gottesdienst mitwirken, brauche ich diesen Raum für mich. Er ist wie die Garderobe für den Hauptdarsteller. Das bedeutet keine Bevorzugung oder Hierarchie. Für die anderen Mitwirkenden muss es ebenfalls einen solchen Ort geben.

Häufig werden diese Räume noch in den letzten Minuten gestört. Da kommt der Küster herein: »... Es ist alles soweit vorbereitet, ich habe für das Abendmahl alles fertig gemacht... und Sie wissen ja, vorigen Sonntag, da waren wir mit der ganzen Familie auf Sylt. 80 Mark die Nacht...« So etwas darf wirklich nicht vorkommen. Dieser Moment der Meditation und der Identifikation des Liturgen mit seiner Rolle darf nicht gestört werden. Die Sakristei ist ein geschützter Raum um sich einzustellen auf das große Ereignis Gottesdienst. Was dann wirklich in der Sakristei geschieht, ist höchst persönlich und unterschiedlich. Einer macht Übungen, um mit seinem Lampenfieber fertig zu werden. Einige rauchen in der Sakristei, im Talar, oder sie rauchen draußen vor der Kirchentür, während die Leute an ihnen vorbei in die Kirche gehen. Dazu muss man wohl nichts mehr sagen.

Kleider, Schmuck, Schuhe

Die Übergänge, die hier in der Sakristei stattfinden, sollten bewusst gestaltet werden: Das Anziehen des Talars und der kompletten liturgischen Kleidung, das Anziehen der Schuhe können zu Akten des Identifizierens werden. Dazu ist ein Spiegel wohl unerlässlich. Ich komme in die »Maske«, in der ich mich sehr klar identifizieren kann mit der Rolle des Liturgen. Ich lege meinen Schmuck ab. Nicht meinen Ehering oder Dinge, die wirklich zu mir gehören, aber ich lege auffällige Stücke wie Modeschmuck ab. Eventuell tausche ich die Brille gegen Kontaktlinsen. All diese Dinge dienen dazu, die Rolle der Privatperson zu verlassen und sich mit der Rolle des Liturgen zu identifizieren.

Häufig sehe ich, dass ein Liturg im Gottesdienst eine Uhr am Arm hat. Das erzeugt Doppelbotschaften: Jemand spricht zum Beispiel den Segen, er gebraucht Worte und Zeichen der Unvergänglichkeit und demonstriert uns am Arm ein Symbol der Vergänglichkeit. Ähnlich wirken Dinge wie Modeschmuck oder lange Haare. Die Gemeinde wird sich mit dem Äußeren der Person beschäftigen, sie wird abgelenkt. Das heißt nicht, dass alle kurze Haare haben müssen. Aber es sollten doch »Kanäle« frei bleiben für eine ungehinderte Kommunikation. Besonders wichtig ist, dass die Augen frei sind, nicht nur so, dass der Liturg selbst gut sieht, sondern so, dass man in der Gemeinde sieht, wohin er schaut. Es heißt nicht umsonst »die Augen sind das Fenster zur Seele«.

Weiterhin ist darauf zu achten, dass keine Schuhe mit Minus- oder Null-Absätzen getragen werden, wie man sie bei flachen orthopädischen Sandalen hat. Dadurch wird die Ferse gespannt, und ich kippe ganz leicht nach hinten, was zum Durchdrücken der Knie führt und Ausgleichsbemühungen im Becken und im Schulterbereich hervorruft. Auch hochhackige Schuhe sind nicht erwünscht. Die Schuhe dürfen mir und der Gemeinde keine Aufmerksamkeit stehlen. Alles, was besonders interessant aussieht, führt immer dazu, dass Aufmerksamkeit abgelenkt wird. Und so schön der Anblick von Schuhen sein kann, so sehr kann er uns auch ablenken von den Dingen, die in dem Moment für uns wichtiger sein sollten.

Rüstgebet oder Sakristeigebet

Nach dem vollständigen Umziehen schaue ich mir vielleicht meine Unterlagen noch einmal an.

Dann kann es einen Teil geben, in dem sich alle Beteiligten zu einem Rüstgebet versammeln. Vor dem Gebet sollten alle organisatorischen Dinge geklärt sein, denn dieses Gebet ist für die Mitwirkenden der Eintritt in die Welt des Gottesdienstes. Es sollte in besonderer Ruhe und Achtsamkeit geschehen. Es sollte kein langes Gebet sein, sondern wirklich klar und konzentriert. Und ein freies Gebet ist hier besser als ein abgelesenes.

Liturgischer Einzug – Begrüßung an der Kirchentür?

Anschließend gehen wir gemeinsam in den Kirchenraum und setzen uns auf die Plätze. Dabei gibt es wieder zwei Varianten: Entweder ich gehe aus der Sakristei zum Eingang des Gottesdienstraumes und begrüße hier auf der Schwelle die Gemeindeglieder persönlich mit Handschlag, oder es findet kein persönlicher Kontakt mit der Gemeinde statt. Der Liturg betritt allein oder mit den anderen zusammen den Gottesdienstraum, egal ob er nun von hinten einzieht oder ob er seitlich aus der Sakristei kommt. Dieser Auftritt kann ein stark ritualisierter Akt sein. In Bayern zum Beispiel geschieht der Einzug in der Regel durch den Mittelgang mit musikalischer Begleitung und einer Verneigung zum Kreuz, das sich auf oder über dem Altar befindet. Die Gemeinde steht dazu auf. Welche Art des Einzugs bevorzugt wird, hängt von liturgischen Traditionen am Ort ab. Ihre praktische Ausführung sollte jedoch an der Absicht gemessen werden: Was will ich durch dieses Opening erzeugen?

Wenn der Liturg den Gottesdienstraum von der Sakristei aus betritt ohne eine persönliche Begrüßung, dann sollte er auch darauf verzichten, die »VIPs« zu begrüßen, einzelne prominente oder persönlich bekannte Gemeindeglieder. Hierdurch entsteht der Verdacht einer Hierarchie in der Gemeinde. Im Moment des Einzugs trete ich in die Öffentlichkeit, damit bin ich in einer öffentlichen Rolle als Liturgin oder als Pfarrer der Gemeinde. Und in dieser Rolle sollte ich bleiben.

Ich sollte allerdings grundsätzlich für mich klären, welche Elemente der Eröffnung meiner Person entsprechen und welche mir fremd sind. Es ist keine gute Entscheidung zu sagen, ich gehe an die Tür und begrüße die Leute persönlich, obwohl mir das eigentlich zuwider ist und ich in dieser Prozedur geschwächt werde. Da sagt mir zum Beispiel noch jemand schnell vor dem Gottesdienst, dass ich vergessen habe, in der letzten Woche seine Großmutter zum Geburtstag zu besuchen. Und nun muss ich mit dieser negativen Rückmeldung, mit einer Kritik beladen, vor die Gemeinde treten. Hier ist es wichtig, für sich selbst genau zu klären, ob man diese Art des Kontaktes vor dem Gottesdienst wirklich braucht und will. Mancher möchte keinen Kontakt haben, um seine Form und seine Linie zu behalten, andere haben das Empfinden, sie brauchen diesen Kontakt, um in ihre Energie zu kommen. Man sollte hier wirklich dem eigenen Empfinden vertrauen und sich nicht dadurch beirren lassen, was andere meinen, denn es geht ganz entscheidend um die Form der Energie, die mir zur Verfügung steht.

Beleidigt nicht den Heiligen Geist!

Grundvoraussetzung für einen guten Gottesdienstverlauf sind immer eine gute Vorbereitung und detaillierte Absprachen. Gerade bei großen, öffentlich wichtigen Gottesdiensten, wie zum Beispiel bei einer Ordination, ist es immer wieder zu sehen, dass fehlende Absprachen den Gottesdienst vermasseln. Man glaubt kaum, wie es sich die Kirche heute noch leistet, Chancen in der Öffentlichkeit zu vertun, indem sie ihre Premieren schlampig vorbereitet. Nach ein paar Informationen am Telefon über dritte Personen geht man gemeinsam in einen großen Gottesdienst und tastet sich dann erst im Verlauf in die Gegebenheiten des Ortes ein. Genaue Vorbereitungen und eine Generalprobe sind elementare Bedingungen für den Erfolg eines Gottesdienstes. Ich halte es für eine Beleidigung des Heiligen Geistes, sich nicht vorzubereiten und dann zu sagen: *Er macht das schon irgendwie.*

Zwischen zwei Gottesdiensten

Zwischen zwei Gottesdiensten muss es für den Liturgen eine Erholungsphase geben. Ich darf nicht schon während des ersten Gottesdienstes an den zweiten denken. Es muss eine neue Vorbereitungszeit geben. Die kann kürzer sein, wenn ich »im Fluss« bleibe. Dann aber darf der Übergang nicht durch Nebensächlichkeiten und durch persönliche Gespräche gestört sein. Sollte ich aber den Talar ausziehen, muss ich eine Möglichkeit haben, den Übergang wieder neu zu durchschreiten, sonst bekommt die zweite Gemeinde den zweiten Aufguss oder

268

den abgestandenen Rest. Diese Zeiten eines geordneten, ruhigen Übergangs sollten unbedingt angesetzt und eingehalten werden.

Vor dem Start

Wenn ich angekommen bin und im Gottesdienstraum sitze, kurz bevor ich zum ersten Mal nach vorne gehe, muss sicher gestellt sein, dass ich mich nicht noch mit Dingen beschäftige, die nicht in meinen Aufgabenbereich fallen. Ich darf keine Angst haben, ob die Mikrofonanlage richtig eingestellt ist. Ich sollte aufrecht auf meinem Platz sitzen, nicht verkrampft, nicht zu fest hinten angelehnt, nicht mit übergeschlagenen Beinen, nicht mit gefalteten Händen, sodass ich weiter in der Energie bleibe. Der Blick sollte nicht in der Gemeinde hin und her gehen. Ich nehme die Gemeinde wahr, ich sende höchstens einen Augengruß, aber ich kommuniziere nicht mit ihr. Meine Konzentration richtet sich auf den Altar, ohne dass ich ihn fixiere. Ich bin mir dessen bewusst, dass ich hier nicht als Privatperson sitze, sondern als Liturg. Als Liturg, der sich noch im kleinen Kreis der Aufmerksamkeit befindet, bevor er gleich hinüber geht in den großen Kreis der Aufmerksamkeit, wenn er vor die Gemeinde tritt.

Register

Abendmahl 111 – 147
  Abendmahlsgottesd., dramaturg. 214 – 229
  Abendmahlslied 116, 218f.
  Achse, neue 117f.
  Agnus Dei 224
  Anamnese 123, 221
  Anweisungen 119, 136f., 225
  Aufbau 113ff.
  Austeilung 136ff., 225ff.
  Benectio 121
  Betonung der Einsetzungsworte 133ff.
  Blocking 120ff.
  Blickrichtungen 120f.
  Brot 126ff., 133
  Danksagung 120, 219f.
  Dauer 145
  Dreiecksanordnung 118
  Einladung 136f., 225
  Einsetzungsworte 124ff., 222ff.
  Einzelkelch 146
  Elemente, Brot und Wein 113ff., 221, 223
  Elevation 125
  Emotion 135f., 226
  Entlassung 145f.
  Epiklese 123f., 223f.
  »Erinnerung« 125, 222
  Friedensgruß 225
  Gabenbereitung 116, 216ff., 221
  Gebete 216ff.
  Gemeindetradition 144f.
  Gemeinschaft 141, 217f.
  Geräte 113ff.
  Gesten 120ff.
  Handlungsebene 132ff.
  Hygiene 139, 144
  Instruktionen 119, 225
  Kelch 114, 142
  Kreuzeszeichnen 125, 129f.
  Mitarbeiter/Innen 136, 144
  Nähe und Distanz 140
  »nasse Hand« 139
  Objekte 113
  Orgelmusik 117, 145, 227
  Orte/Plätze 116, 120ff.
  Patene 114
  Präfation 120ff.
  Reinigen 114
  Sanctus 122, 220
  Schlusskollekte 227f.
  Sendungsworte 227
  Spendeworte 138f., 226
  Stufen 137, 140
  Sündenbekenntnis 216f., 224
  Symbolebene 132ff.
  »Tischregel« 116
  »trockene Hand« 139
  Vaterunser 224
  Wandlung 220f., 223
  Wechselgruß 120, 219
  Wein 113, 130ff.
Abkündigungen 33f., 211
Achse, mittlere oder Haupt- 31ff., 153
  Neben- 31ff., 153
Achssprung 167
Achtsamkeit 50, 118, 154
Akt 191ff.
Akustik 185f., 263
Alexandertechnik 258
Altes Testament 205, 209
Altarbibel 61
Altarkreuz 122
Altarraum 32ff., 135f.
Altarschmuck 114f., 186
Ambo (s. Lesepult)
Amen 55, 76, 173ff., 209
Amtshandlungen 15
Angst 104, 182, 231, 251f.
Anrufung 206
Ankerpunkte 66, 164, 263
Ansagen (s. auch Instruktionen) 62, 65, 69, 119
Antwort der Gemeinde 54f.
Architektur 183ff.
Arme 45ff., 53ff., 96ff., 160ff., 257
Atem 50, 155, 160ff., 257
Atempause 35, 75ff.
Augen 48, 64ff., 165
Augengruß 268
»Auge, erstes, zweites, drittes« 81, 101
Aufstehen der Gemeinde 62, 158
Auftreten, erstes 26, 29, 60ff.
Aufmerksamkeit 83f., 96, 98, 106
Auflösung 191, 212
Ausbildung 10ff., 22, 60
auswendig 84, 124, 178

Authentizität	98, 104, 108f.
automatisches Sprechen	139
Bänke	184
»Beats and Moments«	36, 192ff.
Beffchen	201f.
Begrüßung (s. auch Eröffnung)	27, 204
persönliche	29ff., 42, 44, 52
liturgische	31ff., 40, 52
an der Kirchentür	266
Berührtsein	70
Beruhigungsgeste	41, 97
Betonung	69
Betonungmuster	55
Bewegung	96, 184f.
Bewusstheit	50, 66, 74, 198, 226
Bewusstseinsschritte, vier	38, 232ff.
Bibel	58ff., 70, 246
Bibelbuch	61
bifokale Sicht	231
»Bilder«	74f.
innere	106f.
Biographie	50, 74, 103ff.
Blackout	107, 251f.
Blickachsen	34, 164f.
Blickkontakt	53f., 64f., 101
Blocking	199, 236f., 262
Blumen	114
Bodenkontakt	154
Brillanz	68, 74
Brille	92, 95
Brot (s. Abendmahl)	
Buch	61
Halten eines Buches	67
Charakter	197f.
Charakter bei der Lesung	69, 72ff., 247ff.
bei der Predigt	89, 99, 102ff.
Charisma	50
Chor	205
Christologie	220f., 224
Coach, coachen	231ff., 244
Code, Grundcode des Körpers	51
cold reading	246
Computer (Manuskript)	86
Dank	218
Danksagung	219ff.
Details (»Energie aus Details«)	106

Distanz	30, 62, 83f., 104
Doppelbotschaften	90
Doppelgeste	45, 98
Doppelpunkt	69
Dramaturg	16
Dramaturgie	179 – 228
Drehbuch	18, 28, 86
duale (dialogische) Grundstruktur	204
Dynamik	49, 68, 71, 102ff.
»Effekte«	43, 68, 75
Eingangspsalm	205
Einzug	203, 266
»Elixier«	201, 222, 226
Emotionen	62, 64, 188, 205, 219
bei der Lesung	68, 74ff.
bei der Predigt	104ff.
beim Abendmahl	135ff.
beim Segen	178
Energie aus Details	188
Epistel	209
Erleben	94, 151, 217, 240ff.
Erlebnisqualität	37, 117, 146f.
erster Eindruck	29
Eröffnung	26 – 55, 203ff.
Funktion der Eröffnung	36f.
Eröffnungsvotum, trinitarisches	55
Evangelium	209
Exegese	85
Exposition	191, 203ff.
Fähigkeit / Unfähigkeit	232ff.
Feedback	10ff., 230ff.
Feedback-Regeln	230f, 251
Feier	217
Film	18ff., 49, 69, 181
Friedensgruß	224
Fürbitte	212, 215
Gebet	212
Gebetshaltungen	177
katholische	51
Orantenhaltung	123, 177f.
Geheimnis der Texte	70
Geheimnis beim Sakrament	146f.
Gemeinde	81, 117, 119f., 145f., 158, 187
Geste, allgemein	48
liturgische	35, 37f., 40ff.

natürliche	35, 42, 96	Inflation von Gesten	121
im mittleren Raum	40, 45ff., 96ff.	Inhalt und Form	22
persönliche	35ff., 39, 42ff., 94ff.	Innehalten/ Inhibition (s. Pause)	
		Inspiration	98
künstliche	42, 97	Instruktionen	62, 119, 136, 158
Raumbezug	42, 99, 101		
Wirkung	40ff., 48f.	Inszenierung	17, 64, 180ff.
»Inflation von Gesten«	121	Intensität	98ff., 151
bei der Lesung	67	Intimität	104
Gestogramm	29, 36, 42ff., 94ff.	Introitus	205
		Ironie	90
Glaubensbekenntnis	77, 209, 216		
Glocken	203	Kanal, erster und zweiter	94ff.
Gloria in excelsis	206	Kanzel	63, 90
Gloria Patri	205	Kanzelabkündigungen	211f.
Gnadenzuspruch	204	Kanzelpult/Auflage	93
Gottesdienst als Stück	189ff.	Kanzelgebet	93, 211
Aufbau des Gottesdienstes	189ff., 204, 214f.	Kanzelgruß	93
		Kanzelsegen	108
Gesamtkomposition	208f.	Kerzen	114
Schluss	214	Kirchenjahr	186ff., 191, 218
Gottesdienstbuch, neues	21	Kirchenmusiker (s. auch Organist)	200
Gottes Wort	80	Kirchenvorsteher	30, 60, 200
Grundgefühle	62	Klage	205
Grundmuster	27	Klang	185f., 203
Gruppe	230ff.	Kleidung	263, 265
Gruß	52ff.	Klimax	192, 196
Gruß und Sendungsgeste	120ff., 158ff.	Knien	185
		Kollektengebet	207
Haare, Frisur	95, 265	Kommunikation	44, 81
Haltung, innere	94, 238	konfessionelle Unterschiede	19ff., 201
Halten eines Buches	67	Konflikt im Text	71
»Halleluja«	76, 209	Konfrontation	82, 191, 208, 210
Hand – Hände	45ff., 50ff., 96ff.	Kontakt	30f., 43, 65f., 97, 105, 252
Hände falten	177	Körper	185, 215
Handschlag	266	Körperarbeit/Körperbewusstsein	233ff., 255ff., 259
Handlungsablauf	236ff.		
Handlungsbögen	199	Körpergröße	101, 163f.
Heiliger Geist	151, 183, 218, 223, 267	Körpersprache	42
		kreative Energie	74
Heilige Momente	75f., 98, 196	Kreuzeszeichen (beim Segen)	125, 169ff.
»Heiliger Text«	222, 224	künstlerisches Gestalten	18
Hierarchie	73, 90	Küster/In	113, 201, 262
»Himmelsreise«	219f.	Kultus	180
»Holy Moments«	75f., 98, 196	»Kunst des ersten Moments«	93, 139, 142
hören	84f., 185f.	Kunstwerke	186
Hörerlebnis	64	Kyrie	206
Hörgewohnheiten	83		
Hörerreaktion	105		
»horizontale Ebene«	52	Lautstärke	92
		Lebendigkeit	96ff.
Identifikation mit Texten	70, 73ff., 108f.	Lektor/Lektorin	30, 58, 60, 77, 200
Improvisation	277ff.		

Lektionar	6of.	Orgelnachspiel	214
Lesung	58 – 77, 208f., 245ff.	Orgelvorspiel	203
		Orgelmusik (s. Musik)	
laut	71	Orte (auch Wege und Plätze)	236ff.
lebendig	71	der Begrüßung	31ff., 47, 52ff.
Vorbereitung	77ff.	der Lesung	60, 63
Lesepult	45ff., 60, 90	der Predigt	90
Lieblingsseite	101	des Abendmahls	116, 120ff.
Licht	92, 101, 186	des Segens	152ff.
links, rechts	100, 114, 116, 169ff.	Osten	184
		Ostern	209
Liturgische Drehung	125f., 136, 156f.		
Liturgischer Einzug	266	Pantomime	99
Liturgische Geste (s. Geste)		pastorale Sprache	28, 45
Liturgische Grundhaltung	4of., 49ff., 173ff.	pastoraler Ausdruck	50, 89
		Pausen	66, 74f., 107, 154
Liturgischer Gruß	52ff.	Perfektion	44
Liturgische Präsenz (s.a. Präsenz)	13, 17ff.	Perikopen	191
Liturgische Regel (s. Liturgische Drehung)		persönliche Geste (s. Geste)	178
Lobpreis	205, 206f., 218ff.	persönlicher Zuspruch	101
		»Pilgerreise«	58f., 63, 82, 203, 219ff.
Lüge	97		
lutherisch	201	Plottpoint	205
		Präfamen	65, 69
Magie	167	Präsenz	13, 37, 49ff., 101, 105, 146f. 163, 238, 242
Manuskript	84ff., 263		
mehrere Gottesdienste	267		
Messe, römische	21f, 182, 226	Preparation, Bedeutung der	230
Middlestage	153	Presbyter (s. Kirchenvorsteher)	
Mikrofon	92, 101, 185, 263	Professionalität	15ff., 230ff.
		Psalmlesung	60
Mikrogesten	60, 68	pseudoliturgische Geste	41
Mimik	94	Pseudoblicke	65f., 89
Mind mapping	88	Prediger, Rolle	82f., 89, 108f.
Mitarbeiter/In	200	Predigt	79 – 109, 210f.
»Mittlerer Raum«	40, 45ff., 96ff.	Anfang	93
Musik	117, 145, 181, 200, 203, 227	persönliche	83f.
		Dauer / Dichte	83
Mysterienspiele	180	freie	84
		Schluss	82, 108
Nase	95	Vorbereitung	84, 249f., 254
Naturgesetz der menschlichen Rede	94ff.	Situation	93
natürliche Betonung	28	Text	63f.
natürliche Geste (s. Geste)		Predigtübung	249ff.
neue Formen	21	Privatheit	104, 178
»neutrales Lesen«	68ff.	Proportionen	162
oberer Raum	40	Qualität von Worten	150
Obertöne	68		
Objekte	113ff.	Raum	180, 183ff.
Opening (s. auch Eröffnung)	94	Bewegungsraum	184
Orantenhaltung	123, 177f.	Klangraum	185
Organist/In	37, 200, 263	Raumachsen	34, 154

Raumbezug der Gesten	99
Raumgröße der Gesten	101, 163f.
Raumzonen	184
rechts – links	100, 114, 116, 169ff.
reformiert	20, 202
Regie	181
Responsorien	54f.
Requisiten	106, 116ff., 201, 263
rhetorische Situation	95
rhetorische Energie	96
Ringbuch	27f., 44f., 178
Ritual	11, 113, 146f., 219, 226
Rolle, generell	183, 198
als Liturg	31
Priester	83, 151
Prediger	82, 89, 103ff.
»Roter Faden«	208, 239ff.
Ruhestellung (der Hände)	98
Sakrament	113, 146f., 215
Sakristei	262, 264
Sakristeigebet	265f.
Salutatio	52ff.
Sanctus	220
Satire	90
Satzbögen	69
Satzlänge	89
Schauspieler	15ff., 42, 64, 73, 93, 108, 180ff.
Schaukeln, Wippen	95
Scham	97
Schmuck	265
Schöpfung	220
Schwellen	193, 196
Schuhe	265f.
Schutzraum	104f.
Segen	149ff., 213ff.
Amen	173f.
alternative Texte	178
als Bitte formuliert	177f.
Blickachsen	164
Emotionen	178
große Segensgeste	160ff.
inklusive Form	177
Kontakt	166
Kreuzeszeichen	169ff.
ohne Kreuzeszeichen	176ff.
Orte des Segens	152
Position im Gottesdienst	150
Raumgröße	163

als transpersonaler Akt	150
Trinitarischer Segen	176, 178
als Zuspruch	164, 177
Sehen	180, 182
Sendung	158ff., 213f.
Sequenzen	36, 192f.
Selbsterfahrung	17, 24
Selbstzweifel	104ff.
Sicherheit	237
Sinnlichkeit	185
»Situation« bei der Lesung	71, 247
bei der Predigt	102ff.
Sitzen	184f.
Sitzplatz des Liturgen	264
Skriptanalyse	71, 85, 246ff.
des Gottesdienstes	186
Sonntag	189ff., 209, 245
Sound-check	263
Spannung	96, 106, 188
Sprechprobe	263
Sprechrhythmus	89
Speichel	95
Spiel- und Standbein	95
Spine	11, 231, 238
Rollenspine	197f., 239
Stücksspine	183, 189, 197f., 245
Stückspine (bei der Lesung)	73
spirituelle Aspekte	24, 80, 182
Staging	199
Starre, Körperstarre	95
Station	196
Stehen	50, 154, 258
Stille	76, 185, 207, 209
Stimme	50, 68, 89, 92, 95, 219, 260
Stimmungen	62
Stirnfalten	95
Storybord	18, 86
Storyline	86
Stufen	136, 140
Substitut	103ff., 106, 188, 199f.
Subtext	59, 75, 187f.
Sündenbekenntnis	204, 216f.
Symmetrie	162
Symmetrische Gesten	98
Szene	192, 196
Tagesgebet	207
Talar	82f., 104
Tanz	219

274

Technik	91ff.	Stehen	258
Teilpersönlichkeit	73, 99, 151,	Stimme	260
	198f.	Übungspraxis	9 , 11f., 16
Theater	18off.	uniert	202
theatralische Energie	106	Unfähigkeit/Fähigkeit	232ff.
Theologie	16ff., 80	Unsicherheit	197
Tischregeln	116	unterer Raum	97
toter Winkel	101	Unterspannung	50, 92
Traurigkeit	135, 226		
Trinität	81		
trinitarische Eröffnung	39	Vaterunser	155, 224
Trennen,		Verabschiedung	214
liturgische und		Versöhnung	224
persönliche Geste	35f.	Vikariat	15ff., 236ff.
Charaktere	246	visuelles Erleben	90
Gebet und Segen	154	Vorbereitungen direkt v.d. Gd.	262ff.
Körperatmer und Sprechatmer	160		
Typische Muster	95, 233ff.	Wahrheit	59
		Wandlung	220
Überbetonung	89, 95	Wechselgruß	52ff., 219
Überstreckung	164	Weihnachten	207
Übung, allgemein	50	Wein (s. Abendmahl)	
Übungen, speziell zu		Wirklichkeit, andere	52
Alexandertechnik	258	Wochenlied	210
Atem	257, 265	Wochenspruch	191, 204
Blocking und Staging	236	wörtliche Rede	69
Lesung	245		
Predigt	249	Zeit	203, 220
Rollendiagramm	235	Zeiterleben	83, 145, 18off.
Spine, Rollenspine	238	Zitate	89
Stückspine	245	Zweite Natur	38, 84, 178

Agende zur Deutung der Pfeile und Symbole in den Storyboards

⇨ = Beginn und Fortsetzung einer Sequenz

❏ = Ende einer Sequenz

[F] = Fehlhaltung

⇨
⇦ = Zwei Storyboards bedingen einander

☐ = soll die Aufmerksamkeit auf dieses Detail lenken

↗ = Bewegungsrichtung

Literatur

Mein Wissen über die Liturgie im Gottesdienst habe ich in meinen Kursen erworben und entwickelt. Ich habe bewusst auf das Lesen theologischer Bücher verzichtet, damit meine Erfahrungen nicht durch theologische Deutungen verstellt werden.

Alan A. Armer: Lehrbuch der Film- und Fernsehregie, Frankfurt a.M. 1997.

Roberto Assagioli: Handbuch der Psychosynthesis. Angewandte transpersonale Psychologie, Freiburg i.Br. 1978.

Jean-Louis Barrault: Betrachtungen über das Theater, Zürich 1962.

Peter Brook: Der leere Raum, Berlin 1994.

Ders.: Das offene Geheimnis. Gedanken über Schauspielerei und Theater, Frankfurt a.M. 1994.

Ders.: Vergessen Sie Shakespeare, Alexander Verlag Berlin 1997.

Ders.: Wanderjahre, Alexander Verlag Berlin 1989.

Ders.: Zeitfäden. Erinnerungen, 2. Aufl., Frankfurt a.M. 2000.

Toni Buzan/ Barry Buzan: Das Mind-Map-Buch. Die beste Methode zur Steigerung ihres geistigen Potentials, 2. Aufl., Landsberg 1997.

Julia Cameron: Der Weg des Künstlers, München 2000.

Joseph Campbell: Der Heros in tausend Gestalten, Frankfurt a.M. 1978.

Jean-Claude Carrière/Peter Brook/Jerzy Grotowski: Georg Iwanowitsch Gurdjieff, Alexander Verlag Berlin 2001.

Piero Ferrucci: Werde was du bist. Selbstverwirklichung durch Psychosynthese, 2. Aufl., Basel 1985.

Syd Field: Das Handbuch zum Drehbuch. Übungen und Anleitungen zu einem guten Drehbuch, Frankfurt a.M., 8. Aufl., Frankfurt a.M. 1996.

Manfred Fuhrmann: Poetik, Aristoteles. Philipp Reclam, Stuttgart, ergänzte Ausgabe 1994.

Michael Gelb: Körperdynamik. Eine Einführung in die Alexander-Technik, München 2001.

Uta Hagen/Haskel Frankel: Respect for Acting, Macmillan New York 1973.

Uta Hagen: A Challenge for the Actor, Macmillan New York 1991.

Thomas Kabel: Die Sprache des Körpers im Gottesdienst, ZGP Heft 3/1999, Gütersloher Verlagshaus.

Judith Leibowitz/Bill Connington: Die Alexander-Technik. Körpertherapie für jedermann, Hamburg 1993.

David Mamet: Die Kunst der Filmregie. Alexander Verlag Berlin 1998.

Robert McKee: Story. Die Prinzipien des Drehbuchschreibens, Berlin 2000.

Ilse Middendorf: Der erfahrbare Atem. Eine Atemlehre, 3. Aufl., Paderborn 1986.

Gisela Rohmert: Der Sänger auf dem Weg zum Klang. Verlag Dr. Otto Schmidt, Köln 1994.

Viola Spolin: Improvisationstechniken für Pädagogik, Therapie und Theater, Paderborn 1983.

Konstantin S. Stanislawski: Die Arbeit des Schauspielers an sich selbst. Tagebuch eines Schülers, 2 Bde., Teil I: Die Arbeit an sich selbst im schöpferischen Prozess des Erlebens, Teil II: Die Arbeit an sich selbst im schöpferischen Prozess des Verkörperns, 3. Aufl., Berlin 1993.

Ders.: Die Arbeit des Schauspielers an der Rolle. Materialien für ein Buch, 3. Aufl., Berlin 1999.

Chris Stevens: Alexander-Technik. Ein Weg zum besseren Umgang mit sich selbst, Basel 1989.

Lee Strasberg: Schauspielen und das Training des Schauspielers. Beiträge zur ›Method‹, 4. Aufl., Berlin 2001.

Mark W. Travis: Das Drehbuch zur Regie. Wie Regisseur und Filmteam erfolgreich zusammenarbeiten, Frankfurt a.M. 1999.

Christopher Vogel: Die Odyssee des Drehbuchschreibers, Frankfurt a.M. 1997.

Harald Walach: ... so wird Gott in dir geboren. Christliche Glaubenserfahrung und Transpersonale Psychologie, Freiburg i.Br. 1990.

Judith Weston: Schauspielerführung in Film und Fernsehen, Frankfurt a.M. 1998.

Weiterführende Informationen

Informationen zum Autor und Anfragen zu Kursen und Seminaren:

Thomas Kabel

Tel./Fax: 0700 L i t u r g i e
             (54887443)

www.Liturgie.info
E-Mail: contact@Liturgie.info

Informationen zu Fort- und Weiterbildungsprojekten erhalten Sie bei:

CLiP – Centrum für Liturgische Präsenz
Iserlohner Straße 25

58239 Schwerte

Tel.: 02304/755-154
Fax: 02304/755-157

E-Mail: CLiP@Liturgische-Praesenz.de
www.Liturgische-Praesenz.de